白话华严经

洪启嵩 译讲

第五册

上海三联书店

皈命颂

南无大智海毗卢遮那如来

南无大方广佛华严经

南无莲华藏海华严会上佛菩萨

皈命圣不动自性大悲者　　大智海普贤现流清净道

因道果圆满毗卢遮那智　　唯佛与佛究竟大华严经

净信为能入道源功德母　　发心即成堕佛数成正觉

殊胜了义不可思议佛音　　住不退真实随顺如来语

愿佛摄我莲华藏清净海　　性起唯住帝珠正觉道场

相摄相入广大悲智力用　　平等受用寂灭金刚法界

皈命大方广佛常住华严　　随顺华严法流永无退转

目　录

离世间品第三十八

卷第五十三
《离世间品》导读

　　《离世间品》是第八会三重普光明殿会的唯一一品，在五分中是第四分"托法进修成行分"，在五周因果中是第四周"成行因果"。因为《性起品》以前已说"修因契果生解"，现在要依解起修。解是大解，行是大行，依大解而起大行，大行即是离世间行。所以《性起品》以前是自体性起因果，而《离世间品》则是成离世间行之因果。性起因果已明普贤因行入如来性起，离世间的成行因果则将普贤因行与如来性起合一，总为普贤的离世间大行。

　　离世间有多重意义，法藏《探玄记》说有四重。一，妄执是世间，妄执即空便是离，所以名"离世间"。二，缘起为世间，缘起无自性即离，所以为"离世间"。三，一切行常在世是世间，而非世所摄名离，所以为"离世间"。四，人天是世间，二乘即离；二乘为世间，菩萨即离；菩萨的分段及变易生死即是世间，佛果究竟圆满才是离。本品的成行因果，皆是世间，但却又不是世间行，所以名为"离世间"。

　　离世间品有西晋竺法护译的《度世品经》六卷之别译本，及已失传的别行本《普贤菩萨答难二千经》。"度世品"即"离世间"之意，而《普贤菩萨答难二千经》则是由本品内容来立种名的，即本品乃由普慧菩萨问菩萨行二百问，而由普贤菩萨回答。每一问都以十法回答，所以对于二百个问难，普贤共有二千答。因此"普贤菩萨答难二千"便成为本品的主要内容，而以此立种名。本品的名称在经文中尚举出十种，依次是：一，"一切菩萨功德行处"，即本品乃是教导一切菩萨生起功德行之处；二，"决定义华"，即本品乃是总结决定菩萨行之义，因为此行一定能感大果之故；三，"普入一切法"，即令一切菩萨智慧契入一切法，证入所证之法；四，"普生一切智"，即生起诸菩萨智慧；五，"超诸世间"，即依本品教法而行持，必定能超出世间；六，"离二乘道"，即一切都是菩萨大悲所起之万行；七，"不与一切诸众生共"，即本品所说皆不是众生行，一一皆是菩萨圆融行；八，"悉能照了一切法门"，即是显示一切法门之正义，而且轨则具足；九，"增长众生出世善根"，即本品所说皆是离相善行，即理涉事之法；十，"离世间法门"，即本品所说之行皆不是世间所摄，却即事而真。

《离世间品》的内容分长行和结颂两部分。长行可简分为序、正、流通三分。序分即世尊于菩提树下普光明殿中，坐莲华藏师子座上，与无数补处菩萨同住。而普贤菩萨便趣入"佛华庄严三昧"，发出声音普闻而后起定，正宗分即是普慧菩萨问普贤菩萨二百零一个有关菩萨行的问题，普贤菩萨对每一种行都以十种法回答。流通分则如前所述，结说本品十种名称以流通修行。古德将二百问分作六类：一，前二十问问十信行；二，发普贤心以下二十问问十住行；三，力持以下三十问问十行行；四，不可思议如实住以下三十问问十回向行；五，身业以下五十问问十地行；六，观察以下五十一问问佛果究竟住行。这六个阶位在《华严经》中共演说三次，即《性起品》以前是第一次，《离世间品》是第二次，《入法界品》是第三次。而《离世间品》所说，主要是以普贤行来该摄六种阶位之理。

偈颂部分，并有二百一十五颂半，可分作四段。一，前八颂是言明诸佛深广难说的功德；二，由"其心无高下"起一百三十一颂半，言明普贤行功德的种种差别相状；三，从"依于佛智住"起四十颂，是略明前面菩萨的两千行之相状；四，由"虽令无量众"起三十六颂，是作总结而劝发修学此功德行。

卷第五十三

离世间品第三十八之一

【原典】

尔时，世尊在摩竭提国阿兰若法菩提场中普光明殿，坐莲华藏师子之座，妙悟皆满，二行永绝，达无相法，住于佛住，得佛平等，到无障处不可转法，所行无碍，立不思议，普见三世，身恒充遍一切国土，智恒明达一切诸法，了一切行，尽一切疑，无能测身，一切菩萨等所求智，到佛无二究竟彼岸，具足如来平等解脱，证无中边佛平等地，尽于法界等虚空界。与不可说百千亿那由他佛刹微尘数菩萨摩诃萨俱，皆一生当得阿耨多罗三藐三菩提，各从他方种种国土而共来集，悉具菩萨方便智慧。所谓善能观察一切众生，以方便力，令其调伏，住菩萨法；善能观察一切世界，以方便力，普皆往诣；善能观察涅槃境界，思惟筹量，永离一切戏论分别，而修妙行无有间断；善能摄受一切众生，善入无量诸方便法，知诸众生空无所有而不坏业果。善知众生心使、诸根境界方便，种种差别悉能受持。三世佛法，自得解了，复为他说。于世、出世无量诸法，皆善安住，知其真实；于有为、无为一切诸法，悉善观察，知无有二；于一念中，悉能获得三世诸佛所有智慧；于念念中，悉能示现成等正觉，令一切众生发心成道；于一众生心之所缘，悉知一切众生境界。虽入如来一切智地，而不舍菩萨行诸所作业，智慧方便，而无所作。为一一众生住无量劫，而于阿僧祇劫难可值遇，转正法轮，调伏众生，皆不唐捐，三世诸佛清净行愿悉已具足。

成就如是无量功德，一切如来于无边劫说不可尽。其名曰普贤菩萨、普眼菩萨、普化菩萨、普慧菩萨、普见菩萨、普光菩萨、普观菩萨、普照菩萨、普幢菩萨、普觉菩萨，如是等十不可说百千亿那由他佛刹微尘数，皆悉成就普贤行愿，深心大愿，皆已圆满。一切诸佛出兴世处，悉能往诣请转法轮；善能受持诸佛法眼，不断一切诸佛种性；善知一切诸佛兴世授记次第、名号、国土、成等正觉、转于法轮。无佛世界现身成佛，能令一切杂染众生皆悉清净；能灭一切菩萨业障，入于无碍清净法界。

尔时，普贤菩萨摩诃萨入广大三昧，名佛华庄严。入此三昧时，十方所有一切世界六种、十八相动，出大音声，靡不皆闻，然后从其三昧而起。尔时，普慧菩萨知众已集，问普贤菩萨言："佛子！愿为演说：何等为菩萨摩诃萨依？何等为奇特想？何等为行？何等为善知识？何等为勤精进？何等为心得安隐？何等为成就众生？何等为戒？何等为自知受记？何等为入菩萨？何等为入如来？何等为入众生心行？何等为入世界？何等为入劫？何等为说三世？何等为知三世？何等为发无疲厌心？何等为差别智？何等为陀罗尼？何等为演说佛？何等为发普贤心？何等为普贤行法？以何等故而起大悲？何等为发菩提心因缘？何等为于善知识起尊重心？何等为清净？何等为诸波罗蜜？何等为智随觉？何等为证知？何等为力？何等为平等？何等为佛法实义句？何等为说法？何等为持？何等为辩才？何等为自在？何等为无著性？何等为平等心？何等为出生智慧？何等为变化？何等为力持？何等为得大欣慰？何等为深入佛法？何等为依止？何等为发无畏心？何等为发无疑惑心？何等为不思议？何等为巧密语？何等为巧分别智？何等为入三昧？何等为遍入？何等为解脱门？何等为神通？何等为明？何等为解脱？何等为园林？何等为宫殿？何等为所乐？何等为庄严？何等为发不动心？何等为不舍深大心？何等为观察？何等为说法？何等为清净？何等为印？何等为智光照？何等为无等住？何等为无下劣心？何等为如山增上心？何等为入无上菩提如海智？何等为如宝住？何等为发如金刚大乘誓愿心？何等为大发起？何等为究竟大事？何等为不坏信？何等为授记？何等为善根回向？何等为得智慧？何等为发无边广大心？何等为伏藏？何等为律仪？何等为自在？何等为无碍用？何等为众生无碍用？何等为刹无碍用？何等为法无碍用？何等为身无碍用？何等为愿无碍用？何等为境界无碍用？何等为智无碍用？何等为神通无碍用？何等为神力无碍用？何等为力无碍用？何等为游戏？何等为境界？何等为力？何等为无畏？何等为不共法？何等为业？何等为身？何等为身业？何等为身？何等为语？何等为净修语业？何等为得守护？何等为成办❶大事？何等为心？何等为发心？何等为周遍心？何等为诸根？何等为深心？何等为增上深心？何等为勤修？何等为决定解？何等为决定解入世界？何等为决定解入众生界？何等为习气？何等为取？何等为修？何等为成就佛法？何等为退失佛法道？何等为离生道？何等为决定法？何等为出生佛法道？何等为大丈夫名号？何等为道？何等为无量道？何等为助道？何等为修道？何等为庄严道？何等为足？何等为手？何等为腹？何等为藏？何等为心？何等为被甲？何等为器仗？何等为首？何等为眼？何等为耳？何等为鼻？何等为舌？何等为身？何等为意？何等为行？何等为住？何等为坐？何等为卧？何等为所住处？何等为所行处？何等为观察？何等为普观察？何等为奋迅？何等为师子吼？何等为清净施？何等为清净戒？何等为清净忍？何等为清净精进？何等为清净定？何等为清净慧？何等为清净慈？何等为清净悲？何等为清净喜？何等为清净舍？何等为义？何等为法？何等为福德助道具？何等为智慧助道具？何等为明足？何等为求法？何等为明了法？何等为修行法？何等为魔？何等为魔业？何等为舍离魔业？何等为见佛？何等为佛业？何等为慢业？何等为智业？何等为魔所摄持？何等为佛所摄持？何等为法所摄持？何等为住兜率天所作业？何故于兜率天宫殁？何故现处胎？何等为现微细趣？何故现初生？何故现微笑？何故示行七步？何故现童子地？何故现处内宫？何故现出家？何故示苦行？云何往诣道场？云何坐道场？何等为坐道场时奇特相？何故示降魔？何等为成如来力？云何转法轮？何故因转法轮得白净法？何故如来、应、正等觉示般涅槃？善哉佛子！如是等法，愿为演说！"

　　尔时，普贤菩萨告普慧等诸菩萨言："佛子！菩萨摩诃萨有十种依。何等为十？所谓以菩提心为依，恒不忘失故；以善知识为依，和合如一故；以善根为依，修习增长故；以波罗蜜为依，具足修行故；以一切法为依，究竟出离故；以大愿为依，增长菩提故；以诸行为依，普皆成就故；以一切菩萨为依，同一智慧故；以供养诸佛为依，信心清净故；以一切如来为依，如慈父教诲不断故。是为十。若诸菩萨安住此法，则得为如来无上大智所依处。

"佛子！菩萨摩诃萨有十种奇特想。何等为十？所谓于一切善根生自善根想，于一切善根生菩提种子想，于一切众生生菩提器想，于一切愿生自愿想，于一切法生出离想，于一切行生自行想，于一切法生佛法想，于一切语言法生语言道想，于一切佛生慈父想，于一切如来生无二想。是为十。若诸菩萨安住此法，则得无上善巧想。

"佛子！菩萨摩诃萨有十种行。何等为十？所谓一切众生行，普令成熟故；一切求法行，咸悉修学故；一切善根行，悉使增长故；一切三昧行，一心不乱故；一切智慧行，无不了知故；一切神通行，变化自在故❷；一切修习行，无不能修故；一切佛刹行，皆悉庄严故；一切善友行，恭敬供养故；一切如来行，尊重承事故。是为十。若诸菩萨安住此法，则得如来无上大智慧行。

"佛子！菩萨摩诃萨有十种善知识。何等为十？所谓令住菩提心善知识，令生善根善知识，令行诸波罗蜜善知识，令解说一切法善知识，令成熟一切众生善知识，令得决定辩才善知识，令不著一切世间善知识，令于一切劫修行无厌倦善知识，令安住普贤行善知识，令入一切佛智所入善知识。是为十。

"佛子！菩萨摩诃萨有十种勤精进。何等为十？所谓教化一切众生勤精进，深入一切法勤精进，严净一切世界勤精进，修行一切菩萨所学勤精进，灭除一切众生恶勤精进，止息一切三恶道苦勤精进，摧破一切众魔勤精进，愿为一切众生作清净眼勤精进，供养一切诸佛勤精进，令一切如来皆悉欢喜勤精进。是为十。若诸菩萨安住此法，则得具足如来无上精进波罗蜜。

"佛子！菩萨摩诃萨有十种心得安隐。何等为十？所谓自住菩提心，亦当令他住菩提心，心得安隐；自究竟离忿诤，亦当令他离忿诤，心得安隐；自离凡愚法，亦令他离凡愚法，心得安隐；自勤修善根，亦令他勤修善根，心得安隐；自住波罗蜜道，亦令他住波罗蜜道，心得安隐；自生在佛家，亦当令他生于佛家，心得安隐；自深入无自性真实法，亦令他入无自性真实法，心得安隐；自不诽谤一切佛法，亦令他不诽谤一切佛法，心得安隐；自满一切智菩提愿，亦令他满一切智菩提愿，心得安隐；自深入一切如来无尽智藏，亦令他入一切如来无尽智藏，心得安隐。是为十。若诸菩萨安住此法，则得如来无上大智安隐。

"佛子！菩萨摩诃萨有十种成就众生。何等为十？所谓以布施成就众生，以色身成就众生，以说法成就众生，以同行成就众生，以无染著成就众生，以开示菩萨行成就众生，以炽然示现一切世界成就众生，以示现佛法大威德成就众生，以种种神通变现成就众生，以种种微密善巧方便成就众生。是为十。菩萨以此成就众生界。

"佛子！菩萨摩诃萨有十种戒。何等为十？所谓不舍菩提心戒，远离二乘地戒，观察利益一切众生戒，令一切众生住佛法戒，修一切菩萨所学戒，于一切法无所得戒，以一切善根回向菩提戒，不著一切如来身戒，思惟一切法离取著戒，诸根律仪戒。是为十。若诸菩萨安住此法，则得如来无上广大戒波罗蜜。

"佛子！菩萨摩诃萨有十种受记法，菩萨以此自知受记。何等为十？所谓以殊胜意发菩提心，自知受记；永不厌舍诸菩萨行，自知受记；住一切劫行菩萨行，自知受记；修一切佛法，自知受记；于一切佛教，一向深信，自知受记；修一切善根，皆令成就，自知受记；置一切众生于佛菩提，自知受记；于一切善知识和合无二，自知受记；于一切善知识起如来想，自知受记；恒勤守护菩提本愿，自知受记。是为十。

"佛子！菩萨摩诃萨有十种入，入诸菩萨。何等为十？所谓入本愿，入行，入聚，入诸波罗蜜，入成就，入差别愿，入种种解，入庄严佛土，入神力自在，入示现受生。是为十。菩萨以此普入三世一切菩萨。

"佛子！菩萨摩诃萨有十种入，入诸如来。何等为十？所谓入无边成正觉，入无边转法轮，入无边方便法，入无边差别音声，入无边调伏众生，入无边神力自在，入无边种种差别身，入无边三昧，入无边力、无所畏，入无边示现涅槃。是为十。菩萨以此普入三世一切如来。

"佛子！菩萨摩诃萨有十种入众生行。何等为十？所谓入一切众生过去行，入一切众生未来行，入一切众生现在行，入一切众生善行，入一切众生不善行，入一切众生心行，入一切众生根行，入一切众生解行，入一切众生烦恼习气行，入一切众生教化调伏时、非时行。是为十。菩萨以此普入一切诸众生行。

"佛子！菩萨摩诃萨有十种入世界。何等为十？所谓入染世界，入净世界，入小世界，入大世界，入微尘中世界，入微细世界，入覆世界，入仰世界，入有佛世界，入无佛世界。是为十。菩萨以此普入十方一切世界。

"佛子！菩萨摩诃萨有十种入劫。何等为十？所谓入过去劫，入未来劫，入现在劫，入可数劫，入不可数劫，入可数劫即不可数劫，入不可数劫即可数劫，入一切劫即非劫，入非劫即一切劫，入一切劫即一念。是为十。菩萨以此普入一切劫。

"佛子！菩萨摩诃萨有十种说三世。何等为十？所谓过去世说过去世，过去世说未来世，过去世说现在世，未来世说过去世，未来世说现在世，未来世说无尽，现在世说过去世，现在世说未来世，现在世说平等，现在世说三世即一念。是为十。菩萨以此普说三世。

"佛子！菩萨摩诃萨有十种知三世。何等为十？所谓知诸安立，知诸语言，知诸谈议，知诸轨则，知诸称谓，知诸制令，知其假名，知其无尽，知其寂灭，知一切空。是为十。菩萨以此普知一切三世诸法。

"佛子！菩萨摩诃萨发十种无疲厌心。何等为十？所谓供养一切诸佛无疲厌心，亲近一切善知识无疲厌心，求一切法无疲厌心，听闻正法无疲厌心，宣说正法无疲厌心，教化调伏一切众生无疲厌心，置一切众生于佛菩提无疲厌心，于一一世界经不可说不可说劫行菩萨行无疲厌心，游行一切世界无疲厌心，观察思惟一切佛法无疲厌心。是为十。若诸菩萨安住此法，则得如来无疲厌无上大智。

"佛子！菩萨摩诃萨有十种差别智。何等为十？所谓知众生差别智，知诸根差别智，知业报差别智，知受生差别智，知世界差别智，知法界差别智，知诸佛差别智，知诸法差别智，知三世差别智，知一切语言道差别智。是为十。若诸菩萨安住此法，则得如来无上广大差别智。

"佛子！菩萨摩诃萨有十种陀罗尼。何等为十？所谓闻持陀罗尼，持一切法不忘失故；修行陀罗尼，如实巧观一切法故；思惟陀罗尼，了知一切诸法性故；法光明陀罗尼，照不思议诸佛法故；三昧陀罗尼，普于现在一切佛所听闻正法心不乱故；圆音陀罗尼，解了不思议音声语言故；三世陀罗尼，演说三世不可思议诸佛法故；种种辩才陀罗尼，演说无边诸佛法故；出生无碍耳陀罗尼，不可说佛所说之法悉能闻故；一切佛法陀罗尼，安住如来力、无畏故。是为十。若诸菩萨欲得此法，当勤修学。

"佛子！菩萨摩诃萨说十种佛。何等为十？所谓成正觉佛，愿佛，业报佛，住持佛，涅槃佛，法界佛，心佛，三昧佛，本性佛，随乐佛。是为十。

"佛子！菩萨摩诃萨发十种普贤心。何等为十？所谓发大慈心，救护一切众生故；发大悲心，代一切众生受苦故；发一切施心，悉舍所有故；发念一切智为首心，乐求一切佛法故；发功德庄严心，学一切菩萨行故；发如金刚心，一切处受生不忘失故；发如海心，一切白净法悉流入故；发如大山王心，一切恶言皆忍受故；发安隐心，施一切众生无怖畏故；发般若波罗蜜究竟心，巧观一切法无所有故。是为十。若诸菩萨安住此心，疾得成就普贤善巧智。

"佛子！菩萨摩诃萨有十种普贤行法。何等为十？所谓愿住未来一切劫普贤行法，愿供养恭敬本来一切佛普贤行法，愿安置一切众生于普贤菩萨行普贤行法，愿积集一切善根普贤行法，愿入一切波罗蜜普贤行法，愿满足一切菩萨行普贤行法，愿庄严一切世界普贤行法，愿生一切佛刹普贤行法，愿善观察一切法普贤行法，愿于一切佛国土成无上菩提普贤行法。是为十。若诸菩萨勤修此法，疾得满足普贤行愿。

"佛子！菩萨摩诃萨以十种观众生而起大悲。何等为十？所谓观察众生无依无怙而起大悲，观察众生性不调顺而起大悲，观察众生贫无善根而起大悲，观察众生长夜睡眠而起大悲，观察众生行不善法而起大悲，观察众生欲缚所缚而起大悲，观察众生没生死海而起大悲，观察众生长婴疾苦而起大悲，观察众生无善法欲而起大悲，观察众生失诸佛法而起大悲。是为十。菩萨恒以此心观察众生。

"佛子！菩萨摩诃萨有十种发菩提心因缘。何等为十？所谓为教化调伏一切众生故，发菩提心；为除灭一切众生苦聚故，发菩提心；为与一切众生具足安乐故，发菩提心；为断一切众生愚痴故，发菩提心；为与一切众生佛智故，发菩提心；为恭敬供养一切诸佛故，发菩提心；为随如来教，令佛欢喜故，发菩提心；为见一切佛色身相好故，发菩提心；为入一切佛广大智慧故，发菩提心；为显现诸佛力、无所畏故，发菩提心。是为十。

"佛子！若菩萨发无上菩提心，为悟入一切智智故，亲近供养善知识时，应起十种心。何等为十？所谓起给侍心、欢喜心、无违心、随顺心、无异求心、一向心、同善根心、同愿心、如来心、同圆满行心。是为十。

"佛子！若菩萨摩诃萨起如是心，则得十种清净。何等为十？所谓深心清净，到于究竟无失坏故；色身清净，随其所宜为示现故；音声清净，了达一切诸语言故；辩才清净，善说无边诸佛法故；智慧清净，舍离一切愚痴暗故；受生清净，具足菩萨自在力故；眷属清净，成就过去同行众生诸善根故；果报清净，除灭一切诸业障故；大愿清净，与诸菩萨性无二故；诸行清净，以普贤乘而出离故。是为十。

"佛子！菩萨摩诃萨有十种波罗蜜。何等为十？所谓施波罗蜜，悉舍一切诸所有故；戒波罗蜜，净佛戒故；忍波罗蜜，住佛忍故；精进波罗蜜，一切所作不退转故；禅波罗蜜，念一境故；般若波罗蜜，如实观察一切法故；智波罗蜜，入佛力故；愿波罗蜜，满足普贤诸大愿故；神通波罗蜜，示现一切自在用故；法波罗蜜，普入一切诸佛法故。是为十。若诸菩萨安住此法，则得具足如来无上大智波罗蜜。

"佛子！菩萨摩诃萨有十种智随觉。何等为十？所谓一切世界无量差别智随觉，一切众生界不可思议智随觉，一切诸法一入种种、种种入一智随觉，一切法界广大智随觉，一切虚空界究竟智随觉，一切世界入过去世智随觉，一切世界入未来世智随觉，一切世界入现在世智随觉，一切如来无量行愿皆于一智而得圆满智随觉，三世诸佛皆同一行而得出离智随觉。是为十。若诸菩萨安住此法，则得一切法自在光明，所愿皆满，于一念顷悉能解了一切佛法成等正觉。

"佛子！菩萨摩诃萨有十种证知。何等为十？所谓知一切法一相，知一切法无量相，知一切法在一念，知一切众生心行无碍，知一切众生诸根平等，知一切众生烦恼习气行，知一切众生心使行，知一切众生善、不善行，知一切菩萨愿行自在住持变化，知一切如来具足十力成等正觉。是为十。若诸菩萨安住此法，则得一切法善巧方便。

"佛子！菩萨摩诃萨有十种力。何等为十？所谓入一切法自性力，入一切法如化力，入一切法如幻力，入一切法皆是佛法力，于一切法无染著力，于一切法甚明解力，于一切善知识恒不舍离尊重心力，令一切善根顺至无上智王力，于一切佛法深信不谤力，令一切智心不退善巧力。是为十。若诸菩萨安住此法，则具如来无上诸力。

"佛子！菩萨摩诃萨有十种平等。何等为十？所谓于一切众生平等、一切法平等、一切刹平等、一切深心平等、一切善根平等、一切菩萨平等、一切愿平等、一切波罗蜜平等、一切行平等、一切佛平等。是为十。若诸菩萨安住此法，则得一切诸佛无上平等法。

"佛子！菩萨摩诃萨有十种佛法实义句。何等为十？所谓一切法但有名，一切法犹如幻，一切法犹如影，一切法但缘起，一切法业清净，一切法但文字所作，一切法实际，一切法无相，一切法第一义，一切法法界。是为十。若诸菩萨安住此法，则善入一切智智无上真实义。

"佛子！菩萨摩诃萨说十种法。何等为十？所谓说甚深法，说广大法，说种种法，说一切智法，说随顺波罗蜜法，说出生如来力法，说三世相应法，说令菩萨不退法，说赞叹佛功德法，说一切菩萨学一切佛平等、一切如来境界相应法。是为十。若诸菩萨安住此法，则得如来无上巧说法。

"佛子！菩萨摩诃萨有十种持。何等为十？所谓持所集一切福德善根，持一切如来所说法，持一切譬喻，持一切法理趣门，持一切出生陀罗尼门，持一切除疑惑法，持成就一切菩萨法，持一切如来所说平等三昧门，持一切法照明门，持一切诸佛神通游戏力。是为十。若诸菩萨安住此法，则得如来无上大智住持力。

"佛子！菩萨摩诃萨有十种辩才。何等为十？所谓于一切法无分别辩才，于一切法无所作辩才，于一切法无所著辩才，于一切法了达空辩才，于一切法无疑暗辩才，于一切法佛加被辩才，于一切法自觉悟辩才，于一切法文句差别善巧辩才，于一切法真实说辩才，随一切众生心令欢喜辩才。是为十。若诸菩萨安住此法，则得如来无上巧妙辩才。

"佛子！菩萨摩诃萨有十种自在。何等为十？所谓教化调伏一切众生自在，普照一切法自在，修一切善根行自在，广大智自在，无所依戒自在，一切善根回向菩提自在，精进不退转自在，智慧摧破一切众魔自在，随所乐欲令发菩提心自在，随所应化现成正觉自在。是为十。若诸菩萨安住此法，则得如来无上大智自在。

"佛子！菩萨摩诃萨有十种无著。何等为十？所谓于一切世界无著，于一切众生无著，于一切法无著，于一切所作无著，于一切善根无著，于一切受生处无著，于一切愿无著，于一切行无著，于一切菩萨无著，于一切佛无著。是为十。若诸菩萨安住此法，则能速转一切众想，得无上清净智慧。

"佛子！菩萨摩诃萨有十种平等心。何等为十？所谓积集一切功德平等心，发一切差别愿平等心，于一切众生身平等心，于一切众生业报平等心，于一切法平等心，于一切净秽国土平等心，于一切众生解平等心，于一切行无所分别平等心，于一切佛力无畏平等心，于一切如来智慧平等心。是为十。若诸菩萨安住其中，则得如来无上大平等心。

"佛子！菩萨摩诃萨有十种出生智慧。何等为十？所谓知一切众生解出生智慧，知一切佛刹种种差别出生智慧，知十方网分齐出生智慧，知覆仰等一切世界出生智慧，知一切法一性、种种性广大住出生智慧，知一切种种身出生智慧，知一切世间颠倒妄想悉无所著出生智慧，知一切法究竟皆以一道出离出生智慧，知如来神力能入一切法界出生智慧，知三世一切众生佛种不断出生智慧。是为十。若诸菩萨安住此法，则于诸法无不了达。

"佛子！菩萨摩诃萨有十种变化。何等为十？所谓一切众生变化，一切身变化，一切刹变化，一切供养变化，一切音声变化，一切行愿变化，一切教化调伏众生变化，一切成正觉变化，一切说法变化，一切加持变化。

是为十。若诸菩萨安住此法，则得具足一切无上变化法。

　　"佛子！菩萨摩诃萨有十种力持。何等为十？所谓佛力持，法力持，众生力持，业力持，行力持，愿力持，境界力持，时力持，善力持，智力持。是为十。若诸菩萨安住此法，则于一切法得无上自在力持。"

注释

❶ "办"，大正本原作"辨"，今依明、宫本改之。
❷ 大正本原无"一切……故"十字，今依明本增之。

【白话语译】

❶这时，世尊在摩竭提国，阿兰若法菩提道场的普光明殿中，坐在莲华藏师子宝座上。

此时，他已经成证圆满微妙的觉悟，永远断绝凡夫的烦恼障❷，与声闻、缘觉的所知障❸等两种现行❹，所以能通达无相之法。他安住在无功用行的"佛住"境界，证得诸佛的平等境界，到达无障碍之处，证得如金刚不动转的法。安住不可思议的境界，一切的所行已毫无障碍，因此能看见过去、现在、未来三世的一切众相。

他的身形恒常遍满所有的国土，又他能以智慧明白了达诸法及一切所行，因此早已穷尽所有的疑惑，具足无能测量的身相，和等同一切菩萨所求的智慧，到达诸佛究竟无二的究竟彼岸，具足诸佛的平等解脱，证得无中、边境界的佛陀平等地，穷尽法界，等同虚空，与不可说百千亿那由他佛国刹土微尘数的菩萨摩诃萨一起。他们都是一生补处菩萨，必定会证得无上正等正觉。

这些分别从他方种种国土前来集会的菩萨，都具足了菩萨的方便智慧。就是能够善巧观察一切众生，并以方便的力量调伏他们，使他们安住菩萨法中；能够善巧观察一切世界，并且以方便的力量普遍前往拜见所有国土；能够善巧观察涅槃的境界，思惟筹量，永远断离所有的戏论分别而勤修妙法，从不间断；能够善巧趣入无量的方便法门，了知众生本来空无所有，而仍不破坏业力与果报；能够善巧了知众生心意，受持各种根器众生的方便境界，与种种差别。不但自己了解过去、现在、未来三世的佛法，又能分别为别人演说；善于安住世间法、出世间法等无量诸法，并且了知二者的真实体性。又能善巧观察有为法、无为法等一切诸法，了知其实无有二法。在一念之间，就能完全获得三世诸佛所有的智慧，能够在一念之间示现成就正等正觉，使一切众生发心成道。

菩萨能从众生所缘的一个念头，了知一切众生的境界。他虽然已进入如来的一切智，但仍然不舍弃菩萨行的各种作业。并且具足智慧方便而无所作，因此他能为每一个众生安住无量的时劫。这种行愿，一般人即使经历阿僧祇劫也很难碰到。他精勤地转动正法轮，调伏众生的结果，一切都功不唐捐。所以现在、过去、未来三世诸佛都已具足清净的行愿，成就如此等等的无量功德。所有的如来，即使用无边的时劫演说这些菩萨的功德，也演说不尽。

他们的名号分别是普贤菩萨、普眼菩萨、普化菩萨、普慧菩萨、普见菩萨、普光菩萨、普观菩萨、普照菩萨、普幢菩萨、普觉菩萨，如是等十倍不可说百千亿那由他佛国刹土微尘数的菩萨，都已成就普贤行愿，圆满深心大愿。他们还能前往诸佛出兴之处，劝请诸佛转动法轮。另外，他们又能善巧方便地受持诸佛的法眼❺，使诸佛的种性不致断绝。他们又非常清楚诸佛出兴世间的因缘、授记的次第、名号、国土、成就正等正觉、大转法轮、在无佛的世界现身成佛，清净一切杂染的众生，消灭一切菩萨的业障，无碍地进入清净法界的情形。

这时，普贤菩萨证入名叫佛华庄严的广大三昧。他一进入这个三昧，十方所有的世界就产生六种大震动、十八种奇特的现象，声音大得所有的众生都听得一清二楚。

然后，普贤菩萨又从三昧中出定。

这时，普慧菩萨知道大众已经达齐了，就问普贤菩萨说："佛子啊！但愿您能为大众演说：到底什么是菩萨摩诃萨所应依止的？什么是奇特的心想？什么是菩萨行？怎样才算是善知识？怎样才能成就众生？菩萨摩诃萨的戒律是什么？怎样才能知道自己已经蒙佛受记？怎样才能证入菩萨的境界？怎样才能证入如来的境界？怎样才能进入众生的心行？怎样才能进入世界？

"怎样才能进入时劫？怎样才能宣说过去、现在、未来三世？怎样才能趣入三世？怎样才能心无疲惫厌倦？什么是差别智？什么是陀罗尼？什么是演说佛？如何发起普贤心？普贤菩萨的行法是什么？怎样才能兴起大悲？发菩提心的因缘是什么？怎样才算尊重善知识？菩萨摩诃萨的清净是指什么？菩萨摩诃萨的各种波罗蜜是指什么？菩萨摩诃萨的智慧随顺觉性是指什么？菩萨的证知是指什么？菩萨的力量是指什么？菩萨的平等是指什么？佛法的真实义理文句是指什么？

"菩萨摩诃萨的总持是指什么？菩萨的辩才是指什么？菩萨的自在是指什么？菩萨无执着的体性是指什么？菩萨的平等心是指什么？菩萨出生的智慧是指什么？菩萨的变化是指什么？佛力的加持是指什么？菩萨摩诃萨大感欣慰是指什么？怎样才能深入佛法？菩萨摩诃萨的依止是指什么？菩萨发无畏心是指什么？菩萨发无疑惑心是指什么？菩萨摩诃萨的不可思议是指什么？菩萨的善巧秘密语是指什么？菩萨的善巧分别智慧是指什么？菩萨所证入的三昧禅定境界是指什么？菩萨遍入的境界是指什么？菩萨的解脱法门是指什么？菩萨的神通是指什么？菩萨的三明是指什么？菩萨的解脱境界是指什么？

"菩萨摩诃萨的园林是指什么？菩萨的宫殿是指什么？菩萨所爱乐的是指什么？菩萨的庄严是指什么？菩萨摩诃萨所发的不动心是指什么？菩萨的不舍深大心是指什么？菩萨的观察是指什么？菩萨的说法是指什么？菩萨的清净是指什么？菩萨的印心是指什么？菩萨的智慧光明普照是指什么？菩萨的平等无住是指什么？菩萨的无下劣心是指什么？菩萨宛如大山的增上心是指什么？菩萨进入无上菩提宛如大海的智慧是指什么？菩萨如珍宝般的安住是指什么？菩萨发起金刚的大乘誓愿心是指什么？菩萨广大地发起菩提心是指什么？菩萨究竟圆满的大事是指什么？

"菩萨不会毁坏的信解是指什么？菩萨所受的印记是指什么？菩萨的善根回向是指什么？菩萨证得的智慧是指什么？

"菩萨摩诃萨所发起无边广大的心是指什么？什么是菩萨潜伏的法藏？菩萨的戒律威仪是指什么？菩萨的自在是指什么？菩萨任用无碍是指什么？菩萨任用众生无碍是指什么？菩萨任用刹土无碍是指什么？菩萨任用法门无碍是指什么？菩萨任用身形无碍是指什么？菩萨任用愿力无碍是指什么？菩萨任用境界无碍是指什么？菩萨任用智慧无碍是指什么？菩萨任用神通无碍是指什么？菩萨任用神力无碍是指什么？菩萨任用力量无碍

是指什么?

"什么是菩萨摩诃萨的游戏自在?什么是菩萨的境界?什么是菩萨的力量?菩萨无畏什么?什么是菩萨的不共同法?什么是菩萨的业?菩萨的身相是什么?什么是菩萨的身业?什么是菩萨的言语?什么是菩萨修清净行的语业?什么是菩萨的守护?

"菩萨成办什么大事?菩萨摩诃萨的心是什么?菩萨发什么心?菩萨周遍的心是什么?什么是菩萨的诸根?什么是菩萨深心?什么是菩萨的增上深心?菩萨怎样精勤修行?菩萨的决定解是指什么?菩萨怎样决定解入世界?

"菩萨怎样决定解入众生界?什么是菩萨的习气?菩萨执取什么?菩萨修习什么?菩萨成就什么佛法?菩萨为什么退失佛法之道?菩萨怎样出离生死?什么是菩萨的决定法?菩萨怎样出生佛法?菩萨有哪些大丈夫的名号?菩萨摩诃萨有哪几种道路?什么又是菩萨的无量道?帮助菩萨修行的正道是什么?菩萨修什么道?什么是菩萨的庄严道?菩萨的足是指什么?菩萨的手是指什么?菩萨的腹是指什么?菩萨的内脏是指什么?菩萨的心是什么?

"菩萨摩诃萨披什么盔甲?菩萨握持什么武器?菩萨的头是指什么?菩萨的眼根是指什么?什么是菩萨的耳根?菩萨的鼻根是指什么?菩萨的舌根是指什么?菩萨的身体是指什么?菩萨有哪些意念?菩萨有哪些行动?菩萨是如何止住?菩萨如何端坐?菩萨如何睡卧?菩萨安住哪里?菩萨行至何处?

"菩萨摩诃萨怎样普遍观察?菩萨怎样奋迅?菩萨怎样如同师子吼般说法?菩萨怎样清净布施?菩萨怎样持清净戒?菩萨怎样清净安忍?菩萨怎样清净精进?菩萨怎样清净禅定?菩萨怎样清净智慧?菩萨怎样清净慈心?菩萨怎样清净悲心?菩萨怎样清净喜心?菩萨怎样清净舍心?'菩萨摩诃萨'这个称谓有什么意义?菩萨摩诃萨有什么法?菩萨有哪些帮助聚集福德资粮的助道用具?菩萨有哪些助长智慧的助道用具?

"菩萨他们如何具足三明的境界?他们如何求法?菩萨摩诃萨明了什

么法？菩萨修行什么法？菩萨的魔是什么？什么是菩萨的魔业？菩萨如何舍离魔业？菩萨要怎样做才算见佛？菩萨如何修持佛业？菩萨有什么傲慢业？什么是菩萨的智慧业？菩萨怎样算是为魔所摄持？菩萨怎样算是为佛所摄持？菩萨怎样算是被法所摄持？

"菩萨摩诃萨安住在兜率天时，造作了哪些业？为什么他从兜率天死亡？为什么示现处于母胎？菩萨摩诃萨示现了哪些微细身心圆满的趣向？菩萨为什么示现刚出生的情况？菩萨为什么示现微笑？他为什么示现行走七步？他为什么示现童子的生活情形？为什么示现身处内宫？为什么又示现出家？然后又示现苦行？为什么要到处参访道场？为什么要示现安坐道场？他安坐道场时，有哪些奇特的瑞相？为什么他要示现降魔？他如何成就如来的十力？菩萨摩诃萨转法轮时，有哪些殊胜之事？为什么菩萨摩诃萨会因为转法轮而得到自心清净之法？为什么如来要示现般涅槃？

"善哉！佛子啊！愿你能为大众演说这些法。"

这时，普贤菩萨告诉普慧等诸位菩萨："佛子啊！菩萨摩诃萨有十种依止。是哪十种呢？一，依止菩提心，因为他恒常不忘失菩提心；二，依止善知识，因为他与善知识永远和合如一；三，依止善根，因为他不断地修集、增长善根；四，依止波罗蜜，因为他具足修行波罗蜜；五，依止一切法，因为他已究竟出离；六，依止宏大的誓愿，因为他的菩提不断增长；七，依止诸作来，因为他的所行完全成就；八，依止一切菩萨，因为他的等同智慧诸位菩萨同一；九，依止供养诸佛，因为他对诸佛的信心清净；十，依止一切如来，因为如来就如同慈父一般谆谆教诲他，无有间断。就是这十种。如果菩萨能安住这个法门，就得以成为如来无上广大智慧所依止之处。

"佛子啊！菩萨摩诃萨有十种奇特殊胜的心想。是哪十种呢？一，视一切的善根如自身的善根；二，视一切善根为菩提种子；三，视众生都是菩提根器；四，视诸佛的誓愿为自身的誓愿；五，想出离一切法；六，视一切的行为都是自身的镜照，而加以反省；七，把一切法都当作佛法；八，视一切语言法都是语言妙道；九，视一切诸佛宛如慈父；十，视所有的如来都是平等无二。就是这十种。如果菩萨能安住在此这个门，就能得到无上善巧的念头。

"佛子啊！菩萨摩诃萨有十种所行。是哪十种呢？一，能普遍成熟众生；二，能完全修学一切法门；三，能完全增长一切善根；四，能够一心不乱修行所有的三昧；五，一切智慧行，无不了知；六，一切神通行，变化自在；七，一切应修习之行，没有不修的；八，能庄严一切佛国刹土；九，能恭敬供养一切善友；十，能尊重承事一切如来。就是这十种。如果菩萨能安住在这个法门，就能证得如来无上的智慧大行。

"佛子啊！菩萨摩诃萨有十种善知识❻。是哪十种呢？一，可以使菩萨安住在菩提心的善知识；二，可以使菩萨生起善根的善知识；三，可以使菩萨修行波罗蜜的善知识；四，可以使菩萨解说一切法的善知识；五，可以使菩萨成熟一切众生的善知识；六，可以使菩萨获得决定辩才的善知识；七，可以使菩萨不染着一切世间欲乐的善知识；八，可以使菩萨在一切的时劫修行不断，毫不厌倦的善知识；九，可以使菩萨安住普贤行的善知识；十，可以使菩萨证入一切佛智所趣入的善知识。

"佛子啊！菩萨摩诃萨有十种勤加精进的事。是哪十种呢？一，精进教化一切众生；二，勤于精进深入一切法；三，精进庄严清净一切世界；四，精进修行一切菩萨所学；五，精进灭除一切众生的过恶；六，精进止息一切的痛苦；七，精进摧破一切众魔；八，精进地作为众生清净的眼目；九，精进供养一切诸佛；十，精进取悦诸佛。就是这十种。如果诸位菩萨能安住这个法门，就得以具足如来无上的精进波罗蜜。

"佛子啊！菩萨摩诃萨有十种使人得以究竟安稳的心意。是哪十种呢？一，不仅自身安住菩提心，也使他人能安住其中，使心意无不究竟安稳；二，不仅自身究竟远离忿净，也使他人完全远离忿净，使心意无不究竟安稳；三，不仅自身远离凡俗愚痴之法，也使他人远离，使心意无不究竟安稳；四，不仅自身勤修善根，也使他人勤修善根，使心意无不究竟安稳；五，不仅自身安住波罗蜜道，也使他人安住其中，心意无不究竟安稳；六，不仅自身出生诸佛之家，也使他人出生诸佛之家，心意无不究竟安稳；七，不仅自身深入无自性的真实之法，也使他人深入，心意无不究竟安稳；八，不仅自身不诽谤一切佛法，也使他人不诽谤，心意都能究竟安稳；九，不仅自身圆满一切智的菩提愿，也使他人圆满，心意都能究竟的安稳；十，不仅自身深入一切如来无尽的智慧宝藏，也使他人深入，心意都能究竟安稳。就是这十种。如果诸位菩萨能安住这个法门，就能获得如来无上的大智安稳。

"佛子啊！菩萨摩诃萨有十种成就众生的法门。是哪十种呢？一，以布施成就众生；二，以色身成就众生；三，以说法成就众生；四，以共同修行成就众生；五，以无染着成就众生；六，以开示菩萨行成就众生；七，以明显炽然地示现一切世界成就众生；八，以示现佛法的大威德成就众生；九，以种种神通变化示现成就众生；十，以种种微妙神秘的善巧方便成就众生。就是这十种，菩萨能用这些事成就众生界。

"佛子啊！菩萨摩诃萨有十种戒律。是哪十种呢？一，不舍菩提心戒；二，远离声闻、缘觉二乘戒；三，观察利益一切众生戒；四，安住众生于佛法戒；五，修习一切菩萨所学戒；六，对一切法无所得戒；七，以一切善根回向菩提戒；八，不贪着一切如来身戒；九，思惟一切法，远离执着戒；十，净持身心诸根戒律的威仪戒。就是这十种戒律。如果诸位菩萨能安住这个法门，就能证得如来无上广大的戒波罗蜜。

"佛子啊！菩萨摩诃萨有十种接受未来必将成佛印记的法门。菩萨以此而了知自己蒙佛受记。是哪十种呢？一，以殊胜心发起菩提心，所以自知受记；二，永远不厌倦舍离各种菩萨行，所以自知受记；三，能安住一切的时劫行菩萨行，所以自知受记；四，能修一切佛法，所以自知受记；五，深信诸佛的教诲，从不怀疑，所以自知受记；六，凡修行的善根无不成就，所以自知受记；七，能安置所有的众生于诸佛菩提，所以自知受记；八，自身和一切善知识和合无二，所以自知受记；九，能视一切善知识与佛无二，所以自知受记；十，恒常勤加守护菩提本愿，所以自知受记。就是这十种。

"佛子啊！菩萨摩诃萨有十种证入，证入诸位菩萨。是哪十种呢？一，证入菩萨的本愿；二，证入菩萨行；三，证入菩萨的集聚；四，证入菩萨的各种波罗蜜；五，证入菩萨的成就；六，证入菩萨差别的愿力；七，证入菩萨种种的解悟；八，证入庄严的佛土；九，证入菩萨的神力自在；十，证入能够自在示现投胎受生。就是这十种。菩萨能以这十种证入而普遍趣入过去、现在、未来三世一切菩萨。

"佛子啊！菩萨摩诃萨有十种证入，能证入诸佛如来。是哪十种呢？一，能证入无边的境界，成就正觉；二，能证入无边的境界，大转法轮；三，能证入无边的境界，圆满一切方便法门；四，能证入无边的境界，成就各种差别的音声；五，能证入无边的境界，调伏众生；六，能证入无边的境界，神力自在；七，能证入无边的境界，成就种种差别身；八，能证入无边的三昧；九，能证入无边力量的境界，无所畏惧；十，能证入无边的境界，示现涅槃。就是这十种。菩萨以此而得以普遍入过去、现在、未来三世一切如来。

"佛子啊！菩萨摩诃萨有十种证入众生行。是哪十种呢？一，证入众生过去的行为；二，证入众生未来的行为；三，证入众生现在的行为；四，证入众生的善行；五，证入众生的不善行；六，证入众生的心行；七，证入众生的根器；八，证入众生的解悟；九，证入众生的烦恼习性；十，证入众生接受教化调伏的时机，不管是根机已经成熟，或者还未成熟。就是这十种。菩萨以此得以证入一切众生行。

"佛子啊！菩萨摩诃萨能证入十种世界。是哪十种呢？一，证入染污的世界；二，证入清净的世界；三，证入微小的世界；四，证入广大的世界；五，证入微尘的世界；六，证入微细的世界；七，证入倾覆的世界；八，证入上仰的世界；九，证入有佛的世界；十，证入无佛的世界。就是这十种。菩萨能以此普遍趣入十方一切世界。

"佛子啊！菩萨摩诃萨有十种进入时劫的法门。是哪十种呢？一，进入过去的时劫；二，进入未来的时劫；三，进入现在的时劫；四，进入可数的时劫；五，进入不可数的时劫；六，进入可数又不可数的时劫；七，进入不可数又可数的时劫；八，进入一切劫即非劫；九，进入非劫即一切劫；十，进入一切劫即一念。就是这十种。菩萨能以此普遍趣入一切的时劫。

"佛子啊！菩萨摩诃萨有十种宣说三世的境界。是哪十种呢？一，在过去世宣说过去世；二，在过去世宣说未来世；三，在过去世宣说现在世；四，在未来世宣说过去世；五，在未来世宣说现在世；六，在未来世宣说无尽；七，在现在世宣说过去世；八，在现在世宣说未来世；九，在现在世宣说平等；十，在现在世宣说过去、现在、未来即是一念。就是这十种。菩萨以此普说三世。

"佛子啊！菩萨摩诃萨有十种了知过去、现在、未来三世的法门。是哪十种呢？一，了知三世各种安立的现象；二，了知三世的各种语言；三，了知三世的各种言谈议论；四，了知三世的各种轨则；五，了知三世的各种称谓；六，了知三世的各种规制法令；七，了知三世的各种假名指涉；八，了知三世的无尽；九，了知三世的寂灭体性；十，了知一切都是空。就是这十种了知三世的法门。菩萨能用这法门普遍了知一切三世诸法。

"佛子啊！菩萨摩诃萨更发起十种无疲厌心。是哪十种呢？一，供养诸佛心无疲厌；二，亲近一切善知识心无疲厌；三，寻求一切法心无疲厌；四，听闻正法心无疲厌；五，宣说正法心无疲厌；六，教化调伏众生心无疲厌；七，安置众生在诸佛菩提心无疲厌；八，在任一世界，经历不可说不可说的时劫，修习菩萨行心无疲厌；九，游行一切世界心无疲厌；十，观察思惟一切佛法心无疲厌。就是这十种无疲厌心。倘使各位菩萨能安住这个法门，就能证得如来无疲厌无上的大智慧。

"佛子啊！菩萨摩诃萨有十种差别智，是哪十种呢？一，了知众生的差别智慧；二，了知身心诸根的差别智慧；三，了知业报的差别智慧；四，了知受生的差别智慧；五，了知世界的差别智慧；六，了知法界的差别智慧；七，了知诸佛的差别智慧；八，了知诸法的差别智慧；九，了知三世的差别智慧；十，了知一切语言道法的差别智慧。就是这十种差别智。倘若诸位菩萨能安住这法门，就能证得如来无上广大的差别智慧。

"佛子啊！菩萨摩诃萨有十种陀罗尼。是哪十种呢？一，听闻总持的陀罗尼，因为菩萨能总持一切法从不忘失；二，修行陀罗尼，因为菩萨能如实善巧观察一切法；三，思惟陀罗尼，因为菩萨能了知一切法性；四，法光明陀罗尼，因为菩萨能照耀不可思议的一切佛法；五，三昧陀罗尼，因为菩萨能普遍在现在一切诸佛的处所听闻正法，一心不乱；六，圆音陀罗尼，因为菩萨能解了不可思议音声的语言；七，三世陀罗尼，因为菩萨能演说三世不可思议的佛法；八，种种辩才陀罗尼，因为菩萨能演说无边的佛法；九，出生无碍的耳陀罗尼，因为菩萨能听闻不可尽数的佛陀宣说佛法；十，一切佛法陀罗尼，因为菩萨能安住如来力而毫无所畏。就是这十种陀罗尼。菩萨若想证得这些法门，就应勤加修学。

"佛子啊！菩萨摩诃萨能宣说十种佛。是哪十种呢？一，成正觉佛——安住圆满，成就正觉的诸佛；二，愿佛——愿生兜率天的诸佛；三，业报佛——因为积集万行，而得庄严相好果报的诸佛；四，住持佛——得以住持自身舍利的诸佛；五，涅槃佛——示现入灭的诸佛；六，法界佛——遍满法界的诸佛；七，心佛——能以慈心摄伏一切的诸佛；八，三昧佛——常住福德三昧的诸佛；九，本性佛——了知本性的诸佛；十，随乐佛——能随顺众生乐欲无不示现的诸佛。就是这十种佛。

"佛子啊！菩萨摩诃萨能发起十种普贤心。是哪十种呢？一，发起大慈心，因为菩萨能救护一切众生；二，发起大悲心，因为菩萨能代替一切众生受苦；三，发起施心，因为菩萨能舍弃所有的一切；四，发起忆念一切智慧为上首心，因为菩萨乐于求取一切佛法；五，发起功德庄严心，因为菩萨能学习一切菩萨行；六，发起如金刚坚固的心，因为菩萨能在一切处所受生而不忘失正念；七，发起如大海心，因为菩萨的一切洁白清净法都能流入；八，发起如大山王的心，因为菩萨能忍受一切恶言，不为所动；九，发起安隐心，因为菩萨能布施众生所有的事物，使他们毫无怖畏；十，发起般若波罗蜜究竟心，因为菩萨能善巧观察一切法空无所有。倘若诸位菩萨能安住在这十种普贤心，就能立刻成就普贤善巧的智慧法门。

"佛子啊！菩萨摩诃萨有十种普贤行法。是哪十种呢？一，愿安住未来一切时劫的普贤行法；二，愿供养恭敬未来诸佛的普贤行法；三，愿安置一切众生在普贤菩萨行的普贤行法；四，愿积集一切善根的普贤行法；

五，愿深入一切波罗蜜的普贤行法；六，愿满足一切菩萨行的普贤行法；七，愿庄严一切世界的普贤行法；八，愿生一切佛国刹土的普贤行法；九，愿仔细观察一切法的普贤行法；十，愿在一切佛土成就无上菩提的普贤行法。就是这十种普贤行法。倘若各位菩萨能勤加修习这个法门，就能立即证得圆满具足的普贤行愿。

"佛子啊！菩萨摩诃萨能用十种法门观察众生而心生大悲。是哪种十种法门呢？一，观察众生无依无怙而心生大悲；二，观察众生心性不调顺而心生大悲；三，观察众生贫穷，没有善根而心生大悲；四，观察众生长夜生死睡眠不醒，而心生大悲；五，观察众生行不善法而心生大悲；六，观察众生为五欲缠缚而心生大悲；七，观察众生在生死海中沉没漂流，而心生大悲；八，观察众生长久被疾病所苦而心生大悲；九，观察众生没有寻求善法的欲望而心生大悲；十，观察众生错失各种佛法而心生大悲。就是这十种大悲。菩萨常用这十种大悲心观察众生。

"佛子啊！菩萨摩诃萨因为十种原因，而发菩提心。是哪十种呢？一，为教化调伏众生而发菩提心；二，为除灭众生的苦之聚集，而发菩提心；三，为了安乐具足众生而发菩提心；四，为了断除众生的愚痴，而发菩提心；五，为了给予一切众生佛智，而发菩提心；六，为了恭敬供养诸佛，而发菩提心；七，为了随顺如来教诲，使诸佛欢喜，而发菩提心；八，为了亲见诸佛色身相好，而发菩提心；九，为了深入诸佛广大的智慧，而发菩提心；十，为了显现诸佛无所畏怖的力量，而发菩提心。这就是菩萨摩诃萨发十种菩提心的因缘。

"佛子啊！菩萨发起无上的菩提心，是为了悟入一切智智。所以菩萨亲近供养善知识时，应该生起十种心念。是哪十种心念呢？一，生起给养侍奉的心；二，欢喜心；三，毫无违逆的心意；四，随顺的心意；五，无异求心；六，一向心；七，同善根心；八，同愿心；九，如来的心；十，同圆满行的心。这就是菩萨的十种心。

"佛子啊！菩萨摩诃萨若能生起上面所说的菩提心，就能证得十种清净。是哪十种呢？一，深心清净，因为菩萨到达究竟都没有坏失；二，色身清净，因为菩萨能顺随适宜的因缘为众生示现；三，音声清净，因为菩萨了达一切语言；四，辩才清净，因为菩萨能善巧宣说无边的佛法；五，智慧清净，因为菩萨能舍离一切的愚痴黑暗；六，受生清净，因为菩萨具足无边的自在力量；七，眷属清净，因为菩萨能成就过去共同修行众生的善根；八，果报清净，因为菩萨能除灭所有的业障；九，大愿清净，因为菩萨和诸位菩萨的体性无二；十，诸行清净，因为菩萨能以普贤乘出离世间。就是这十种清净。

"佛子啊！菩萨摩诃萨有十种波罗蜜，是哪十种呢？一，布施波罗蜜，因为他能舍离所有的事物；二，戒波罗蜜，因为他能清净佛戒；三，忍波罗蜜，因为他能安住佛忍；四，精进波罗蜜，因为他的一切作为从不退转；五，禅波罗蜜，因为他能心念一境；六，般若波罗蜜，因为他能实际观察一切法；七，智波罗蜜，因为他能深入佛力；八，愿波罗蜜，因为他能满足普贤的各个大愿；九，神通波罗蜜，因为他能示现一切自在力用；十，法波罗蜜，因为他能普遍深入一切佛法。就是这十种波罗蜜。倘若诸位菩萨能安住这个法门，就能证得无上的大智波罗蜜。

"佛子啊！菩萨摩诃萨有十种智慧随顺的觉性❼。是哪十种呢？一，在一切世界，有无量差别智慧随顺的觉性；二，一切的众生界，有不可思议智慧随顺的觉性；三，一切诸法，有以一法入种种法，或以种种法入一法的智慧随顺的觉性；四，一切的法界，有广大智慧随顺的觉性；五，一切的虚空界，有究竟智慧随顺的觉性。六。在一切世界，能深入过去世的智慧随顺的觉性；七，在一切世界，能深入未来世的智慧随顺的觉性；八，在一切世界，能深入现在世的智慧随顺的觉性；九，一切如来的无量行愿，都能在一智中证得圆满智慧随顺的觉性；十，三世的诸佛都是同一行持而得以出离的智慧随顺觉性。倘若诸位菩萨能安住此法，就能证得一切法的自在光明，圆满所有的行愿，也能在一念之间解了一切的佛法，成就正等正觉。

"佛子啊！菩萨摩诃萨有十种证知，是哪十种呢？一，了知一切法都是一相；二，了知一切法门都有无量的外相；三，了知一切法都在一念之间；四，了知一切众生心行无碍；五，了知众生诸根平等；六，了知众生的所有烦恼习气；七，了知众生心的结使烦恼之行；八，了知众生的善行和不善行；九，了知菩萨愿行自在，及住持变化；十，了知一切如来都具足十力，成等正觉。就是这十种证知。倘若诸位菩萨能安住这个法门，就能证得一切法的善巧方便。

"佛子啊！菩萨摩诃萨有十种力量。是哪十种呢？一，证入一切法自性的力量；二，证入一切法如化的力量；三，证入一切法都如虚幻的力量；四，证入一切法都是佛法的力量；五，不贪染执着一切法的力量；六，明白了解一切法的力量；七，恒常不舍离善知识且时时供养尊重的力量；八，随顺一切善根而至无上智慧法王的力量；九，深信一切佛法而不毁谤的力量；十，一切智慧心不退转的善巧力量。就是这十种力量。倘若诸位菩萨能安住这个法门，就能具足如来各种无上的力量。

"佛子啊！菩萨摩诃萨有十种平等。是哪十种呢？一，平等对待众生；二，平等对待一切法；三，平等对待一切刹土；四，平等对待一切深心；五，平等对待所有的善根；六，平等对待所有的菩萨；七，平等对待一切愿行；八，平等对待一切波罗蜜；九，平等对待一切行；十，平等对待诸佛。就是这十种平等。倘若诸位菩萨能安住这个法门，就能证得一切诸佛无上的平等法。

"佛子啊！菩萨摩诃萨有十种佛法的真实义理文句。是哪十种呢？一，一切法只是名相而已；二，一切法犹如幻化；三，一切法犹如影像；四，一切法只是缘起的现象；五，一切法的业力清净；六，一切法都只是文字的造作；七，一切法就是实际；八，一切法无相；九，一切法皆为第一义的真谛。十，一切法为法界。就是这十种佛法的真实义理文句。倘若诸位菩萨能安住这个法门，就可以深入一切智智的无上真实义理。

"佛子啊！菩萨摩诃萨能宣说十种法门。是哪十种呢？一，宣说甚为深奥的法门；二，宣说甚为广大的法门；三，宣说种种不同的法门；四，宣说所有的法门；五，宣说随顺波罗蜜法门；六，宣说出生如来十力的法门；七，宣说三世相应的法门；八，宣说菩萨不退转法门；九，宣说赞叹诸佛功德的法门；十，宣说菩萨修学诸佛平等与一切如来境界相应的法门。就是这十种法门。倘若各位菩萨能安住这个法门，就可以证得如来无上善巧的宣说法门。

"佛子啊！菩萨摩诃萨有十种总持。是哪十种呢？一，总持积集的所有福德善根；二，总持诸佛宣说的法门；三，总持所有的譬喻；四，总持一切法的义理趣向；五，总持一切出生的陀罗尼；六，总持一切除去疑惑的法；七，总持成就一切菩萨法；八，总持诸佛宣说的平等三昧法门；九，总持一切法照明门；十，总持诸佛神通的游戏力。就是这十种总持。倘若各位菩萨能安住这法，就可以证得如来无上大智慧的安住总持力。

"佛子啊！菩萨摩诃萨有十种辩才。是哪十种呢？一，不分别一切法的辩才；二，不造作任何法的辩才；三，不执着任何法的辩才；四，了达所有法皆是空的辩才；五，不怀疑一切法的辩才；六，诸佛加被一切法的辩才；七，能自己觉悟一切法的辩才；八，善巧了知一切法文句差别的辩才；九，能真实宣说一切法的辩才；十，随顺众生心之喜乐的辩才。就是这十种辩才。倘若各位菩萨能安住这个法门，就可以证得如来无上巧妙的辩才。

"佛子啊！菩萨摩诃萨有十种自在。是哪十种呢？一，教化调伏众生自在；二，普遍照耀一切法自在；三，修习善根行自在；四，广大智慧自在；五，无所依止的戒律自在；六，一切善根回向菩提自在；七，精进不退转自在；八，智慧摧破一切众魔的自在；九，随顺众生所乐而使他们发起菩提心的自在；十，随着相应教化的众生示现成就正等正觉的自在。就是这十种自在。倘若各位菩萨能安住这个法门，就可以证得如来无上的大智慧自在。

"佛子啊！菩萨摩诃萨有十种无有执着。是哪十种呢？一，不执着任何世界；二，不执着任何众生；三，不执着任何法；四，不执着所作的一切；五，不执着任何善根；六，不执着任何受生处；七，不执着任何誓愿；八，不执着任何行持；九，不执着任何菩萨；十，不执着任何佛陀。就是这十种不执着。倘若各位菩萨能安住这个法门，就能立刻转一切众多心想，证得无上清净的智慧。

"佛子啊！菩萨摩诃萨有十种平等❽心。是哪十种呢？一，积集一切功德的平等心；二，发起一切差别愿的平等心；三，视一切众生身平等；四，视一切众生业报平等；五，视一切法平等；六，视一切清净污秽国土皆平等；七，视一切众生的解平等；八，视一切行无所分别的平等；九，视一切佛力无异的平等；十，视诸佛智慧的平等。这就是菩萨的十种平等心。倘若各位菩萨能安住其中，就能证得如来无上的大平等心。

　　"佛子啊！菩萨摩诃萨有十种的出生智慧。是哪十种呢？一，了知众生的解悟而出生智慧；二，了知诸佛刹土种种的差别而出生智慧；三，了知十方世界网络的分齐界限而出生智慧；四，了知倾覆或上仰等一切世界而出生智慧；五，了知所有法的一种体性、种种体性广大安住而出生智慧；六，了知种种身形而出生智慧；七，了知世间所有的颠倒妄想，毫不执着而出生智慧；八，了知一切法究竟，而能以一佛道出离，而出生智慧；九，了知如来神力能深入一切法界，而出生智慧；十，了知三世所有的众生，佛种不断而出生智慧。就是这十种出生智慧。倘若各位菩萨能安住这个法门，就能了达一切法。

　　"佛子啊！菩萨摩诃萨有十种变化。是哪十种呢？一，一切众生变化；二，一切身的变化；三，一切刹土的变化；四，一切供养的变化；五，一切音声的变化；六，一切行愿的变化；七，教化调伏众生的变化；八，成就正觉的变化；九，宣说一切法的变化；十，加持一切的变化。倘若各位菩萨能安住这个法门，就可以证得具足一切无上的变化法。

　　"佛子啊！菩萨摩诃萨有十种力的加持❾。是哪十种呢？一，佛力的加持；二，法力的加持；三，众生力的加持；四，业力的加持；五，行力的加持；六，愿力的加持；七，境界力的加持；八，时力的加持；九，善力的加持；十，智慧力的加持。这就是菩萨十种力的加持。倘若各位菩萨能安住这个法门，就能证得所有佛法无上的自在力加持。"

【注释】

❶ 这一品为第八会，称作托法进修成行分。到前一会为止，在说明差别与平等的

因果，使人于法生解了。现在说托此法进而实践修行，就是依解起行的意思。

这一品为一会的说法，是最普通的形式，初从序分起，有三昧分、发起分、起分、请分、入正说分，终结劝现瑞，叙证成，最后有重颂。

❷ 烦恼障：又叫"惑障"，指贪、嗔、痴等烦恼，能使众生流转生死，障碍涅槃。

❸ 所知障：又叫"智障"，因为众生有无明邪见，能覆盖智慧而障碍菩提道业，所以叫所知障。

❹ 现行：指有为法显现于眼前的意思，佛教的唯识宗主张人的第八意识具有出生一切法的能力，称为"种子"。从种子产生一切万法，称为"现行"。

❺ 法眼：能够见到一切法妙有之理的眼目。

❻ 善知识：指良师益友，能使自己心行增上者。

❼ 智慧随顺的觉性：能随事随理、善巧觉知的意思。

❽ 平等：无怨亲、高下、善恶、染净等一切对立差别之见，心平静而不动。

❾ 力持：加持建立，能记忆诸行之意。

卷第五十四
离世间品第三十八之二

【原典】

"佛子！菩萨摩诃萨有十种大欣慰。何等为十？所谓诸菩萨发如是心：'尽未来世所有诸佛出兴于世，我当皆得随逐承事，令生欢喜。'如是思惟，心大欣慰。复作是念：'彼诸如来出兴于世，我当悉以无上供具恭敬供养。'如是思惟，心大欣慰。复作是念：'我于诸佛所兴供养时，彼诸如来必示诲我法，我悉以深心恭敬听受、如说修行，于菩萨地必得已生、现生、当生。'如是思惟，心大欣慰。复作是念：'我当于不可说不可说劫行菩萨行，常与一切诸佛菩萨而得共俱。'如是思惟，心大欣慰。复作是念：'我于往昔未发无上大菩提心，有诸怖畏，所谓不活畏、恶名畏、死畏、堕恶道畏、大众威德畏，自一发心，悉皆远离，不惊不恐，不畏不惧，不怯不怖，一切众魔及诸外道所不能坏。'如是思惟，心大欣慰。复作是念：'我当令一切众生成无上菩提，成菩提已，我当于彼佛所修菩萨行，尽其形寿，以大信心兴所应供佛诸供养具而为供养，及涅槃后，各起无量塔供养舍利，及受持守护所有遗法。'如是思惟，心大欣慰。又作是念：'十方所有一切世界，我当悉以无上庄严而庄严之，皆令具足种种奇妙平等清净，复以种种大神通力住持震动，光明照耀，普使周遍。'如是思惟，心大欣慰。复作是念：'我当断一切众生疑惑，净一切众生欲乐，启一切众生心意，灭一切众生烦恼，闭一切众生恶道门，开一切众生善趣门，破一切众生黑暗，与一切众生光明，令一切众生离众魔业，使一切众生至安隐处。'如是思惟，心大欣慰。菩萨摩诃萨复作是念：'诸佛如来如优昙华，难可值遇，于无量劫莫能一见。我当于未来世欲见如来则便得见，诸佛如来常不舍我，恒住我所，令我得见，为我说法，无有断绝。既闻法已，心意清净，远离谄曲，质直无伪，于念念中常见诸佛。'如是思惟，心大欣慰。复作是念：'我于未来当得成佛，以佛神力，于一切世界，为一切众生各别示现成等正觉清净无畏大师子吼，以本大愿周遍法界，击大法鼓，雨大法雨，作大法施，于无量劫常演正法，大悲所持身、语、意业无有疲厌。'如是思惟，心大欣慰。佛子！是为菩萨摩诃萨十种大欣慰。若诸菩萨安住此法，则得无上成正觉智慧大欣慰。

"佛子！菩萨摩诃萨有十种深入佛法。何等为十？所谓入过去世一切世界；入未来世一切世界；入现在世世界数、世界行、世界说、世界清净；入一切世界种种性；入一切众生种种业报；入一切菩萨种种行；知过去一切佛次第；知未来一切佛次第；知现在十方虚空法界等一切诸佛、国土众会、说法调伏；知世间法、声闻法、独觉法、菩萨法、如来法，虽知诸法皆无分别而说种种法，悉入法界无所入故，如其法说无所取著。是为十。若诸菩萨安住此法，则得入于阿耨多罗三藐三菩提大智慧甚深性。

"佛子！菩萨摩诃萨有十种依止，菩萨依此行菩萨行。何等为十？所谓依止供养一切诸佛，行菩萨行；依止调伏一切众生，行菩萨行；依止亲近一切善友，行菩萨行；依止积集一切善根，行菩萨行；依止严净一切佛土，行菩萨行；依止不舍一切众生，行菩萨行；依止深入一切波罗蜜，行菩萨行；依止满足一切菩萨愿，行菩萨行；依止无量菩提心，行菩萨行；依止一切佛菩提，行菩萨行。是为十。菩提依此行菩萨行。

"佛子！菩萨摩诃萨有十种发无畏心。何等为十？所谓灭一切障碍业，发无畏心；于佛灭后护持正法，发无畏心；降伏一切魔，发无畏心；不惜身命，发无畏心；摧破一切外道邪论，发无畏心；令一切众生欢喜，发无畏心；令一切众会皆悉欢喜，发无畏心；调伏一切天、龙、夜叉、乾闼婆、阿修罗、迦楼罗、紧那罗、摩睺罗伽，发无畏心；离二乘地，入甚深法，发无畏心；

于不可说不可说劫行菩萨行，心无疲厌，发无畏心。是为十。若诸菩萨安住此法，则得如来无上大智无所畏心。

"佛子！菩萨摩诃萨发十种无疑心，于一切佛法心无疑惑。何等为十？所谓菩萨摩诃萨发如是心：'我当以布施，摄一切众生，以戒、忍、精进、禅定、智慧、慈、悲、喜、舍，摄一切众生。'发此心时，决定无疑，若生疑心，无有是处。是为第一发无疑心。菩萨摩诃萨又作是念：'未来诸佛出兴于世，我当一切承事供养。'发此心时，决定无疑，若生疑心，无有是处。是为第二发无疑心。菩萨摩诃萨又作是念：'我当以种种奇妙光明网，周遍庄严一切世界。'发此心时，决定无疑，若生疑心，无有是处。是为第三发无疑心。菩萨摩诃萨又作是念：'我当尽未来劫修菩萨行。无数、无量、无边、无等、不可数、不可称、不可思、不可量、不可说、不可说不可说，过诸算数，究竟法界、虚空界一切众生，我当悉以无上教化调伏法而成熟之。'发此心时，决定无疑，若生疑心，无有是处。是为第四发无疑心。菩萨摩诃萨又作是念：'我当修菩萨行，满大誓愿，具一切智，安住其中。'发此心时，决定无疑，若生疑心，无有是处。是为第五发无疑心。菩萨摩诃萨又作是念：'我当普为一切世间行菩萨行，为一切法清净光明，照明一切所有佛法。'发此心时，决定无疑，若生疑心，无有是处。是为第六发无疑心。菩萨摩诃萨又作是念：'我当知一切法皆是佛法，随众生心，为其演说，悉令开悟。'发此心时，决定无疑，若生疑心，无有是处。是为第七发无疑心。菩萨摩诃萨又作是念：'我当于一切法得无障碍门，知一切障碍不可得故，其心如是，无有疑惑，住真实性，乃至成于阿耨多罗三藐三菩提。'发此心时，决定无疑，若生疑心，无有是处。是为第八发无疑心。菩萨摩诃萨又作是念：'我当知一切法莫不皆是出世间法，远离一切妄想颠倒，以一庄严而自庄严而无所庄严，于此自了，不由他悟。'发此心时，决定无疑，若生疑心，无有是处。是为第九发无疑心。菩萨摩诃萨又作是念：'我当于一切法成最正觉，离一切妄想颠倒故，得一念相应智故，若一若异不可得故，离一切数故，究竟无为故，离一切言说故，住不可说境界际故。'发此心时，决定无疑，若生疑心，无有是处。是为第十发无疑心。若诸菩萨安住此法，则于一切佛法心无所疑。

"佛子！菩萨摩诃萨有十种不可思议。何等为十？所谓一切善根，不可思议。一切誓愿，不可思议。知一切法如幻，不可思议。发菩提心，修菩萨行，善根不失，无所分别，不可思议。虽深入一切法，亦不取灭度，以一切愿未成满故，不可思议。修菩萨道而示现降神、入胎、诞生、出家、苦行、往诣道场、降伏众魔、成最正觉、转正法轮、入般涅槃，神变自在，无有休息，不舍悲愿，救护众生，不可思议。虽能示现如来十力神变自在，而亦不舍等法界心教化众生，不可思议。知一切法无相是相，相是无相，无分别是分别，分别是无分别，非有是有，有是非有，无作是作，作是无作，非说是说，说是非说，不可思议。知心与菩提等，知菩提与心等，心及菩提与众生等，亦不生心颠倒、想颠倒、见颠倒，不可思议。于念念中入灭尽定，尽一切漏而不证实际，亦不尽有漏善根；虽知一切法无漏，而知漏尽，亦知漏灭；虽知佛法即世间法，世间法即佛法，而不于佛法中分别世间法，不于世间法中分别佛法；一切诸法悉入法界，无所入故；知一切法皆无二，无变易故。是为第十不可思议。佛子！是为菩萨摩诃萨十种不可思议。若诸菩萨安住其中，则得一切诸佛无上不可思议法。

"佛子！菩萨摩诃萨有十种巧密语。何等为十？所谓于一切佛经中，巧密语；于一切受生处，巧密语；于一切菩萨神通变现、成等正觉，巧密语；于一切众生业报，巧密语；于一切众生所起染净，巧密语；于一切法究竟无障碍门，巧密语；于一切虚空界，一一方处悉有世界，或成或坏，间无空处，巧密语；于一切法界、一切十方，乃至微细处，悉有如来示现初生，乃至成佛、入般涅槃，充满法界，悉分别见，巧密语；见一切众生平等涅槃无变易故，而不舍大愿，以一切智愿未得圆满令满足故，巧密语；虽知一切法不由他悟，而不舍离诸善知识，于如来所转加尊敬，与善知识和合无二，于诸善根修习种植，回向安住，同一所作，同一体性，同一出离，同一成就，巧密语。是为十。若诸菩萨安住其中，则得如来无上善巧微密语。

"佛子！菩萨摩诃萨有十种巧分别智。何等为十？所谓入一切刹巧分别智，入一切众生处巧分别智，入一切众生心行巧分别智，入一切众生根巧分别智，入一切众生业报巧分别智，入一切声闻行巧分别智，入一切独觉行巧分别智，入一切菩萨行巧分别智，入一切世间法巧分别智，入一切佛法巧分别智。是为十。若诸菩萨安住其中，则得一切诸佛无上善巧分别诸法智。

"佛子！菩萨摩诃萨有十种入三昧。何等为十？所谓于一切世界入三昧，于一切众生身入三昧，于一切法入三昧，见一切佛入三昧，住一切劫入三昧，从三昧起现不思议身入三昧，于一切佛身入三昧，觉悟一切众生平等入三昧，一念中入一切菩萨三昧智入三昧，一念中以无碍智成就一切诸菩萨行愿无有休息入三昧。是为十。若诸菩萨安住其中，则得一切诸佛无上善巧三昧法。

"佛子！菩萨摩诃萨有十种遍入。何等为十？所谓众生遍入，国土遍入，世间种种相遍入，火灾遍入，水灾遍入，佛遍入，庄严遍入，如来无边功德身遍入，一切种种说法遍入，一切如来种种供养遍入。是为十。若诸菩萨安住其中，则得如来无上大智遍入法。

"佛子！菩萨摩诃萨有十种解脱门。何等为十？所谓一身周遍一切世界解脱门，于一切世界示现无量种种色相解脱门，以一切世界入一佛刹解脱门，普加持一切众生界解脱门，以一切佛庄严身充满一切世界解脱门，于自身中见一切世界解脱门，一念中往一切世界解脱门，于一世界示现一切如来出世解脱门，一身充满一切法界解脱门，一念中示现一切佛游戏神通解脱门。是为十。若诸菩萨安住其中，则得如来无上解脱门。

"佛子！菩萨摩诃萨有十种神通。何等为十？所谓忆念宿命方便智通，天耳无碍方便智通，知他众生不思议心行方便智通，天眼观察无有障碍方便智通，随众生心现不思议大神通力方便智通，一身普现无量世界方便智通，一念遍入不可说不可说世界方便智通，出生无量庄严具，庄严不思议世界方便智通，示现不可说变化身方便智通，随不思议众生心于不可说世界现成阿耨多罗三藐三菩提方便智通。是为十。若诸菩萨安住其中，则得如来无上大善巧神通，为一切众生种种示现，令其修学。

"佛子！菩萨摩诃萨有十种明。何等为十？所谓知一切众生业报，善巧智明。知一切众生境界，寂灭清净，无诸戏论，善巧智明。知一切众生种种所缘唯是一相悉不可得，一切诸法皆如金刚，善巧智明。能以无量微妙音声，普闻十方一切世界，善巧智明。普坏一切心所染著，善巧智明。能以方便示现受生或不受生，善巧智明。舍离一切想、受境界，善巧智明。知一切法非相、非无相，一性无性，无所分别，而能了知种种诸法，于无量劫分别演说，住于法界，成阿耨多罗三藐三菩提，善巧智明。菩萨摩诃萨知一切众生生本无有生，了达受生不可得故，而知因、知缘、知事、知境界、知行、知生、知灭、知言说、知迷惑、知离迷惑、知颠倒、知离颠倒、知杂染、知清净、知生死、知涅槃、知可得、知不可得、知执著、知无执著、知住、知动、知去、知还、知起、知不起、知失坏、知出离、知成熟、知诸根、知调伏，随其所应，种种教化，未曾忘失菩萨所行。何以故？菩萨但为利益众生故，发阿耨多罗三藐三菩提心，无余所为。是故，菩萨常化众生，身无疲倦，不违一切世间所作。是名缘起善巧智明。菩萨摩诃萨于佛无著，不起著心；于法无著，不起著心；于刹无著，不起著心；于众生无著，不起著心；不见有众生而行教化调伏说法，然亦不舍菩萨诸行，大悲大愿，见佛闻法，随顺修行，依于如来种诸善根，恭敬供养，无有休息，能以神力震动十方无量世界，其心广大，等法界故，知种种说法，知众生数，知众生差别，知苦生，知苦灭，知一切行皆如影像，行菩萨行，永断一切受生根本，但为救护一切众生，行菩萨行而无所行，随顺一切诸佛种性，发如大山王心，知一切虚妄颠倒，入一切种智门，智慧广大，不可倾动，当成正觉，于生死海平等济渡一切众生，善巧智明。是为十。若诸菩萨安住其中，则得如来无上大善巧智明。

"佛子！菩萨摩诃萨有十种解脱。何等为十？所谓烦恼解脱，邪见解脱，诸取解脱，蕴、界、处解脱，超二乘解脱，无生法忍解脱，于一切世间、一切刹、一切众生、一切法离著解脱，无边住解脱，发起一切菩萨行入如来无分别地解脱，于一念中悉能了知一切三世解脱。是为十。若诸菩萨安住此法，则能施作无上佛事，教化成熟一切众生。

"佛子！菩萨摩诃萨有十种园林。何等为十？所谓生死是菩萨园林，无厌舍故；教化众生是菩萨园林，不疲倦故；住一切劫是菩萨园林，摄诸大行故；清净世界是菩萨园林，自所止住故；一切魔宫殿是菩萨园林，降伏彼众故；思惟所闻法是菩萨园林，如理观察故；六波罗蜜、四摄事、三十七菩提分法是菩萨园林，绍继慈父境界故；十力、四无所畏、十八不共乃至一切佛法是菩萨园林，不念余法故；示现一切菩萨威力自在神通是菩萨园林，以大神力转正法轮调伏众生无休息故；一念于一切处为一切众生示成正觉是菩萨园林，法身周遍尽虚空一切世界故。是为十。若诸菩萨安住此法，则得如来无上离忧恼、大安乐行。

"佛子！菩萨摩诃萨有十种宫殿。何等为十？所谓菩提心是菩萨宫殿，恒不忘失故；十善业道福德智慧是菩萨宫殿，教化欲界众生故；四梵住禅定是菩萨宫殿，教化色界众生故；生净居天是菩萨宫殿，一切烦恼不染故；生无色界是菩萨宫殿，令诸众生离难处故；生杂染世界是菩萨宫殿，令一切众生断烦恼故；现处内宫妻子、眷属是菩萨宫殿，成就往昔同行众生故；现居轮王、护世、释、梵是菩萨宫殿，为调伏自在心众生故；住一切菩萨行游戏神通皆得自在是菩萨宫殿，善游戏诸禅解脱三昧智慧故；一切佛所受无上自在、一切智王灌顶记是菩萨宫殿，住十力庄严作一切法王自在事故。是为十。若诸菩萨安住其中，则得法灌顶，于一切世间神力自在。

"佛子！菩萨摩诃萨有十种所乐。何等为十？所谓乐正念，心不散乱故；乐智慧，分别诸法故；乐往诣一切佛所，听法无厌故；乐诸佛，充满十方无边际故；乐菩萨，自在为诸众生以无量门而现身故；乐诸三昧门，于一三昧门入一切三昧门故；乐陀罗尼，持法不忘转授众生故；乐无碍辩才，于一文一句经不可说劫分别演说无穷尽故；乐成正觉，为一切众生以无量门示现于身成正觉故；乐转法轮，摧灭一切异道法故。是为十。若诸菩萨安住此法，则得一切诸佛如来无上法乐。

"佛子！菩萨摩诃萨有十种庄严。何等为十？所谓力庄严，不可坏故；无畏庄严，无能伏故；义庄严，说不可说义无穷尽故；法庄严，八万四千法聚观察演说无忘失故；愿庄严，一切菩萨所发弘誓无退转故；行庄严，修普贤行而出离故；刹庄严，以一切刹作一刹故；普音庄严，周遍一切诸佛世界雨法雨故；力持庄严，于一切劫行无数行不断绝故；变化庄严，于一众生身示现一切众生数等身，令一切众生悉得知见，求一切智无退转故。是为十。若诸菩萨安住此法，则得如来一切无上法庄严。

"佛子！菩萨摩诃萨发十种不动心。何等为十？所谓于一切所有悉皆能舍不动心，思惟观察一切佛法不动心，忆念供养一切诸佛不动心，于一切众生誓无恼害不动心，普摄众生不拣怨亲不动心，求一切佛法无有休息不动心，一切众生数等不可说不可说劫行菩萨行不生疲厌亦无退转不动心，成就有根信、无浊信、清净信、极清净信、离垢信、明彻信、恭敬供养一切佛信、不退转信、不可尽信、无能坏信、大欢喜踊跃信不动心，成就出生一切智方便道不动心，闻一切菩萨行法信受不谤不动心。是为十。若诸菩萨安住此法，则得无上一切智不动心。

"佛子！菩萨摩诃萨有十种不舍深大心。何等为十？所谓不舍成满一切佛菩提深大心，不舍教化调伏一切众生深大心，不舍不断一切诸佛种性深大心，不舍亲近一切善知识深大心，不舍供养一切诸佛深大心，不舍专求一切大乘功德法深大心，不舍于一切佛所修行梵行、护持净戒深大心，不舍亲近一切菩萨深大心，不舍求一切佛法方便护持深大心，不舍满一切菩萨行愿、集一切诸佛法深大心。是为十。若诸菩萨安住其中，则能不舍一切佛法。

"佛子！菩萨摩诃萨有十种智慧观察。何等为十？所谓善巧分别说一切法智慧观察，了知三世一切善根智慧观察，了知一切诸菩萨行自在变化智慧观察，了知一切诸法义门智慧观察，了知一切诸佛威力智慧观察，了知一切陀罗尼门智慧观察，于一切世界普说正法智慧观察，入一切法界智慧观察，知一切十方不可思议智慧观察，知一切佛法智慧光明无有障碍智慧观察。是为十。若诸菩萨安住其中，则得如来无上大智慧观察。

"佛子！菩萨摩诃萨有十种说法。何等为十？所谓说一切法皆从缘起，说一切法皆悉如幻，说一切法无有乖诤，说一切法无有边际，说一切法无所依止，说一切法犹如金刚，说一切法皆悉如如，说一切法皆悉寂静，说一切法皆悉出离，说一切法皆住一义，本性成就。是为十。若诸菩萨安住其中，则能善巧说一切法。

"佛子！菩萨摩诃萨有十种清净。何等为十？所谓深心清净，断疑清净，离见清净，境界清净，求一切智清净，辩才清净，无畏清净，住一切菩萨智清净，受一切菩萨律仪清净，具足成就无上菩提、三十二种百福相、白净法、一切善根清净。是为十。若诸菩萨安住其中，则得一切如来无上清净法。

"佛子！菩萨摩诃萨有十种印。何等为十？所谓菩萨摩诃萨知苦苦、坏苦、行苦，专求佛法，不生懈怠，行菩萨行无有疲懈，不惊不畏，不恐不怖，不舍大愿，求一切智，坚固不退，究竟阿耨多罗三藐三菩提，是为第一印。菩萨摩诃萨见有众生愚痴狂乱，或以粗弊恶语而相毁辱，或以刀杖瓦石而加损害，终不以此境界舍菩萨心，但忍辱柔和，专修佛法，住最胜道，入离生位，是为第二印。菩萨摩诃萨闻说与一切智相应甚深佛法，能以自智，深信忍可，解了趣入，是为第三印。菩萨摩诃萨又作是念：'我发深心求一切智，我当成佛，得阿耨多罗三藐三菩提。一切众生流转五趣，受无量苦，亦当令其发菩提心，深信欢喜，勤修精进，坚固不退。'是为第四印。菩萨摩诃萨知如来智无有边际，不以齐限测如来智，菩萨曾于无量佛所闻如来智无有边际故，能不以齐限测度，一切世间文字所说皆有齐限，悉不能知如来智慧，是为第五印。菩萨摩诃萨于阿耨多罗三藐三菩提得最胜欲、甚深欲、广欲、大欲、种种欲、无能胜欲、无上欲、坚固欲、众魔外道并其眷属无能坏欲、求一切智不退转欲，菩萨住如是等欲，于无上菩提，毕竟不退，是为第六印。菩萨摩诃萨行菩萨行，不顾身命，无能沮坏，发心趣向一切智故，一切智性常现前故，得一切佛智光明故，终不舍离佛菩提，终不舍离善知识，是为第七印。菩萨摩诃萨若见善男子、善女人趣大乘者，令其增长求佛法心，令其安住一切善根，令其摄取一切智心，令其不退无上菩提，是为第八印。菩萨摩诃萨令一切众生得平等心，劝令勤修一切智道，以大悲心而为说法，令于阿耨多罗三藐三菩提永不退转，是为第九印。菩萨摩诃萨与三世诸佛同一善根，不断一切诸佛种性，究竟得至一切智智，是为第十印。佛子！是为菩萨摩诃萨十种印。菩萨以此速成阿耨多罗三藐三菩提，具足如来一切法无上智印。

"佛子！菩萨摩诃萨有十种智光照。何等为十？所谓知定当成阿耨多罗三藐三菩提智光照，见一切佛智光照，见一切众生死此生彼智光照，解一切修多罗法门智光照，依善知识发菩提心集诸善根智光照，示现一切诸佛智光照，教化一切众生悉令安住如来地智光照，演说不可思议广大法门智光照，善巧了知一切诸佛神通威力智光照，满足一切诸波罗蜜智光照。是为十。若诸菩萨安住此法，则得一切诸佛无上智光照。

"佛子！菩萨摩诃萨有十种无等住，一切众生、声闻、独觉悉无与等。何等为十？所谓菩萨摩诃萨虽观实际而不取证，以一切愿未成满故，是为第一无等住。菩萨摩诃萨种等法界一切善根，而不于中有少执著，是为第二无等住。菩萨摩诃萨修菩萨行，知其如化，以一切法悉寂灭故，而于佛法不生疑惑，是为第三无等住。菩萨摩诃萨虽离世间所有妄想，然能作意，于不可说劫行菩萨行，满足大愿，终不中起疲厌之心，是为第四无等住。菩萨摩诃萨于一切法无所取著，以一切法性寂灭故，而不证涅槃。何以故？一切智道未成满故，是为第五无等住。菩萨摩诃萨知一切劫皆即非劫，而真实说一切劫数，是为第六无等住。菩萨摩诃萨知一切法悉无所作，而不舍作道，求诸佛法，是为第七无等住。菩萨摩诃萨知三界唯心、三世唯心，而了知其心无量无边，是为第八无等住。菩萨摩诃萨为一众生，于不可说劫行菩萨行，欲令安住一切智地，如为一众生，为一切众生悉亦如是，而不生疲厌，是为第九无等住。菩萨摩诃萨虽修行圆满，而不证菩提。何以故？菩萨作如是念：'我之所作本为众生，是故我应久处生死，方便利益，皆令安住无上佛道。'是为第十无等住。佛子！是为菩萨摩诃萨十种无等住。若诸菩萨安住其中，则得无上大智、一切佛法无等住。"

【白话语译】

"佛子啊！菩萨摩诃萨有十种广大的欣乐快慰，是哪十种呢？一，当诸位菩萨发起像这样的菩提心：'穷尽未来世界的所有诸佛如果出兴世间，我都会随从承事，使诸佛欢喜。'并如此思惟之后，心中非常欣乐快慰。二，然后他又想：'当那些如来出兴世间时，我都当用无上的供具恭敬供养。'如此思惟之后，心中非常欣乐快慰。三，他又这样想：'我兴作供养诸佛的时候，如来必定会开示教诲我佛法，我都会恭敬听闻，深心受持，并依照佛陀宣说的教法修行。对所有菩萨地的境界，不管是过去已生，现在正在出生，未来当生都必定得证。'如此思惟之后，心中非常欣乐快慰。四，他又这样想：'我应当在不可说不可说的时劫行菩萨行，常与诸佛菩萨共聚一堂。'如此思惟之后，心中非常欣乐快慰。五，他又这样想：'往昔我还未发无上大菩提心之前，有各种的恐怖畏惧，就是害怕不能生存、害怕被冠上恶名、害怕死亡、害怕堕入恶道、害怕在大众中不能自在，没有威信。但是一发心，就完全远离了这一切畏惧，不惊、不畏惧、不惧怕、不怯弱、不恐怖，一切众魔及所有外道都不能破坏。'如此思惟之后，心中非常欣乐快慰。六，他又这样想：'我当使所有的众生成就无上菩提，成就菩提之后，我应当在他们所成就的佛所中修习菩萨行，尽形体与寿命，用广大的信心兴起供养诸佛的器具，并供养不断。等到诸佛涅槃之后，我再造无数的塔庙供养他们的舍利❶，并且受持守护诸佛遗留下来的法门。'菩萨如此思惟之后，心中非常欣乐快慰。七，他又这样想：'我应当用无上的庄严物庄严十方世界，使它们都具足种种奇妙，平等清净，再用种种广大的神通力住持震动，使光明照耀，普及周遍。'菩萨如此思惟之后，心中非常欣乐快慰。八，他又这样想：'我应当断绝众生所有的疑惑，清净众生所有的志欲喜乐，开启众生所有的心意，灭绝众生所有的烦恼。关闭众生所有通往恶道的大门，为众生大开趣入所有善根的门径。破除众生所有的黑暗，给予众生光明，使他们远离众多魔业，达到安稳的处所。'菩萨如此思惟之后，心中非常欣乐快慰。九，菩萨摩诃萨又这样想：'诸佛就像优昙华一般很难遭遇，即使在无量的时劫都难得一见。我应当在未来世想见到如来时，就能见到。因为诸佛如来从来不舍弃我，一直都住在我那里，使我得以看见他，并且为我说法，不曾断绝。我听闻佛法之后，心意就变得更清净、质朴，而毫不虚伪。并且远离各种诳曲，念念都得以面见诸佛。'菩萨如此思惟之后，心中非常欣乐快慰。十，他又这样想：'我在未来世当得成佛，因为佛陀能以神力，在一切世界，为众生各别示现成就正等正觉，清净无畏。并且能以大师子吼宣说佛法，根本弘大的誓愿更周遍法界，击大法鼓，下大法雨，作大法施。无量的时劫始终演说正法不断，因为他的大悲愿力护持，所以身、语、意等业都从不疲怠厌倦。'菩萨如此思惟之后，心中非常欣乐快慰。佛子啊！以上就是菩萨摩诃萨十种广大的欣慰之事。假如诸位菩萨能安住此法，就能得到无上成就正觉智慧的广大欣慰。

"佛子啊！菩萨摩诃萨有十种深入佛法的事。是哪十种呢？一，深入过去世的一切世界；二，深入未来世的一切世界；三，深入现在世的种种世界、种种行持、语说及各种清净的境界；四，深入所有世界的种种体性；五，深入众生的种种业报；六，深入菩萨的种种心行；七，了知过去诸佛的次第；八，了知未来诸佛的次第；九，了知现在十方虚空法界等一切诸佛国土的众会，并且说法调伏众生；十，了知世间法、声闻法、独觉法、菩萨法、如来法，虽然了知诸法都没有分别，而却能宣说种种法相的差别。这是因为菩萨完全深入法界而实际上却无所入，如同菩萨虽然说法，却从不执取这些言说。就是这十种深入佛法。如果诸位菩萨能安住此法，就能证入无上正等正觉、广大智慧极深的体性。

"佛子啊！菩萨摩诃萨有十种依止，菩萨就是照这十种依止行菩萨行。是哪十种呢？一，依止供养诸佛，行菩萨行；二，依止调伏众生，行菩萨行；三，依止亲近所有的善知识，行菩萨行；四，依止积集一切善根，行菩萨行；五，依止严净所有的净土，行菩萨行；六，依止不舍弃众生，行菩萨行；七，依止深入一切波罗蜜，行菩萨行；八，依止满足菩萨所有的誓愿，行菩萨行；九，依止无量的菩提心，行菩萨行；十，依止一切佛菩提，行菩萨行。

菩萨就是依止这十种事而行菩萨行。

"佛子啊！菩萨摩诃萨能对十种事发起无畏心。是哪十种事呢？一，发无畏心消灭一切障碍业；二，发无畏心在佛灭度后护持正法；三，发无畏心降伏魔众；四，不惜身体性命，发无畏心；五，发无畏心摧毁破坏一切的外道邪论；六，发无畏心使一切众生欢喜；七，发无畏心使一切众会欢喜；八，发无畏心调伏一切天、龙、夜叉、乾闼婆、阿修罗、迦楼罗、紧那罗、摩睺罗伽；九，发无畏心远离二乘地，入甚深佛法；十，发无畏心在不可说不可说的时劫行菩萨行，毫不疲惫厌倦。就是这十种。如果诸位菩萨能安住此法，就可得证如来无上智慧的无所畏心。

"佛子啊！菩萨摩诃萨能起十种决定无疑的心，所以对一切佛法，毫不怀疑。是哪十种呢？一，菩萨摩诃萨发起如下的心念：'我应当以布施摄持众生；用持戒、忍辱、精进、禅定、智慧等六波罗蜜，慈、悲、喜、舍等四无量心摄持众生。'菩萨发起这种心愿，决定没有疑惑。如果说还有疑惑，那是不可能的。二，菩萨摩诃萨又发起如下的心念：'未来诸佛出兴世间时，我必尽力承事供养。'菩萨一发起这心愿，就决定没有疑惑。如果说还有什么怀疑，那是不可能的。三，菩萨摩诃萨又发起如是的心念：'我应当用种种奇妙的光明网庄严一切世界。'菩萨一发起这心愿，就决定没有疑惑。如果说他还有什么猜疑，那是不可能的。四，菩萨摩诃萨又生起如下的心念：'穷尽未来的时劫，我都当不断修习菩萨行，才能以无上的教法调伏、安稳无数、无量、无边、无等、不可数、不可称、不可思、不可量、不可说、不可说不可说，超过算数、究竟法界、虚空界的众生。'他发起这心愿的时候，决定无疑。如果说他还有什么疑惑，那是不可能的。五，菩萨摩诃萨又生起如下的心念：'我应当修菩萨行，圆满弘大的誓愿，具足所有的智慧，并安住其中。'他一发起这种心愿，就决定无疑。如果说他还有丝毫的疑惑，那是不可能的。六，菩萨摩诃萨又生起如下的心念：'我应当普遍为世间行菩萨行，为一切清净法光明，照明所有的佛法。'当他发起这种心愿的时候，决定没有疑惑。如果说他还有丝毫的疑惑，那是不可能的。七，菩萨摩诃萨又发起如下的心念：'我应当了知所有的法都是佛法，因此能随顺众生的心意为他们演说，使他们开悟。'当他一发起这种心愿的时候，决定没有疑惑。如果说他还有什么疑惑，那是不可能的。

八，菩萨摩诃萨又生起如下的心念：'我应当证得一切法的无障碍门，因为我深知一切障碍了不可得，其心如是，没有疑惑，所以能安住真实的体性，乃至成就无上正等正觉。'他发起这种心愿，就决定没有疑惑。如果说他还有什么疑惑，那是不可能的。九，菩萨摩诃萨又生起如下的心念：'我应当知道一切法都不是出世间法，因此能远离所有的妄想颠倒，用一庄严而自庄严，现证性空寂灭而实无庄严。因为我不必经由他人的启悟，自身就能了知这点。'所以，他一发起这种心愿，就决定没有疑惑。如果说他还有什么疑惑，那是不可能的。十，菩萨摩诃萨又生起如下的心念：'我当成就一切法的最正觉，远离一切的妄想颠倒，证得一念相应的智慧。因为不管是同一或是相异，都不可得。又远离种种法，究竟无为。又远离一切言说，安住在不可说的境界。'他一发起这种心念，就决定没有疑惑，如果说他还有丝毫疑惑，那是不可能的。如果诸位菩萨能安住此法，那么就不会怀疑所有的佛法。

"佛子啊！菩萨摩诃萨有十种不可思议的事。是哪十种呢？一，菩萨的一切善根实在是不可思议。二，菩萨的一切誓愿实在是不可思议。三，菩萨了知一切法如同幻化，实在是不可思议。四，菩萨发菩提心修习菩萨行，不退失善根，不分别任何法，实在是不可思议。五，菩萨虽然已经深入诸法，却也不现取涅槃灭度。因为他尚未完成圆满所有的大愿，这实在是不可思议。六，菩萨修习菩萨道而示现从兜率天降生、入胎出生、出家苦行、前往道场修行、降伏众魔、成就正等正觉、转动法轮、证入大般涅槃。神通变化自在，救度守护众生从不休息，不舍悲愿，实在是不可思议。七，菩萨虽能示现如来十力的自在神通变化，然而却不舍弃等同法界的心，还能以大菩提心教化调伏众生，实在是不可思议。八，菩萨了知诸法本然无相就是相，而相也就是无相；无分别就是分别，分别就是无分别；非有就是有，有就是非有；无造作就是造作，造作就是无造作；非说默然就是言说，而言说就是非说默然，实在是不可思议。九，菩萨了知心等同菩提，了知菩提等同心、心及菩提等同众生。但却从不产生颠倒的心、颠倒的忆想、颠倒的见地，实在是不可思议。十，菩萨念念都能进入灭尽定，穷尽诸漏烦恼而不证入涅槃。也不断尽有漏的善根，虽然他了知所有的法本来无漏无烦恼，而却能了知穷尽诸漏烦恼的道理，也能了知众漏烦恼消灭的现象。他了知所有的法就是世间法，世间法就是佛法，所以不会在佛法中分别世间法，也不会在世间法中分别佛法。而能证入真实法界，却无所入，了知一切法都是无二平等，诸法从无变易。

"佛子啊！以上就是菩萨摩诃萨十种不可思议。假如诸位菩萨能安住其中，就能得到诸佛无上不可思议的佛法。

"佛子啊！大菩萨了解十种善行秘密的言语。是哪十种呢？一，了解一切佛经善巧秘密的言语。二，了解一切入胎受生善巧秘密的言语。三，了解菩萨神通变化，示现圆满成就正等正觉善巧秘密的言语。四，了解众生业报善巧秘密的言语。五，了解众生所有染净秘密善巧的言语。六，了解一切法究竟无障碍门善巧秘密的言语。七，了解虚空界每个地方，那里有世界正在成立、或是败坏，其间毫无空过善巧秘密的言语。八，了解遍法界、十方世界，乃至微细的地方，都有如来示现初生，乃至成佛，入大般涅槃，如来都分别示现善巧秘密的言语。九，了解一切众生平等涅槃，没有变易，而不舍弃大愿，为了满足还没有圆满的一切智愿，所有善巧秘密的言语。十，菩萨虽然知道一切法不必经由他人启悟，却还是不愿远离诸位善知识，反而更加尊敬他们，并且与他们和合相处没有分别，并且修习种植各种善根，回向安住。一起行作，同一体性，一同出离，一同成就善巧秘密的言语。

"以上就是菩萨摩诃萨的十种善巧的言语。如果诸位菩萨能安住其中，就能得到如来无上善巧微密的言语。

"佛子啊！菩萨摩诃萨有十种善巧的分别智。是哪十种呢？一，进入一切刹土的善巧分别智；二，进入一切众生处所的善巧分别智；三，进入众生心行的善巧分别智；四，进入众生诸根的善巧分别智；五，进入众生业报的善巧分别智；六，进入声闻行的善巧分别智；七，进入独觉行的善巧分别智；八，进入菩萨行的善巧分别智；九，进入世间法的善巧分别智；十，进入佛法的善巧分别智。以上十种就是菩萨摩诃萨的善巧分别智。如果诸位菩萨能安住其中，就能证得诸佛无上善巧的分别诸法智。

"佛子啊！菩萨摩诃萨有十种证入禅定三昧的方便。是哪十种呢？一，能在一切世界证入三昧；二，能于一切众生的身上证入三昧；三，能证入一切法的三昧；四，能亲见诸佛而证入三昧；五，能安住一切的时劫而证入三昧；六，能从三昧起定，再示现不可思议身证入三昧；七，能在诸佛的身上证入三昧；八，能觉悟众生平等证入三昧；九，能在一念之间进入一切菩萨三昧智而证入三昧；十，能在一念之间以无碍的智慧、成就一切菩萨的行愿，没有休息地证入三昧。以上十种就是菩萨摩诃萨证入禅定三昧的方便，如果诸位菩萨能安住其中，就能得到诸佛无上善巧的三昧法。

"佛子啊！菩萨摩诃萨有十种遍入❷三昧。是哪十种呢？一，遍入众生的三昧；二，遍入国土的三昧；三，遍入世间种种相的三昧；四，遍入火灾的三昧；五，遍入水灾的三昧；六，遍入诸佛的三昧；七，遍入庄严的三昧；八，遍入如来无边功德身的三昧；九，遍入种种说法的三昧；十，遍入诸佛种种供养的三昧。以上十种就是菩萨摩诃萨遍入的三昧。假如诸位菩萨能安住其中，就能证得如来无上大智遍入法。

"佛子啊！菩萨摩诃萨有十种解脱法门。是哪十种呢？一，以一身周遍一切世界的解脱法门；二，在所有的世界示现无量色相的解脱法门；三，以一切世界入一佛国刹土的解脱法门；四，普遍加持一切众生的解脱法门；五，以诸佛庄严自身，并且充满所有世界的解脱法门；六，能从自身得见所有世界的解脱法门；七，能在一念之间前往所有世界的解脱法门；八，能在一个世界，示现诸佛出世的解脱法门；九，能以一身充满所有法界的解脱法门；十，能在一念之间示现诸佛游戏神通的解脱法门。以上就是菩萨摩诃萨的十种解脱法门。如果诸位菩萨能安住其中，就可以证得如来的无上解脱法门。

"佛子啊！菩萨摩诃萨有十种神通。是哪十种呢？一，忆念宿命的方便智慧神通；二，天耳无碍的方便智慧神通；三，了知其他众生不可思议心行的方便智慧神通；四，以天眼观察，毫无障碍的方便智慧神通；五，随顺众生心示现不可思议神通的方便智慧神通；六，以一身普遍示现无量世界的方便智慧神通；七，以一念遍入不可说不可说世界的方便智慧神通；八，出生无量的庄严器具，庄严不可思议世界的方便智慧神通；九，示现不可说变化身的方便智慧神通；十，随顺不可思议的众生心念，在不可说的世界示现成就无上正等正觉的方便智巧神通。以上就是菩萨摩诃萨的十种神通。如果诸位菩萨能安住其中，就能证得如来无上的广大善巧神通，为一切众生作种种示现，使他们得以修学。

"佛子啊！菩萨摩诃萨有十种智慧。是哪十种呢？一，了知众生业报的善巧智慧明。二，了知众生的境界寂灭清净，而且没有戏论的善巧智慧明。三，了知众生所缘的种种都只是一相，了不可得，一切诸法其实都如金刚不可毁坏的善巧智慧明。四，能以无量微妙的音声使十方世界普遍听闻的善巧智慧明。五，能完全破坏所有污染执着心念的善巧智慧明。六，能方便示现入胎受生，或不入胎受生的善巧智慧明。七，舍离一切心想与觉受的善巧智慧明。八，了知一切诸法既非相，也非无相，体性既是同又无自性体空。虽不分别诸法，却了知诸法的种种差别，并能在无量劫中分别演说，安住法界，成就无上正等正觉的善巧智慧明。九，菩萨摩诃萨了知众生虽然受生，其实没有受生的主体，因为他深知入胎受生根本了不可得。菩萨又同时了知众生的因、了知缘、了知事、了知境界、了知心行、了知生、了知灭、了知言说、了知迷惑、了知颠倒、了知杂染、了知清净、了知生死、了知涅槃、了知可得、了知不可得、了知执着、了知无执着、了知安住清净本性、了知转动烦恼、了知随逐烦恼、了知原来本性、了知心念的生起、了知寂然清净动静不起、了知心念的迷失败坏、了知出离、了知成熟、了知诸根、了知调伏众生的方法，而能随其相应，示现种种教化，不曾忘却退失菩萨行。为什么呢？因为菩萨除了利益众生，而发起无上正等正觉外，再也没有其他的作为。所以菩萨恒常教化众生，没有疲倦，不违背世间所作的众事，所以名为缘起的善巧智慧明。十，菩萨摩诃萨不会执着诸佛，不会心生执着；不会执着非法，不会心生执着；不会执着刹土，不会心生执着；不会执着众生，不会心生执着。他并没有见到任何需要教化或调伏说法的众生，尽管如此，他仍不舍弃菩萨诸行，以及大悲誓愿。他还是继续见佛闻法，随顺修行，依止如来，而种下诸多善根；恭敬供养诸佛，毫不休息。他能以神力震动十方无量世界，因为他的心量广大等同法界。他了知种种说法、了知众生的数量、了知众生的差别、了知苦的出生、了知苦的除灭、了知一切的行为都宛如影像。所以他努力实践菩萨行，永远断绝所有入胎受生的根本因缘。他虽只为了救护众生，实践菩萨行，实际上却无所行，只是一心随顺诸佛的种性，发起宛如山王的心志。因为他早已了知所有的虚妄颠倒，证入一切种智门。他的智慧广大，不可倾动，将来必当成就正觉，在生死海中平等救度众生的善巧智慧明。

"以上就是菩萨摩诃萨的十种善巧智慧明。如果诸位菩萨能安住其中，就能得到如来无上的大善巧智慧明。

"佛子啊！菩萨摩诃萨有十种解脱。是哪十种呢？一，解脱烦恼；二，解脱邪见；三，解脱各种贪取心；四，解脱蕴界；五，超越二乘而解脱；六，解脱无生法忍❸；七，远离对一切世间、一切刹土、一切众生、一切法的执着而解脱；八，解脱无边安住；九，发起菩萨行，证入如来无分别地的解脱；十，在一念之间完全了知过去、现在、未来三世的解脱。以上十种就是菩萨摩诃萨的解脱。如果诸位菩萨能安住这个法门，就能施作无上佛事，教化成熟一切众生。

"佛子啊！菩萨摩诃萨有十种庄严菩萨境界的园林。是哪十种呢？一，菩萨以生死为园林，因为菩萨不会厌倦舍弃生死。二，菩萨以教化众生为园林，因为菩萨永远不会疲于教化众生。三，菩萨以安住一切时劫为园林，因为菩萨能摄受各种大行。四，菩萨以清净世界为园林，因为菩萨自身始终止住清净世界。五，菩萨以众魔的宫殿为园林，因为菩萨能降伏众魔。六，菩萨以思惟所闻的佛法为园林，因为他能如理观察。七，菩萨以六波罗蜜、四摄事、三十七菩提分法为园林，因为他能继承诸佛慈父的境界。八，菩萨以十力、四无所畏、十八不共法、乃至一切佛法为园林，因为菩萨心中不会思念其他的法门。九，菩萨以示现一切菩萨威力自在神通为园林，因为他能用大神通力转正法轮，调伏众生不曾休息。十，菩萨能以念念在一切处，为众生示现成就正等正觉为园林，因为菩萨的法身周遍虚空，穷尽一切世界。

"以上就是菩萨摩诃萨的十种园林。如果诸位菩萨能安住这个法门，就能证得如来远离忧恼的无上大安乐行。

"佛子啊！菩萨摩诃萨有十种庄严的宫殿。是哪十种呢？一，菩萨以菩提心为宫殿，因为他恒常不忘失菩提心；二，菩萨以十善业道福德智慧为宫殿，因为他勤于教化欲界的众生，从不暂舍；三，菩萨以慈悲喜舍四无量心及禅定为宫殿，因为他勤于教化色界的众生，从不暂舍；四，菩萨以生净居天为宫殿，因为他不会染着任何烦恼；五，菩萨以生无色界为宫殿，因为他能使众生远离难处；六，菩萨以生杂染世界为宫殿，因为他能使众生断绝烦恼；七，菩萨以示现身处内宫，拥有妻子眷属为宫殿，因为他能成就往昔一起修行的众生；八，菩萨以示现自身为转轮圣王或守护世间的帝释与大梵天王等为宫殿，因为他要调伏那些具有大福德能自在随心意行事的众生；九，菩萨以安住一切菩萨行，自在游戏神通为宫殿，因为他善于游戏各种禅定解脱三昧的智慧；十，菩萨以一切佛所受无上自在，一切智王灌顶授记为宫殿，因为他能作一切法王自在之事。以上就是菩萨的十种宫殿，如果诸位菩萨能安住其中，就能证得法灌顶，在一切世间，神力自在。

"佛子啊！菩萨摩诃萨有十种欣喜乐求的境界。是哪十种呢？一，欣喜乐求正念，因为他的心念从不散乱；二，欣喜乐求智慧，因为他能分别诸法；三，欣喜乐求前往诸佛的处所，因为他对佛法永远没有满足；四，欣喜乐求诸佛，因为诸佛充满十方没有边际；五，欣喜乐求菩萨，因为他能示现无量法门，自在利益众生；六，欣喜乐求诸三昧门，因为他能从一个三昧门入一切的三昧门；七，欣喜乐求陀罗尼，因为他持法之后，不会忘记转授众生；八，欣喜乐求无碍的辩才，因为即便是一字、一句，即使经历不可说的时劫，他都能分别为众生演说，没有穷尽；九，欣喜乐求成就正觉，因为他能为众生示现无量法门，乃至成就正等正觉；十，欣喜乐求转动法轮，因为他能摧毁灭绝所有邪门外道的法门。以上就是菩萨欣喜乐求的十种境界，如果诸位菩萨能安住这个法门，就能得到诸佛的无上法乐。

　　"佛子啊！菩萨摩诃萨有十种庄严。是哪十种呢？一，力的庄严，因为无人能破坏菩萨的神力；二，无畏的庄严，因为没有什么人事是菩萨不能收伏的；三，义的庄严，因为他能演说不可说之义理，没有穷尽；四，法的庄严，因为他能聚集八万四千法门，并且观察演说，不曾忘失断绝；五，愿的庄严，因为菩萨所发的弘大誓愿，都不会退转；六，行的庄严，因为菩萨能修习普贤行而出离世间；七，刹的庄严，因为他能用一切刹作为一刹；八，普音的庄严，因为他能周遍一切世界普雨法雨；九，力持的庄严，因为他能穷尽所有的时劫行无数行，无有断绝；十，变化的庄严，因为他能在一个众生的身内，示现等同一切众生数量的身形。并且使众生莫不了知见闻，进而勤取智慧，永不退转。以上就是菩萨摩诃萨的十种庄严。如果诸位菩萨能安住这个法门，就能证得一切如来无上的法庄严。

　　"佛子啊！菩萨摩诃萨发十种不动心。是哪十种呢？一，能舍弃一切所有的不动心；二，思惟观察一切佛法的不动心；三，忆念供养诸佛的不动心；四，发誓不恼害众生的不动心；五，普遍摄受众生，不分别怨亲的不动心；六，为求一切佛法，不曾休息的不动心；七，在如同众生数不可说不可说的时劫，实践菩萨行，毫不疲惫厌倦，也不退转的不动心；八，成就坚固不动有根的信心、无浊的信心、清净的信心、极清净的信心、离垢的信心、明澈的信心、恭敬供养诸佛的信心、不退转的信心、不可尽的信心、无能坏的信心、大欢喜踊跃信仰的不动心；九，成就出生一切智慧方便道的不动心；十，听闻一切菩萨行法，信受奉行不生毁谤的不动心。以上就是菩萨摩诃萨发起的十种不动心。如果诸位菩萨能安住这个法门，就能证得无上一切智慧的不动心。

　　"佛子啊！菩萨摩诃萨有十种绝不舍弃、甚深广大的心。是哪十种呢？一，不舍弃成就圆满诸佛菩提的甚深广大心；二，不舍弃教化调伏众生的甚深广大心；三，永不舍弃断绝诸佛种性的甚深广大心；四，不舍弃亲近善知识的甚深广大心；五，不舍弃供养诸佛的甚深广大心；六，不舍弃专求一切大乘功德法的甚深广大心；七，不舍弃在诸佛处所修行梵行，护持清净戒律的甚深广大心；八，不舍弃亲近一切菩萨的甚深广大心；九，不舍弃追求一切佛法，方便护持的甚深广大心；十，不舍弃圆满一切菩萨行愿，集聚诸佛法要的甚深广大心。以上就是菩萨摩诃萨十种绝不舍弃的甚深广大心，如果诸位菩萨能安住其中，就能不舍弃一切佛法。

"佛子啊！菩萨摩诃萨有十种智慧观察。是哪十种呢？一，善巧分别，宣说一切佛法的智慧观察；二，了知过去、现在、未来三世一切善根的智慧观察；三，了知一切的菩萨行，能自在变化的智慧观察；四，了知所有诸法义理法门的智慧观察；五，了知诸佛威力的智慧观察；六，了知一切陀罗尼法门的智慧观察；七，能在所有世界演说正法的智慧观察；八，能进入一切法界的智慧观察；九，了知十方不可思议的智慧观察；十，了知一切佛法的智慧光明，没有障碍的智慧观察。以上就是菩萨摩诃萨的十种智慧观察。如果诸位菩萨能安住其中，就能得到如来无上的大智慧观察。

"佛子啊！菩萨摩诃萨有十种说法的要则。是哪十种呢？一，宣说诸法都是缘起而生；二，宣说诸法都是如同幻化；三，没有乖违净辩地宣说诸法；四，宣说诸法都是没有边际的；五，宣说诸法都是没有依止对象的；六，宣说诸法都是如同金刚坚固不坏的；七，宣说诸法都是如如不动；八，宣说诸法都是寂静无为的；九，宣说诸法都是出离世间的；十，宣说诸法都是同一义，本性自然成就。以上就是菩萨摩诃萨十种说法的要则。如果诸位菩萨能安住其中，就能善巧宣说诸法。

"佛子啊！菩萨摩诃萨有十种清净。是哪十种呢？一，甚深心念的清净；二，断绝疑惑的清净；三，远离各种执着见地的清净；四，境界的清净；五，求取一切智慧的清净；六，辩才的清净；七，无畏的清净；八，安住一切菩萨智慧的清净；九，受持一切菩萨律仪的清净；十，具足成就无上菩提、三十二种百福相白净之法、一切善根的清净。以上就是菩萨摩诃萨的十种清净。如果诸位菩萨能安住其中，就能得到一切如来无上的清净法。

"佛子啊！菩萨摩诃萨有十种决定不坏的心印。是哪十种呢？一，菩萨摩诃萨了知由疾病饥饿等引起的苦苦，因爱着的对象遭受破坏而产生的坏苦，以及由无常变异而生的行苦，所以他专心追求佛法，毫不懈怠。实践菩萨行没有疲惫懈怠，不惊不畏，不恐不怖，不舍弃大愿，追求一切智慧，坚固不退。终于成就究竟无上正等正觉。二，菩萨摩诃萨看见有愚痴狂乱的众生，有人用粗狂邪恶的言语诋毁辱骂他，有的用刀杖瓦石伤害他，但是菩萨始终不会因为这样而舍弃菩萨心。他只是忍辱柔和，一心专修佛法，安住最胜道，证入脱离生死的圣位。三，菩萨摩诃萨听人演说与一切智慧相应的甚深佛法时，能用自己的智慧深信忍可，了解趣入。四，菩萨摩诃萨心里又这样想：'我既然发起甚深大心追求一切智慧，未来必当成佛，证得无上正等正觉。但众生却仍流转五种生趣之中，受无量苦，我应当也使他们发起菩提心，深信欢喜，勤修精进，坚固不退。'五，菩萨摩诃萨了知如来的智慧没有边际，而不会以有限的边际齐限测度如来的智慧。因为菩萨曾经在诸佛处所，听闻如来的智慧，了知诸佛的智慧是没有边际的，没法以世间有限的齐限测度。文字所说的，都是有有限的，都不能了知如来的智慧。六，菩萨摩诃萨已于无上正等正觉证得最殊胜的志愿乐欲、甚深的乐欲、宽广的乐欲、宏大的乐欲、种种的乐欲、无人能胜的乐欲、无上的乐欲、坚固的乐欲、众魔外道与他的眷属都不能破坏的乐欲、追求一切智慧不退转的乐欲、菩萨安住等同上面所说的种种乐欲，因此对于无上的菩提都能究竟不退转，这是第六心印。七，菩萨摩诃萨能不顾身体性命地实践菩萨行，所以没有人能够破坏他的行为。因为他发心趣向一切的智慧，一切智慧的体性恒常示现在前，又证得一切诸佛的智慧光明。所以他始终不舍弃远离诸佛菩提，也从不舍弃远离一切善知识。八，菩萨摩诃萨如果见到有善男子、善女人趣向大乘，就会增长他们寻求佛法的心，使他们安住一切善根，使他们摄取一切智慧心，使他们不会退失无上的菩提。九，菩萨摩诃萨能使众生得到平等心，劝他们勤修一切智慧，并且用大悲心为他们说法，使他们在无上正等正觉永不退转。十，菩萨摩诃萨与三世诸佛同一善根。所以，他永远不会断绝诸佛的种性，而且能究竟证得一切智智。

"佛子啊！以上就是菩萨摩诃萨的十种心印。菩萨因为这十种心印而能立刻成就无上正等正觉，具足如来一切法无上智慧的心印。

"佛子啊！菩萨摩诃萨有十种智慧光明照耀。是哪十种呢？一，了知必定当成就无上正等正觉的智慧光明照耀；二，亲见一切诸佛的智慧光明照耀；三，亲见众生从这儿死去，又从彼处出生的智慧光明照耀；四，了解修多罗法门的智慧光明照耀；五，依止善知识而发起菩提心，聚集各种善根的智慧光明照耀；六，示现诸佛的智慧光明照耀；七，教化众生，使他们都安住如来境地的智慧光明照耀；八，演说不可思议广大法门的智慧光明照耀；九，善巧了知诸佛神通威力的智慧光明照耀；十，满足一切波罗蜜的智慧光明照耀。以上就是菩萨摩诃萨的十种智慧光明照耀。如果诸位菩萨能安住这个法门，就能证得诸佛无上的智慧光明照耀。

"佛子啊！菩萨摩诃萨有十种无能等比的安住，一切的众生、声闻、独觉都没能等同他的。是哪十种呢？一，菩萨摩诃萨虽然现观诸法的真如实际境界，却不会求取证入真如实际的境界，因为他尚未成就圆满一切的大愿。二，菩萨摩诃萨种下了等同法界广大的善根，但却没有任何的执着。三，菩萨摩诃萨修习菩萨行，了知菩萨行如同幻化，因为一切法的体性都是寂灭无为的，而却能安住佛法，没有任何疑惑。四，菩萨摩诃萨虽然远离世间所有的妄想，但是仍能在无住中作意生心，在不可说的时劫行菩萨行，满足大愿，始终不会疲倦懈怠。五，菩萨摩诃萨不会取着任何法，因为一切法的体性本来寂灭不生，所以也不会证入涅槃。为什么？因为菩萨还没有成就圆满智慧道。六，菩萨摩诃萨了知一切的时劫都是非时劫，而能真实地宣说所有时劫的数量。七，菩萨摩诃萨虽然了知所有的法都是没有造作的，但仍不舍弃造作之道，勤求所有的佛法。八，菩萨摩诃萨了知色界、欲界、无色界三界只是心识的造作，过去、现在、未来三世也是如此，而了知心是没有数量、没有边际的。九，菩萨摩诃萨能够为一个众生，在不可说的时劫中实践菩萨行，使他安住在一切的智慧地。就如同为那一个众生一般，他对一切众生也是如此，而且从来不会心生疲怠厌倦。十，菩萨摩诃萨虽然修行圆满，却不证入菩提。为什么？因为菩萨这么想：'我所

做的一切，本来都是为了众生，所以我应当恒久生死，方便利益众生，使他们都安住无上的佛道。'

"佛子啊！以上就是菩萨摩诃萨十种无能等比的安住。如果诸位菩萨能安住其中，就能得证一切佛法无能等比安住的无上智慧。"

【注释】

❶ 舍利：梵语 Śarīra，本意为"尸体"、"遗骨"。后来专指佛、菩萨、罗汉、高僧等圆寂之后，火化完所凝结之结晶，是由戒、定、慧之功德凝聚而成。

❷ 遍入：入三昧之意，使其周遍渐次增广之意。

❸ 无生法忍：无生法，即指涅槃之法；将心安住在涅槃之法，即是无生法忍。

卷第五十五
离世间品第三十八之三

【原典】

"佛子！菩萨摩诃萨发十种无下劣心。何等为十？佛子！菩萨摩诃萨作如是念：'我当降伏一切天魔及其眷属。'是为第一无下劣心。又作是念：'我当悉破一切外道及其邪法。'是为第二无下劣心。又作是念：'我当于一切众生善言开喻，皆令欢喜。'是为第三无下劣心。又作是念：'我当成满遍法界一切波罗蜜行。'是为第四无下劣心。又作是念：'我当积集一切福德藏。'是为第五无下劣心。又作是念：'无上菩提广大难成，我当修行，悉令圆满。'是为第六无下劣心。又作是念：'我当以无上教化、无上调伏，教化调伏一切众生。'是为第七无下劣心。又作是念：'一切世界种种不同，我当以无量身成等正觉。'是为第八无下劣心。又作是念：'我修菩萨行时，若有众生来从我乞手足、耳鼻、血肉、骨髓、妻子、象马乃至王位，如是一切悉皆能舍，不生一念忧悔之心，但为利益一切众生，不求果报，以大悲为首，大慈究竟。'是为第九无下劣心。又作是念：'三世所有一切诸佛、一切佛法、一切众生、一切国土、一切世间、一切三世、一切虚空界、一切法界、一切语言施设界、一切寂灭涅槃界，如是一切种种诸法，我当以一念相应慧，悉知悉觉，悉见悉证，悉修悉断，然于其中无分别、离分别、无种种差别、无功德、无境界、非有非无、非一非二。以不二智知一切二，以无相智知一切相，以无分别智知一切分别，以无异智知一切异，以无差别智知一切差别，以无世间智知一切世间，以无世智知一切世，以无众生智知一切众生，以无执著智知一切执著，以无住处智知一切住处，以无杂染智知一切杂染，以无尽智知一切尽，以究竟法界智于一切世界示现身，以离言音智示不可说言音，以一自性智入于无自性，以一境界智现种种境界。知一切法不可说，而现大自在言说，证一切智地。为教化调伏一切众生故，于一切世间示现大神通变化。'是为第十无下劣心。佛子！是为菩萨摩诃萨发十种无下劣心。若诸菩萨安住此心，则得一切最上无下劣佛法。

"佛子！菩萨摩诃萨于阿耨多罗三藐三菩提，有十种如山增上心。何等为十？佛子！菩萨摩诃萨常作意勤修一切智法，是为第一如山增上心。恒观一切法本性空无所得，是为第二如山增上心。愿于无量劫行菩萨行，修一切白净法，以住一切白净法故，知见如来无量智慧，是为第三如山增上心。为求一切佛法故，等心敬奉诸善知识，无异希求，无盗法心，唯生尊重，未曾有意，一切所有悉皆能舍，是为第四如山增上心。若有众生骂辱、毁谤、打棒、屠割，苦其形体，乃至断命，如是等事悉皆能受，终不因此生动乱心、生嗔害心，亦不退舍大悲弘誓，更令增长，无有休息。何以故？菩萨于一切法如实出离，舍成就故；证得一切诸如来法，忍辱柔和，已自在故。是为第五如山增上心。菩萨摩诃萨成就增上大功德，所谓天增上功德、人增上功德、色增上功德、力增上功德、眷属增上功德、欲增上功德、王位增上功德、自在增上功德、福德增上功德、智慧增上功德。虽复成就如是功德，终不于此而生染著，所谓不著味、不著欲、不著财富、不著眷属，但深乐法，随法去，随法住，随法趣向，随法究竟，以法为依，以法为救，以法为归，以法为舍，守护法，爱乐法，希求法，思惟法。佛子！菩萨摩诃萨虽复具受种种法乐，而常远离众魔境界。何以故？菩萨摩诃萨于过去世发如是心：'我当令一切众生皆悉永离众魔境界，住佛境界故。'是为第六如山增上心。菩萨摩诃萨为求阿耨多罗三藐三菩提，已于无量阿僧祇劫行菩萨道精勤匪懈，犹谓'我今始发阿耨多罗三藐三菩提心'，行菩萨行，亦不惊，亦不怖，亦不畏。虽能一念即成阿耨多罗三藐三菩提，然为众生故，于无量劫行菩萨行，无有休息，是为第七如山增上心。菩萨摩诃萨知一切众生性不和善，难调难度，不能知恩，不能报恩，是故为其发大誓愿，欲令皆得心意自在，所行无碍，舍离恶念，不于他所生诸烦恼，是为第八如山增上心。菩萨摩诃萨复作是念：'非他令我发菩提心，亦不待人助我修行。我自发心，集诸佛法，誓期自勉，尽未来劫，行菩萨道，成阿耨多罗三藐三菩提。是故我今修菩萨行，当净自心，亦净他心，当知自境界，亦知他境界，我当悉与三世诸佛境界平等。'是为第九如山增上心。菩萨摩诃萨作如是观：'无有一法修菩萨行，无有一法满菩萨行，无有一法教化调伏一切众生，无有一法供养恭敬一切诸佛，无有一法于阿耨多罗三藐三菩提已成、今成、当成，无有一法已说、今说、当说，说者及法，俱不可得，而亦不舍阿耨多罗三藐三菩提愿。'何以故？菩萨求一切法皆无所得，如是出生阿耨多罗三藐三菩提。是故，于法虽无所得，而勤修习增上善业，清净对治，智慧圆满，念念增长，一切具足。其心于此不惊不怖，不作是念：'若一切法皆悉寂灭，我有何义求于无上菩提之道？'是为第十如山增上心。佛子！是为菩萨摩诃萨于阿耨多罗三藐三菩提十种如山增上心。若诸菩萨安住其中，则得如来无上大智山王增上心。

"佛子！菩萨摩诃萨有十种入阿耨多罗三藐三菩提如海智。何等为十？所谓入一切无量众生界，是为第一如海智。入一切世界而不起分别，是为第二如海智。知一切虚空界无量无碍，普入十方一切差别世界网，是为第三如海智。菩萨摩诃萨善入法界，所谓无碍入、不断入、不常入、无量入、不生入、不灭入、一切入，悉了知故，是为第四如海智。菩萨摩诃萨于过去、未来、现在诸佛、菩萨、法师、声闻、独觉及一切凡夫所集善根已集、现集、当集，三世诸佛于阿耨多罗三藐三菩提已成、今成、当成所有善根，三世诸佛说法调伏一切众生已说、今说、当说所有善根，于彼一切皆悉了知，深信随喜，愿乐修习，无有厌足，是为第五如海智。菩萨摩诃萨于念念中入过去世不可说劫，于一劫中，或百亿佛出世，或千亿佛出世，或百千亿佛出世，或无数，或无量，或无边，或无等，或不可数，或不可称，或不可思，或不可量，或不可说，或不可说不可说，超过算数诸佛世尊出兴于世，及彼诸佛道场众会声闻、菩萨说法调伏，一切众生寿命延促，法住久近，如是一切悉皆明见。如一劫，一切诸劫皆亦如是。其无佛劫所有众生，有于阿耨多罗三藐三菩提种诸善根，亦悉了知。若有众生善根熟已，于未来世当得见佛，亦悉了知。如是观察过去世不可说不可说劫，心无厌足，是为第六如海智。菩萨摩诃萨入未来世，观察分别一切诸劫，无量无边，知何劫有佛，何劫无佛，何劫有几如来出世，一一如来名号何等，住何世界，世界名何，度几众生，寿命几时。如是观察，尽未来际皆悉了知，不可穷尽，而无厌足，是为第七如海智。菩萨摩诃萨入现在世观察思惟，于念念中普见十方无边品类不可说世界，皆有诸佛于无上菩提已成、今成、当成，往诣道场菩提树下，坐吉祥草，降伏魔军，成阿耨多罗三藐三菩提，从此起已，入于城邑，升天宫殿，说微妙法，转大法轮，示现神通，调伏众生，乃至付嘱阿耨多罗三藐三菩提法，舍于寿命，入般涅槃。入涅槃已，结集法藏，令久住世，庄严佛塔，种种供养。亦见彼世界所有众生，值佛闻法，受持讽诵，忆念思惟，增长慧解。如是观察普遍十方，而于佛法无有错谬。何以故？菩萨摩诃萨了知诸佛皆悉如梦，而能往诣一切佛所恭敬供养。菩萨尔时，不著自身，不著诸佛，不著世界，不著众会，不著说法，不著劫数，然见佛闻法，观察世界，入诸劫数，无有厌足，是为第八如海智。菩萨摩诃萨于不可说不可说劫一一劫中，供养恭敬不可说不可说无量诸佛，示现自身殁此生彼，以出过三界一切供具而为供养，并及供养菩萨、声闻、一切大众。一一如来般涅槃后，皆以无上供具供养舍利，及广行惠施，满足众生。佛子！菩萨摩诃萨以不可思议心、不求报心、究竟心、饶益心，于不可说不可说劫，为阿耨多罗三藐三菩提故，供养诸佛，饶益众生，护持正法，开示演说，是为第九如海智。菩萨摩诃萨于一切佛所、一切菩萨所、一切法师所，一向专求菩萨所说法、菩萨所学法、菩萨所教法、菩萨修行法、菩萨清净法、菩萨成熟法、菩萨调伏法、菩萨平等法、菩萨出离法、菩萨总持法，得此法已，受持读诵，分别解说，无有厌足，令无量众生，于佛法中，发一切智相应心，入真实相，于阿耨多罗三藐三菩提得不退转。菩萨如是于不可说不可说劫无有厌足，是为第十如海智。佛子！是为菩萨摩诃萨十种入阿耨多罗三藐三菩提如海智。若诸菩萨安住此法，则得一切诸佛无上大智慧海。

"佛子！菩萨摩诃萨于阿耨多罗三藐三菩提，有十种如宝住。何等为十？佛子！菩萨摩诃萨悉能往诣无数世界诸如来所，瞻觐顶礼，承事供养，是为第一如宝住。于不思议诸如来所，听闻正法，受持忆念，不令忘失，分别思惟，觉慧增长，如是所作充满十方，是为第二如宝住。于此刹殁，余处现生，而于佛法无所迷惑，是为第三如宝住。知从一法出一切法，而能各各分别演说，以一切法种种义究竟皆是一义故，是为第四如宝住。知厌离烦恼，知止息烦恼，知防护烦恼，知除断烦恼，修菩萨行，不证实际，究竟到于实际彼岸，方便善巧，善学所学，令往昔愿行皆得成满，身不疲倦，是为第五如宝住。知一切众生心所分别，皆无处所，而亦说有种种方处，虽无分别，无所造作，为欲调伏一切众生而有修行，而有所作，是为第六如宝住。知一切法皆同一性，所谓无性，无种种性，无无量性，无可算数性，无可称量性，无色无相，若一若多皆不可得，而决定了知此是诸佛法，此是菩萨法，此是独觉法，此是声闻法，此是凡夫法，此是善法，此是不善法，此是世间法，此是出世间法，此是过失法，此是无过失法，此是有漏法，此是无漏法，乃至此是有为法、此是无为法，是为第七如宝住。菩萨摩诃萨求佛不可得，求菩萨不可得，求法不可得，求众生不可得，而亦不舍调伏众生令于诸法成正觉愿。何以故？菩萨摩诃萨善巧观察，知一切众生分别，知一切众生境界，方便化导，令得涅槃，为欲满足化众生愿，炽然修行菩萨行故。是为第八如宝住。菩萨摩诃萨知善巧说法，示现涅槃，为度众生所有方便，一切皆是心想建立，非是颠倒，亦非虚诳。何以故？菩萨了知一切诸法三世平等、如如不动、实际无住，不见有一众生已受化、今受化、当受化，亦自了知无所修行，无有少法若生若灭而可得者，而依于一切法，令所愿不空。是为第九如宝住。菩萨摩诃萨于不思议无量诸佛一一佛所，闻不可说不可说授记法，名号各异，劫数不同，从于一劫乃至不可说不可说劫，常如是闻，闻已修行，不惊不怖，不迷不惑，知如来智不思议故，如来授记言无二故，自身行愿殊胜力故，随应受化令成阿耨多罗三藐三菩提满等法界一切愿故，是为第十如宝住。佛子！是为菩萨摩诃萨于阿耨多罗三藐三菩提十种如宝住。若诸菩萨安住此法，则得诸佛无上大智慧宝。

"佛子！菩萨摩诃萨发十种如金刚大乘誓愿心。何等为十？佛子！菩萨摩诃萨作如是念：'一切诸法，无有边际，不可穷尽。我当以尽三世智，普皆觉了，无有遗余。'是为第一如金刚大乘誓愿心。菩萨摩诃萨又作是念：'于一毛端处有无量无边众生，何况一切法界！我当皆以无上涅槃而灭度之。'是为第二如金刚大乘誓愿心。菩萨摩诃萨又作是念：'十方世界，无量无边，无有齐限，不可穷尽。我当以诸佛国土最上庄严，庄严如是一切世界，所有庄严皆悉真实。'是为第三如金刚大乘誓愿心。菩萨摩诃萨又作是念：'一切众生，无量无边，无有齐限，不可穷尽。我当以一切善根，回向于彼无上智光，照耀于彼。'是为第四如金刚大乘誓愿心。菩萨摩诃萨又作是念：'一切诸佛，无量无边，无有齐限，不可穷尽。我当以所种善根回向供养，悉令周遍，无所阙少，然后我当成阿耨多罗三藐三菩提。'是为第五如金刚大乘誓愿心。佛子！菩萨摩诃萨见一切佛，闻所说法，生大欢喜，不著自身，不著佛身，解如来身非实非虚，非有非无，非性非无性，非色非无色，非相非无相，非生非灭，实无所有，亦不坏有。何以故？不可以一切性相而取著故。是为第六如金刚大乘誓愿心。佛子！菩萨摩诃萨，或被众生诃骂毁呰、挝打楚挞，或截手足，或割耳鼻，或挑其目，或级其头，如是一切，皆能忍受，终不因此生恚害心。于不可说不可说无央数劫修菩萨行，摄受众生，恒无废舍。何以故？菩萨摩诃萨已善观察一切诸法无有二相，心不动乱，能舍自身，忍其苦故。是为第七如金刚大乘誓愿心。佛子！菩萨摩诃萨又作是念：'未来世劫，无量无边，无有齐限，不可穷尽。我当尽彼劫，于一世界，行菩萨道教化众生，如一世界，尽法界、虚空界、一切世界悉亦如是，而心不惊、不怖、不畏。何以故？为菩萨道法应如是，为一切众生而修行故。'是为第八如金刚大乘誓愿心。佛子！菩萨摩诃萨又作是念：'阿耨多罗三藐三菩提以心为本，心若清净，则能圆满一切善根，于佛菩提必得自在，欲成阿耨多罗三藐三菩提随意即成。若欲除断一切取缘，住一向道，我亦能得，而我不断，为欲究竟佛菩提故，亦不即证无上菩提。何以故？为满本愿，尽一切世界行菩萨行化众生故。'是为第九如金刚大乘誓愿心。佛子！菩萨摩诃萨知佛不可得，菩提不可得，菩萨不可得、一切法不可得、众生不可得、心不可得、行不可得、过去不可得，未来不可得，现在不可得，一切世间不可得，有为无为不可得。菩萨如是寂静住，甚深住，寂灭住，无诤住，无言住，无二住，无等住，自性住，如理住，解脱住，涅槃住，实际住，而亦不舍一切大愿，不舍萨婆若心，不舍菩萨行，不舍教化众生，不舍诸波罗蜜，不舍调伏众生，不舍承事诸佛，不舍演说诸法，不舍庄严世界。何以故？菩萨摩诃萨发大愿故，虽复了达一切法相，大慈悲心转更增长，无量功德皆具修行，于诸众生心不舍离。何以故？'一切诸法，皆无所有，凡夫愚迷，不知不觉，我当令彼悉得开悟，于诸法性分明照了。'何以故？'一切诸佛安住寂灭，而以大悲心，于诸世间说法教化，曾无休息。我今云何而舍大悲？又我先发广大誓愿心，发决定利益一切众生心，发积集一切善根心，发安住善巧回向心，发出生甚深智慧心，发含受一切众生心，发于一切众生平等心，作真实语，不虚诳语，愿与一切众生无上大法，愿不断一切诸佛种性。今❶一切众生未得解脱，未成正觉，未具佛法，大愿未满，云何而欲舍离大悲？'是为第十如金刚大乘誓愿心。佛子！是为菩萨摩诃萨发十种如金刚大乘誓愿心。若诸菩萨安住此法，则得如来金刚性无上大神通智。

"佛子！菩萨摩诃萨有十种大发起。何等为十？佛子！菩萨摩诃萨作如是念：'我当供养恭敬一切诸佛。'是为第一大发起。又作是念：'我当长养一切菩萨所有善根。'是为第二大发起。又作是念：'我当于一切如来般涅槃后，庄严佛塔，以一切华、一切鬘、一切香、一切涂香、一切末香、一切衣、一切盖、一切幢、一切幡而供养之，受持守护彼佛正法。'是为第三大发起。又作是念：'我当教化调伏一切众生，令得阿耨多罗三藐三菩提。'是为第四大发起。又作是念：'我当以诸佛国土无上庄严，而以庄严一切世界。'是为第五大发起。又作是念：'我当发大悲心，为一众生，于一切世界，一一各尽未来际劫行菩萨行；如为一众生，为一切众生悉亦如是，皆令得佛无上菩提，乃至不生一念疲懈。'是为第六大发起。又作是念：

'彼诸如来无量无边，我当于一如来所，经不思议劫，恭敬供养，如于一如来，于一切如来悉亦如是。'是为第七大发起。菩萨摩诃萨又作是念：'彼诸如来灭度之后，我当为一一如来所有舍利各起宝塔，其量高广与不可说诸世界等，造佛形像亦复如是，于不可思议劫以一切宝幢、幡盖、香华、衣服而为供养，不生一念厌倦之心。为成就佛法故，为供养诸佛故，为教化众生故，为护持正法开示演说故。'是为第八大发起。菩萨摩诃萨又作是念：'我当以此善根成无上菩提，得入一切诸如来地，与一切如来体性平等。'是为第九大发起。菩萨摩诃萨复作是念：'我当成正觉已，于一切世界不可说劫，演说正法，示现不可思议自在神通，身、语及意不生疲倦，不离正法。以佛力所持故，为一切众生勤行大愿故，大慈为首故，大悲究竟故，达无相法故，住真实语故，证一切法皆寂灭故，知一切众生悉不可得而亦不违诸业所作故，与三世佛同一体故，周遍法界、虚空界故，通达诸法无相故，成就不生不灭故，具足一切佛法故，以大愿力调伏众生，作大佛事，无有休息。'是为第十大发起。佛子！是为菩萨摩诃萨十种大发起。若诸菩萨安住此法，则不断菩萨行，具足如来无上大智。

"佛子！菩萨摩诃萨有十种究竟大事。何等为十？所谓恭敬供养一切如来究竟大事，随所念众生悉能救护究竟大事，专求一切佛法究竟大事，积集一切善根究竟大事，思惟一切佛法究竟大事，满足一切誓愿究竟大事，成就一切菩萨行究竟大事，奉事一切善知识究竟大事，往诣一切世界诸如来所究竟大事，闻持一切诸佛正法究竟大事。是为十。若诸菩萨安住此法，则得阿耨多罗三藐三菩提大智慧究竟事。

"佛子！菩萨摩诃萨有十种不坏信。何等为十？所谓于一切佛不坏信，于一切佛法不坏信，于一切圣僧不坏信，于一切菩萨不坏信，于一切善知识不坏信，于一切众生不坏信，于一切菩萨大愿不坏信，于一切菩萨行不坏信，于恭敬供养一切诸佛不坏信，于菩萨巧密方便教化调伏一切众生不坏信。是为十。若诸菩萨安住此法，则得诸佛无上大智慧不坏信。

"佛子！菩萨摩诃萨有十种得授记。何等为十？所谓内有甚深解得授记，能随顺起菩萨诸善根得授记，修广大行得授记，现前得授记，不现前得授记，因自心证菩提得授记，成就忍得授记，教化调伏众生得授记，究竟一切劫数得授记，一切菩萨行自在得授记。是为十。若诸菩萨安住此法，则于一切诸佛所而得授记。

"佛子！菩萨摩诃萨有十种善根回向，菩萨由此能以一切善根悉皆回向。何等为十？所谓以我善根同善知识愿，如是成就，莫别成就；以我善根同善知识心，如是成就，莫别成就；以我善根同善知识行，如是成就，莫别成就；以我善根同善知识善根，如是成就，莫别成就；以我善根同善知识平等，如是成就，莫别成就；以我善根同善知识念，如是成就，莫别成就；以我善根同善知识清净，如是成就，莫别成就；以我善根同善知识所住，如是成就，莫别成就；以我善根同善知识成满，如是成就，莫别成就；以我善根同善知识不坏，如是成就，莫别成就。是为十。若诸菩萨安住此法，则得无上善根回向。

"佛子！菩萨摩诃萨有十种得智慧。何等为十？所谓于施自在得智慧，深解一切佛法得智慧，入如来无边智得智慧，于一切问答中能断疑得智慧，入于智者义得智慧，深解一切如来于一切佛法中言音善巧得智慧，深解于诸佛所种少善根必能满足一切白净法获如来无量智得智慧，成就菩萨不思议住得智慧，于一念中悉能往诣不可说佛刹得智慧，觉一切佛菩提、入一切法界闻持一切佛所说法、深入一切如来种种庄严言音得智慧。是为十。若诸菩萨安住此法，则得一切诸佛无上现证智。

"佛子！菩萨摩诃萨有十种发无量无边广大心。何等为十？所谓于一切诸佛所，发无量无边广大心，观一切众生界，发无量无边广大心，观一切刹、一切世、一切法界，发无量无边广大心，观察一切法皆如虚空，发无量无边广大心，观察一切菩萨广大行，发无量无边广大心，正念三世一切诸佛，发无量无边广大心，观不思议诸业果报，发无量无边广大心，严净一切佛刹，发无量无边广大心，遍入一切诸佛大会，发无量无边广大心，观察一切如来妙音，发无量无边广大心。是为十。若诸菩萨安住此心，则得一切佛法无量无边广大智慧海。

"佛子！菩萨摩诃萨有十种伏藏。何等为十？所谓知一切法是起功德行藏，知一切法是正思惟藏，知一切法是陀罗尼照明藏，知一切法是辩才开演藏，知一切法是不可说善觉真实藏，知一切佛自在神通是观察示现藏，知一切法是善巧出生平等藏，知一切法是常见一切诸佛藏，知一切不思议劫是善了皆如幻住藏，知一切诸佛菩萨是发生欢喜净信藏。是为十。若诸菩萨安住此法，则得一切诸佛无上智慧法藏，悉能调伏一切众生。

"佛子！菩萨摩诃萨有十种律仪。何等为十？所谓于一切佛法不生诽谤律仪，于一切佛所信乐心不可坏律仪，于一切菩萨所起尊重恭敬律仪，于一切善知识所终不舍爱乐心律仪，于一切声闻、独觉不生忆念心律仪，远离一切退菩萨道律仪，不起一切损害众生心律仪，修一切善根皆令究竟律仪，于一切魔悉能降伏律仪，于一切波罗蜜皆令满足律仪。是为十。若诸菩萨安住此法，则得无上大智律仪。

"佛子！菩萨摩诃萨有十种自在。何等为十？所谓命自在，于不可说劫住寿命故，心自在，智慧能入阿僧祇诸三昧故，资具自在，能以无量庄严庄严一切世界故，业自在，随时受报故，受生自在，于一切世界示现受生故，解自在，于一切世界见佛充满故，愿自在，随欲随时于诸刹中成正觉故，神力自在，示现一切大神变故，法自在，示现无边诸法门故，智自在，于念念中示现如来十力、无畏、成正觉故。是为十。若诸菩萨安住此法，则得圆满一切诸佛诸波罗蜜智慧神力菩提自在。"

注释

❶ "今"，大正本原作"令"，今依宋、明、宫本改之。

【白话语译】

"佛子啊！菩萨摩诃萨发起十种的无下劣心。是哪十种呢？

"佛子啊！菩萨摩诃萨心里这样想：'我应当降伏一切天魔和他们的眷属。'以上是第一无下劣心。菩萨又心想：'我应当破除一切外道及外道的种种邪法。'以上是第二无下劣心。菩萨又想：'我应当用善巧的言说向众生开示譬喻或宣说佛法，使他们都心生欢喜。'以上是第三无下劣心。菩萨又想：'我应当成就遍布法界的圆满波罗蜜行。'以上是第四无下劣心。菩萨又想：'我应当积集一切福德藏。'以上是第五无下劣心。他又想：'我应当即使无上菩提广大难行，我都应当修行圆满。'以上是第六无下劣心。他心里又想：'我应当以无上的教化，无上的调伏，教化调伏众生。'以上是第七无下劣心。他又想：'即使一切世界有种种不同的差别，我都应当以无量的身形成就正等正觉。'以上是第八无下劣心。他又心想：'我修菩萨行时，若有众生来向我乞讨手、足、耳、鼻、血肉、骨髓、妻子、象马，乃至王位，如此的一切我都能够舍弃，不生一念忧悔，这都只是为求利益众生，不求果报，完全以大悲心为上首，大慈为究竟。'以上是第九无下劣心。菩萨心里又想：'三世诸佛、一切佛法、一切众生、一切国土、一切世间、一切三世、一切虚空世界、一切法界、一切的语言施设、一切寂灭涅槃界，如是一切诸法，我当以一念相应的智慧，完全了知、完全觉察、完全彻见、完全现证、完全修习、完全断除，在其中无有分别；无种种差别，无功德，无境界；非有，也非无；非一，也非二！以不二的智慧了知所有二相的差别，以无相的智慧了知一切的众相。以无分别的智慧了知一切分别，以无异的智慧了知一切的相异。以无差别的智慧了知一切差别，以无世间的智慧了知一切世间。以无三世时劫的智慧了知一切世，以无众生的智慧了知众生。以无执着的智慧了知一切执着，以无住处的智慧了知一切住处。以无杂染的智慧了知一切杂染，以无尽的智慧了知一切无穷尽。以究竟法界智，在一切世间示现身相；以离言音智，示现不可说的言音；以一如的自性智慧证入无自性的智慧；以齐一境界的智慧示现种种境界，了知一切法不可说而示现大自在言说。证得一切智慧，为教化调伏众生，在世间示现大神通变化。'以上是第十无下劣心。

"佛子啊！以上就是菩萨摩诃萨发起的十种无下劣心。如果诸位菩萨能安住此心，就能证得一切最上无有下劣的佛法。

"佛子啊！菩萨摩诃萨于无上正等正觉，有十种宛如大山的增上心。是哪十种呢？一，菩萨摩诃萨恒常精勤修习一切的智慧法门。二，菩萨恒常观察一切法的本性寂灭空无所得。三，菩萨愿在无量劫修行菩萨行，修一切清净白净的佛法，因为他能安住一切的白净法，并且亲见如来的无量智慧。四，菩萨为了求取一切佛法，能平等尊敬奉侍所有的善知识，不会想要追求名利及其他欲望，也不会想到要把从他人那儿听闻的法，告诉别人说这法是我说的。菩萨只是一心尊重亲近善知识，未曾有其他不如理、不如法的心意，因此他能舍弃所有的慢心与欺诳。五，如果有众生辱骂、毁谤、棒打、割屠、苦迫菩萨的形体，乃至于使他断命，如此种种痛苦的事，他都能够接受、始终不会因此而心生动乱或嗔害，更不会因此退转，舍弃大悲弘誓。这种种恶事只会更增长他的大悲行愿，无有休息。为什么呢？因为菩萨早就出离一切法，不执着他所成就的善根，所以能证得忍辱柔和、自在的诸如来法。六，菩萨摩诃萨又成就增上的大功德，就是天上的增上功德、人的增上功德、色相庄敬的增上功德、力的增上功德、眷属的增上功德、志愿乐欲的增上功德、王位的增上功德、自在的增上功德、福德增上功德、智慧的增上功德。虽然他已经成就如来如此种种的功德，但对这些他都毫无染着，就是：不染着于味，不染着于欲，不染着于财富，不染着于眷属。只是一心深乐正法，随顺正法离去，随顺安住正法，随顺趣向正法，随顺法的究竟。依止正法，以法为救护，以法为归处，以法为房舍。守护正法，爱乐正法，希求正法，思惟正法。佛子啊！菩萨摩诃萨虽然已经具足种种法乐，但却常远离众魔境界。为什么呢？菩萨摩诃萨在过去世曾发过这样的誓愿：'我应当使众生永远离众魔境界，安住佛陀的境界。'七，菩萨摩诃萨为求无上正等正觉，已在无量阿僧祇劫行菩萨道，精勤匪懈，而还说：'我现在才开始发起菩提心，行菩萨行。'他既不惊讶，也不恐怖畏惧。他虽然能在一念之间立刻成就无上正等正觉，然而为了在无量劫行菩萨行，救度众生，从不歇息。八，菩萨摩诃萨了知一切众生生性不善，难以调伏救度，既不知他人的恩德，更不知报恩。所以菩萨就为他们发起大誓愿，希望众生都能得证心意自在，所行无碍，舍离恶念，不于他人之所生起种种的烦恼。九，菩萨摩诃萨心里又想：'不是他人使我发起菩提心，我也不须等待他人帮助才能修行。我自己就可以发心，集聚诸佛道法，深自勉励，尽未来劫行菩萨道，成就无上正等正觉。所以我现在既然修菩萨行，不仅当清净自心，也当清净他人的心；不仅当了知自己的境界，也当使他人了知他们自身的境界。我当完全与三世诸佛境界平等。'十，菩萨摩诃萨又作如是观：'实在没有任何法能用来修习菩萨行，也没有任何法能圆满菩萨行。也没有任何法能教化调伏众生，没有任何法能供养恭敬诸佛。也没有任何法于无上正等正觉过去已成就、现在将成就、未来当成就的。没有什么法是已经宣说，现在正在宣说或未来应该宣说的，因为说法者及法都不可得，却又不舍弃誓愿。'为什么呢？菩萨求取一切法都无所得，如是出生无上正等正觉，所以于法虽无所得，而还是能勤加修习增上善业。清净对治，智慧圆满，念念增长，一切具足。他的心对这些不惊讶、不恐怖，他心里不会这样想：'如果一切法都寂灭了，我求取无上道又有什么意义呢？'

"佛子啊！以上是菩萨摩诃萨生起十种无上正等正觉的如山增上心。如果诸位菩萨能安住其中，就能得到如来的无上大智山王增上心。

"佛子啊！菩萨摩诃萨能够以无上正等正觉证入十种宛如大海的智慧，是哪十种如海的智慧呢？一，证入无量众生界的智慧。二，证入一切世界而不生起分别的智慧。三，了知一切虚空界无量无碍，普入十方一切差别世界网的智慧。四，菩萨摩诃萨善巧趣入法界，就是完全了知无碍的趣入、不断趣入、不常趣入、无量趣入、不生趣入、不灭趣入、一切趣入的智慧。五，菩萨摩诃萨在过去、未来、现在诸佛、菩萨、法师、声闻、独觉，及一切凡夫所集的善根，不过是过去已经积集，现在正在积集，未来当积集的；三世诸佛于过去已成就，现在成就，未来当成就的所有善根；三世诸佛说法调伏一切的众生，过去已经宣说，现在正在宣说，未来应当宣说的所有善根，菩萨无不了知，并且深信随喜，乐于修习，没有满足，这是第五种大海般的智慧。六，菩萨摩诃萨念念都能证入过去世不可说劫，一劫中或有百亿佛出世，或有千亿佛出世，或有百千亿佛出世，或有无数量，或有无量，或有无边，或有无等，或有不可数，或有不可称，或有不可思议或有不可数，或有不可说，或有不可说不可说，超过算数的诸佛世尊出兴世间；以及那些佛陀的道场中声闻、菩萨如何说法调伏众生；又众生寿命的长短，正法住世的久近，如是一切菩萨无不明见，不仅只是一劫、一切诸劫也都如此了知；没有佛出世时劫的所有众生，若曾有人与诸佛种下各种善根，菩萨也都完全了知；如果有众生善根已经成熟，在未来世当得见佛，菩萨也都完全了知，如是观察过去世不可说不可说劫，心中无有满足，是菩萨第六种如大海般的智慧。七，菩萨能如是观察分别无量无边的时劫，了知哪一个时劫有佛出世，哪一个时劫无佛出世，哪一个时劫有多少如来出世，每一如来什么名号，如来安住在什么世界，他的世界叫什么名字，度化了多少众生，佛陀住世多久等，即使尽未来的时际，菩萨都能如是观察，无不了知，不可穷尽，毫无厌足，以上就是第七种宛如大海的智慧。八，菩萨摩诃萨趣入现在世时，观察思惟，念念都能普遍照见十方无量不可说的世界，都有诸佛已经成就，现在成就，未来当成就无上菩提，前往诣见道场，在菩提树下、端坐金刚宝座的吉祥草上、降伏魔军、成就无上正等正觉，从树下起来之后，就进入城里，升上诸天的宫殿，宣说微妙法门，转大法轮，示现神通，调伏众生，乃至付嘱正法，离开世间，趣入般涅槃，入涅槃之后，弟子们结集法要宝藏，使佛法得以久住世间，又庄严佛塔等种种供养。他也能看见每个世界里所有的众生，得闻佛法，受持讽诵，忆念思惟，增长慧解的种种情形。菩萨能如此普遍地观察十方，对于佛法完全没有任何错谬。为什么呢？因为菩萨摩诃萨了知诸佛都宛如梦幻，但又能前往参拜诸佛处所，恭敬供养。菩萨这时，既不执着自身，也不执着诸佛；更不执着世界，不执着众会；不执着说法，不执着劫数。

虽然他能见佛闻法，观察世界，证入诸劫数，但是菩萨却从来没有厌足，以上就是第八种宛如大海的智慧。九，菩萨摩诃萨能在不可说不可说的时劫，恭敬供养不可说不可说的无量诸佛，示现自身从这个世界死亡，又从另一个世界出生。以胜过欲界、色界、无色界三界的供养器具供养诸佛，以及供养菩萨、声闻、一切大众。每一位如来涅槃后，他都以无上供养器具来供养这位佛陀的舍利，并广行恩惠布施，满足众生。佛子啊！菩萨摩诃萨以不可思议心、不求报心、究竟心、饶益心，在不可说不可说的时劫，为求取正法，供养诸佛，饶益众生，护持正法，开示演说，以上是菩萨的第九种宛如大海的智慧。十，菩萨摩诃萨在诸佛的处所，一切菩萨的处所，一切法师的处所，一心专求菩萨所说的法要，菩萨所学的法、菩萨所教的法、菩萨修习的法、菩萨的清净法、菩萨的成熟法、菩萨的调伏法、菩萨的平等法、菩萨的出离法、菩萨的总持法。得到这些法之后，更为众生受持读诵，分别解说，毫无厌足。使无量的众生，能对佛法发起与一切智相应之心，证入真正的实相。于无上正等正觉得不退转，菩萨如此地求法教化，即使经过不可说不可说的时劫，也毫无厌足，以上就是菩萨第十种宛如大海的智慧。

"佛子啊！以上就是菩萨摩诃萨十种入于无上正等正觉宛如大海的智慧。如果诸位菩萨能安住在这个法门，就能证得诸佛无上宛如大海的智慧。

"佛子啊！❶菩萨摩诃萨于无上正等正觉，有十种如珍宝的安住。是哪十种呢？佛子啊！菩萨摩诃萨能前往参拜无数世界的所有如来，并且瞻觐顶礼，承事供养，以上是菩萨第一种宛如珍宝的安住。他在不思议诸位如来的处所，能听闻正法，受持忆念从不忘失，更能分别思惟，增长觉慧，如此的作为充满十方，以上就是菩萨第二种宛如珍宝的安住。菩萨即使是从这个刹土死去，投生其他地方，对于佛法也不会有任何迷惑，以上就是菩萨第三种宛如珍宝的安住。他能了知从一法而出生一切法，并且能各各分别演说一切法的种种义理，因为万法都是同一义理。以上就是菩萨第四种宛如珍宝的安住。菩萨早已厌离烦恼，所以了知如何止息烦恼、除断烦恼。他为了修习菩萨行，虽然早已究竟到达诸佛真如的彼岸，但却不证入涅槃，仍不断以方便善巧，善巧修学一切所学，成就圆满往昔所有的愿行，身不疲倦。以上就是菩萨第五种宛如珍宝的安住。又他了知一切众生心的分别，所以，即使实际上菩萨了知皆无处所，仍说种种方向处所；虽然菩萨于法已了无分别造作，但为了调伏众生仍示现种种修行法门与所作。以上就是菩萨第六种宛如珍宝的安住。他了知一切法都是同一体性，就是没有自性。没有种种的体性，没有无量的体性，没有可算数的体性，没有可称量的体性，没有颜色、没有形相。不管是一相、或是多相，皆了不可得，但是菩萨仍能为众生决定分别了知：这是诸法之法、这是菩萨法、这是独觉法、这是声闻法、这是凡夫法、这是善法、这是不善法、这是世间法、这是出世间法、这是过失法、这是无过失法、这是有漏有烦恼法、这是无漏无烦恼法，乃至这是有为法、这是无为法。以上就是菩萨第七种宛如珍宝的安住。菩萨摩诃萨求佛不可得，求菩萨不可得，求法不可得，求众生不可得。但为了使众生成就正觉誓愿，又不舍调伏众生。为什么呢？菩萨摩诃萨为了圆满具足度化众生的誓愿，广大地行菩萨行。善巧观察，了知一切众生的分别，了知众生的一切境界。以种种方便教化导引，使他们都能证得涅槃。以上就是菩萨第八种宛如珍宝的安住。菩萨摩诃萨善巧演说正法，示现涅槃，都是为了广度众生，而用这样的方便。他了知这一切都是心想建立，既不能说是颠倒，也不能说是虚诳。为什么呢？菩萨了知诸法三世平等，证得如如不动，实际无所安住。不曾见到有一个众生过去已受到教化，现在正接受教化，或未来应受到教化的。菩萨清楚了知，一切都是性空寂灭，没有所谓的修行，也没有所谓微少的法。不管是生或是灭都无有可得，但他都仍能依止一切法，使众生的欲愿都不落空，以上就是菩萨第九种宛如珍宝的安住。菩萨摩诃萨在不思议无量诸佛的每一处所，听闻信受不可说不可说的佛陀授记。这些授记的诸佛名号都各不相同，安住的劫数也不相同，从一劫乃至不可说不可说劫，菩萨恒常如是听闻。听闻之后精勤修行，不惊讶、不恐怖、不迷惘、不疑惑。因为他了知如来智慧不可思议，如来授记的言语无二。自身行愿已具足殊胜的神力，因此菩萨能随顺应受教化的众生，使他们成就无上正等正觉，圆满平等法界的一切愿力。以上是菩萨第十种宛如珍宝的安住。

"佛子啊！以上就是菩萨摩诃萨无上正等正觉十种宛如珍宝的安住。如果诸位菩萨能安住于这个法门，就可以证得诸佛的无上大智慧宝。

"佛子啊！菩萨摩诃萨能发起十种如金刚的大乘誓愿心。是哪十种呢？佛子啊！菩萨摩诃萨心里这样想：'诸法无有边际，不可穷尽的，我当以穷尽三世的智慧毫无遗漏地觉悟明了所有的法。'以上是菩萨第一种如金刚的大乘誓愿心。菩萨摩诃萨心里又想：'在一根汗毛的毛端就有无量无边的众生，更何况是一切法界？所以，我应当以无上的涅槃灭度他们。'以上是菩萨第二种如金刚的大乘誓愿心。菩萨摩诃萨心里又想：'十方世界无量无边，无有界限，不可穷尽，我当以诸佛国土最上庄严，庄严所有的世界，所有庄严都完全真实。'以上是菩萨第三种如金刚的大乘誓愿心。菩萨摩诃萨心里又想：'众生无量无边，没有界限，不可穷尽，我当以一切善根回向无上智慧光明，照耀众生。'以上是菩萨第四种如金刚的大乘誓愿心。菩萨摩诃萨心里又想：'诸佛无量无边，无有界限，不可穷尽，我当以所种的善根完全回向供养，没有任何缺少，然后我当成就无上正等正觉。'以上是菩萨第五种如金刚的大乘誓愿心。佛子啊！菩萨摩诃萨能亲见诸佛，听闻他们说法，心生欢喜。不执着自身，不执着佛身。了解诸佛的法身既非实在，也非虚无；不是有，也不是无；没有自性，也不是没有自性；没有色相，但也不能说没有色相；没有形相，但也不是没有形相；不能说是生，也不能说是灭；实在是体性空、实无所有，但又不破坏一切存有的现象。为什么呢？因为菩萨不会贪取执着体性所现的外相。以上就是菩萨第六种宛如金刚的大乘誓愿心。佛子啊！如果有众生诃骂诋毁，挝打鞭挞菩萨摩诃萨，或是截断他的手足，或是割下他的耳鼻，或是挑出他的眼珠，或是斩下他的头颅。如此一切痛苦他都能够忍受，绝对不会因此而心生嗔恚怨害。所以他能在不可说不可说的无量时劫修菩萨行，摄受众生，恒常无有废弃舍离。为什么呢？因为菩萨摩诃萨能善巧观察一切诸法，无有二相，所以心不动乱。他又能完全舍弃自身，忍受这种种的苦痛。以上是菩萨第七种如金刚的大乘誓愿心。佛子啊！菩萨摩诃萨心里又想：'未来世的时劫无量无边，无有期限，不可穷尽。我当穷尽这无数的时劫，在每一世界行菩萨道，如同在每一世界教化众生，穷尽法界、虚空界一切世界我亦如此教化，心中毫不惊慌恐惧。为什么呢？因为菩萨能为众生修行，法应如是。'以上是菩萨第八种如金刚的大乘誓愿心。佛子啊！菩萨摩诃萨心里又想：'无上正等正觉是以心为本，心如果清净的话，则能圆满所有的善根，于诸佛菩提必得自在。如果要成就无上正等正觉的话，随顺自己的意念就能成就。如果要断除一切的贪取，或安住声闻缘觉的涅槃实际，我也能证得。但是我不断除，只是为了要究竟佛菩提，但又不立即现证无上菩提。为什么呢？这都是为了圆满本愿，穷尽一切世界行菩萨行度化众生。'以上是菩萨第九种如金刚的大乘誓愿心。佛子啊！菩萨摩诃萨了知诸佛不可得、菩提不可得、菩萨不可得、一切法不可得、众生不可得、心不可得、行不可得、过去不可得、未来不可得、现在不可得、一切世间不可得，有为、无为都不可得。菩萨如是寂静地安住，甚深安住、寂灭安住、无诤安住、无言安住、无二安住、无等安住、自性安住、如义理安住、解脱安住、涅槃安住、实际安住；却不舍弃一切大愿，不舍弃诸佛一切智慧的萨婆若心，不舍弃教化众生，不舍弃菩萨行，不舍弃诸波罗蜜，不舍弃调伏众生，不舍弃承事诸佛，不舍弃演说诸法，不舍弃庄严世界。为什么呢？因为菩萨摩诃萨曾发起广大誓愿救度众生，所以虽然他了达一切法相，大慈悲心反而更加增长，具足修行无量功德，从不舍离众生。为什么呢？因为他了知：'一切诸法皆无所有，但凡夫愚痴迷惑不知不觉，我应当使他们开悟，分明照了诸法体性。为什么呢？因为诸佛虽安住性空寂灭，但仍以大悲心住在世间为众生说法教化，未曾休息。我现在怎么可以舍弃大悲？而且，我先前已经发起广大誓愿心，决定利益一切众生心，发起积集一切善根心，发起安住善巧回向心，一切生出甚深智慧心，发起含受一切众生心，发起视一切众生皆平等心。说真实语，不虚诳语。愿给予众生无上大法，愿不断一切诸佛种性。假使众生未得解脱、未成正觉、未具足佛法、未圆满大愿，我又怎么可以舍弃大悲？'以上是菩萨第十种如金刚的大乘誓愿心。

　　"佛子啊！以上就是菩萨摩诃萨发十种如金刚的大乘誓愿心，如果诸位菩萨能安住在这个法门，就能得到如金刚性无上大神通智。

"佛子啊！菩萨摩诃萨能发起十种广大的大愿心。是哪十种呢？一，供养恭敬诸佛的大愿心。二，长养菩萨所有善根的大愿心。三，于一切如来般涅槃后，庄严佛塔，以一切的宝华、一切的宝鬘、一切的香盖、一切的涂香、一切的末香、一切的衣服、一切的华盖、一切的幢、一切的幡供养诸佛，受持守护诸佛正法的大愿心。四，教化调伏众生，使他们得证无上正等正觉的大愿心。五，以诸佛国土的无上庄严，庄严一切世界的大愿心。六，菩萨为了使众生得证诸佛的无上菩提，发起大悲心：即使只是为了一个众生，都能在每一个世界，穷尽未来的时劫行菩萨行！如同为一个众生一般，为了一切众生也都是如此。即使如此，菩萨都不心生一念懈怠的大愿心。七，菩萨在一位如来的处所，历经不可思议的时劫都恭敬供养；如同在一位如来的处所一般，他在一切如来处所也都是如此的大愿心。八，菩萨摩诃萨在诸佛灭度之后，为了成就佛法，为了供养诸佛，为了教化众生，为了护持正法，开示演说，为每一位如来的舍利各自建立高大广阔、不可尽数的宝塔。又如此地造佛形象。在不可思议的时劫，始终以所有的宝幢、幡盖、香华、衣服供养，不曾心生厌倦的大愿心。九，菩萨摩诃萨发起决定，以供养佛塔的善根成就无上菩提，证入如来的境界，与一切如来体性平等的大愿心。十，菩萨摩诃萨为了佛力的加持；为了一切众生勤行大誓愿；为了以大慈为上首，大悲为究竟；为了达到无相法；为了安住真实语；为了证得一切法皆寂灭；为了了知众生都不可得，而又不违诸业的造作；为了与三世诸佛同一体性；为了周遍一切法界、虚空界；为了通达诸法无相；为了成就不生不灭；为了具足一切佛法：为了以大愿力调伏众生，作大佛事，没有休息。于是发起成就正觉，决定在一切世界不可说的时劫，演说正法，示现不可思议的自在神通，身、语、意都不疲倦，不离正法的大愿心。

"佛子啊！以上就是菩萨摩诃萨十种大愿心。如果诸位菩萨能安住于这个法门，就能不断菩萨行，具足如来无上大智。

"佛子啊！菩萨摩诃萨有十种究竟大事。是哪十种呢？一，恭敬供养一切如来；二，随顺所忆念相应的众生都能救护；三，专求一切佛法；四，积集一切善根；五，思惟一切佛法；六，满足一切誓愿；七，成就一切菩萨行；八，供养奉事一切善知识；九，前往诣见所有世界的诸位如来；十，听闻受持诸佛正法。就是这十种。如果诸位菩萨能安住于这个法门，就能证得无上正等正觉的大智慧究竟事。

"佛子啊！❷菩萨摩诃萨有十种不坏的信心。是哪十种呢？一，对诸佛信心不坏；二，对一切佛法信心不坏；三，对于一切圣僧信心不坏；四，对一切菩萨信心不坏；五，对一切善知识信心不坏；六，对一切众生信心不坏；七，对一切菩萨的大愿信心不坏；八，对一切菩萨行信心不坏；九，恭敬供养诸佛信心不坏；十，对于菩萨善巧秘密的方便，教化调伏众生信心不坏。就是以上这十种。如果诸位菩萨能安住于这个法门，就能得到诸佛无上大智慧的不坏信心。

"佛子啊！菩萨摩诃萨有十种因缘，可以得到诸佛授记。是哪十种呢？一，证得甚深的解悟而得授记；二，能随顺生起菩萨的各种善根而得授记；三，修广大行而得授记；四，现前得到授记；五，不于现前而得到授记；六，因为自心得证自在菩萨行而得授记；七，因为成就安忍波罗蜜而得到授记；八，因为教化调伏众生而得到授记；九，因为究竟了知一切时劫的数量而得到授记；十，因为在一切菩萨行得以自在而得到授记。就是以上这十种。如果诸位菩萨能安住在这个法门，就能在诸佛所得到授记。

"佛子啊！❸菩萨摩诃萨有十种善根回向，他能以此善根回向所有的善根。是哪十种呢？一，以我的善根等同善知识大愿的如是成就，没有任何成就的差别；二，以我的善根等同善知识本愿的如是成就，没有任何成就的差别；三，以我的善根等同善知识行愿的如是成就，没有任何成就的差别；四，以我的善根等同善知识善根的如是成就，没有任何成就的差别；五，以我的善根等同善知识平等的如是成就，没有任何成就的差别；六，以我的善根等同善知识心念的如是成就，没有任何成就的差别；七，以我善根等同善知识清净的如是成就，没有任何成就的差别；八，以我善根等同善知识安住的如是成就，没有任何成就的差别；九，以我善根等同善知识成就圆满的如是成就，没有任何成就的差别；十，以我善根等同善知识不毁坏的如是成就，不再有任何成就的差别。就是以上这十种。如果诸位菩萨能安住于这个法门，就能证得无上的善根回向。

"佛子啊！菩萨摩诃萨有十种证得智慧的因缘。是哪十种呢？一，因布施而得以自在地证得智慧；二，因能深解一切佛法而证得智慧；三，因能趣入如来无边的智慧而证得智慧；四，能断除一切问答的疑惑证得智慧；五，能入于智慧义理而证得智慧；六，能深深信解一切如来，因佛法言语善巧而证得智慧；七，深深信解在诸佛处种下的微少善根，必能圆满具足一切清净白法，而获得如来无量的智慧；八，成就菩萨不可思议的安住而得智慧；九，一念之间就能前往诣见不可说佛国刹土而证得智慧；十，能觉悟一切佛菩提，进入一切法界，听闻受持诸佛所说之法，深入如来种种庄严语音而得智慧。就是以上十种。如果诸位菩萨能安住于这个法门，就能获得诸佛无上的现证智慧。

"佛子啊！❹菩萨摩诃萨能发起十种无量无边的广大心愿。是哪十种呢？一，能于诸佛处所发起无量无边的广大心愿；二，为了观察众生界而发起无量无边的广大心愿；三，为了观察一切佛国刹土、一切世间、一切法界而发起无量无边的广大心愿；四，为了观察一切法皆如虚空，而发起无量无边广大的心愿；五，为了观察一切广大菩萨行而发无量无边的广大心愿；六，为了端正忆念三世诸佛而发无量无边的广大心愿；七，为了观察不可思议的诸业果报而发起无量无边的广大心愿；八，为了庄严清净一切佛国刹土而发起无量无边广大的心愿；九，为了普遍进入诸佛大会而发起无量无边广大的心愿；十，为了观察一切如来妙音而发起无量无边广大的心愿。就是以上这十种。如果诸位菩萨能安住此心，就能证得一切佛法无量无边的广大智慧海。

"佛子啊！❺菩萨摩诃萨有十种隐伏的秘密宝藏。是哪十种呢？一，了知诸法是生起功德胜行的宝藏；二，了知一切法是正见思惟的宝藏；三，了知一切法是以总持不变的陀罗尼照明的宝藏；四，了知一切法是辩才开示演说的宝藏；五，了知一切法是不可说善巧觉悟的真实宝藏；六，了知诸佛的自在神通，是观察示现的宝藏；七，了知一切法是善巧出生平等的宝藏；八，了知一切是常见诸佛的宝藏；九，了知不可思议的时劫，是善巧了知一切皆如幻化安住的宝藏；十，了知一切诸佛菩萨，是发生欢喜清净信解的宝藏。以上就是十种隐伏的秘密宝藏。如果诸位菩萨能安住于这个法门，就能获得诸佛无上智慧法的宝藏，调伏众生。

"佛子啊！❻菩萨摩诃萨有十种戒律威仪。是哪十种？一，不诽谤一切佛法的戒律威仪，二，信乐诸佛处所不可毁坏的戒律威仪；三，尊敬一切菩萨处所的戒律威仪；四，终究不舍爱乐一切善知识处所的戒律威仪；五，不忆念一切声闻、独觉的戒律威仪；六，远离一切退失菩萨道的戒律威仪；七，不损害众生的戒律威仪；八，究竟修习一切善根的戒律威仪；九，降伏魔众的戒律威仪；十，满足一切波罗蜜的戒律威仪。就是这十种。如果诸位菩萨能安住这个法门，就能证得无上大智戒律威仪。

"佛子啊！❼菩萨摩诃萨有十种随意自在的能力。是哪十种？一，命的随意自在，因为他能够于不可说的时劫，恒常自在地安住寿命；二，心自在，因为他能以智慧进入阿僧祇各种三昧；三，资粮器具自在，因为他能够以无量庄严之物，庄严一切世界；四，净业自在，因为他能够随时自在地接受业报；五，受生的随意自在，因为他能够于一切世界示现受生；六，解悟的随意自在，因为他能够于一切世界亲见诸佛充满；七，愿力的随意自在，因为他能随顺自心的志愿乐欲与因缘时节，在一切佛国刹土成就正觉；八，神力的随顺自在，因他能示现一切大神通变化；九，法的随意自在，因为他能够示现无边法门；十，智的随意自在，因为他念念都能示现如来十力的无畏成就正觉。

"就是以上这十种。如果诸位菩萨能安住这个法门，就能证得圆满诸佛的波罗蜜，智慧神力菩提随意自在。"

【注释】

❶ 以下二十九门是在说明十回向位的菩萨行，回答前面二十九句的问题。于中，

可以在初始的四门说明初始的救护众生离众生相回向的胜行。

❷ 次二门说明不坏回向中之胜行。

❸ 次二门说明等同一切佛回向之胜行。

❹ 次一门说明至一切处回向之胜行。

❺ 次一门说明无尽功德藏回向胜行。

❻ 次一门说明随顺坚固一切善根回向胜行。

❼ 次一门说明平等随顺一切众生回向中之胜行。

卷第五十六
离世间品第三十八之四

【原典】

"佛子！菩萨摩诃萨有十种无碍用。何等为十？所谓众生无碍用、国土无碍用、法无碍用、身无碍用、愿无碍用、境界无碍用、智无碍用、神通无碍用、神力无碍用、力无碍用。佛子！云何为菩萨摩诃萨众生等无碍用？佛子！菩萨摩诃萨有十种众生无碍用。何者为十？所谓知一切众生无众生无碍用，知一切众生但想所持无碍用，为一切众生说法未曾失时无碍用，普化现一切众生界无碍用，置一切众生于一毛孔中而不迫隘无碍用，为一切众生示现他方一切世界令其悉见无碍用，为一切众生示现释、梵、护世诸天身无碍用，为一切众生示现声闻、辟支佛寂静威仪无碍用，为一切众生示现菩萨行无碍用，为一切众生示现诸佛色身相好、一切智力、成等正觉无碍用。是为十。

"佛子！菩萨摩诃萨有十种国土无碍用。何等为十？所谓一切刹作一刹无碍用；一切刹入一毛孔无碍用；知一切刹无有尽无碍用；一身结跏坐充满一切刹无碍用；一身中现一切刹无碍用；震动一切刹不令众生恐怖无碍用；以一切刹庄严具庄严一刹无碍用；以一刹庄严具庄严一切刹无碍用；以一如来一众会遍一切佛刹示现众生无碍用；一切小刹、中刹、大刹、广刹、深刹、仰刹、覆刹、侧刹、正刹，遍诸方网，无量差别，以此普示一切众生无碍用。是为十。

"佛子！菩萨摩诃萨有十种法无碍用。何等为十？所谓知一切法入一法、一法入一切法，而亦不违众生心解无碍用；从般若波罗蜜出生一切法，为他解说悉令开悟无碍用；知一切法离文字，而令众生皆得悟入无碍用；知一切法入一相，而能演说无量法相无碍用；知一切法离言说，能为他说无边法门无碍用；于一切法善转普门字轮无碍用；以一切法入一法门而不相违，于不可说劫说不穷尽无碍用；以一切法悉入佛法，令诸众生皆得悟解无碍用；知一切法无有边际无碍用；知一切法无障碍际，犹如幻网无量差别，于无量劫为众生说不可穷尽无碍用。是为十。

"佛子！菩萨摩诃萨有十种身无碍用。何等为十？所谓以一切众生身入己身无碍用，以己身入一切众生身无碍用，一切佛身入一佛身无碍用，一佛身入一切佛身无碍用，一切刹入己身无碍用，以一身充遍一切三世法示现众生无碍用，于一身示现无边身入三昧无碍用，于一身示现众生数等身成正觉无碍用，于一切众生身现一众生身、于一众生身现一切众生身无碍用，于一切众生身示现法身、于法身示现一切众生身无碍用。是为十。

"佛子！菩萨摩诃萨有十种愿无碍用。何等为十？所谓以一切菩萨愿作自愿无碍用；以一切佛成菩提愿力示现自成正觉无碍用；随所化众生自成阿耨多罗三藐三菩提无碍用；于一切无边际劫大愿不断无碍用；远离识身，不著智身，以自在愿现一切身无碍用；舍弃自身成满他愿无碍用；普教化一切众生而不舍大愿无碍用；于一切劫行菩萨行而大愿不断无碍用；于一毛孔现成正觉，以愿力故，充遍一切诸佛国土，于不可说不可说世界，为一一众生如是示现无碍用；说一句法遍一切法界，兴大正法云，耀解脱电光，震实法雷音，雨甘露味雨，以大愿力充洽一切诸众生界无碍用。是为十。

"佛子！菩萨摩诃萨有十种境界无碍用。何等为十？所谓在法界境界而不舍众生境界无碍用，在佛境界而不舍魔境界无碍用，在涅槃境界而不舍生死境界无碍用，入一切智境界而不断菩萨种性境界无碍用，住寂静境界而不舍散乱境界无碍用，住无去、无来、无戏论、无相状、无体性、无言说、如虚空境界而不舍一切众生戏论境界无碍用，住诸力解脱境界而不舍一切诸方所境界无碍用，入无众生际境界而不舍教化一切众生无碍用，住禅定解脱、神通明智、寂静境界而于一切世界示现受生无碍用，住如来一切行庄严成正觉境界而现一切声闻、辟支佛寂静威仪无碍用。是为十。

"佛子！菩萨摩诃萨有十种智无碍用。何等为十？所谓无尽辩才无碍用；一切总持无有忘失无碍用；能决定知、决定说一切众生诸根无碍用；于一念中以无碍智知一切众生心之所行无碍用；知一切众生欲乐、随眠、习气、烦恼病，随应授药无碍用；一念能入如来十力无碍用；以无碍智知三世一切劫及其中众生无碍用；于念念中现成正觉示现众生无有断绝无碍用；于一众生想知一切众生业无碍用；于一众生音解一切众生语无碍用。是为十。

"佛子！菩萨摩诃萨有十种神通无碍用。何等为十？所谓于一身示现一切世界身无碍用；于一佛众会听受一切佛众会中所说法无碍用；于一众生心念中成就不可说无上菩提，开悟一切众生心无碍用；以一音现一切世界差别言音，令诸众生各得解了无碍用；一念中现尽前际一切劫所有业果种种差别，令诸众生悉得知见无碍用；一微尘出现广大佛刹无量庄严无碍用❶；令一切世界具足庄严无碍用；普入一切三世无碍用；放大法光明现一切诸佛菩提、众生行愿无碍用；善守护一切天、龙、夜叉、乾闼婆、阿修罗、迦楼罗、紧那罗、摩睺罗伽、释、梵、护世、声闻、独觉、菩萨、所有如来十力、菩萨善根无碍用。是为十。若诸菩萨得此无碍用，则能普入一切佛法。

"佛子！菩萨摩诃萨有十种神力无碍用。何等为十？所谓以不可说世界置一尘中无碍用；于一尘中现等法界一切佛刹无碍用；以一切大海水置一毛孔，周旋往返十方世界，而于众生无所触娆无碍用；以不可说世界内自身中，示现一切神通所作无碍用；以一毛系不可数金刚围山，持以游行一切世界，不令众生生恐怖心无碍用；以不可说劫作一劫，一劫作不可说劫，于中示现成坏差别，不令众生心有恐怖无碍用；于一切世界现水、火、风灾种种变坏，而不恼众生无碍用；一切世界三灾坏时，悉能护持一切众生资生之具，不令损缺无碍用；以一手持不思议世界，掷不可说世界之外，不令众生有惊怖想无碍用；说一切刹同于虚空，令诸众生悉得悟解无碍用。是为十。

"佛子！菩萨摩诃萨有十种力无碍用。何等为十？所谓众生力无碍用，教化调伏不舍离故；刹力无碍用，示现不可说庄严而庄严故；法力无碍用，令一切身入无身故；劫力无碍用，修行不断故；佛力无碍用，觉悟睡眠故；行力无碍用，摄取一切菩萨行故；如来力无碍用，度脱一切众生故；无师力无碍用，自觉一切诸法故；一切智力无碍用，以一切智成正觉故；大悲力无碍用，不舍一切众生故。是为十。

"佛子！如是名为菩萨摩诃萨十种无碍用。若有得此十无碍用者，于阿耨多罗三藐三菩提欲成、不成，随意无违，虽成正觉而亦不断行菩萨行。何以故？菩萨摩诃萨发大誓愿，入无边无碍用门，善巧示现故。

"佛子！菩萨摩诃萨有十种游戏，何等为十？所谓以众生身作刹身，而亦不坏众生身，是菩萨游戏；以刹身作众生身，而亦不坏于刹身，是菩萨游戏；于佛身示现声闻、独觉身，而不损减如来身，是菩萨游戏；于声闻、独觉身示现如来身，而不增长声闻、独觉身，是菩萨游戏；于菩萨行身示现成正觉身，而亦不断菩萨行身，是菩萨游戏；于成正觉身示现修菩萨行身，而亦不减成菩提身，是菩萨游戏；于涅槃界示现生死身，而不著生死，是菩萨游戏；于生死界示现涅槃，亦不究竟入于涅槃，是菩萨游戏；入于三昧而示现行、住、坐、卧一切业，亦不舍三昧正受，是菩萨游戏；在一佛所闻法受持，其身不动，而以三昧力，于不可说诸佛会中各各现身，亦不分身，亦不起定，而闻法受持相续不断，如是念念于一一三昧身各出生不可说不可说三昧身，如是次第一切诸劫犹可穷尽，而菩萨三昧身不可穷尽，是菩萨游戏。是为十。若诸菩萨安住此法，则得如来无上大智游戏。

"佛子！菩萨摩诃萨有十种境界。何等为十？所谓示现无边法界门，令众生得入，是菩萨境界；示现一切世界无量妙庄严，令众生得入，是菩萨境界；化往一切众生界，悉方便开悟，是菩萨境界；于如来身出菩萨身，于菩萨身出如来身，是菩萨境界；于虚空界现世界，于世界现虚空界，是菩萨境界；于生死界现涅槃界，于涅槃界现生死界，是菩萨境界；于一众生语言中，出生一切佛法语言，是菩萨境界；以无边身现作一身，一身作一切差别身，是菩萨境界；以一身充满一切法界，是菩萨境界；于一念中，令一切众生发菩提心，各现无量身成等正觉，是菩萨境界。是为十。若诸菩萨安住此法，则得如来无上大智慧境界。

"佛子！菩萨摩诃萨有十种力。何等为十？所谓深心力，不杂一切世情故；增上深心力，不舍一切佛法故；方便力，诸有所作究竟故；智力，了知一切心行故；愿力，一切所求令满故；行力，尽未来际不断故；乘力，能出生一切乘，而不舍大乘故；神变力，于一一毛孔中，各各示现一切清净世界一切如来出兴世故；菩提力，令一切众生发心成佛无断绝故；转法轮力，说一句法，悉称一切众生诸根性欲故。是为十。若诸菩萨安住此法，则得诸佛无上一切智十力。

"佛子！菩萨摩诃萨有十种无畏。何等为十？佛子！菩萨摩诃萨悉能闻持一切言说，作如是念：'设有众生无量无边，从十方来，以百千大法而问于我。我于彼问，不见微少难可答相。以不见故，心得无畏，究竟到彼大无畏岸，随其所问，悉能酬对，断其疑惑，无有怯弱。'是为菩萨第一无畏。佛子！菩萨摩诃萨得如来灌顶无碍辩才，到于一切文字言音，开示秘密究竟彼岸，作如是念：'设有众生无量无边，从十方来，以无量法而问于我。我于彼问，不见微少难可答相。以不见故，心得无畏，究竟到彼大无畏岸，随其所问，悉能酬对，断其疑惑，无有恐惧。'是为菩萨第二无畏。佛子！菩萨摩诃萨知一切法空，离我、离我所，无作、无作者，无知者，无命者，无养育者，无补伽罗，离蕴、界、处，永出诸见，心如虚空，作如是念：'不见众生有微少相能损恼我身、语、意业。'何以故？菩萨远离我、我所故，不见诸法有少性相。以不见故，心得无畏，究竟到彼大无畏岸，坚固勇猛，不可沮坏，是为菩萨第三无畏。佛子！菩萨摩诃萨佛力所护、佛力所持，住佛威仪，所行真实，无有变易，作如是念：'我不见有少分威仪，令诸众生生诃责相。'以不见故，心得无畏，于大众中安隐说法，是为菩萨第四无畏。佛子！菩萨摩诃萨身、语、意业皆悉清净，鲜白柔和，远离众恶，作如是念：'我不自见身、语、意业而有少分可诃责相。'

以不见故，心得无畏，能令众生住于佛法，是为菩萨第五无畏。佛子！菩萨摩诃萨、金刚力士、天、龙、夜叉、乾闼婆、阿修罗、帝释、梵王、四天王等常随侍卫，一切如来护念不舍。菩萨摩诃萨作如是念：'我不见有众魔外道、有见众生能来障我行菩萨道少分之相。'以不见故，心得无畏，究竟到彼大无畏岸，发欢喜心，行菩萨行，是为菩萨第六无畏。佛子！菩萨摩诃萨已得成就第一念根，心无忘失，佛所悦可，作如是念：'如来所说成菩提道文字句法，我不于中见有少分忘失之相。'以不见故，心得无畏，受持一切如来正法，行菩萨行，是为菩萨第七无畏。佛子！菩萨摩诃萨智慧方便悉已通达，菩萨诸力皆得究竟，常勤教化一切众生，恒以愿心系佛菩提，而为悲愍众生故，成就众生故，于烦恼浊世示现受生，种族尊贵，眷属圆满，所欲从心，欢娱快乐，而作是念：'我虽与此眷属聚会，不见少相而可贪著，废我修行禅定、解脱，及诸三昧、总持、辩才、菩萨道法。'何以故？菩萨摩诃萨于一切法已得自在，到于彼岸，修菩萨行，誓不断绝，不见世间有一境界而能惑乱菩萨道者。以不见故，心得无畏，究竟到彼大无畏岸，以大愿力于一切世界示现受生，是为菩萨第八无畏。佛子！菩萨摩诃萨恒不忘失萨婆若心，乘于大乘，行菩萨行，以一切智大心势力，示现一切声闻、独觉寂静威仪，作是念言：'我不自见当于二乘而取出离少分之相。'以不见故，心得无畏，到彼无上大无畏岸，普能示现一切乘道，究竟满足平等大乘，是为菩萨第九无畏。佛子！菩萨摩诃萨成就一切诸白净法，具足善根，圆满神通，究竟住于诸佛菩提，满足一切诸菩萨行，于诸佛所受一切智灌顶之记，而常化众生行菩萨道，作如是念：'我不自见有一众生应可成熟而不能现诸佛自在而成熟相。'以不见故，心得无畏，究竟到彼大无畏岸，不断菩萨行，不舍菩萨愿，随所应化一切众生，现佛境界而化度之，是为菩萨第十无畏。佛子！是为菩萨摩诃萨十种无畏。若诸菩萨安住此法，则得诸佛无上大无畏，而亦不舍菩萨无畏。

"佛子！菩萨摩诃萨有十种不共法。何等为十？佛子！菩萨摩诃萨不由他教，自然修行六波罗蜜：常乐大施，不生悭吝；恒持净戒，无所毁犯；具足忍辱，心不动摇；有大精进，未曾退转；善入诸禅，永无散乱；巧修智慧，悉除恶见。是为第一不由他教随顺波罗蜜道修六度不共法。佛子！菩萨摩诃萨普能摄受一切众生。所谓以财及法而行惠施，正念现前，和颜爱语，其心欢喜，示如实义，令得悟解诸佛菩提，无有憎嫌，平等利益。是为第二不由他教顺四摄道勤摄众生不共法。佛子！菩萨摩诃萨善巧回向，所谓不求果报回向、顺佛菩提回向、不著一切世间禅定三昧回向、为利益一切众生回向、为不断如来智慧回向。是为第三不由他教为诸众生发起善根求佛智慧不共法。佛子！菩萨摩诃萨到善巧方便究竟彼岸，心恒顾复一切众生，不厌世俗凡愚境界，不乐二乘出离之道，不著己乐，唯勤化度，善能入出禅定解脱，于诸三昧悉得自在，往来生死，如游园观，未曾暂起疲厌之心。或住魔宫，或为释天、梵王、世主，一切生处靡不于中而现其身。或于外道众中出家，而恒远离一切邪见，一切世间文词、咒术、字印、算数，乃至游戏、歌舞之法，悉皆示现，无不精巧。或时示作端正妇人，智慧才能世中第一，于诸世间、出世间法能问能说，问答断疑，皆得究竟，一切世间、出世间事亦悉通达，到于彼岸，一切众生恒来瞻仰。虽现声闻、辟支佛威仪，而不失大乘心；虽念念中示成正觉，而不断菩萨行。是为第四不由他教方便善巧究竟彼岸不共法。佛子！菩萨摩诃萨善知权实双行道，智慧自在，到于究竟。所谓住于涅槃而示现生死，知无众生而勤行教化，究竟寂灭而现起烦恼，住一坚密智慧法身而普现无量诸众生身，常入深禅定而示受欲乐，常远离三界而不舍众生，常乐法乐而现有采女歌咏嬉戏，虽以众相好庄严其身，而示受丑陋贫贱之形，常积集众善，无诸过恶，而现生地狱、畜生、饿鬼，虽已到于佛智彼岸，而亦不舍菩萨智身。菩萨摩诃萨成就如是无量智慧，声闻、独觉尚不能知，何况一切童蒙众生！是为第五不由他教权实双行不共法。佛子！菩萨摩诃萨身、口、意业，随智慧行，皆悉清净。所谓具足大慈，永离杀心，乃至具足正解，无有邪见。是为第六不由他教身、口、意业随智慧行不共法。佛子！菩萨摩诃萨具足大悲，不舍众生，代一切众生而受诸苦，所谓地狱苦、畜生苦、饿鬼苦。为利益故，不生劳倦，唯专度脱一切众生，未曾耽染五欲境界，常为精勤灭除众苦。是为第七不由他教常起大悲不共法。佛子！菩萨摩诃萨常为众生之所乐见，梵王、帝释、四天王等一切众生见无厌足。何以故？菩萨摩诃萨久远世来，行业清净，无有过失，是故众生见者无厌。是为第八不由他教一切众生皆悉乐见不共法。佛子！菩萨摩诃萨于萨婆若大誓庄严志乐坚固，虽处凡夫、声闻、独觉险难之处，终不退失一切智心明净妙宝。佛子！如有宝珠，名净庄严，置泥潦中光色不改，能令浊水悉皆澄净。菩萨摩诃萨亦复如是，虽在凡愚杂浊等处，终不失坏求一切智清净宝心，而能令彼诸恶众生远离妄见、烦恼、秽浊，得求一切智清净心宝。是为第九不由他教在众难处不失一切智心宝不共法。佛子！菩萨摩诃萨成就自觉境界智，无师自悟，究竟自在到于彼岸，离垢法缯以冠其首，而于善友不舍亲近，于诸如来常乐尊重，是为第十不由他教得最上法不离善知识、不舍尊重佛不共法。佛子！是为菩萨摩诃萨十种不共法。若诸菩萨安住其中，则得如来无上广大不共法。

"佛子！菩萨摩诃萨有十种业。何等为十？所谓一切世界业，悉能严净故；一切诸佛业，悉能供养故；一切菩萨业，同种善根故；一切众生业，悉能教化故；一切未来业，尽未来际摄取故；一切神力业，不离一世界遍至一切世界故；一切光明业，放无边色光明，一一光中有莲华座，各有菩萨结跏趺坐而显现故；一切三宝种不断业，诸佛灭后，守护住持诸佛法故；一切变化业，于一切世界说法教化诸众生故；一切加持业，于一念中随诸众生心之所欲，皆为示现，令一切愿悉成满故。是为十。若诸菩萨安住此法，则得如来无上广大业。

"佛子！菩萨摩诃萨有十种身。何等为十？所谓不来身，于一切世间不受生故；不去身，于一切世间求不得故；不实身，一切世间如实得故；不虚身，以如实理示世间故；不尽身，尽未来际无断绝故；坚固身，一切众魔不能坏故；不动身，众魔外道不能动故；具相身，示现清净百福相故；无相身，法相究竟悉无相故；普至身，与三世佛同一身故。是为十。若诸菩萨安住此法，则得如来无上无尽之身。

"佛子！菩萨摩诃萨有十种身业。何等为十？所谓一身充满一切世界身业；于一切众生前悉能示现身业；于一切趣悉能受生身业；游行一切世界身业；往诣一切诸佛众会身业；能以一手普覆一切世界身业；能以一手磨一切世界金刚围山碎如微尘身业；于自身中现一切佛刹成坏示于众生身业；以一身容受一切众生界身业；于自身中普现一切清净佛刹，一切众生于中成道身业。是为十。若诸菩萨安住此法，则得如来无上佛业，悉能觉悟一切众生。

“佛子！菩萨摩诃萨复有十种身。何等为十？所谓诸波罗蜜身，悉正修行故；四摄身，不舍一切众生故；大悲身，代一切众生受无量苦无疲厌故；大慈身，救护一切众生故；福德身，饶益一切众生故；智慧身，与一切佛身同一性故；法身，永离诸趣受生故；方便身，于一切处现前故；神力身，示现一切神变故；菩提身，随乐、随时成正觉故。是为十。若诸菩萨安住此法，则得如来无上大智慧身。

“佛子！菩萨摩诃萨有十种语。何等为十？所谓柔软语，使一切众生皆安隐故；甘露语，令一切众生悉清凉故；不诳语，所有言说皆如实故；真实语，乃至梦中无妄语故；广大语，一切释、梵、四天王等皆尊敬故；甚深语，显示法性故；坚固语，说法无尽故；正直语，发言易了故；种种语，随时示现故；开悟一切众生语，随其欲乐令解了故。是为十。若诸菩萨安住此法，则得如来无上微妙语。

“佛子！菩萨摩诃萨有十种净修语业。何等为十？所谓乐听闻如来音声净修语业，乐闻说菩萨功德净修语业，不说一切众生不乐闻语净修语业，真实远离语四过失净修语业，欢喜踊跃赞叹如来净修语业，如来塔所高声赞佛如实功德净修语业，以深净心施众生法净修语业，音乐歌颂赞叹如来净修语业，于诸佛所听闻正法不惜身命净修语业，舍身承事一切菩萨及诸法师而受妙法净修语业。是为十。若菩萨摩诃萨以此十事净修语业，则得十种守护。何等为十？所谓天王为首，一切天众而为守护；龙王为首，一切龙众而为守护；夜叉王为首，乾闼婆王为首，阿修罗王为首，迦楼罗王为首，紧那罗王为首，摩睺罗伽王为首，梵王为首，一一皆与自己徒众而为守护；如来法王为首，一切法师皆悉守护。是为十。

“佛子！菩萨摩诃萨得此守护已，则能成办❷十种大事。何等为十？所谓一切众生皆令欢喜，一切世界悉能往诣，一切诸根皆能了知，一切胜解悉令清净，一切烦恼皆令除断，一切习气皆令舍离，一切欲乐皆令明洁，一切深心悉使增长，一切法界悉令周遍，一切涅槃普令明见。是为十。

"佛子！菩萨摩诃萨有十种心。何等为十？所谓如大地心，能持、能长一切众生诸善根故；如大海心，一切诸佛无量无边大智法水悉流入故；如须弥山王心，置一切众生于出世间最上善根处故；如摩尼宝王心，乐欲清净无杂染故；如金刚心，决定深入一切法故；如金刚围山心，诸魔外道不能动故；如莲华心，一切世法不能染故；如优昙钵华心，一切劫中难值遇故；如净日心，破暗障故；如虚空心，不可量故。是为十。若诸菩萨安住其中，则得如来无上大清净心。

"佛子！菩萨摩诃萨有十种发心。何等为十？所谓发我当度脱一切众生心；发我当令一切众生除断烦恼心；发我当令一切众生消灭习气心；发我当断除一切疑惑心；发我当除灭一切众生苦恼心；发我当除灭一切恶道诸难心；发我当敬顺一切如来心；发我当善学一切菩萨所学心；发我当于一切世间一一毛端处现一切佛成正觉心；发我当于一切世界击无上法鼓，令诸众生随其根欲悉得悟解心。是为十。若诸菩萨安住其中，则得如来无上大发起能事心。

"佛子！菩萨摩诃萨有十种周遍心。何等为十？所谓周遍一切虚空心，发意广大故；周遍一切法界心，深入无边故；周遍一切三世心，一念悉知故；周遍一切佛出现心，于入胎、诞生、出家、成道、转法轮、般涅槃悉明了故；周遍一切众生心，悉知根、欲、习气故；周遍一切智慧心，随顺了知法界故；周遍一切无边心，知诸幻网差别故；周遍一切无生心，不得诸法自性故；周遍一切无碍心，不住自心、他心故；周遍一切自在心，一念普现成佛故。是为十。若诸菩萨安住其中，则得无量无上佛法周遍庄严。

"佛子！菩萨摩诃萨有十种根。何等为十？所谓欢喜根，见一切佛信不坏故；希望根，所闻佛法皆悟解故；不退根，一切作事皆究竟故；安住根，不断一切菩萨行故；微细根，入般若波罗蜜微妙理故；不休息根，究竟一切众生事故；如金刚根，证知一切诸法性故；金刚光焰根，普照一切佛境界故；无差别根，一切如来同一身故；无碍际根，深入如来十种力故。是为十。若诸菩萨安住其中，则得如来无上大智圆满根。

"佛子！菩萨摩诃萨有十种深心。何等为十？所谓不染一切世间法深心，不杂一切二乘道深心，了达一切佛菩提深心，随顺一切智智道深心，不为一切众魔外道所动深心，净修一切如来圆满智深心，受持一切所闻法深心，不著一切受生处深心，具足一切微细智深心，修一切诸佛法深心。是为十。若诸菩萨安住其中，则得一切智无上清净深心。

"佛子！菩萨摩诃萨有十种增上深心。何等为十？所谓不退转增上深心，积集一切善根故；离疑惑增上深心，解一切如来密语故；正持增上深心，大愿大行所流故；最胜增上深心，深入一切佛法故；为主增上深心，一切佛法自在故；广大增上深心，普入种种法门故；上首增上深心，一切所作成办故；自在增上深心，一切三昧、神通变化庄严故；安住增上深心，摄受本愿故；无休息增上深心，成熟一切众生故。是为十。若诸菩萨安住此法，则得一切诸佛无上清净增上深心。

"佛子！菩萨摩诃萨有十种勤修。何等为十？所谓布施勤修，悉舍一切，不求报故；持戒勤修，头陀苦行，少欲知足，无所欺故；忍辱勤修，离自他想，忍一切恶，毕竟不生恚害心故；精进勤修，身、语、意业未曾散乱，一切所作皆不退转，至究竟故；禅定勤修，解脱三昧，出现神通，离一切欲烦恼斗诤诸眷属故；智慧勤修，修习积聚一切功德无厌倦故；大慈勤修，知诸众生无自性故；大悲勤修，知诸法空，普代一切众生受苦无疲厌故；觉悟如来十力勤修，了达无碍示众生故；不退法轮勤修，转至一切众生心故。是为十。若诸菩萨安住此法，则得如来无上大智慧勤修。

"佛子！菩萨摩诃萨有十种决定解。何等为十？所谓最上决定解，种植尊重善根故；庄严决定解，出生种种庄严故；广大决定解，其心未曾狭劣故；寂灭决定解，能入甚深法性故；普遍决定解，发心无所不及故；堪任决定解，能受佛力加持故；坚固决定解，摧破一切魔业故；明断决定解，了知一切业报故；现前决定解，随意能现神通故；绍隆决定解，一切佛所得记故；自在决定解，随意、随时成佛故。是为十❸。若诸菩萨安住此法，则得如来无上决定解。

"佛子！菩萨摩诃萨有十种决定解知诸世界。何等为十？所谓知一切世界入一世界；知一世界入一切世界；知一切世界，一如来身、一莲华座皆悉周遍；知一切世界皆如虚空；知一切世界具佛庄严；知一切世界菩萨充满；知一切世界入一毛孔；知一切世界入一众生身；知一切世界，一佛菩提树、一佛道场皆悉周遍；知一切世界一音普遍，令诸众生各别了知，心生欢喜。是为十。若诸菩萨安住此法，则得如来无上佛刹广大决定解。

"佛子！菩萨摩诃萨有十种决定解知众生界。何等为十？所谓知一切众生界本性无实；知一切众生界悉入一众生身；知一切众生界悉入菩萨身；知一切众生界悉入如来藏；知一众生身普入一切众生界；知一切众生界悉堪为诸佛法器；知一切众生界，随其所欲，为现释、梵、护世身；知一切众生界，随其所欲，为现声闻、独觉寂静威仪；知一切众生界，为现菩萨功德庄严身；知一切众生界，为现如来相好寂静威仪，开悟众生。是为十。若诸菩萨安住此法，则得如来无上大威力决定解。"

注释

❶ 大正本原无"一微尘……用"十六字，今依明本增之。

❷ "办"，大正本原作"辨"，今依三本及宫本改之。

❸ 本段共举出十一种决定解。

【白话语译】

"佛子啊！菩萨摩诃萨有十种无碍的作用。是哪十种呢？一，众生无碍的作用；二，国土无碍的作用；三，法无碍的作用；四，身无碍的作用；五，愿无碍的作用；六，境界无碍的作用；七，智慧无碍的作用；八，神通无碍的作用；九，神力无碍的作用；十，力无碍的作用。

"佛子啊！什么是菩萨摩诃萨众生等的无碍作用？

"佛子啊！菩萨摩诃萨有十种无碍众生的作用。是哪十种呢？一，了知众生本无众生的无碍作用；二，了知众生只是因为心想而显现的无碍作用；三，为众生说法未曾失却恰当时节因缘的无碍作用；四，普遍化现众生界的无碍作用；五，安置众生于一毛孔中从不迫隘的无碍作用；六，为众生示现他的一切世界，令他们完全看见的无碍作用；七，为众生示现帝释天与大梵天等护佑世间的诸位天神❶天身的无碍作用；八，为众生示现声闻、辟支佛寂静威仪的无碍作用；九，为众生示现菩萨行的无碍作用；十，为众生示现诸佛色身相好的一切智力成等正觉的无碍作用。就是以上十种。

"佛子啊！菩萨摩诃萨有十种无碍国土的作用。是哪十种呢？一，以一切刹作为一刹的无碍作用；二，以一切刹入于一根汗毛毛孔的无碍作用；三，了知一切刹无有穷尽的无碍作用；四，以一个身相双盘端坐，就能充满一切刹土的无碍作用；五，以一身示现一切刹的无碍作用；六，虽以神通力震动一切刹，但却不会使众生心生畏怖的无碍作用；七，以一切刹的庄严具庄严一刹的无碍作用；八，以一刹的庄严具庄严一切刹的无碍作用；九，以一位如来的大众集会遍及一切佛国刹土，示现众生的无碍作用；十，以所有的小刹土、中刹土、大刹土、广刹土、深刹土、仰刹土、覆刹土、侧刹土、正刹土等遍满十方国土网等无量的差别，以此普遍示现众生的无碍作用。就是以上这十种。

"佛子啊！菩萨摩诃萨有十种法的无碍作用。是哪十种呢？一，虽以一切法摄入一法，或一法遍入一切法，但丝毫不会违逆众生心中所了解的无碍作用；二，能从般若波罗蜜出生一切法，并为他人解说，使听闻的人无不开悟的无碍作用；三，了知一切法虽远离文字，但都能让众生悟入的无碍作用；四，了知一切法摄入一相，而能演说无量法相的无碍作用；五，了知一切法虽远离言说，又能为他人说无边法门的无碍作用；六，对于一切法，善转普门字轮，具足普及一切佛法妙义的无碍作用；七，能以一切法摄入一法门而仍不相违背，即使穷尽不可说的时劫也说不穷尽的无碍作用；八，能将一切法汇入佛法，使众生都得以解悟的无碍作用；九，了知一切法无有边际的无碍作用；十，了知诸法虽然没有任何的障碍际限，犹如幻化之网差别无量，但仍能在无量的时劫为众生说法，没有穷尽的无碍作用。就是以上十种。

"佛子啊！菩萨摩诃萨有十种身的无碍作用。是哪十种呢？一，能化一切众生身入自己身内的无碍作用；二，能以己身遍入众生身的无碍作用；三，能将一切佛身化入一佛身内的无碍作用；四，能以一佛身遍入一切佛身的无碍作用；五，能将一切刹摄入己身的无碍作用；六，能以一身充遍三世，示现众生的无碍作用；七，能以一身示现无边身，并遍入三昧的无碍作用；八，能以一身示现各种众生身，成就正觉的无碍作用；九，能在所有众生的身上都示现同一众生身，或在一众生身上示现所有众生身相的无碍作用；十，在所有众生的身上示现法身，或用法身示现所有众生身的无碍作用。就是以上这十种。

"佛子啊！菩萨摩诃萨有十种愿的无碍作用。是哪十种呢？一，能以一切菩萨的大愿作自己愿力的无碍作用；二，能以诸佛成就菩提的愿力，示现自身成就正觉的无碍作用；三，能随着所度化的众生，自身成就无上正等正觉的无碍作用；四，菩萨即使穷尽无边际的时劫，大愿也从不断绝；五，菩萨虽远离色身，也不执着智慧之身，但却能以自在的愿力示现一切身；六，菩萨能舍弃自身，成就圆满他人的心愿；七，菩萨能普遍教化所有的众生，从不舍离大愿；八，菩萨因为往昔发起的愿力，所以能在一切的时劫行菩萨行，大愿不断；九，菩萨因为往昔发起的愿力，所以能在一毛孔中示现成就正觉，遍布诸佛国土，在不可说不可说的世界，为众生示现如是的无碍作用；十，菩萨因为往昔发起的愿力，说一句法就能遍一切法界，兴起广大的正法云，以解脱的电光照耀，震动真实佛法的雷音，雨下解脱甘露味的法雨，以大愿力充满润泽众生界。就是以上这十种。

"佛子啊！菩萨摩诃萨有十种境界的无碍作用。是哪十种呢？一，菩萨虽安住法界，但从不舍弃众生；二，菩萨虽成就正等正觉，但却从不舍弃诸魔境界；三，菩萨虽进入涅槃，但从不舍弃生死；四，菩萨虽已入一切智，但从不断绝菩萨的种性；五，菩萨虽安住寂静，仍不舍弃散乱；六，菩萨虽安住无过去、无未来、无戏论、也无相貌形状、空无体性、也无言说，宛如虚空的境界，但却从不舍弃一切众生的戏论；七，菩萨虽安住诸佛的十力解脱，但却从不舍弃世间所有的方所；八，菩萨虽安住无众生的境界，但从不舍弃教化众生；九，菩萨虽安住禅定解脱、神通明智、寂静，但仍在各个世界示现摄受众生；十，菩萨虽安住如来一切行庄严成就正觉的境界，但仍能示现声闻、辟支佛寂静的威仪。就是以上这十种。

"佛子啊！菩萨摩诃萨有十种智的无碍作用。是哪十种呢？一，无尽辩才的无碍作用；二，总持一切法，从不忘失的无碍作用；三，能决定了知宣说众生各种根器的无碍作用；四，一念之间就能以无碍智了知众生心之所行的无碍作用；五，了知众生所有的心欲、意乐、随眠习气等烦恼众病，能随着相应的因缘而授与法药的无碍作用；六，一念之间就能趣入如来十力的无碍作用；七，能以无碍智了知三世所有的时劫，及其中众生的无碍作用；八，念念都能示现成就正觉，及示现众生无有断绝的无碍作用；九，因为知道一个众生而能了知一切众生业力的无碍作用；十，能从一个众生的声音了解所有众生语言的无碍作用。就是以上这十种。

"佛子啊！菩萨摩诃萨有十种神通的无碍作用。是哪十种呢？一，能以一身示现十方世界的身的无碍作用；二，在一位佛陀的法会道场，就能听闻受持诸佛在各个法会所说的法；三，菩萨能在一个众生的心念中成就不可说的无上菩提，开悟一切众生心；四，菩萨能以一种声音示现所有世界各种不同的言语音声，使众生都能随着他们的语言种类各得了解；五，菩萨一念之间就能示现穷尽前际一切时劫的所有业果及种种差别，并使众生都能完全看见；六，菩萨能令一微尘中出现广大佛刹无量庄严；七，菩萨能使一切世界具足庄严；八，菩萨能普遍趣入一切三世；九，菩萨能放出广大的法光明，示现诸佛菩提，圆满众生所有的行愿；十，菩萨善于守护一切天、龙、夜叉、乾闼婆、阿修罗、迦楼罗、紧那罗、摩睺罗伽、释、梵、护世、声闻、独觉、及所有的如来十力、菩萨善根。就是以上这十种。如果诸位菩萨得证这个无碍作用，就能遍入一切佛法。

"佛子啊！菩萨摩诃萨有十种神力的无碍作用。是哪十种呢？一，菩萨能将不可说世界置于一微尘中；二，菩萨能在于一微尘中示现等同法界的所有佛国刹土；三，菩萨能将所有的大海水安置于一毛孔中，周旋往返十方世界，而仍毫无触动扰乱众生；四，菩萨能将不可说的世界纳入自身，示现一切无碍的自在神通；五，菩萨能以一根汗毛系住不可数的金刚铁围山，并且捧着这些大山游行十方世界，都不会让众生心生恐怖；六，菩萨能化不可说的时劫为一个时劫，或化一个时劫为不可说的时劫，并在于其中示现成、住、坏、空的差别，都不会使众生心生恐怖；七，菩萨能在一切世界示现水灾、火灾、风灾等种种的变化毁坏，一点儿也不会恼乱众生；八，菩萨能在一切世界因三灾毁坏时，护持众生所有的资生器具，使他们不会损坏缺乏；九，菩萨能以一手执持不可思议的世界，并且抛掷于不可说的世界之外，一点儿也不会惊吓众生；十，菩萨能说一切刹土等同虚空，并使众生无不悟解。就是以上这十种。

"佛子啊！菩萨摩诃萨有十种力量的无碍作用。是哪十种呢？一，众生力的无碍作用，因为菩萨从不舍离教化调伏众生；二，刹土力的无碍作用，因为菩萨能示现不可说的庄严而庄严佛土；三，法力的无碍作用，因为他能使一切身入于无身；四，时劫力的无碍作用，因为他从不断绝修行；五，佛力的无碍作用，因为他能觉悟一切愚痴睡眠、没有觉醒的众生；六，实行力的无碍作用，因为他能摄取一切的菩萨行；七，如来力的无碍作用，因为他能度化解脱所有的众生；八，无师力的无碍作用，因为他早已自觉所有的法门不必经由他人教导；九，一切智力的无碍作用，因为他能以一切智成就正觉；十，大悲力的无碍作用，因为他从不舍离众生。就是以上这十种。

"佛子啊！这就是菩萨摩诃萨的十种无碍作用。如果有人能证得这十种无碍作用，不管是成就或不成就正等正觉，都能随意自在，无违正法。即使成就正觉，也能不断地实践菩萨行。为什么呢？因为菩萨摩诃萨曾发起进入无边的无碍作用门，善巧示现广大誓愿。

"佛子啊！❷菩萨摩诃萨有十种游戏。是哪十种呢？一，菩萨能以众生身作为佛国刹土，但丝毫不会破坏众生的身；二，菩萨能以佛国刹土作为众生身，但丝毫不会破坏佛国刹土；三，菩萨能以佛身示现声闻、独觉身，但丝毫不会减损如来身；四，菩萨能以声闻、独觉身示现如来身，而不会增长声闻、独觉身；五，菩萨能以菩萨身示现成就正觉，并且不断菩萨身；六，菩萨能以成就正觉身示现修菩萨行之身，但丝毫不会减损菩萨身；七，菩萨能在涅槃界示现生死，但不执着生死；八，菩萨能在世间的生死中示现涅槃，但能同时不究竟地证入不动的寂静涅槃；九，菩萨虽能证入禅定三昧，但仍示现行、住、坐、卧一切行业，并且不舍离禅定三昧正受；十，菩萨能在一位佛陀的处所听闻佛法，依教受持。又能以禅定三昧的力量，使身形不动，而示现不可说的诸佛集会。他既没有分身，也没从禅定三昧中起定，就能相续不断地听闻佛法受持。如此每一个禅定三昧身念念都能出生不可说不可说的三昧身，示现修行次第。所以说，即使一切的时劫可以穷尽，但菩萨的三昧身仍不可穷尽。就是以上这十种。如果诸位菩萨能安住此法，就可以得到如来无上的大智游戏。

"佛子啊！菩萨摩诃萨有十种境界。是哪十种呢？一，菩萨能示现无边的法界门，使众生都得以证入；二，菩萨能示现一切世界的无量妙庄严，使众生都得以证入；三，菩萨能化身前往所有的众生界，使他们方便开悟；四，菩萨能以如来身出现菩萨身，或以菩萨身出现如来身；五，菩萨能在虚空中示现所有的世界，或在所有的世界中示现虚空；六，菩萨能在生死中示现涅槃，或在涅槃中示现生死；七，菩萨能以一个众生的语言，出生一切佛法的语言；八，菩萨能化无边身为一身，或化一身为一切差别身；九，菩萨能以一身充满法界；十，菩萨一念之间，就能使众生发菩提心，各别示现无量身，成就等正觉。就是以上这十种。如果诸位菩萨能安住于这个法门，就可以得到如来无上的大智慧境界。

"佛子啊！菩萨摩诃萨有十种力量。是哪十种呢？一，深心的力量，因为菩萨从不杂染一切世间的情欲；二，增上深心的力量，因为菩萨从不舍弃一切佛法；三，方便力，因为菩萨所有的作业究竟；四，智力，因为菩萨了知一切的心行；五，愿力，因为菩萨能圆满一切众生所求；六，行力，因为菩萨能穷尽未来际，从不断绝；七，各类修行诸乘的力量，因为菩萨能出生一切乘，而不舍弃大乘；八，神通变化力，因为菩萨能在每一毛孔中，示现一切清净的世界，及一切如来出兴世间；九，菩提力，因为菩萨能使一切众生发心成佛，永无断绝；十，转法轮力，菩萨演说的每一句佛法都能相称众生的根器体性及志欲。就是以上这十种。如果诸位菩萨能安住于这个法门，就可得证诸佛无上的一切智十力。

"佛子啊！菩萨摩诃萨有十种无畏❸作用。是哪十种呢？佛子啊！菩萨摩诃萨能完全听闻受持一切的言语说法，而心中生起如此的念头：'假设十方世界有无量无边的众生，前来请问我百千种大法，我没有不会回答的。因为我没有见到任何困难，所以心中无畏。因为我已究竟达到大无畏的彼岸，因此能随其所问，应对如流，断除他们的疑惑，毫无怯弱。'以上是菩萨的第一无畏。

"佛子啊！菩萨摩诃萨得到如来灌顶的无碍辩才，到达一切文字、言语、音声开示秘密究竟的彼岸。而心中生起如此的念头：'假设十方世界有无量无边的众生前来问我无量的大法，他们的疑问我没有不会回答的。因为我没有看见任何困难，所以心中无畏。因为我已究竟达到大无畏的彼岸，因此能随其所问，都应对如流，断除他们的疑惑，毫不恐惧。'以上就是菩萨的第二无畏。

"佛子啊！菩萨摩诃萨了知一切的法空，远离我、我所而没有造作，也没造作者。没有了知，也没有所谓寿命。没有养育者，也没有补伽罗的我。远离五蕴❹、十八界❺、十二处❻等身心现象，永远出离所有的执着见地，心地宛如虚空。而心中生起如此的念头：'我没有见到众生有任何的现象能损坏恼怒我的身、语、意业。'为什么呢？因菩萨早已远离我、我所有的执着，不曾见到诸法有任何的体性。因为他没有见到，所以心得无畏，到达究竟的大无畏彼岸。坚固勇猛，无人能坏。以上就是菩萨的第三无畏。

　　"佛子啊！菩萨摩诃萨受佛力护佑、加持，安住诸佛的威仪，所行的一切真实，无有变易。菩萨就心想：'所有的威仪我没有因为不具足，而使众生呵责的。'因为这样，菩萨得以无畏地在大众中安稳说法。以上就是菩萨的第四无畏。

　　"佛子啊！菩萨摩诃萨的身、语、意业都完全清净，鲜白柔和，远离众恶。他心中生起如下的念头：'我不见自身的身、语、意业有何可为人呵责的。'因为这样，菩萨得以无畏地使众生安住佛法。以上就是菩萨的第五无畏。

　　"佛子啊！菩萨摩诃萨、金刚力士、天王、龙王、夜叉、乾闼婆、阿修罗、帝释、梵王、四天王等，常常随行护卫诸佛与护持忆念诸佛，不曾舍离。菩萨摩诃萨心想：'我没有看到有任何众魔外道或邪见众生能障碍我行任何菩萨道的。'因为这样，他得以无畏地到达究竟的大无畏彼岸，心生欢喜，行菩萨行。以上就是菩萨的第六无畏。

　　"佛子啊！菩萨摩诃萨已证得成就第一念想，也就是殊胜的忆念力，心中从不忘失佛所喜悦印可的一切。菩萨心想：'如来所说成就道法的文字句法，我从来不曾忘失。'因为这样，菩萨得以无畏地受持诸佛正法，行菩萨行。以上就是菩萨第七无畏。

　　"佛子啊！菩萨摩诃萨已完全通达所有的智慧方便，究竟各种力量，因此能精勤教化众生，愿心常与诸佛菩提相系。他为了悲悯众生、成就众生；而在烦恼浊世示现受生、种族尊贵、眷属圆满、从心所欲、欢娱快乐。他心中生起如下的念头：'虽然我与这些眷属聚会，但却没有见到任何可贪着的事物，会荒废我修行、禅定、解脱，及各种三昧、总持、辩才、菩萨道法的。'为什么呢？因为菩萨摩诃萨已证得一切法的自在，到达彼岸，却修菩萨行誓不断绝，所以不见世间任何惑乱菩萨道的境界。因为这样，菩萨得以无畏地到达究竟的大无畏彼岸，以大愿力在一切世界示现受生。以上就是菩萨的第八无畏。

"佛子啊！菩萨摩诃萨永远不会忘失圆满佛智的萨婆若心，志愿乘着大乘之船行菩萨行。因此他能以一切智慧的大心势力，示现声闻、独觉的寂静威仪。他心里想：'我完全没有看见二乘有何出离可言。'因为这样，菩萨得以无畏地到达于无上的大无畏彼岸，普遍示现一切乘的道路，究竟满足，平等大乘。以上就是菩萨的第九无畏。

"佛子啊！菩萨摩诃萨已成就种种的洁白清净之法，具足善根。因此神通圆满，能究竟安住诸佛菩提，满足一切的菩萨行。接受诸佛的智慧灌顶授记，而恒常度化众生，行菩萨道。他心里这样想：'我不曾看见任何众生已成熟而却不能示现诸佛自在圆满的成熟相貌。'因为这样，菩萨得以无畏地到达大无畏的彼岸，不断菩萨行，不舍弃菩萨愿，随着所应度化的众生，示现诸佛境界而度化。以上就是菩萨的第十无畏。

"佛子啊！以上是菩萨摩诃萨的十种无畏，如果诸位菩萨能安住这个法门，就可得证诸佛的无上大无畏，并且也不会舍离菩萨的无畏。

"佛子啊！菩萨有十种不必经由他人教诲导引，自己就能了悟的不共大法。是哪十种呢？

"佛子啊！菩萨摩诃萨不必经由他人教导，自然就能修行六波罗蜜：常能喜乐地广大布施，不生悭吝；恒常持守清净的戒律，从不毁犯；具足忍辱，心不动摇；精进不懈，未曾退转；能趣入各种禅定，永远没有任何散乱；完全摒除恶见地巧妙修习智慧。以上就是菩萨第一种不必经由他人教导，就能随顺波罗蜜道修习的六度不共法。

"佛子啊！菩萨摩诃萨能普遍摄受众生，就是惠施财、法，正念现前，用和颜悦色的爱语使众生欢喜，再开示如实的义理，使众生得以悟解诸佛菩提，没有憎嫌，平等利益。以上就是菩萨第二种不必经由他人教导，就能随顺四摄道勤摄众生的不共法。

"佛子啊！菩萨摩诃萨能善巧的回向，就是不求果报的回向、随顺诸佛菩提的回向、不执着一切世间禅定三昧的回向、为利益一切众生的回向、不断如来智慧的回向。以上就是菩萨第三种不必经由他人教导，就能为众生发起善根求佛智慧的不共法。

"佛子啊！菩萨摩诃萨即使已经到达善巧方便的究竟彼岸，但心里恒常眷顾众生。因此不厌离世俗的凡愚，不乐二乘的出离之道，也不执着一己之乐，只是勤于度化众生。善能出入禅定解脱，在种种三昧中都得自在。往来生死之间，如同游园观赏，未曾片刻心生疲厌。所以不管他是住在魔宫，或是生在释天梵王世主的任何地方，他都没有不示现身形。即使他在外道出家，也能恒常远离一切的邪见。他对世间所有的文词、咒术、字印、算数，乃至于游戏歌舞之法，没有不精通熟悉的。他有时也示现为智慧才能世间第一的端正妇人，能代众人请益世间法或出世间法。也能说法，在问答之间断除众生的疑惑，使他们都能得到究竟。她也完全通达一切世间、出世间之事，能够通达彼岸，众生莫不瞻仰。即使她示现声闻、辟支佛的威仪，也不会失去大乘之心，而仍念念示现成就正觉，不断菩萨行。以上就是菩萨第四种不必经由他人教导，就能方便善巧到达究竟彼岸的不共法。

"佛子啊！菩萨摩诃萨善于了知权变、实相双行之道，因此智慧自在，到达究竟。就是安住涅槃而示现生死，了知实无众生而还能勤于教化；虽然已经究竟寂灭，而还能现起烦恼；安住坚密的智慧法身，又普遍化现无量的众生身；虽恒常证入甚深禅定，但仍示现欲乐；他虽远离三界，却仍不舍离众生；他虽安住法乐，但却示现采女、歌咏、嬉戏；他虽然以种种相好庄严自身，却仍示现丑陋贫贱的身形；他虽常积集众善，无有过恶，而却示现受生地狱、畜生、饿鬼；他虽然已经到达佛智的彼岸，却仍不舍弃菩萨的智身；菩萨摩诃萨成就如是无量智慧，连声闻、独觉都不能了知，更何况是童蒙无知的众生。以上就是菩萨第五种不必经由他人教导，就能权变与实相双行的不共法。

"佛子啊！菩萨摩诃萨的身、口、意业早已随着智慧行都已清净，就是具足大慈，永离杀心，乃至于具足正解，无有邪见。以上就是菩萨第六种不必经由他人教导，就能使身、口、意业随智慧而行的不共法。

"佛子啊！菩萨摩诃萨具足大悲，不舍弃众生，能代众生受种种痛苦，就是地狱苦、畜生苦、饿鬼苦。他为了利益众生，从不感到疲劳厌倦，只是一心度化解脱众生。因此未曾耽溺染着五欲，恒常精勤灭除众生的种种苦痛。以上就是菩萨第七种不必经由他人教导，就能恒常生起大慈的不共法。

"佛子啊！菩萨摩诃萨常常化为众生所乐见的梵王、帝释、四天王等，一切众生见了都无有满足，恋恋不舍。为什么呢？因为菩萨摩诃萨累世以来就行业清净，无有过失，所以见到他的众生都无有满足，恋恋不舍。以上就是菩萨第八种不必经由他人教导，就能使一切众生都乐于见到他的不共法。

"佛子啊！菩萨摩诃萨对于萨婆若佛智的弘大誓愿庄严非凡，志向信乐坚固。因此即使他身处凡夫、声闻、独觉等险难之处，终究不会退失一切智心明净的妙宝。佛子啊！如同名叫净庄严的宝珠，即使放在泥淖中，仍然不会失却原来的光芒颜色，而且还能澄净浊水。菩萨摩诃萨也是如此，虽然身处凡愚杂浊等处所，终究不会退失损坏求一切智的清净宝心。而且还能使那些恶道众生远离妄见、烦恼、秽浊，求得一切智的清净心宝。以上就是菩萨第九种不必经由他人教导，在各种险难之处不会失一切智慧心宝的不共大法。

"佛子啊！菩萨摩诃萨早已成就自能觉悟的境界智慧，因此能够无师而自行了悟、究竟自在到达彼岸。因此能用离垢法的彩增作头上的宝冠，从不舍弃亲近善友，且乐于尊重诸佛如来。以上就是菩萨第十种不必经由他人教导，就能得证最上法不离善知识、不舍离尊重诸佛的不共大法。

"佛子啊！以上就是菩萨摩诃萨的十种不共法，如果诸位菩萨能安住其中，就能得证如来无上广大的不共大法。

"佛子啊！菩萨摩诃萨有十种净业。是哪十种呢？一，一切世界的净业，因为他能完全庄严清净一切世界；二，诸佛的净业，因为他能供养诸佛；三，所有菩萨的净业，因为他能和所有的菩萨同种善根；四，众生的净业，因为他能教化众生；五，未来的净业，因为他能穷尽未来际摄取所有的善根；六，神力的净业，因为他能不离开所处的世界，就遍至一切世界；七，光明的净业，因为他能放出无边色的光明，每一道光中各有菩萨结跏趺坐；八，三宝种性不断的净业，因为他能在诸佛灭度之后，守护住持佛法；九，变化的净业，因为他能在任何世界说法教化众生；十，加持的净业，因为他能一念之间就能随着众生心之所欲，为他们示现，成就圆满他们所有的愿望。就是以上这十种。如果诸位菩萨能安住此法，就能得证如来的广大无上业。

　　"佛子啊！菩萨摩诃萨有十种妙身。是哪十种呢？一，不来的妙身，因为菩萨不再在任何世间入胎受生；二，不去的妙身，因为菩萨在一切世间是求不可得的；三，不实的妙身，因为他在一切世间都已如实证得；四，不虚的妙身，因为他能以如实妙理示现世间；五，不尽的妙身，因为他穷尽未来际无有断绝；六，坚固的妙身，因为一切众魔都不能破坏他；七，不动的妙身，因为众魔及外道都不能动摇他；八，具相的妙身，因为他能示现清净的百福相好；九，无相的妙身，因为法相究竟无相；十，普至的妙身，因为他与三世诸佛同一身。就是以上这十种。如果诸位菩萨能安住此法，就可证得如来的无上无尽身。

　　"佛子啊！❼菩萨摩诃萨有十种身的净业。是哪十种呢？一，能以一身充满于一切世界身；二，能在一切众生面前现身；三，在一切生趣都能受生之身；四，能游行一切世界身；五，能前往参拜一切诸佛众会的身；六，能以一手普遍覆盖一切世界的身；七，能以一手粉碎一切世界的金刚围山，使这些山都碎如微尘的身；八，在于自身中现出一切佛国刹土的成、住、坏、空，并示现众生面前之身；九，能以一身容受一切众生界之身；十，能在自身中普现一切清净佛国刹土，或在一切众生中成就佛道之身。就是以上这十种。如果诸位菩萨能安住此法，就能得证如来的无上佛业，觉悟所有的众生。

"佛子啊！❸菩萨摩诃萨又有十种身。是哪十种呢？一，诸波罗蜜身，因为他能完全依正念修行；二，四摄身，因为他从不舍离众生；三，大悲身，因为他能代众生受无量苦，而毫无疲劳厌倦；四，大悲身，因为他能救护众生；五，福德身，因为他能饶益众生；六，智慧身，因为他与一切佛身同一体性；七，法身，因为他永远断离各种生趣受生；八，方便身，因为他能在一切处所无不现前；九，神力身，因为他能示现一切神通变化；十，菩提身，因为他能随着自己的意乐，随时成就正觉。就是以上这十种。如果诸位菩萨能安住此法，就可得证如来无上的大智慧身。

"佛子啊！菩萨摩诃萨有十种微妙法语。是哪十种呢？一，柔软语，因为他能使众生安稳；二，甘露解脱的法语，因为他能使众生清凉；三，不诳语，因为他所有的言说都如实无虚；四，真实语，因为他连在梦中都无妄语；五，广大语，因为一切的帝释、梵天、四天王等都尊敬他；六，甚深语，因为他能显示法性；七，坚固语，因为他能说法无穷尽；八，正直语，因为他说话众生无不明白；九，种种语，因为他能随时示现；十，开悟一切众生语，因为他能随着众生的欲乐，使他们解悟明了。就是以上这十种。如果诸位菩萨能安住此法，就可得证如来的无上微妙语。

"佛子啊！菩萨摩诃萨有十种清净修行语业的因缘。是哪十种呢？一，乐于听闻诸佛如来的音声而清净修行语业；二，乐于听闻宣说菩萨功德而清净修行语业；三，不说一切众生不乐听闻之语而清净修行语业；四，真实远离语言的四种过失而清净修行语业；五，欢喜踊跃赞叹如来而清净修行语业；六，在如来塔庙处所高声称赞诸佛如实的功德而清净修行语业；七，能以清净深心施法众生而清净修行语业；八，能以音乐歌颂赞叹如来而清净修行语业；九，能在诸佛所在听闻正法，不惜身命而清净修行语业；十，舍身承事一切菩萨及诸位法师而受妙法清净修行语业。就是以上这十种。如果菩萨摩诃萨能修行以上十种清净的语业，就能获得十种守护。是哪十种呢？一，以天王为首，带领天众守护菩萨摩诃萨；二，以龙王为首，带领龙众守护菩萨摩诃萨；三，以夜叉王为首；四，以乾闼婆王为首；五，以阿修罗王为首；六，以迦楼罗王为首；七，以紧那罗王为首；八，以摩睺罗伽王为首；九，以梵王为首，每一王者都带领着自己的徒众守护菩萨摩诃萨；十，以如来法王为首，带领所有的法师守护菩萨摩诃萨。就是以上这十种。

"佛子啊！菩萨摩诃萨得到这些守护之后，就能成就办理十种大事。是哪十种呢？一，能使众生欢喜；二，能前往参访任何世界；三，了知诸根；四，能清净一切殊胜的解悟；五，能断除一切的烦恼；六，能舍离一切的习气；七，能明白洁净一切的欲乐；八，能增长一切的深心；九，能周遍一切的法界；十，能得见一切的涅槃。就是以上这十种。

"佛子啊！菩萨摩诃萨有十种心的境界。是哪十种呢？一，宛如大地的心，因为菩萨能加持增长众生的各种善根；二，宛如大海的心，一切诸佛无量无边的大智法水都能流入菩萨心中；三，宛如须弥山王的心，因为菩萨能安置众生在最上善根处；四，宛如摩尼宝王的心，因为菩萨的乐欲非常清净，毫无杂染；五，宛如金刚的心，因为菩萨能决定深入一切的法门；六，宛如金刚围山的心，因为诸魔及外道都不能动摇他；七，宛如莲华的心，因为菩萨不为一切的世间法所染着；八，宛如优昙钵华的心，因为菩萨在一切的时劫中难得遭遇；九，宛如净日的心，因为菩萨能破除一切的障碍黑暗；十，宛如虚空的心，因为菩萨的心不可测量。就是以上这十种。如果诸位菩萨能安住其中，就可以得证如来的无上大清净心。

"佛子啊！菩萨摩诃萨有十种广大发心。是哪十种呢？一，我应当救度解脱众生；二，我应当使众生断除烦恼；三，我应当使众生消灭习气；四，我应当使众生断除一切疑惑；五，我应当灭除众生所有的苦恼；六，我应当灭除一切恶道苦难；七，我应当尊敬随顺诸佛；八，我应当善于学习一切菩萨所应学习的；九，我应当在一切世间的每一毛端处，示现诸佛成就正觉；十，我应当在一切世界击无上法鼓，使众生都能随着他们的根器欲望，得到解脱。就是以上这十种。如果诸位菩萨能安住其中，则可得证如来无上广大发起圆满众事的心。

"佛子啊！菩萨摩诃萨有十种周遍圆满的心。是哪十种呢？一，周遍圆满一切虚空的心，因为他发意广大；二，周遍圆满一切法界的心，因为他能深入无边；三，周遍圆满三世的心，因为他能了知所有的念头；四，周遍圆满诸佛出现的心，因为他完全明了诸佛入胎诞生、出家成道、转法轮、般涅槃的因缘；五，周遍圆满众生的心，因为他完全了知众生的根器、志欲、习气；六，周遍圆满智慧的心，因为他能随顺了知法界；七，周遍圆满无边的心，因为他能了知一切宛如幻化之网的世间差别；八，周遍圆满一切无生的心，因为他能现证诸法自性不可得；九，周遍圆满一切无碍心，因为他不安住于自心或他心；十，周遍圆满自在的心，因为他能在一念之间普遍示现成佛。就是以上这十种。如果诸位菩萨能安住其中，则可得证无量无上佛法的周遍庄严。

"佛子啊！菩萨摩诃萨有十种根。是哪十种呢？一，欢喜根，因为他能亲见诸佛，信心不坏；二，希望根，因为他对所听闻的佛法都能解悟；三，不退根，因为他所作之事无不究竟；四，安住根，因为他从不断绝任何的菩萨行；五，微细根，因为他能证入般若波罗蜜的微妙法理；六，不休息根，因为他能究竟圆满一切众生的事理；七，宛如金刚根，因为他了知诸法自性；八，金刚光焰根，因为他能普照诸佛境界；九，无差别根，因为他与一切如来同一身形；十，无碍际根，因为他能深入如来十种力用。就是以上这十种。如果诸位菩萨能安住其中，就可得证如来无上的大智圆满根。

"佛子啊！菩萨摩诃萨有十种深心。是哪十种呢？一，不染着世间法的深心；二，不混杂二乘道的深心；三，明自通达诸佛菩萨的深心；四，随顺诸佛智智道的深心；五，不被众魔外道劫夺的深心；六，清净修行诸佛圆满智的深心；七，受持一切所听闻法的深心；八，不染着一切受生处的深心；九，具足一切微细智的深心；十，修习诸佛之法的深心。就是以上这十种。如果诸位菩萨能安住其中，就可得证一切智的无上清净深心。

"佛子啊！菩萨摩诃萨有十种增上深心。是哪十种呢？一，不退转的增上深心，因为他已积集所有的善根；二，远离疑惑的增上深心，因为他了解诸佛的密语；三，正持的增上深心，因为他的大愿大行无不周遍流布；

四，最殊胜的增上深心，因为他能深入一切佛法；五，得为做主的增上深心，因为他在一切佛法中无不自在；六，广大的增上深心，因为他能普遍趣入种种法门；七，作为领导上首的增上深心，因为凡他所作无不成办；八，自在的增上深心，因为他能神通变化庄严一切三昧；九，安住的增上深心，因为他能摄受本愿；十，无休息的增上深心，因为他能成熟众生。就是以上这十种。如果诸位菩萨能安住此法，就可得证诸佛无上清净增上的深心。

"佛子啊！菩萨摩诃萨有十种精勤修行。是哪十种呢？一，精勤修行布施，因为他能完全舍弃一切，不求回报；二，精勤修行持戒，因为他能行头陀苦行，少欲知足，无所欺瞒；三，精勤修行忍辱，因为他能远离自想、他想的分别，忍受一切诸恶，毕竟不生起嗔恚怨害之心；四，精勤修行精进，因为他的身、语、意业都未曾散乱，一切所作皆不退转，直至究竟；五，精勤修行禅定，因为他具足解脱三昧，因此能出现大神通，远离一切欲望、烦恼、斗诤；六，精勤修行智慧，因为他能修习积聚一切功德，毫无厌倦；七，精勤修行大慈，因为他了知众生本无自性；八，精勤修行大悲，因为他了知诸法空性，因此能普代众生受苦，毫无疲劳厌倦；九，精勤修行觉悟如来十力，因为他能明了通达无碍地示现在众生面前；十，精勤修行不退法轮，因为他能转众生心。就是以上这十种。如果诸位菩萨能安住此法，就可得证如来无上大智慧的精勤修行。

"佛子啊！菩萨摩诃萨有十种决定不坏的解悟。是哪十种呢？一，最上决定不坏的解悟，因为他能种植尊重善根；二，庄严决定不坏的解悟，因为他能出生种种庄严；三，广大决定不坏的解悟，因为他的心量未曾狭小低劣；四，寂灭决定不坏的解悟，因为他能证入甚深的法性；五，普遍决定不坏的解悟，因为他的发心无所不及；六，堪住决定不坏的解悟，因为他能接受佛力的加持；七，坚固决定不坏的解悟，因为他能摧毁破坏一切魔业；八，明断决定不坏的解悟，因为他能了知一切的业报；九，现前决定不坏的解悟，因为他能随意示现神通；十，绍隆决定不坏的解悟，因为他能在诸佛处所得佛授记。十一，自在决定不坏的解悟，因为他能随时随意地成佛。就是以上这些。如果诸位菩萨能安住此法，就可得证如来无上决定不坏的解悟。

"佛子啊！菩萨摩诃萨能依以上决定不坏的解悟了知所有世界的因缘。是哪十种呢？一，了知一切世界可摄入一个世界；二，了知一个世界可遍入一切世界；三，了知一切世界、一如来身、一莲华座都能完全周遍；四，了知一切世界皆如同虚空；五，了知一切世界都具诸佛的庄严；六，了知所有的世界无不充满菩萨；七，了知所有的世界都可入于一个毛孔当中；八，了知一切世界都可入于一个众生身中；九，了知一切世界、一佛菩提树、一佛道场都完全充满周遍；十，了知一切世界都能以一种音声普遍让诸众生各别了知、心生欢喜。就是以上这十种。如果诸位菩萨能安住于这个法门，就可得证如来无上佛国刹土广大决定不坏的解悟。

"佛子啊！菩萨摩诃萨有十种决定不坏的解悟了知众生界。是哪十种呢？一，菩萨了知众生界的本性都是虚幻无实的；二，菩萨了知一切的众生都能摄入一个众生身中；三，菩萨了知一切的众生界都能摄入菩萨身中；四，菩萨了知一切的众生都能摄入如来藏中；五，菩萨了知一切的众生身能普入所有的众生界；六，菩萨了知一切的众生都堪为诸佛的法器；七，菩萨能随顺众生的意欲，为他们示现帝释、梵天、护世天王身；八，菩萨能随顺众生的意欲，为他们示现声闻、独觉寂静的威仪；九，菩萨了知众生的意欲，因此能为他们示现菩萨功德的庄严身；十，菩萨了知众生的意欲，因此能为他们示现如来相好的寂静威仪，开悟众生。就是以上这十种。如果诸位菩萨能安住此法，就可得证如来无上大威力决定不坏的解悟。"

【注释】

❶ 护世诸天：指四大天王。

❷ 次三门在说明无缚、无着解脱回向。

❸ 次四门在说明法界中无量回向中之行。

❹ 五蕴：蕴是"聚集"之意，五蕴是色、受、想、行、识蕴。

❺ 十八界：六根、六尘加上六识（眼识、耳识、鼻识、舌识、身识、意识）就是十八界。

❻ 十二处：处是出生之义，六根（眼、耳、鼻、舌、身、意）加上六尘（色、声、香、味、触、法）合称为十二处。

❼ 以上五十门在说明十地位中的行相，回答前面五十句的问题，于中、初十门说明欢喜地之行。

❽ 前门大概在说明色身之业用，此门大略在说明法门自体而说身。

卷第五十七

离世间品第三十八之五

【原典】

"佛子！菩萨摩诃萨有十种习气。何等为十？所谓菩提心习气、善根习气、教化众生习气、见佛习气、于清净世界受生习气、行习气、愿习气、波罗蜜习气、思惟平等法习气、种种境界差别习气。是为十。若诸菩萨安住此法，则永离一切烦恼习气，得如来大智习气非习气智。

"佛子！菩萨摩诃萨有十种取，以此不断诸菩萨行。何等为十？所谓取一切众生界，究竟教化故；取一切世界，究竟严净故；取如来，修菩萨行为供养故；取善根，积集诸佛相好功德故；取大悲，灭一切众生苦故；取大慈，与一切众生一切智乐故；取波罗蜜，积集菩萨诸庄严故；取善巧方便，于一切处皆示现故；取菩提，得无碍智故；略说菩萨取一切法，于一切处悉以明智而现了故。是为十。若诸菩萨安住此取，则能不断诸菩萨行，得一切如来无上无所取法。

"佛子！菩萨摩诃萨有十种修。何等为十？所谓修诸波罗蜜，修学，修慧，修义，修法，修出离，修示现，修勤行匪懈，修成等正觉，修转正法轮。是为十。若诸菩萨安住其中，则得无上修修一切法。

"佛子！菩萨摩诃萨有十种成就佛法。何等为十？所谓不离善知识成就佛法，深信佛语成就佛法，不谤正法成就佛法，以无量无尽善根回向成就佛法，信解如来境界无边际成就佛法，知一切世界境界成就佛法，不舍法界境界成就佛法，远离诸魔境界成就佛法，正念一切诸佛境界成就佛法，乐求如来十力境界成就佛法。是为十。若诸菩萨安住此法，则得成就如来无上大智慧。

"佛子！菩萨摩诃萨有十种退失佛法，应当远离。何等为十？所谓轻慢善知识退失佛法，畏生死苦退失佛法，厌修菩萨行退失佛法，不乐住世间退失佛法，耽著三昧退失佛法，执取善根退失佛法，诽谤正法退失佛法，断菩萨行退失佛法，乐二乘道退失佛法，嫌恨诸菩萨退失佛法。是为十。若诸菩萨远离此法，则入菩萨离生道。

"佛子！菩萨摩诃萨有十种离生道。何等为十？所谓出生般若波罗蜜而恒观察一切众生，是为一；远离诸见而度脱一切见缚众生，是为二；不念一切相而不舍一切著相众生，是为三；超过三界而常在一切世间，是为四；永离烦恼而与一切众生共居，是为五；得离欲法而常以大悲哀愍一切著欲众生，是为六；常乐寂静而恒示现一切眷属，是为七；离世间生而死此生彼起菩萨行，是为八；不染一切世间法而不断一切世间所作，是为九；诸佛菩提已现其前而不舍菩萨一切愿行，是为十。佛子！是为菩萨摩诃萨十种离生道，出离世间，不与世共，而亦不杂二乘之行。若诸菩萨安住此法，则得菩萨决定法。

"佛子！菩萨摩诃萨有十种决定法。何等为十？所谓决定于如来种族中生，决定于诸佛境界中住，决定了知菩萨所作事，决定安住诸波罗蜜，决定得预如来众会，决定能显如来种性，决定安住如来力，决定深入佛菩提，决定与一切如来同一身，决定与一切如来所住无有二。是为十。

"佛子！菩萨摩诃萨有十种出生佛法道。何等为十？所谓随顺善友是出生佛法道，同种善根故；深心信解是出生佛法道，知佛自在故；发大誓愿是出生佛法道，其心宽广故；忍自善根是出生佛法道，知业不失故；一切劫修行无厌足是出生佛法道，尽未来际故；阿僧祇世界皆示现是出生佛法道，成熟众生故；不断菩萨行是出生佛法道，增长大悲故；无量心是出生佛法道，一念遍一切虚空界故；殊胜行是出生佛法道，本所修行无失坏故；如来种是出生佛法道，令一切众生乐发菩提心，以一切善法资持故。

是为十。若诸菩萨安住此法，则得大丈夫名号。

"佛子！菩萨摩诃萨有十种大丈夫名号。何等为十？所谓名为菩提萨埵，菩提智所生故；名为摩诃萨埵，安住大乘故；名为第一萨埵，证第一法故；名为胜萨埵，觉悟胜法故；名为最胜萨埵，智慧最胜故；名为上萨埵，起上精进故；名为无上萨埵，开示无上法故；名为力萨埵，广知十力故；名为无等萨埵，世间无比故；名为不思议萨埵，一念成佛故。是为十。若诸菩萨得此名号，则成就菩萨道。

"佛子！菩萨摩诃萨有十种道。何等为十？所谓一道是菩萨道，不舍独一菩提心故。二道是菩萨道，出生智慧及方便故。三道是菩萨道，行空、无相、无愿，不著三界故。四行是菩萨道，忏除罪障，随喜福德，恭敬尊重，劝请如来，善巧回向无休息故。五根是菩萨道，安住净信坚固不动，起大精进所作究竟，一向正念，无异攀缘，巧知三昧入出方便，善能分别智慧境界故。六通是菩萨道。所谓天眼，悉见一切世界所有众色，知诸众生死此生彼故；天耳，悉闻诸佛说法，受持忆念，广为众生随根演畅故；他心智，能知他心，自在无碍故；宿命念，忆知过去一切劫数，增长善根故；神足通，随所应化一切众生，种种为现，令乐法故；漏尽智，现证实际，起菩萨行不断绝故。七念是菩萨道。所谓念佛，于一毛孔见无量佛，开悟一切众生心故；念法，不离一如来众会，于一切如来众会中亲承妙法，随诸众生根性欲乐而为演说，令悟入故；念僧，恒相续见无有休息，于一切世间见菩萨故；念舍，了知一切菩萨舍行，增长广大布施心故；念戒，不舍菩提心，以一切善根回向众生故；念天，常忆念兜率陀天宫一生补处菩萨故；念众生，智慧方便教化调伏，普及一切无间断故。随顺菩提八圣道是菩萨道。所谓行正见道，远离一切诸邪见故；起正思惟，舍妄分别，心常随顺一切智故；常行正语，离语四过，顺圣言故；恒修正业，教化众生，令调伏故；安住正命，头陀知足，威仪审正，随顺菩提，行四圣种，一切过失皆永离故；起正精进，勤修一切菩萨苦行，入佛十力无挂碍故；心常正念，悉能忆持一切言音，除灭世间散动心故；心常正定，善入菩萨不思议解脱门，于一三昧中出生一切诸三昧故。入九次第定是菩萨道。所谓离欲恚害，而以一切语业说法无碍；灭除觉观，而以一切智觉观教化众生；舍离喜爱，而见一切佛，心大欢喜；离世间乐，而随顺出世菩萨道乐；从此不动，入无色定，而亦不舍欲、色受生；虽住灭一切想受定，而亦不息菩萨行故。学佛十力是菩萨道。所谓善知是处、非处智；善知一切众生去、来、现在业报因果智；善知一切众生上、中、下根不同随宜说法智；善知一切众生种种无量性智；善知一切众生软、中、上解差别，令入法方便智；遍一切世间、一切刹、一切三世、一切劫，普现如来形相威仪，而亦不舍菩萨所行智；善知一切诸禅解脱及诸三昧若垢若净、时与非时，方便出生诸菩萨解脱门智；知一切众生于诸趣中死此生彼差别智；于一念中悉知三世一切劫数智；善知一切众生乐欲、诸使、惑习灭尽智，而不舍离诸菩萨行。是为十。若诸菩萨安住此法，则得一切如来无上巧方便道。

"佛子！菩萨摩诃萨有无量道、无量助道、无量修道、无量庄严道。

"佛子！菩萨摩诃萨有十种无量道。何等为十？所谓虚空无量故，菩萨道亦无量；法界无边故，菩萨道亦无量；众生界无尽故，菩萨道亦无量；世界无际故，菩萨道亦无量；劫数不可尽故，菩萨道亦无量；一切众生语言法无量故，菩萨道亦无量；如来身无量故，菩萨道亦无量；佛音声无量故，菩萨道亦无量；如来力无量故，菩萨道亦无量；一切智智无量故，菩萨道亦无量。是为十。

"佛子！菩萨摩诃萨有十种无量助道。何等为十❶？所谓如虚空界无量，菩萨集助道亦无量；如法界无边，菩萨集助道亦无边；如众生界无尽，菩萨集助道亦无尽；如世界无际，菩萨集助道亦无际；如劫数说不可尽，菩萨集助道亦一切世间说不能尽；如众生语言法无量，菩萨集助道出生智慧知语言法亦无量；如如来身无量，菩萨集助道遍一切众生、一切刹、一切世、一切劫亦无量；如佛音声无量，菩萨出一言音周遍法界，一切众生无不闻知故，所集助道亦无量；如佛力无量，菩萨承如来力积集助道亦无量；如一切智智无量，菩萨积集助道亦如是无有量。是为十。若诸菩萨安住此法，则得如来无量智慧。

"佛子！菩萨摩诃萨有十种无量修道。何等为十？所谓不来不去修，身、语、意业无动作故；不增不减修，如本性故；非有非无修，无自性故；如幻如梦、如影如响、如镜中像、如热时焰、如水中月修，离一切执著故；空、无相、无愿、无作修，明见三界而集福德不休息故；不可说、无言说、离言说修，远离施设安立法故；不坏法界修，智慧现知一切法故；不坏真如实际修，普入真如实际虚空际故；广大智慧修，诸有所作力无尽故；住如来十力、四无所畏、一切智智平等修，现见一切法无疑惑故。是为十。若诸菩萨安住此法，则得如来一切智无上善巧修。

"佛子！菩萨摩诃萨有十种庄严道。何等为十？佛子！菩萨摩诃萨不离欲界，入色界、无色界禅定解脱及诸三昧，亦不因此而受彼生，是为第一庄严道。智慧现前，入声闻道，不以此道而取出离，是为第二庄严道。智慧现前，入辟支佛道，而起大悲无有休息，是为第三庄严道。虽有人、天眷属围绕，百千采女歌舞侍从，未曾暂舍禅定解脱及诸三昧，是为第四庄严道。与一切众生受诸欲乐共相娱乐，乃至未曾于一念间舍离菩萨平等三昧，是为第五庄严道。已到一切世间彼岸，于诸世法悉无所著，而亦不舍度众生行，是为第六庄严道。安住正道、正智、正见，而能示入一切邪道，不取为实，不执为净，令彼众生远离邪法，是为第七庄严道。常善护持如来净戒，身、语、意业无诸过失，为欲教化犯戒众生，示行一切凡愚之行，虽已具足清净福德住菩萨趣，而示生于一切地狱、畜生、饿鬼及诸险难、贫穷等处，令彼众生皆得解脱，而实菩萨不生彼趣，是为第八庄严道。不由他教，得无碍辩，智慧光明普能照了一切佛法，为一切如来神力所持，与一切诸佛同一法身，成就一切坚固大人明净密法，安住一切平等诸乘，诸佛境界皆现其前，具足一切世智光明，照见一切诸众生界，能为众生作知法师，而示求正法未曾休息，虽实与众生作无上师，而示行尊敬阇梨和尚。何以故？菩萨摩诃萨善巧方便住菩萨道，随其所应皆为示现。是为第九庄严道。善根具足，诸行究竟，一切如来所共灌顶，到一切法自在彼岸，无碍法缯以冠其首，其身遍至一切世界，普现如来无碍之身，于法自在最上究竟，转于无碍清净法轮，一切菩萨自在之法皆已成就，而为众生故，于一切国土示现受生，与三世诸佛同一境界，而不废菩萨行，不舍菩萨法，不懈菩萨业，不离菩萨道，不弛菩萨仪，不断菩萨取，不息菩萨巧方便，不绝菩萨所作事，不厌菩萨生成用，不止菩萨住持力。何以故？菩萨欲疾证阿耨多罗三藐三菩提，观一切智门修菩萨行无休息故。是为第十庄严道。若诸菩萨安住此法，则得如来无上大庄严道，亦不舍菩萨道。

"佛子！菩萨摩诃萨有十种足。何等为十？所谓持戒足，殊胜大愿悉成满故；精进足，集一切菩提分法不退转故；神通足，随众生欲令欢喜故；神力足，不离一佛刹往一切佛刹故；深心足，愿求一切殊胜法故；坚誓足，一切所作咸究竟故；随顺足，不违一切尊者教故；乐法足，闻持一切佛所说法不疲懈故；法雨足，为众演说无怯弱故；修行足，一切诸恶悉远离故。是为十。若诸菩萨安住此法，则得如来无上最胜足，若一举步，悉能遍至一切世界。

"佛子！菩萨摩诃萨有十种手。何等为十？所谓深信手，于佛所说，一向忍可，究竟受持故；布施手，有来求者，随其所欲，皆令充满故；先意问讯手，舒展右掌相迎引故；供养诸佛手，集众福德无疲厌故；多闻善巧手，悉断一切众生疑故；令超三界手，授与众生拔出欲泥故；置于彼岸手，四暴流中救溺众生故；不吝正法手，所有妙法悉以开示故；善用众论手，以智慧药❷灭身心病故；恒持智宝手，开法光明破烦恼暗故。是为十。若诸菩萨安住此法，则得如来无上手，普覆十方一切世界。

"佛子！菩萨摩诃萨有十种腹。何等为十？所谓离谄曲腹，心清净故；离幻伪腹，性质直故；不虚假腹，无险诐故；无欺夺腹，于一切物无所贪故；断烦恼腹，具智慧故；清净心腹，离诸恶故；观察饮食腹，念如实法故；观察无作腹，觉悟缘起故；觉悟一切出离道腹，善成熟深心故；远离一切边见垢腹，令一切众生得入佛腹故。是为十。若诸菩萨安住此法，则得如来无上广大腹，悉能容受一切众生。

"佛子！菩萨摩诃萨有十种藏。何等为十？所谓不断佛种是菩萨藏，开示佛法无量威德故；增长法种是菩萨藏，出生智慧广大光明故；住持僧种是菩萨藏，令其得入不退法轮故；觉悟正定众生是菩萨藏，善随其时不逾一念故；究竟成熟不定众生是菩萨藏，令因相续无有间断故；为邪定众生发起大悲是菩萨藏，令未来因悉得成就故；满佛十力不可坏因是菩萨藏，具降伏魔军无对善根故；最胜无畏大师子吼是菩萨藏，令一切众生皆欢喜故；得佛十八不共法是菩萨藏，智慧普入一切处故；普了知一切众生、一切刹、一切法、一切佛是菩萨藏，于一念中悉明见故。是为十。若诸菩萨安住此法，则得如来无上善根不可坏大智慧藏。

"佛子！菩萨摩诃萨有十种心。何等为十？所谓精勤心，一切所作悉究竟故；不懈心，积集相好福德行故；大勇健心，摧破一切诸魔军故；如理行心，除灭一切诸烦恼故；不退转心，乃至菩提终不息故；性清净心，知心不动无所著故；知众生心，随其解欲令出离故；令入佛法大梵住心，知诸众生种种解欲，不以别乘而救护故；空、无相、无愿、无作心，见三界相不取著故；卍字相金刚坚固胜藏庄严心，一切众生数等魔来，乃至不能动一毛故。是为十。若诸菩萨安住此法，则得如来无上大智光明藏心。

"佛子！菩萨摩诃萨有十种被甲。何等为十？所谓被大慈甲，救护一切众生故；被大悲甲，堪忍一切诸苦故；被大愿甲，一切所作究竟故；被回向甲，建立一切佛庄严故；被福德甲，饶益一切诸众生故，被波罗蜜甲，度脱一切诸含识故；被智慧甲，灭一切众生烦恼暗故；被善巧方便甲，生普门善根故；被一切智心坚固不散乱甲，不乐余乘故；被一心决定甲，于一切法离疑惑故。是为十。若诸菩萨安住此法，则被如来无上甲胄，悉能摧伏一切魔军。

"佛子！菩萨摩诃萨有十种器仗。何等为十？所谓布施是菩萨器仗，摧破一切悭吝故；持戒是菩萨器仗，弃舍一切毁犯故；平等是菩萨器仗，断除一切分别故；智慧是菩萨器仗，消灭一切烦恼故；正命是菩萨器仗，远离一切邪命故；善巧方便是菩萨器仗，于一切处示现故；略说贪、嗔、痴等一切烦恼是菩萨器仗，以烦恼门度众生故；生死是菩萨器仗，不断菩萨行教化众生故；说如实法是菩萨器仗，能破一切执著故；一切智是菩萨器仗，不舍菩萨行门故。是为十。若诸菩萨安住此法，则能除灭一切众生长夜所集烦恼结使。

"佛子！菩萨摩诃萨有十种首。何等为十？所谓涅槃首，无能见顶故；

尊敬首，一切人、天所敬礼故；广大胜解首，三千界中最为胜故；第一善根首，三界众生咸供养故；荷戴众生首，成就顶上肉髻相故；不轻贱他首，于一切处常尊胜故；般若波罗蜜首，长养一切功德法故；方便智相应首，普现一切同类身故；教化一切众生首，以一切众生为弟子故；守护诸佛法眼首，能令三宝种不断绝故。是为十。若诸菩萨安住此法，则得如来无上大智慧首。

"佛子！菩萨摩诃萨有十种眼。所谓肉眼，见一切色故；天眼，见一切众生心故；慧眼，见一切众生诸根境界故；法眼，见一切法如实相故；佛眼，见如来十力故；智眼，知见诸法故；光明眼，见佛光明故；出生死眼，见涅槃故；无碍眼，所见无障故；一切智眼，见普门法界故。是为十。若诸菩萨安住此法，则得如来无上大智慧眼。

"佛子！菩萨摩诃萨有十种耳。何等为十？所谓闻赞叹声，断除贪爱；闻毁呰声，断除嗔恚；闻说二乘，不著不求；闻菩萨道，欢喜踊跃；闻地狱等诸苦难处，起大悲心，发弘誓愿；闻说人、天胜妙之事，知彼皆是无常之法；闻有赞叹诸佛功德，勤加精进，令速圆满；闻说六度、四摄等法，发心修行，愿到彼岸；闻十方世界一切音声，悉知如响，入不可说甚深妙义；菩萨摩诃萨从初发心乃至道场，常闻正法，未曾暂息，而恒不舍化众生事。是为十。若诸菩萨成就此法，则得如来无上大智慧耳。

"佛子！菩萨摩诃萨有十种鼻。何等为十？所谓闻诸臭物不以为臭；闻诸香气不以为香；香臭俱闻，其心平等；非香非臭，安住于舍；若闻众生衣服、卧具及其肢体所有香臭，则能知彼贪、恚、愚痴等分之行；若闻诸伏藏草木等香，皆如对目前，分明辨了；若闻下至阿鼻地狱、上至有顶众生之香，皆知彼过去所行之行；若闻诸声闻布施、持戒、多闻慧香，住一切智心，不令散动；若闻一切菩萨行香，以平等慧入如来地；闻一切佛智境界香，亦不废舍诸菩萨行。是为十。若诸菩萨成就此法，则得如来无量无边清净鼻。

"佛子！菩萨摩诃萨有十种舌。何等为十？所谓开示演说无尽众生行舌；开示演说无尽法门舌；赞叹诸佛无尽功德舌；演畅词辩无尽舌；开阐大乘助道舌；遍覆十方虚空舌；普照一切佛刹舌；普使众生悟解舌；悉令诸佛欢❸喜舌；降伏一切诸魔外道，除灭一切生死烦恼，令至涅槃舌。是为十。若诸菩萨成就此法，则得如来遍覆一切诸佛国土无上舌。

"佛子！菩萨摩诃萨有十种身。何等为十？所谓人身，为教化一切诸人故；非人身，为教化地狱、畜生、饿鬼故；天身，为教化欲界、色界、无色界众生故；学身，示现学地故；无学身，示现阿罗汉地故；独觉身，教化令入辟支佛地故；菩萨身，令成就大乘故；如来身，智水灌顶故；意生身，善巧出生故；无漏法身，以无功用示现一切众生身故。是为十。若诸菩萨成就此法，则得如来无上之身。

"佛子！菩萨摩诃萨有十种意。何等为十？所谓上首意，发起一切善根故；安住意，深信坚固不动故；深入意，随顺佛法而解故；内了意，知诸众生心乐故；无乱意，一切烦恼不杂故；明净意，客尘不能染著故；善观众生意，无有一念失时故；善择所作意，未曾一处生过故；密护诸根意，调伏不令驰散故；善入三昧意，深入佛三昧无我、我所故。是为十。若诸菩萨安住此法，则得一切佛无上意。

"佛子！菩萨摩诃萨有十种行。何等为十？所谓闻法行，爱乐于法故；说法行，利益众生故；离贪、恚、痴怖畏行，调伏自心故；欲界行，教化欲界众生故；色、无色界三昧行，令速转还故；趣向法义行，速得智慧故；一切生处行，自在教化众生故；一切佛刹行，礼拜供养诸佛故；涅槃行，不断生死相续故；成满一切佛法行，不舍菩萨法行故。是为十。若诸菩萨安住此法，则得如来无来无去行。

"佛子！菩萨摩诃萨有十种住。何等为十？所谓菩提心住，曾不忘失故；波罗蜜住，不厌助道故；说法住，增长智慧故；阿兰若住，证大禅定故；随顺一切智头陀知足四圣种住，少欲少事故；深信住，荷负正法故；亲近如来住，学佛威仪故；出生神通住，圆满大智故；得忍住，满足授记故；道场住，具足力、无畏、一切佛法故。是为十。若诸菩萨安住此法，则得一切智无上住。

"佛子！菩萨摩诃萨有十种坐。何等为十？所谓转轮王坐，兴十善道故；四天王坐，于一切世间自在安立佛法故；帝释坐，与一切众生为胜主故；梵天坐，于自他心得自在故；师子坐，能说法故；正法坐，以总持辩才力而开示故；坚固坐，誓愿究竟故；大慈坐，令恶众生悉欢喜故；大悲坐，忍一切苦不疲厌故；金刚坐，降伏众魔及外道故。是为十。若诸菩萨安住此法，则得如来无上正觉坐。

"佛子！菩萨摩诃萨有十种卧。何等为十？所谓寂静卧，身心憺怕故；禅定卧，如理修行故；三昧卧，身心柔软故；梵天卧，不恼自他故；善业卧，于后不悔故；正信卧，不可倾动故；正道卧，善友开觉故；妙愿卧，善巧回向故；一切事毕卧，所作成办❹故；舍诸功用卧，一切惯习故。是为十。若诸菩萨安住此法，则得如来无上大法卧，悉能开悟一切众生。

"佛子！菩萨摩诃萨有十种所住处。何等为十？所谓以大慈为所住处，于一切众生心平等故；以大悲为所住处，不轻未学故；以大喜为所住处，离一切忧恼故；以大舍为所住处，于有为、无为平等故；以一切波罗蜜为所住处，菩提心为首故；以一切空为所住处，善巧观察故；以无相为所住处，不出正位故；以无愿为所住处，观察受生故；以念慧为所住处，忍法成满故；以一切法平等为所住处，得授记别故。是为十。若诸菩萨安住此法，则得如来无上无碍所住处。

"佛子！菩萨摩诃萨有十种所行处。何等为十？所谓以正念为所行处，满足念处故；以诸趣为所行处，正觉法趣故；以智慧为所行处，得佛欢喜故；以波罗蜜为所行处，满足一切智智故；以四摄为所行处，教化众生故；以生死为所行处，积集善根故；以与一切众生杂谈戏为所行处，随应教化令永离故；以神通为所行处，知一切众生诸根境界故；以善巧方便为所行处，般若波罗蜜相应故；以道场为所行处，成一切智而不断菩萨行故。是为十。若诸菩萨安住此法，则得如来无上大智慧所行处。

"佛子！菩萨摩诃萨有十种观察。何等为十？所谓知诸业观察，微细悉见故；知诸趣观察，不取众生故；知诸根观察，了达无根故；知诸法观察，不坏法界故；见佛法观察，勤修佛眼故；得智慧观察，如理说法故；无生忍观察，决了佛法故；不退地观察，灭一切烦恼，超出三界、二乘地故；灌顶地观察，于一切佛法自在不动故；善觉智三昧观察，于一切十方施作佛事故。是为十。若诸菩萨安住此法，则得如来无上大观察智。

"佛子！菩萨摩诃萨有十种普观察。何等为十？所谓普观一切诸来求者，以无违心满其意故；普观一切犯戒众生，安置如来净戒中故；普观一切害心众生，安置如来忍力中故；普观一切懈怠众生，劝令精勤不舍荷负大乘担故；普观一切乱心众生，令住如来一切智地无散动故；普观一切恶慧众生，令除疑惑破有见故；普观一切平等善友，顺其教命住佛法故；普观一切所闻之法，疾得证见最上义故；普观一切无边众生，常不舍离大悲力故；普观一切诸佛之法，速得成就一切智故。是为十。若诸菩萨安住此法，则得如来无上大智慧普观察。

"佛子！菩萨摩诃萨有十种奋迅。何等为十？所谓牛王奋迅，映蔽一切天、龙、夜叉、乾闼婆等诸大众故；象王奋迅，心善调柔，荷负一切诸众生故；龙王奋迅，兴大法密云，耀解脱电光，震如实义雷，降诸根、力、觉分、禅定、解脱、三昧甘露雨故；大金翅鸟王奋迅，竭贪爱水，破愚痴壳，搏撮烦恼诸恶毒龙，令出生死大苦海故；大师子王奋迅，安住无畏平等大智以为器仗，摧伏众魔及外道故；勇健奋迅，能于生死大战阵中摧灭一切烦恼冤故；大智奋迅，知蕴、界、处及诸缘起，自在开示一切法故；陀罗尼奋迅，以念慧力持法不忘，随众生根为宣说故；辩才奋迅，无碍迅疾分别一切，咸令受益，心欢喜故；如来奋迅，一切智智助道之法皆悉成满，以一念相应慧，所应得者一切皆得，所应悟者一切皆悟，坐师子座，降魔冤敌，成阿耨多罗三藐三菩提故。是为十。若诸菩萨安住此法，则得诸佛于一切法无上自在奋迅。

"佛子！菩萨摩诃萨有十种师子吼。何等为十？所谓唱言'我当必定成正等觉'是菩提心大师子吼。'我当令一切众生未度者度，未脱者脱，未安者安，未涅槃者令得涅槃'是大悲大师子吼。'我当令佛、法、僧种无有断绝'是报如来恩大师子吼。'我当严净一切佛刹'是究竟坚誓大师子吼。'我当除灭一切恶道及诸难处'是自持净戒大师子吼。'我当满足一切诸佛身、语及意相好庄严'是求福无厌大师子吼。'我当成满一切诸佛所有智慧'是求智无厌大师子吼。'我当除灭一切众魔及诸魔业'是修正行断诸烦恼大师子吼。'我当了知一切诸法无我，无众生、无寿命、无补伽罗，空、无相、无愿，净如虚空'是无生法忍大师子吼。最后生菩萨震动一切诸佛国土，悉令严净，是时，一切释、梵、四王咸来赞请：'唯愿菩萨以无生法而现受生！'菩萨则以无碍慧眼普观世间：'一切众生无如我者。'即于王宫示现诞生，自行七步，大师子吼：'我于世间最胜第一，我当永尽生死边际。'是如说而作大师子吼。是为十。若诸菩萨安住此法，则得如来无上大师子吼。"

注释

❶ 大正本原无"何等为十"四字，今依前后文意增之。

❷ "药"，大正本原作"乐"，今依宫本改之。

❸ "欢"，大正本原作"叹"，今依三本、宫本及圣本改之。

❹ "办"，大正本原作"辨"，今依三本及宫本改之。

【白话语译】

"佛子啊！菩萨摩诃萨有十种的清净习气❶。是哪十种呢？一，菩提心的习气；二，善根的习气；三，教化众生的习气；四，见佛的习气；五，受生清净世界的习气；六，行菩萨行的习气；七，发愿的习气；八，修习波罗蜜的习气；九，平等思惟法门的习气；十，现证种种差别境界的习气。就是以上这十种。如果诸位菩萨能安住这个法门，就能永远远离一切的烦恼习气，得到如来大智慧的习气，没有习气的智慧。

"佛子啊！菩萨摩诃萨有十种增盛摄取❷的力量，他能以这些力量不断绝各种菩萨行。是哪十种呢？一，摄取众生界，因为他能究竟教化众生；二，摄取一切世界，因为他能究竟庄严清净；三，摄取如来，因为他能修习菩萨行来供养诸佛；四，摄取善根，因为他能积集诸佛相好的功德；五，摄取大悲，因为他能灭除众生所有的苦；六，摄取大慈，因为他能给予众生一切智乐；七，摄取波罗蜜，因为他能积集菩萨各种的庄严；八，摄取善巧方便，因为他能示现在任何地方；九，摄取菩提，因为他已得证无碍智；十，略说菩萨，摄取一切法，因为他在任何地方都能以智慧光照而示现了知。就是以上这十种。如果诸位菩萨能安住这种摄取，就能不断除各种菩萨行，得到一切如来无上的无所取法。

"佛子啊！菩萨摩诃萨有十种精勤的修行，是哪十种呢？一，修习所有的波罗蜜行；二，修学菩萨；三，修习智慧；四，修习义理；五，修习佛法；六，修习出离的境界；七，修习示现的方便；八，修习精勤之行而不懈息；九，修习成就正觉；十，修习转正法轮。就是以上这十种。如果诸位菩萨能安住其中，就能得证无上修行，修一切法。

"佛子啊！菩萨摩诃萨有十种成就佛法的因缘。是哪十种呢？一，不远离善知识，而成就佛法；二，深信佛语而成就佛法；三，不毁谤正法而成就佛法；四，以无量无尽善根回向成就佛法；五，信解如来境界无边际而成就佛法；六，了知一切世界境界而成就佛法；七，不舍法界境界而成就佛法；八，远离诸魔境界而成就佛法；九，正念诸佛境界而成就佛法；十，乐求如来十力境界而成就佛法。就是以上这十种。如果诸位菩萨能安住此法，就能成就如来无上的大智慧。

"佛子啊！菩萨摩诃萨会因十种因缘而退失佛法，所以应当尽量远离这些因缘。是哪十种呢？一，轻慢善知识而退失佛法；二，畏惧生死之苦而退失佛法；三，厌倦修菩萨行而退失佛法；四，不乐安住世间而退失佛法；五，耽着禅定三昧的境界而退失佛法；六，执取善根而退失佛法；七，诽谤正法而退失佛法；八，断菩萨行而退失佛法；九，乐求声闻、缘觉二乘而退失佛法；十，嫌恨诸菩萨而退失佛法。就是以上这十种。如果诸位菩萨能远离这些法，就能证入菩萨远离生死之道。

"佛子啊！菩萨摩诃萨有十种远离生死之道。是哪十种呢？一，能出生般若波罗蜜而能恒常观察，不舍众生；二，能远离各种执着见地而度脱被邪见缠缚的众生；三，不忆念一切的众相、但也不舍离所有着相的众生；四，菩萨虽已超过三界而仍常在世间；五，菩萨虽永离烦恼但仍与众生共同止住；六，菩萨虽已证得离欲法，但仍以大悲哀悯所有染着欲乐的众生；七，菩萨虽常乐寂静，但仍恒常示现一切眷属；八，菩萨虽离世间生死，而仍从此处死、彼处生，起菩萨行；九，他不染着一切世间法，而也不断除世间所有的作为；十，诸佛菩提已示现其前，而他却不舍弃菩萨所有的愿行。

"佛子啊！以上就是菩萨摩诃萨十种远离生死之道，出离世间、不与世间共生同住，而亦不杂染声闻、缘觉等二乘的行持。如果诸位菩萨能安住此法，就能证得菩萨决定不坏的坚固大法。

"佛子啊！菩萨摩诃萨有十种决定不坏的坚固大法。是哪十种呢？一，决定出生在诸佛如来的种族；二，决定安住诸佛的境界；三，决定了知菩萨所作之事；四，决定安住各种波罗蜜；五，决定参与如来的法会；六，决定显现如来的种性；七，决定安住如来神力；八，决定深入佛菩提；九，决定与一切如来同一身相；十，决定安住诸佛的处所没有二心。就是以上这十种。

"佛子啊！菩萨摩诃萨有十种出生佛法之道。是哪十种呢？一，随顺善友，因为菩萨他能同种善根；二，深心信解，因为菩萨了知诸佛自在；三，发大誓愿，因为他的心量宽广；四，安忍自身的善根，因为他了知业力不失；五，在一切劫修行无厌足，因为他能穷尽未来际；六，示现阿僧祇数的出离境界，因为他能成熟众生；七，不断菩萨行，因为他能增长大悲；八，无量心，因为他一念就能遍布所有的虚空界；九，殊胜行，因为他修行无所坏失的缘故；十，如来种，因为他能使众生乐于发菩提心，并以一切善法来资助众生。就是以上这十种。如果诸位菩萨能安住此法，就能得证大丈夫名号。

　　"佛子啊！菩萨摩诃萨有十种大丈夫的名号。是哪十种呢？一，菩提萨埵，因为他是由菩提智所生；二，摩诃萨埵，因为他能安住大乘；三，第一萨埵，因为他能求证第一的法；四，胜萨埵，因为他能觉悟胜法；五，最胜萨埵，因为他的智慧最胜；六，上位萨埵，因为他能发起增上的精进心；七，无上萨埵，因为他能开示无上的法要；八，力萨埵，因为他能广大地了知十力；九，无等萨埵，因为他在世间无与伦比；十，不思议萨埵，因为他一念就能成佛。就是以上这十种。如果诸位菩萨能证得这些名号，就能成就菩萨道。

　　"佛子啊！菩萨摩诃萨有十种成就圆满佛法之道。是哪十种呢？一，不舍唯一菩提心的菩萨道。二，出生种种智慧及方便的菩萨道。三，行空、无相、无愿三解脱门，而不执着三界的菩萨道。四，忏除罪障，随喜福德，恭敬尊重，劝请如来，善巧回向从无休息的菩萨行。五，安住清净的信解，坚固不动，发起大精进。所作究竟，一向正念，无异攀缘，巧妙地了知入出三昧的种种方便，分别种种智慧境界的五根。六，悉见一切世界众生的色相，了知众生从此处死、从彼处生的天眼通；能听闻诸佛说法，受持忆念，广为众生，随顺众生的根器为他们畅演佛法的天耳通；能自在无碍地了知他人心念的他心通；能忆念了知过去一切劫数，增长善根的宿命通；能随所应度化的众生而示现种种法乐的神足通；能现证实际，起菩萨行，不断绝的漏尽的这六种神通。七，念是菩萨道，就是念佛，因为他能在一毛孔的尖端亲见无量诸佛，开悟一切众生的心。念法，不离一位如来的法会，能在诸佛的法会中亲自承事微妙善法，并随着众生善根性欲乐为他们演说，使他们都能悟入佛法。念僧，无有休息地在一切世间不断见到菩萨。念舍，能了知菩萨所有的舍离行持，增长广大布施心。念戒，能不舍菩提心，以一切善根回向众生。念天，能恒常忆念兜率陀天宫一生补处的菩萨。念众生，能以智慧方便教化调伏众生，普及一切，从不间断。八，随顺菩提入圣道是菩萨道，就是行正见道，因为他能远离一切邪见。心生思惟，舍离妄想分别，因为他心中常随顺一切智。常行正语，因为远离妄语、两舌、绮语、恶口等四种语言过失而随顺圣言教。恒修正业，教化众生，因为他能调伏众生。安住正命，行头陀行而少欲知足，威仪审正，随顺菩提行四圣种，因为他能永离一切过失。又生起正精进，勤修一切菩萨苦行，因为他能趣入诸佛无挂碍的十力。又他心常正念，因为他能忆持所有的语音，除灭世间的散动心。又他心常正定，因为他善入菩萨不思议的解脱门，能在一三昧中出生所有三昧。九，入九次第定是菩萨道，就是他能远离欲界的嗔恚伤害，而证入初禅，并以一切语业说法无碍。又能以灭除粗糙心念的觉受与细微心念的观察证入二禅，而以一切智慧觉受与细微心念的观察教化众生。并舍离喜爱的涌动不定，证入三禅，而见诸佛，心生欢喜。远离一切世间的苦乐证入四禅，而随顺出世菩萨道乐，从此不动。又能证入空无边处、识无边处、无所有处、非想非非想处的四无色定，而亦不舍离在欲界、色界，常生入胎受生度众的大愿。他虽安住于灭一切想受的禅定，但仍常行菩萨道从不休息。十，学佛十力是菩萨道，就是他清楚了知是处与非处的智慧，及众生过去、未来、现在业报因果的智慧。他了知众生上、中、下根器不同，随宜说法的智慧。又明白了知众生种种无量体性的智慧，软、中、上解悟的差别，因此能使他们悟入法方便智，遍一切世间、一切佛国刹土、一切三世、一切时劫，都普遍示现如来形相威仪，而不舍弃菩萨所行的智慧。他明白了知所有的禅定解脱及各种三昧的垢染、清净，适时与非时，因此能方便出生各种菩萨的解脱法门智慧。他又了知众生在各种生趣，从此处死亡，从彼处出生的差别智慧。又他能以智慧在一念之间了知三世一切的劫数。又他了知所有灭尽众生乐欲、结使烦恼、各种迷惑习气的智慧，而不舍离各种菩萨行止。就是以上这十种。如果诸位菩萨能安住于这个法门，就能得到所有如来无上善巧方便道。

"佛子啊！❸菩萨摩诃萨有无量的大道、无量的辅助道、无量的修行道、无量的庄严道。佛子啊！菩萨摩诃萨有十种无量的大道。是哪十种呢？一，因为虚空无量，所以菩萨道亦无量；二，因为法界无边，所以菩萨道也无量；三，因为众生界无尽，所以菩萨道亦无量；四，因为世界无边际，所以菩萨道也无量；五，因为劫数是不可穷尽的，所以菩萨道也无量；六，因为众生的语言之法无量，所以菩萨道也无量；七，因为如来的身无量，所以菩萨道也无量；八，因为佛的音声无量，所以菩萨道亦无量；九，因为如来的神力无量，所以菩萨道亦无量；十，因为一切的智慧无量，所以菩萨道也是无量的。就是以上这十种。

"佛子啊！菩萨摩诃萨有十种辅助之道。一，因为虚空无量，所以菩萨集聚辅助之道也无量；二，因为法界无边，所以菩萨集聚辅助之道也无边际；三，因为众生界无穷尽，所以菩萨集聚辅助之道也无穷尽；四，因为世界无边际，所以菩萨集聚辅助之道也无边际；五，因为劫数不可尽说，所以菩萨集聚辅助之道也是世间言说不能穷尽的；六，因为众生语言法无量，所以菩萨集聚出生智慧了知语言的辅助之道也就无量；七，因为如来的佛身无量，所以菩萨遍及所有众生、佛国刹土、世间、劫数的集聚辅助之道也无量；八，因为佛陀的音声无量，所以菩萨出一言语周遍法界，众生没有不听闻了知集聚辅助之道也无量；九，因为佛陀的神力无量，菩萨承佛如来神力积集辅助之道也无量；十，一切智慧无量，所以菩萨积集辅助之道也无量。就是以上这十种。如果诸位菩萨能安住于这个法门，就能得到如来的无量智慧。

"佛子啊！❹菩萨摩诃萨有十种无量的修行道。是哪十种呢？一，不来亦不去的修行道，因为他的身业、语业与意业都是寂灭而无造作的；二，不增不减的修行道，因为他能如本性，毫无造作。三。非有非无的修行道，因为他无自性；四，如幻如梦、如影如响、如镜中像、如热时火焰、如水中月的修行道，因为他已远离一切的执着；五，行空、无愿、无作的修行道，因为他能明见三界而集聚福德，从不休息；六，不可说、无言说、离言说的修行道，因为他能远离种种施设安立之法；七，不毁坏法界的修行道，因为他的智慧现前，能了知所有的法门；八，不毁坏真如实际的修行道，因为他能普遍证入真如实际的虚空际；九，广大智慧的修行道，因为他对于各种存有能作力无尽；十，安住诸佛如来的十力、四无所畏、一切智智平等的修行道，因为他能现前见到一切法，没有任何疑惑。就是以上这十种。如果诸位菩萨能安住于这个法门，就能得证如来一切智的无上善巧修行道。

"佛子啊！❺菩萨摩诃萨有十种庄严道。是哪十种呢？佛子啊！菩萨摩诃萨能够不离开欲界，就证入色界、无色界的禅定解脱，以及各种三昧，但同时又不会因为证入这些境界而受生彼处。以上就是菩萨的第一庄严道。他的智慧现前，因此即使证入声闻，也不会因此而出离。以上就是菩萨的第二庄严道。他的智慧现前，因此即使证入辟支佛道，仍心生大悲无有休息。以上就是菩萨的第三庄严道。他虽有人天眷属围绕，百千采女歌舞侍从，但是从未暂舍禅定解脱及各种三昧。以上就是菩萨的第四庄严道。他虽与众生受用各种欲乐，共相娱乐，但是他却从未在一念之间舍离菩萨的平等三昧。以上就是菩萨第五庄严道。他已经到达世间的彼岸，但却从不执着各种世间法，而又不舍弃度化众生。以上就是菩萨第六庄严道。他虽安住正道、正智慧、正见解，却能示现证入一切邪道，不以为这种证入为真实或清净，而能使众生远离邪法。以上就是菩萨第七庄严道。他恒常善巧护持如来净戒，他的身业、语意、意业都无过失。但为了教化犯戒的众生，而示现所有愚痴平凡行为。他虽然已经具足清净福德，安住菩萨趣，而却示现受生地狱、畜生、饿鬼及各种险难、贫穷等处，使所有众生都能解脱。实际上菩萨并没有受生在那一道。以上就是菩萨的第八庄严道。他不必经由他人的教诲，就能得到无碍辩才。智慧光明，普能照耀了知所有的佛法。因为他受诸佛神力的加持，因此能与诸佛同一法身。成就一切坚固大人明净密法，安住平等的诸佛乘，诸佛境界无不示现眼前，具足世间所有的智慧光明，照见一切众生界，因此他能做众生的智慧法师而示现求取正法，未曾休息。虽然实际上他已经是众生无上师，而他也示现出尊敬阿阇梨❻的态度。为什么呢？菩萨摩诃萨善巧方便安住菩萨道，凡是与他相应的人，菩萨都为他示现，以上就是菩萨的第九庄严道。他的善根具足，诸行究竟，所有的如来都为他灌顶，因此早已到达一切法自在的彼岸，能以无碍的法缯戴在头上。他的身形遍至一切世界，能普现如来的无碍之身，在于法自在最上究竟，并且转动无碍的清净法轮。他虽已成就一切菩萨的自在之法，但为了救度众生，仍在一切国土示现受生。他虽与三世诸佛同一境界，但从不荒废菩萨行，也不舍离菩萨法，不懈怠菩萨业❼或远离菩萨道。既不废弛菩萨的威仪，也不断菩萨取❽。从不止息菩萨的善巧方便，凡菩萨应作的事业都从不稍懈、不断绝。不厌菩萨生成用❾，也不会止息菩萨的住持神力。为什么呢？因为菩萨为了快速得证无上正等正觉，观察一切智门，修菩萨行从不休息。以上就是菩萨第十庄严道。如果诸位菩萨能安住于这个法门，就能得到如来无上的大庄严道，并且不舍离菩萨之道。

"佛子啊！菩萨摩诃萨有十种双足。是哪十种呢？一，持戒足，因为他能完全成就圆满殊胜的大愿；二，精进足，因为他能集聚一切的菩提分法，从不退转；三，神通足，因为他能随顺众生所欲，使他们欢喜；四，神力足，因为他能不离一佛国刹土，而前往所有的诸佛刹土；五，深心足，因为他誓愿求取一切殊胜的大法；六，坚定誓愿足，因为他所有的作为都究竟圆满；七，随顺足，因为他能不违背一切尊者的教化；八，乐法足，因为他能听闻受持诸佛所说，不会疲劳懈怠；九，法雨足，因为他能毫不怯弱为众生演说；十，修行足，因为他已完全远离诸恶。就是以上这十种。如果诸位菩萨能安住于这个法门，就能证得如来无上的最胜足，只要一举步，就能完全遍至一切世界。

"佛子啊！菩萨摩诃萨有十种清净庄严的手。是哪十种呢？一，深信的手，因为他对佛陀所说的法都能安忍认可信受，并且究竟受持；二，布施的手，因为凡是有人前来，来向他求取布施，不管他们要求什么，菩萨都能满足他们；三，先意问讯的手，因为他能舒展右掌相迎引导；四，供养诸佛的手，因为他已聚集众多福德，从不疲劳厌倦；五，多闻善巧的手，因为他能完全断除众生的疑惑；六，使众生超越三界的手，因为他能拔众生❿出离欲望的泥沼；七，安置彼岸的手，因为他能在四瀑流中救溺众生，把他们安置在安稳的彼岸；八，不吝正法的手，因为他能开示所有的妙法；九，善用众论的手，因为他能以智慧乐灭除众生所有的身心病苦；十，恒持智宝的手，因为他能开示法的光明而破种种烦恼黑暗。就是以上这十种。如果诸位菩萨能安住于这个法门，就能得证如来无上手，普遍覆盖十方世界。

"佛子啊！⓫菩萨摩诃萨有十种清净广大腹。是哪十种呢？一，离谄曲腹，因为他的心意清净；二，离幻伪腹，因为他本性正直；三，不虚假腹，因为他不阴险邪僻；四，无欺夺的清净广大腹，因为他从不贪着任何事物；五，断除一切烦恼的清净广大腹，因为他具足所有的智慧；六，清净的广大心腹，因为他已远离诸恶；七，观察饮食清净的广大腹，因为他能忆念如实的正法；八，观察无作的清净广大腹，因为他能觉悟缘起；九，觉悟一切出离道的广大清净腹，因为他善于成熟深心；十，远离一切边见垢的清净广大腹，因为他能使众生都得以趣入佛腹。就是以上这十种。如果诸位菩萨能安住这个法门，就能得证如来无上广大腹，完全容受一切众生。

"佛子啊！菩萨摩诃萨有十种宝藏。是哪十种呢？一，不断佛种，因为他能开示佛法的无量威德；二，增长法种，因为他能出生智慧，放出广大的光明；三，住持僧种，因为他能使众僧证入不退转的法轮；四，觉悟正定的众生，因为他一念之间就能善巧随顺适当的时节因缘；五，究竟成熟不定的众生，因为他能使这些众生的正因相续无有间断；六，为邪定的众生发起大悲，因为他能成就这些众生的未来因；七，圆满佛十力的不可坏因，因为他已具足降伏魔军无比无对的善根；八，最胜无畏的大师子吼，因为这能使众生都心生欢喜；九，得证佛陀的十八不共法，因为他的智慧能普入一切处所；十，普遍了知一切众生、一切佛国刹土、一切正法及诸佛，因为他能在于一念之间明见一切。就是以上这十种。如果诸位菩萨能安住于这个法门，就能得证如来无上善根不可坏的大智慧宝藏。

"佛子啊！菩萨摩诃萨有十种心。是哪十种呢？一，精勤的心，因为他所作的一切都究竟圆满；二，不懈的心，因为他已积集三十二相、八十种好的福德行愿；三，大勇健的心，因为他能摧破一切诸魔大军；四，如理而行的心，因为他能除灭所有的烦恼；五，不退转的心，因为他即使达到菩提也不休息；六，自性清净的心，因为他了知心本无来去，因此无所执着；七，了知众生的心，因为他能随顺众生种种的信解欲乐，使他们出离；八，使众生趣入佛法，大梵清净住的心，因为他了知众生的种种信解欲乐，因此不会以别的法乘救护；九，空、无相、无愿、无作的心，因为他虽明见色界、欲界、无色界诸相，而仍不取着；十，卍字相金刚坚固胜藏庄严的心，因为一切众生，或各种魔众侵扰，都不能动他一根汗毛。就是以上这十种。如果诸位菩萨能安住这个法门，就能得到如来无上大智慧光明宝藏的心。

"佛子啊！❷菩萨摩诃萨有十种披身的铠甲。是哪十种呢？一，大慈的铠甲，因为他能救护所有的众生；二，大悲的铠甲，因为他能忍受种种痛苦；三，大愿的铠甲，因为他所作的一切都究竟圆满；四，回向的铠甲，因为他能建立佛的庄严；五，福德的铠甲，因为他能饶益一切众生；六，波罗蜜铠甲，因为他能度脱一切含有情识的生命；七，智慧的铠甲，因为他能灭除众生所有的烦恼黑暗；八，善巧方便的铠甲，因为他能生起普门的善根；九，一切智心坚固不散乱的铠甲，因为他对其他的法乘不感兴趣；十，一心满足的铠甲，因为他已断离对一切法的疑惑。就是以上这十种。如果诸位菩萨能安住于这个法门，就能披上如来无上铠甲，摧伏一切魔军。

"佛子啊！菩萨摩诃萨有十种兵器械仗。是哪十种呢？一，布施，因为它能摧破一切悭吝；二，持戒，因为他能弃舍一切的毁犯；三，平等，因为它能断除一切的分别；四，智慧，因为它能消灭一切的烦恼；五，真正如法生活的正命，因为它能远离一切邪恶不法生活的邪命；六，善巧方便，因为它能在一切处所无不示现；七，略说贪、嗔、痴等一切烦恼，因为它能以烦恼门度化众生；八，生死，因为它能不断菩萨行，教化众生；九，说如实法，因为它能破除执着的一切；十，一切智慧，因为它不舍菩萨的行门。就是以上这十种。如果诸位菩萨能安住于这个法门，就能除灭一切众生长夜聚集的结使烦恼。

"佛子啊！**⑬**菩萨摩诃萨有十种智慧的头首。是哪十种呢？一，涅槃的头首，因为无人能超越而见到他的头顶；二，尊敬的头首，因为他为一切人天恭敬顶礼；三，广大胜解的头首，因为他在三千世界最为殊胜，无人能够超越；四，第一善根的头首，因为三界众生都供养他；五，荷戴众生的头首，因为他已成就顶上的肉髻；六，不轻贱其他众生的头首，因为他在一切处所恒常尊敬殊胜；七，般若波罗蜜的头首，因为他能长养一切的功德法；八，方便智慧相应的头首，因为他能普遍示现与一切众生相同的身相；九，教化众生的头首，因为他能以一切众生为弟子而普行教化；十，守护一切佛法眼目的头首，因为他能使佛、法、僧三宝种性从不断绝。就是以上这十种。如果诸位菩萨能安住于这个法门，就能证得佛陀如来无上大智慧的头首。

"佛子啊！菩萨摩诃萨有十种清净眼目。是哪十种呢？一，肉眼，因为他能彻见一切的色相；二，天眼，因为他能够彻见一切众生的心念；三，慧眼，因为他能彻见众生种种的根器境界；四，法眼，因为他能够彻见一切法如实相；五，佛眼，因为他能够彻见如来的十力；六，智眼，因为他能了知彻见诸法；七，光明眼，因为他能够彻见诸佛的光明；八，出生死眼，因为他能够彻见涅槃；九，无碍眼，因为他能彻见一切了无障碍；十，一切智眼，因为他能彻见普门法界。就是以上这十种。如果诸位菩萨能安住于这个法门，就能证得到如来无上的大智慧清净眼。

"佛子啊！菩萨摩诃萨有十种清净耳的听闻作用。是哪十种呢？一，听闻赞叹声而能断除贪爱；二，听闻诋毁声而能断除嗔恚；三，听闻二乘法而不执着、不多求取；四，听闻菩萨道而欢喜踊跃；五，听闻地狱等诸苦难处所而心生大悲，发起弘大誓愿；六，听闻人天妙胜等事而了知那些都是无常之法；七，听闻有人赞叹诸佛功德而更加精进，立刻圆满诸法；八，听闻六度、四摄等法，就发心修行，愿到达彼岸；九，听闻十方世界一切音声，了知那些都如山谷中的回响，虚幻不实，而能证入不可说的甚深微妙义理；十，菩萨摩诃萨从初发心乃至道场，恒常听闻正法，未曾休息，而仍恒常不舍度化众生的事业。就是以上这十种。如果诸位菩萨能成就此法，就能证得如来无上的大智慧清净耳。

"佛子啊！菩萨摩诃萨有十种清净的鼻。是哪十种呢？一，闻到各种臭物，而不以为臭；二，闻到各种香气而不以为香；三，香臭俱闻而心念平等；四，闻到非香非臭的味道，能安住舍离；五，一闻到众生衣服、卧具及他们的肢体任何的香臭，就能了知他们的贪、嗔、愚痴种种分别的行为举止；六，他一闻到各种伏藏草木等香味，就好像这些东西正在眼前一样，明了分辨；七，他一闻到下至阿鼻地狱，上至有顶众生的种种气味，就知道他们过去的所有作为；八，菩萨闻到声闻行者布施、持戒、多闻的慧香，也能安住一切智心，不会散动；九，菩萨如果一闻到任何菩萨的行香，就能以平等智慧证入如来境地；十，菩萨即使闻到一切佛智境界香，也不会废舍各种菩萨行止。就是以上这十种。如果诸位菩萨能成就这个法门，就能得证佛陀如来的无量无边清净鼻。

"佛子啊！菩萨摩诃萨有十种微妙舌。是哪十种呢？一，开示演说无量众生行的妙舌；二，开示演说无尽法门的妙舌；三，赞叹诸佛无尽功德的妙舌；四，演畅辞辩无尽的妙舌；五，开示阐扬大乘助道的妙舌；六，普遍覆盖十方虚空的妙舌；七，普照一切佛国刹土的妙舌；八，普使众生解悟的妙舌；九，使诸佛欢喜的妙舌；十，降伏一切诸魔外道，除灭一切生死烦恼，使他们都到达涅槃的妙舌。就是以上这十种。如果诸位菩萨能成就此法，就能证得如来遍覆一切诸佛国土的无上妙舌。

"佛子啊！菩萨摩诃萨能示现十种微妙身。是哪十种呢？一，人身，因为他为了教化一切人道众生；二，非人身，这是为了教化地狱、畜生、饿鬼道的众生；三，天身，这是为了教化欲界、色界、无色界的众生；四，有学之身，这是为了示现尚在修行，有学地的贤圣；五，无学身，这是为了示现尚在修行的贤圣；六，独觉身，这是为了教化他们，使他们都能趣入辟支佛贤圣地；七，菩萨身，这是为了成就大乘的贤圣；八，如来身，这是为了智慧灌顶；九，意生身，这都是为了善巧出生贤圣；十，无漏法身，这是为了以无功用示现一切的众生身。就是以上这十种。如果诸位菩萨能成就这个法门，就能得到如来的无上之微妙身。

"佛子啊！菩萨摩诃萨有十种清净的意念。是哪十种呢？一，上首的意念，因为他能够发起一切的善根；二，安住的意念，因为他的深信坚固，从不动摇；三，深入的意念，因为他能随顺佛法而解脱；四，内了的意念，因为他了知众生心中所有的欲乐；五，无乱的意念，因为他从不杂染一切的烦恼；六，明净的意念，因为他不染着一尘；七，善观众生的意念，因为他任何一念都不曾失去适当的时节因缘；八，善巧抉择所作的意念，因为他心中未曾有任何的过患；九，密护诸根的意念，因为他能调伏诸根，使它们不奔驰散乱；十，善于证入三昧的意念，因为他能深入诸佛三昧，无我、我所。就是以上这十种。如果诸位菩萨能安住于这个法门，就能得证诸佛无上的意念❶。

"佛子啊！菩萨摩诃萨有十种殊胜的行持。是哪十种呢？一，闻法的行持，因为他爱乐佛法，从不舍离；二，说法的行持，因为他为了利益众生，说法不断；三，离贪、恚、痴、怖、畏的行持，因为他已调伏自心的种种过患；四，欲界的行持，因为他为了教化欲界的众生，而示现欲界；五，色界、无色界三昧的行持，因为他能让众生速转有漏定为无漏定；六，趣向法义的行持，因为他能立刻证得种种法门的智慧；七，一切生处的行持，因为他能自在教化各类众生；八，一切佛国刹土的行持，因为他礼拜供养诸佛，从不稍歇；九，涅槃的行持，因为他不断除生死相续❶；十，成就圆满一切佛法的行持，因为他从不舍离菩萨法的行持。就是以上这十种。如果诸位菩萨能安住于这个法门，就能证得如来无去无来的行持。

"佛子啊！菩萨摩诃萨有十种智慧安住。是哪十种呢？一，安住菩提心，因为他不曾忘失菩提心；二，安住波罗蜜，因为他不厌弃种种辅助的道法；三，安住说法，因为他的智慧不断增长；四，安住阿兰若，因为他能证大禅定；五，安住随顺一切智慧头陀行，知足四圣种❶，因为他少欲少事；六，安住深信，因为他能荷负正法；七，安住亲近如来，因为他学佛的威仪庄严；八，安住出生神通，因为他能圆满大智慧；九，安住得证法忍，因为他圆满俱足授记；十，安住道场，因为他早已具足十力无畏，及一切佛法。就是以上这十种。如果诸位菩萨能安住于这个法门，就能得到一切智慧的无上安住。

"佛子啊！菩萨摩诃萨有十种端坐的境地。是哪十种呢？一，端坐转轮王位，因为他能够兴起十种善道；二，端坐四天王位，因为他能在于一切世间，自在安立佛法；三，端坐帝释位，因为他能做众生的胜主；四，端坐梵天位，因为菩萨对自、他心都自在无碍；五，端坐师子位，因为他能为众生演说佛法；六，端坐正法位，因为他能以总持辩才的力量为众生开示安稳的大道；七，端坐坚固位，因为他的誓愿究竟，毫不空过；八，端坐大慈位，因为他能使恶性众生都心生欢喜；九，端坐大悲位，因为他能安忍一切痛苦，不曾疲劳厌倦；十，端坐金刚位，因为他能降伏众魔及种种外道。就是以上这十种。如果诸位菩萨能安住于这个法门，就能得证如来无上正觉之坐。

"佛子啊！菩萨摩诃萨有十种吉祥睡卧。是哪十种呢？一，寂静的睡卧，因为他的身心憺泊恬静；二，禅定的睡卧，因为他能如理修行，不放逸身心；三，三昧的睡卧，因为他的身心柔软；四，梵天的睡卧，因为菩萨不恼乱自身及他人；五，善业的睡卧，因为他勤修善根，从不后悔；六，正信的睡卧，因为他对佛法的信心不可倾动；七，正道的睡卧，因为他能开示善友觉悟；八，妙愿的睡卧，因为他能善巧回向，圆满十方；九，一切事业完毕的睡卧，因为他已成办所有的事业；十，舍诸功用的睡卧，因为他依于惯习❶，从不执着。就是以上这十种。如果诸位菩萨能安住于这个法门，就能得证如来无上大法的睡卧，而开悟一切众生。

"佛子啊！菩萨摩诃萨有十种所安住的处所。是哪十种呢？一，以大慈为安住的处所，因为他对于一切众生，都心念平等；二，以大悲为安住的处所，因为他不轻视未学的人；三，以大喜为安住的处所，因为他已远离一切的忧恼；四，以大舍为安住的处所，因为他平等看待有为法、无为法，没有二心；五，以一切波罗蜜为安住的处所，因为他能以菩提心为上首，勤修辅助道法；六，以空为安住的处所，因为他能善巧观察种种缘起；七，以无相为安住的处所，因为他恒常生出智慧，不出离佛道正位；八，以无愿为安住的处所，因为他能观察受生的种种因缘；九，以念觉的智慧为安住的处所，因为他具足安忍于法，成就圆满；十，以一切法平等为安住的处所，因为他已得到诸佛授记。就是以上这十种。如果诸位菩萨能安住其中，就能得证如来无上无碍安住的处所。

"佛子啊！菩萨摩诃萨有十种所行的处所。是哪十种呢？一，以正念为所行的处所，因为他能满足身、受、心、法四念处；二，以六道诸趣为所行的处所，因为他已成就正觉的法趣，因此能倒驾慈航；三，以智慧为所行的处所，因为诸佛都欢喜赞叹他的行持；四，以波罗蜜为所行的处所，因为他能满足一切智智；五，以四摄法为所行的处所，因为他能教化所有的众生；六，以生死为所行的处所，因为他能积集善根，示现受生涅槃，但实无受生涅槃；七，让众生远离种种戏论为所行之处所，因为他能随着应教化的众生，使他们永远出离三界；八，以神通为所行的处所，因为他了知众生种种的根器境界；九，以善巧方便为所行的处所，因为他与般若波罗蜜能相应相和；十，以道场为所行的处所，因为他能成就一切智而不断菩萨行。就是以上这十种。如果诸位菩萨能安住于这个法门，就能得证如来无上大智慧所行的处所。

"佛子啊！菩萨摩诃萨有十种智慧观察。是哪十种呢？一，了知各种业力的观察，因为菩萨能澈见所有微细的境界；二，了知各种生趣的观察，因为他从不取着众生；三，了知诸根的观察，因为他明了诸根都只是幻象，其实无根可言；四，了知诸法的观察，因为他不坏法界；五，彻见佛法的观察，因为他不断勤修佛眼；六，得智慧的观察，因为他能如理说法；七，无生忍的观察，因为他决定明了佛法；八，不退地的观察，因为他能灭除一切的烦恼，超出三界及二乘；九，灌顶地的观察，因为他对一切的佛法早已自在不动；十，善觉智的三昧观察，因为他能在十方世界施作种种佛事。就是以上这十种。如果诸位菩萨能安住其中，就可得证如来无上的大观察智。

"佛子啊！菩萨摩诃萨有十种普遍的观察。是哪十种呢？一，普遍观察一切前来祈求的人，以无违逆的心意满足他们；二，普遍观察一切犯戒的众生，安置他们在如来的净戒中；三，普遍观察心存伤害念头的众生，安置他们在如来的安忍力中；四，普遍观察一切懈怠的众生，劝请他们精进勤奋，不舍弃荷负大乘的担子；五，普遍观察一切心烦意乱的众生，使他们安住在如来的一切智地，毫无散动；六，普遍观察一切邪恶聪慧的众生，消除他们的疑惑，破除他们的'有见'；七，普遍观察一切平等的善友，随顺他们的教命而安住佛法；八，普遍观察一切听闻的教法，得以立刻证见最上义理；九，普遍观察无边的众生，因为菩萨恒常不舍离大悲力；十，普遍观察诸佛法要，因为菩萨能立刻得证成就一切智。就是以上这十种。如果诸位菩萨能安住其中，就可得证如来无上的大智慧普遍观察。

"佛子啊！菩萨摩诃萨有十种迅疾有力的奋迅力。是哪十种呢？一，宛如牛王般的奋迅力，因为他的光明能够映照遮蔽一切天、龙、夜叉、乾闼婆等一切大众的光明；二，宛如象王般的奋迅力，因为他的心意柔软调伏，能够荷负种种众生；三，宛如龙王般的奋迅力，因为他能兴起大法密云，闪耀解脱电光，震动如实义的大雷，降下五根、五力、七觉分、禅定、解脱三昧等甘露法雨；四，宛如大金翅鸟般的奋迅力，因为他能使贪爱之水枯竭，破除愚痴壳，搏取烦恼的诸恶毒龙，使众生出离生死苦海；五，宛如大师子般的奋迅力，因为他安住无畏平等的大智，所以能用这智慧作兵器械杖，摧毁降伏众魔及种种外道；六，勇健的奋迅力，因为他能在生死大战中摧灭一切烦恼怨悔；七，具足大智慧的奋迅力，因为他了知蕴、界、处及种种的缘起，所以能自在开示一切法；八，总持陀罗尼的奋迅力，因为他能以念慧力持法不忘，随着众生种种不同的根器而为他们说法；九，具足辩才的奋迅力，因为他能无碍地迅速疾驰，分别一切，使众生受益，心生欢喜；十，宛如诸佛如来的奋迅力，因为他已成就圆满一切智的辅助道法，能使应得一念相应慧的人，一切皆得；应该开悟的人，全部开悟。坐师子座，降魔及怨敌，成就无上正等正觉。就是以上这十种。如果诸位菩萨能安住其中，就可得证诸佛对于一切法无上的自在奋迅力量。

"佛子啊！菩萨摩诃萨有十种宛如师子般无畏的广大吼声。是哪十种呢？一，向大众唱言'我必定圆满成就正等觉'的大师子吼；二，'我应当使一切众生，未度者使他得度，未解脱者使他解脱，未安住者使他安住，未涅槃者使他得证涅槃'大悲心大师子吼；三，'我应当使佛、法、僧的种性无有断绝'报如来恩的大师子吼；四，'我应当庄严清净佛国刹土'的究竟坚固誓愿大师子吼；五，'我应当除灭一切恶道及种种险难'自持净戒的大师子吼；六，'我应当满足诸佛身、语及意相好庄严'求福无厌的大师子吼；七，'我应当成就圆满诸佛的所有智慧'求智无厌的大师子吼；八，'我应当除灭一切众魔及诸魔业，修习正行'断诸烦恼的大师子吼；九，'我应当了知一切诸法无我、无众生、无时间、无补伽罗、空、有无相、有无愿等分别，净洁似虚空'的无生法忍大师子吼。十，最后生菩萨震动一切诸佛国土，诸佛国土都变得更庄严清净，这时，一切帝释、梵天、四天王都来赞叹劝请，希望菩萨能以无生法而示现受生，菩萨则以无碍的慧眼普遍观察世间，了知一切众生确实没有像他一样殊胜的人，于是就在王宫示现诞生，自己行走七步，作大师子吼。就是以上这十种。如果诸位菩萨能安住于这个法门，则可得证如来的无上大师子吼。"

【注释】

❶ 习气：在此处，习气可解释为"善意"，即此地压伏烦恼，所以积习诸行，熏习成气氛，其力量能究竟断伏烦恼，所以称为"习气"。

❷ 取：增盛摄取的意思，较前面的习气更增上强盛之力。

❸ 以下说明五地之行。

❹ 以下说明六地之行。

❺ 以下说明七地之行。

❻ 阿阇梨：梵语 ācārya 之音译，意即"导师"，能教授弟子，使其行为端正合宜，自身又堪为楷模之师。

❼ 菩萨业：即利他之业。

❽ 菩萨取：指愿求。

❾ 生成用：成就菩萨之因行大用。

❿ 授与：给予援手共同拔出之意，即是菩萨的同事行。

⓫ 次三门说明八地中之行，此八地内证无生法忍，内德圆满，所以说是腹、藏、心。

⓬ 次说明九地之行。

⓭ 次说明十地之行。

⓮ 以上约六根而说，以下六门说明四威仪动止之行。

⓯ 断绝生死为二乘涅槃，不是真涅槃。

⓰ 四圣种：指能生圣道、为圣道种子的四种法。一，着粪扫衣；二，常行乞食；三，
依树下坐；四，用陈腐药。

⓱ 不用意志努力，自然而行，所以说是惯习。

卷第五十八
离世间品第三十八之六

【原典】

"佛子！菩萨摩诃萨有十种清净施。何等为十？所谓平等施，不拣众生故；随意施，满其所愿故；不乱施，令得利益故；随宜施，知上、中、下故；不住施，不求果报故；开舍施，心不恋著故；一切施，究竟清净故；回向菩提施，远离有为、无为故；教化众生施，乃至道场不舍故；三轮清净施，于施者、受者及以施物正念观察如虚空故。是为十。若诸菩萨安住此法，则得如来无上清净广大施。

"佛子！菩萨摩诃萨有十种清净戒。何等为十？所谓身清净戒，护身三恶故；语清净戒，离语四过故；心清净戒，永离贪、嗔、邪见故；不破一切学处清净戒，于一切人、天中作尊主故；守护菩提心清净戒，不乐小乘故；守护如来所制清净戒，乃至微细罪生大怖畏故；隐密护持清净戒，善拔犯戒众生故；不作一切恶清净戒，誓修一切善法故；远离一切有见清净戒，于戒无著故；守护一切众生清净戒，发起大悲故。是为十。若诸菩萨安住此法，则得如来无上无过失清净戒。

"佛子！菩萨摩诃萨有十种清净忍。何等为十？所谓安受訾辱清净忍，护诸众生故；安受刀杖清净忍，善护自他故；不生恚害清净忍，其心不动故；不责卑贱清净忍，为上能宽故；有归咸救清净忍，舍自身命故；远离我慢清净忍，不轻未学故；残毁不嗔清净忍，观察如幻故；有犯无报清净忍，不见自他故；不随烦恼清净忍，离诸境界故；随顺菩萨真实智知一切法无生清净忍，不由他教，入一切智境界故。是为十。若诸菩萨安住其中，则得一切诸佛不由他悟无上法忍。

"佛子！菩萨摩诃萨有十种清净精进。何等为十？所谓身清净精进，承事供养诸佛菩萨及诸师长，尊重福田不退转故；语清净精进，随所闻法广为他说，赞佛功德无疲倦故；意清净精进，善能入出慈、悲、喜、舍、禅定、解脱及诸三昧无休息故；正直心清净精进，无诳无谄，无曲无伪，一切勤修无退转故；增胜心清净精进，志常趣求上上智慧，愿具一切白净法故；不唐捐清净精进，摄取布施、戒、忍、多闻及不放逸，乃至菩提无中息故；摧伏一切魔清净精进，悉能除灭贪欲、嗔恚、愚痴、邪见、一切烦恼、诸缠盖故；成满智慧光清净精进，有所施为悉善观察，咸使究竟，不令后悔，得一切佛不共法故；无来无去清净精进，得如实智，入法界门，身、语及心皆悉平等，了相非相，无所著故；成就法光清净精进，超过诸地，得佛灌顶，以无漏身而示殁生、出家、成道、说法、灭度，具足如是普贤事故。是为十。若诸菩萨安住此法，则得如来无上大清净精进。

"佛子！菩萨摩诃萨有十种清净禅。何等为十？所谓常乐出家清净禅，舍一切所有故；得真善友清净禅，示教正道故；住阿兰若忍风雨等清净禅，离我、我所故；离愦闹众生清净禅，常乐寂静故；心业调柔清净禅，守护诸根故；心智寂灭清净禅，一切音声、诸禅定刺不能乱故；觉道方便清净禅，观察一切皆现证故；离于味著清净禅，不舍欲界故；发起通明清净禅，知一切众生根性故；自在游戏清净禅，入佛三昧，知无我故。是为十。若诸菩萨安住其中，则得如来无上大清净禅。

"佛子！菩萨摩诃萨有十种清净慧。何等为十？所谓知一切因清净慧，不坏果报故；知一切缘清净慧，不违和合故；知不断不常清净慧，了达缘起皆如实故；拔一切见清净慧，于众生相无取舍故；观一切众生心行清净慧，了知如幻故；广大辩才清净慧，分别诸法、问答无碍故；一切诸魔、外道、声闻、独觉所不能知清净慧，深入一切如来智故；见一切佛微妙法身，见一切众生本性清净，见一切法皆悉寂灭，见一切刹同于虚空清净慧，知一切相皆无碍故；一切总持、辩才、方便波罗蜜清净慧，令得一切最胜智故；一念相应金刚智了一切法平等清净慧，得一切法最尊智故。是为十。若诸菩萨安住此法，则得如来无障碍大智慧。

"佛子！菩萨摩诃萨有十种清净慈。何等为十？所谓等心清净慈，普摄众生无所拣择故；饶益清净慈，随有所作皆令欢喜故；摄物同己清净慈，究竟皆令出生死故；不舍世间清净慈，心常缘念集善根故；能至解脱清净慈，普使众生除灭一切诸烦恼故；出生菩提清净慈，普使众生发求一切智心故；世间无碍清净慈，放大光明平等普照故；充满虚空清净慈，救护众生无处不至故；法缘清净慈，证于如如真实法故；无缘清净慈，入于菩萨离生性故。是为十。若诸菩萨安住此法，则得如来无上广大清净慈。

"佛子！菩萨摩诃萨有十种清净悲。何等为十？所谓无俦伴清净悲，独发其心故；无疲厌清净悲，代一切众生受苦，不以为劳故；难处受生清净悲，为度众生故；善趣受生清净悲，示现无常故；为邪定众生清净悲，历劫不舍弘誓故；不著己乐清净悲，普与众生快乐故；不求恩报清净悲，修洁其心故；能除颠倒清净悲，说如实法故；菩萨摩诃萨知一切法本性清净，无染著，无热恼，以客尘烦恼故而受众苦，如是知已，于诸众生而起大悲，名本性清净，为说无垢清净光明法故；菩萨摩诃萨知一切法如空中鸟迹，众生痴翳不能照了，观察于彼，起大悲心，名真实智，为其开示涅槃法故。是为十。若诸菩萨安住此法，则得如来无上广大清净悲。

"佛子！菩萨摩诃萨有十种清净喜。何等为十？所谓发菩提心清净喜；悉舍所有清净喜；不嫌弃破戒众生而教化成就清净喜；能忍受造恶众生，誓愿救度清净喜；舍身求法不生悔心清净喜；自舍欲乐、常乐、法乐清净喜；令一切众生舍资生乐、常乐、法乐清净喜；见一切佛恭敬供养无有厌足，法界平等清净喜；令一切众生爱乐禅定、解脱、三昧游戏入出清净喜；心乐具行顺菩萨道一切苦行，证得牟尼寂静不动无上定慧清净喜。是为十。若诸菩萨安住此法，则得如来无上广大清净喜。

"佛子！菩萨摩诃萨有十种清净舍。何等为十？所谓一切众生恭敬供养，不生爱著清净舍；一切众生轻慢毁辱，不生嗔恚清净舍；常行世间，不为世间八法所染清净舍；于法器众生待时而化，于无法器亦不生嫌清净舍；不求二乘学、无学法清净舍；心常远离一切欲乐，顺烦恼法清净舍；不叹二乘，厌离生死清净舍；远离一切世间语、非涅槃语、非离欲语、不顺理语、恼乱他语、声闻独觉语，略说乃至一切障菩萨道语皆悉远离清净舍；或有众生，根已成熟，发生念慧，而未能知最上之法，待时方化清净舍；或有众生，菩萨往昔已曾教化，至于佛地方可调伏，彼亦待时清净舍；菩萨摩诃萨于彼二人无高无下，无取无舍，远离一切种种分别，恒住正定，入如实法心，得堪忍清净舍。是为十❶。若诸菩萨安住其中，则得如来无上广大清净舍。

"佛子！菩萨摩诃萨有十种义。何等为十？所谓多闻义，坚固修行故；法义，善巧思择故；空义，第一义空故；寂静义，离诸众生喧愦故；不可说义，不著一切语言故；如实义，了达三世平等故；法界义，一切诸法一味故；真如义，一切如来顺入故；实际义，了知究竟如实故；大般涅槃义，灭一切苦而修菩萨诸行故。是为十。若诸菩萨安住此法，则得一切智无上义。

"佛子！菩萨摩诃萨有十种法。何等为十？所谓真实法，如说修行故；离取法，能取、所取悉离故；无诤法，无有一切惑诤故；寂灭法，灭除一切热恼故；离欲法，一切贪欲皆断故；无分别法，攀缘分别永息故；无生法，犹如虚空不动故；无为法，离生、住、灭诸相故；本性法，自性无染清净故；舍一切乌波提涅槃法，能生一切菩萨行，修习不断故。是为十。若诸菩萨安住其中，则得如来无上广大法。

"佛子！菩萨摩诃萨有十种福德助道具。何等为十？所谓劝众生起菩提心，是菩萨福德助道具，不断三宝种故；随顺十种回向，是菩萨福德助道具，断一切不善法，集一切善法故；智慧诱诲，是菩萨福德助道具，超过三界福德故；心无疲倦，是菩萨福德助道具，究竟度脱一切众生故；悉舍内外一切所有，是菩萨福德助道具，于一切物无所著故；为满足相好精进不退，是菩萨福德助道具，开门大施无所限故；上、中、下三品善根，悉以回向无上菩提，心无所轻，是菩萨福德助道具，善巧方便相应故；于邪定、下劣、不善众生，皆生大悲，不怀轻贱，是菩萨福德助道具，常起大人弘誓心故；恭敬供养一切如来，于一切菩萨起如来想，令一切众生皆生欢喜，是菩萨福德助道具，守本志愿极坚牢故；菩萨摩诃萨于阿僧祇劫积集善根，自欲取证无上菩提如在掌中，然悉舍与一切众生，心无忧恼，亦无悔恨，其心广大，等虚空界，此是菩萨福德助道具，起大智慧，证大法故。是为十。若诸菩萨安住其中，则具足如来无上广大福德聚。

"佛子！菩萨摩诃萨有十种智慧助道具。何等为十？所谓亲近多闻真善知识，恭敬供养，尊重礼拜，种种随顺，不违其教，是为一，一切正直无虚矫故；永离骄慢，常行谦敬，身、语、意业无有粗犷，柔和善顺，不伪不曲，是为二，其身堪作佛法器故；念慧随觉，未曾散乱，惭愧柔和，心安不动，常忆六念，常行六敬，常随顺住六坚固法，是为三，与十种智为方便故；乐法、乐义，以法为乐，常乐听闻，无有厌足，舍离世论及世言说，专心听受出世间语，远离小乘，入大乘慧，是为四，一心忆念无散动故；六波罗蜜心专荷负，四种梵住行已成熟，随顺明法悉善修行，聪敏智人皆勤请问，远离恶趣，归向善道，心常爱乐，正念观察，调伏己情，守护他意，是为五，坚固修行真实行故；常乐出离，不著三有，恒觉自心，曾无恶念，三觉已绝，三业皆善，决定了知心之自性，是为六，能令自他心清净故；观察五蕴皆如幻事，界如毒蛇，处如空聚，一切诸法如幻、如焰、如水中月、如梦、如影、如响、如像、如空中画、如旋火轮、如虹霓色、如日月光，无相无形，非常非断，不来不去，亦无所住，如是观察，知一切法无生无灭，是为七，知一切法性空寂故；菩萨摩诃萨闻一切法无我、无众生、无寿者、无补伽罗、无心、无境、无贪嗔痴、无身、无物、无主、无待、无著、无行，如是一切皆无所有、悉归寂灭，闻已深信，不疑不谤，是为八，以能成就圆满解故；菩萨摩诃萨善调诸根，如理修行，恒住止观，心意寂静，一切动念皆悉不生，无我、无人、无作、无行、无计我想、无计我业、无有疮疣、无有瘢痕，亦无于此所得之忍，身、语、意业无来无去，无有精进，亦无勇猛，观一切众生、一切诸法，心皆平等而无所住，非此岸，非彼岸，此彼性离，无所从来，无所至去，常以智慧如是思惟，是为九，到分别相彼岸处故；菩萨摩诃萨见缘起法故，见法清净，见法清净故，见国土清净，见国土清净故，见虚空清净，见虚空清净故，见法界清净，见法界清净故，见智慧清净，是为十，修行积集一切智故。佛子！是为菩萨摩诃萨十种智慧助道具。若诸菩萨安住此法，则得如来一切法无障碍清净微妙智慧聚。

"佛子！菩萨摩诃萨有十种明足。何等为十？所谓善分别诸法明足，不取著诸法明足，离颠倒见明足，智慧光照诸根明足，巧发起正精进明足，能深入真谛智明足，灭烦恼业成就尽智无生智明足，天❷眼智普观察明足，宿住念知前际清净明足，漏尽神通智断众生诸漏明足。是为十。若诸菩萨安住此法，则得如来于一切佛法无上大光明。

"佛子！菩萨摩诃萨有十种求法。何等为十？所谓直心求法，无有谄诳故；精进求法，远离懈慢故；一向求法，不惜身命故；为断一切众生烦恼求法，不为名利恭敬故；为饶益自他一切众生求法，不但自利故；为入智慧求法，不乐文字故；为出生死求法，不贪世乐故；为度众生求法，发菩提心故；为断一切众生疑求法，令无犹豫故；为满足佛法求法，不乐余乘故。是为十。若诸菩萨安住此法，则得不由他教一切佛法大智慧。

"佛子！菩萨摩诃萨有十种明了法。何等为十？所谓随顺世俗生长善根，是童蒙凡夫明了法；得无碍不坏信，觉法自性，是随信行人明了法；勤修习法，随顺法住，是随法行人明了法；远离八邪，向八正道，是第八人明了法；除灭众结，断生死漏，见真实谛，是须陀洹人明了法；观味是患，知无往来，是斯陀含人明了法；不乐三界，求尽有漏，于受生法，乃至一念不生爱著，是阿那含人明了法；获六神通，得八解脱，九定、四辩悉皆成就，是阿罗汉人明了法；性乐观察，一味缘起，心常寂静，知足少事，解因自得，悟不由他，成就种种神通智慧，是辟支佛人明了法；智慧广大，诸根明利，常乐度脱一切众生，勤修福智助道之法，如来所有十力、无畏、一切功德，具足圆满，是菩萨人明了法。是为十。若诸菩萨安住此法，则得如来无上大智明了法。

"佛子！菩萨摩诃萨有十种修行法。何等为十？所谓恭敬尊重诸善知识修行法，常为诸天之所觉悟修行法，于诸佛所常怀惭愧修行法，哀愍众生不舍生死修行法，事必究竟心无变动修行法，专念随逐发大乘心诸菩萨众精勤修学修行法，远离邪见勤求正道修行法，摧破众魔及烦恼业修行法，知诸众生根性胜劣而为说法令住佛地修行法，安住无边广大法界除灭烦恼令生清净修行法。是为十。若诸菩萨安住其中，则得如来无上修行法。

"佛子！菩萨摩诃萨有十种魔。何等为十？所谓蕴魔，生诸取故；烦恼魔，恒杂染故；业魔，能障碍故；心魔，起高慢故；死魔，舍生处故；天魔，自骄纵故；善根魔，恒执取故；三昧魔，久耽味故；善知识魔，起著心故；菩提法智魔，不愿舍离故。是为十。菩萨摩诃萨应作方便，速求远离。

"佛子！菩萨摩诃萨有十种魔业。何等为十？所谓忘失菩提心修诸善根，是为魔业；恶心布施，嗔心持戒，舍恶性人，远懈怠者，轻慢乱意，讥嫌恶慧，是为魔业；于甚深法心生悭吝，有堪化者而不为说，若得财利，恭敬供养，虽非法器而强为说，是为魔业；不乐听闻诸波罗蜜，假使闻说而不修行，虽亦修行，多生懈怠，以懈怠故，志意狭劣，不求无上大菩提法，是为魔业；远善知识，近恶知识，乐求二乘，不乐受生，志尚涅槃，离欲寂静，是为魔业；于菩萨所起嗔恚心，恶眼视之，求其罪衅，说其过恶，断彼所有财利供养，是为魔业；诽谤正法，不乐听闻，假使得闻，便生毁呰，见人说法，不生尊重，言自说是，余说悉非，是为魔业；乐学世论巧术❸文词，开阐二乘，隐覆深法，或以妙义授非其人，远离菩提住于邪道，是为魔业；已得解脱、已安隐者常乐亲近而供养之，未得解脱、未安隐者不肯亲近，亦不教化，是为魔业；增长我慢，无有恭敬，于诸众生多行恼害，不求正法真实智慧，其心弊恶难可开悟，是为魔业。是为十。菩萨摩诃萨应速远离，勤求佛业。

"佛子！菩萨摩诃萨有十种舍离魔业。何等为十？所谓近善知识恭敬供养，舍离魔业；不自尊举，不自赞叹，舍离魔业；于佛深法信解不谤，舍离魔业；未曾忘失一切智心，舍离魔业；勤修妙行，恒不放逸，舍离魔业；常求一切菩萨藏法，舍离魔业；恒演说法，心无疲倦，舍离魔业；归依十方一切诸佛，起救护想，舍离魔业；信受忆念一切诸佛，神力加持，舍离魔业；与一切菩萨同种善根，平等无二，舍离魔业。是为十。若诸菩萨安住此法，则能出离一切魔道。

"佛子！菩萨摩诃萨有十种见佛。何等为十？所谓于安住世间成正觉佛无著见，愿佛出生见，业报佛深信见，住持佛随顺见，涅槃佛深入见，法界佛普至见，心佛安住见，三昧佛无量无依见，本性佛明了见，随乐佛普受见。是为十。若诸菩萨安住此法，则常得见无上如来。

"佛子！菩萨摩诃萨有十种佛业。何等为十？所谓随时开导是佛业，令正修行故；梦中令见是佛业，觉昔善根故；为他演说所未闻经是佛业，令生智断疑故；为悔缠所缠者说出离法是佛业，令离疑心故；若有众生起悭吝心，乃至恶慧心、二乘心、损害心、疑惑心、散动心、骄慢心，为现如来众相庄严身，是佛业，生长过去善根故；于正法难遇时，广为说法，令其闻已，得陀罗尼智、神通智，普能利益无量众生，是佛业，胜解清净故；若有魔事起，能以方便现虚空界等声，说不损恼他法以为对治，令其开悟，众魔闻已，威光歇灭，是佛业，志乐殊胜，威德大故；其心无间，常自守护，不令证入二乘正位，若有众生根性未熟，终不为说解脱境界，是佛业，本愿所作故；生死结漏，一切皆离，修菩萨行相续不断，以大悲心摄取众生，令其起行究竟解脱，是佛业，不断修行菩萨行故；菩萨摩诃萨了达自身及以众生本来寂灭，不惊不怖，而勤修福智无有厌足，虽知一切法无有造作而亦不舍诸法自相，虽于诸境界永离贪欲而常乐瞻奉诸佛色身，虽知不由他悟入于法而种种方便求一切智，虽知诸国土皆如虚空而常乐庄严一切佛刹，虽恒观察无人无我而教化众生无有疲厌，虽于法界本来不动而以神通智力现众变化，虽已成就一切智智而修菩萨行无有休息，虽知诸法不可言说而转净法轮令众心喜，虽能示现诸佛神力而不厌舍菩萨之身，虽现入于大般涅槃而一切处示现受生，能作如是权实双行法，是佛业。是为十。若诸菩萨安住其中，则得不由他教无上无师广大业。

"佛子！菩萨摩诃萨有十种慢业。何等为十？所谓于师、僧、父母、沙门、婆罗门住于正道、向正道者，尊重福田所而不恭敬，是慢业；或有法师，获最胜法，乘于大乘，知出要道，得陀罗尼，演说契经广大之法无有休息，而于其所起高慢心，及于所说法不生恭敬，是慢业；于众会中闻说妙法，不肯叹美，令人信受，是慢业；好起过慢，自高陵物，不见己失，不知自短，是慢业；好起过过慢，见有德人应赞不赞，见他赞叹，不生欢喜，是慢业；见有法师为人说法，知是法，是律，是真实，是佛语，为嫌其人，亦嫌其法，自起诽谤，亦令他谤，是慢业；自求高座，自称法师，应受供给，不应执事，见有耆旧久修行人，不起逢迎，不肯承事，是慢业；见有德人，颦蹙不喜，言辞粗犷，伺其过失，是慢业；见有聪慧知法之人，不肯亲近恭敬供养，不肯谘问'何等为善？何等不善？何等应作？何等不应作？作何等业，于长夜中而得种种利益安乐？'愚痴顽很，我慢所吞，终不能见出要之道，是慢业；复有众生慢心所覆，诸佛出世不能亲近恭敬供养，新善不起，旧善消灭，不应说而说，不应诤而诤，未来必堕险难深坑，于百千劫尚不值佛，何况闻法！但以曾发菩提心故，终自醒悟，是慢业。是为十。

"若诸菩萨离此慢业，则得十种智业。何等为十？所谓信解业报，不坏因果，是智业；不舍菩提心，常念诸佛，是智业；近善知识恭敬供养，其心尊重终无厌怠，是智业；乐法、乐义，无有厌足，远离邪念，勤修正念，是智业；于一切众生离于我慢，于诸菩萨起如来想，爱重正法如惜己身，尊奉如来如护己命，于修行者生诸佛想，是智业；身、语、意业无诸不善，赞美贤圣，随顺菩提，是智业；不坏缘起，离诸邪见，破暗得明，照一切法，是智业；十种回向随顺修行，于诸波罗蜜起慈母想，于善巧方便起慈父想，以深净心入菩提舍，是智业；施、戒、多闻、止观、福慧，如是一切助道之法，常勤积集无有厌倦，是智业；若有一业为佛所赞，能破众魔烦恼斗诤，能离一切障、盖、缠、缚，能教化调伏一切众生，能随顺智慧摄取正法，能严净佛刹，能发起通明，皆勤修习，无有懈退，是智业。是为十。若诸菩萨安住其中，则得如来一切善巧方便无上大智业。

"佛子！菩萨摩诃萨有十种魔所摄持。何等为十？所谓懈怠心，魔所摄持；志乐狭劣，魔所摄持；于少行生足，魔所摄持；受一非余，魔所摄持；不发大愿，魔所摄持；乐处寂灭，断除烦恼，魔所摄持；永断生死，魔所摄持；舍菩萨行，魔所摄持；不化众生，魔所摄持；疑谤正法，魔所摄持。是为十。

"若诸菩萨能弃舍此魔所摄持，则得十种佛所摄持。何等为十？所谓初始能发菩提之心，佛所摄持；于生生中持菩提心不令忘失，佛所摄持；觉诸魔事，悉能远离，佛所摄持；闻诸波罗蜜，如说修行，佛所摄持；知生死苦而不厌恶，佛所摄持；观甚深法，得无量果，佛所摄持；为诸众生说二乘法，而不证取彼乘解脱，佛所摄持；乐观无为法而不住其中，于有为、无为不生二想，佛所摄持；至无生处而现受生，佛所摄持；虽证得一切智，而起菩萨行，不断菩萨种，佛所摄持。是为十。若诸菩萨安住其中，则得诸佛无上摄持力。

"佛子！菩萨摩诃萨有十种法所摄持。何等为十？所谓知一切行无常，法所摄持；知一切行苦，法所摄持；知一切行无我，法所摄持；知一切法寂灭涅槃，法所摄持；知诸法从缘起，无缘则不起，法所摄持；知不正思惟故起于无明，无明起故乃至老死起，不正思惟灭故无明灭，无明灭故乃至老死灭，法所摄持；知三解脱门，出生声闻乘，证无诤法，出生独觉乘，法所摄持；知六波罗蜜、四摄法出生大乘，法所摄持；知一切刹、一切法、一切众生、一切世是佛智境界，法所摄持；知断一切念，舍一切取，离前后际，随顺涅槃，法所摄持。是为十。若诸菩萨安住其中，则得一切诸佛无上法所摄持。

"佛子！菩萨摩诃萨住兜率天，有十种所作业。何等为十？所谓为欲界诸天子说厌离法，言'一切自在皆是无常，一切快乐悉当衰谢'，劝彼诸天发菩提心。是为第一所作业。为色界诸天说入出诸禅解脱三昧，若于其中而生爱著，因爱复起身见、邪见、无明等者，则为其说如实智慧；若于一切色、非色法起颠倒想，以为清净，为说不净皆是无常，劝其令发菩提之心。是为第二所作业。菩萨摩诃萨住兜率天，入三昧，名光明庄严，身放光明，遍照三千大千世界，随众生心，以种种音而为说法，众生闻已，信心清净，命终生于兜率天中，劝其令发菩提之心。是为第三所作业。菩萨摩诃萨在兜率天，以无障碍眼普见十方兜率天中一切菩萨，彼诸菩萨皆亦见此，互相见已，论说妙法，谓降神母胎、初生、出家、往诣道场、具大庄严，而复示现往昔已来所行之行，以彼行故，成此大智，所有功德不离本处，而能示现如是等事。是为第四所作业。菩萨摩诃萨住兜率天，十方一切兜率天宫诸菩萨众皆悉来集，恭敬围绕，尔时，菩萨摩诃萨欲令彼诸菩萨皆满其愿生欢喜故，随彼菩萨所应住地、所行所断、所修所证，演说法门；彼诸菩萨闻说法已，皆大欢喜，得未曾有，各还本土所住宫殿。是为第五所作业。菩萨摩诃萨住兜率天时，欲界主天魔波旬为欲坏乱菩萨业故，眷属围绕，诣菩萨所。尔时，菩萨为摧伏魔军故，住金刚道所摄般若波罗蜜方便善巧智慧门，以柔软、粗犷二种语而为说法，令魔波旬不得其便。魔见菩萨自在威力，皆发阿耨多罗三藐三菩提心。是为第六所作业。菩萨摩诃萨住兜率天，知欲界诸天子不乐闻法。尔时，菩萨出大音声，遍告之言：'今日菩萨当于宫中现希有事，若欲见者，宜速往诣。'时，诸天子闻是语已，无量百千亿那由他皆来集会。尔时，菩萨见诸天众皆来集已，为现宫中诸希有事。彼诸天子曾未见闻，既得见已，皆大欢喜，其心醉没。又于乐中出声告言：'诸仁者！一切诸行皆悉无常，一切诸行皆悉是苦，一切诸法皆悉无我，涅槃寂灭。'又复告言：'汝等皆应修菩萨行，皆当圆满一切智智。'彼诸天子闻此法音，忧叹咨嗟，而生厌离，靡不皆发菩提之心。是为第七所作业。菩萨摩诃萨住兜率宫，不舍本处，悉能往诣十方无量一切佛所，见诸如来，亲近礼拜，恭敬听法。尔时，诸佛欲令菩萨获得最上灌顶法故，为说菩萨地，名一切神通，以一念相应慧，具足一切最胜功德，入一切智智位。是为第八所作业。菩萨摩诃萨住兜率宫，为欲供养诸如来故，以大神力兴起种种诸供养具，名殊胜可乐，遍法界、虚空界、一切世界供养诸佛，彼世界中无量众生见此供养，皆发阿耨多罗三藐三菩提心。是为第九所作业。菩萨摩诃萨住兜率天，出无量无边如幻如影法门，周遍十方一切世界，示现种种色、种种相、种种形体、种种威仪、种种事业、种种方便、种种譬喻、种种言说，随众生心皆令欢喜。是为第十所作业。佛子！是为菩萨摩诃萨住兜率天十种所作业。若诸菩萨成就此法，则能于后下生人间。

"佛子！菩萨摩诃萨于兜率天将下生时，现十种事。何等为十？佛子！菩萨摩诃萨于兜率天下生之时，从于足下放大光明，名安乐庄严，普照三千大千世界一切恶趣诸难众生；触斯光者，莫不皆得离苦安乐，得安乐已，悉知将有奇特大人出兴于世。是为第一所示现事。佛子！菩萨摩诃萨于兜率天下生之时，从于眉间白毫相中放大光明，名曰觉悟，普照三千大千世界，照彼宿世一切同行诸菩萨身，彼诸菩萨蒙光照已，咸知菩萨将欲下生，各各出兴无量供具，诣菩萨所而为供养。是为第二所示现事。佛子！菩萨摩诃萨于兜率天将下生时，于右掌中放大光明，名清净境界，悉能严净一切三千大千世界，其中若有已得无漏诸辟支佛觉斯光者，即舍寿命；若不觉者，光明力故，徙置他方。余世界中一切诸魔及诸外道、有见众生，皆亦徙置他方世界，唯除诸佛神力所持应化众生。是为第三所示现事。佛子！菩萨摩诃萨于兜率天将下生时，从其两膝放大光明，名清净庄严，普照一切诸天宫殿，下从护世，上至净居，靡不周遍，彼诸天等，咸知菩萨于兜率天将欲下生，俱怀恋慕，悲叹忧恼，各持种种华鬘、衣服、涂香、末香、幡盖、妓乐，诣菩萨所，恭敬供养，随逐下生乃至涅槃。是为第四所示现事。佛子！菩萨摩诃萨于兜率天将下生时，于卍字金刚庄严心藏中放大光明，名无能胜幢，普照十方一切世界金刚力士。时，有百亿金刚力士皆悉来集，随逐侍卫，始于下生，乃至涅槃。是为第五所示现事。佛子！菩萨摩诃萨于兜率天将下生时，从其身上一切毛孔放大光明，名分别众生，普照一切大千世界，遍触一切诸菩萨身，复触一切诸天世人，诸菩萨等咸作是念：‘我应住此，供养如来，教化众生。’是为第六所示现事。佛子！菩萨摩诃萨于兜率天将下生时，从大摩尼宝藏殿中放大光明，名善住观察，照此菩萨当生之处所托王宫，其光照已，诸余菩萨皆共随逐下阎浮提，若于其家，若其聚落，若其城邑，而现受生，为欲教化诸众生故。是为第七所示现事。佛子！菩萨摩诃萨于兜率天临下生时，从天宫殿及大楼阁诸庄严中放大光明，名一切宫殿清净庄严，照所生母腹；光明照已，令菩萨母安隐快乐，具足成就一切功德，其母腹中自然而有广大楼阁大摩尼宝而为庄严，为欲安处菩萨身故。是为第八所示现事。佛子！菩萨摩诃萨于兜率天临下生时，从两足下放大光明，名为善住；若诸天子及诸梵天其命将终，蒙光照触，皆得住寿，供养菩萨从初下生乃至涅槃。是为第九所示现事。佛子！菩萨摩诃萨于兜率天临下生时，从随好中放大光明，名曰眼庄严，示现菩萨种种诸业。时，诸人、天或见菩萨住兜率天，或见入胎，或见初生，或见出家，或见成道，或见降魔，或见转法轮，或见入涅槃。是为第十所示现事。佛子！菩萨摩诃萨于身、于座、于宫殿、于楼阁中，放如是等百万阿僧祇光明，悉现种种诸菩萨业。现是业已，具足一切功德法故，从兜率天下生人间。"

注释

❶ 本段共举出十一种清净舍。

❷ "天"，大正本原作"大"，今依三本及宫本改之。

❸ "述"，大正本原作"术"，今依三本、宫本及圣本改之。

【白话语译】

"佛子啊！菩萨摩诃萨有十种清净的布施。是哪十种呢？一，平等布施，不拣择众生的布施；二，随顺心意的布施，圆满众生的愿求；三，不乱布施，众生都一定会得到利益；四，随时宜布施，了知上品、中品、下品种种布施的境界因缘；五，不住的布施，因为菩萨布施从不希求果报；六，开舍施，因为菩萨从不恋着布施的东西；七，以一切布施，因为菩萨已证得究竟清净；八，回向于菩提施，因为菩萨已远离有为、无为的造作；九，教化众生布施，因为菩萨甚至道场都不舍弃；十，三轮清净施，因为他对于施者、受者及以施物，都能用正念观察，视他们如同虚空。就是以上这十种。如果诸位菩萨能安住此法，就能得证如来无上清净的广大布施。

"佛子啊！菩萨摩诃萨有十种清净的戒律。是哪十种呢？一，身清净的戒律，因为他能守护色身，不做杀生、偷盗、邪淫三种恶事；二，语清净戒，因为他已远离妄语、绮语、恶口、两舌等四种过失；三，心清净戒，因为他已永远断离贪、嗔的邪见；四，不破一切尚在有学处的清净戒，因为他能做所有人、天最尊贵的主人；五，守护菩提心的清净戒，因为他不乐求小乘；六，守护如来所制定的清净戒，因为他连微细的罪行都会心生怖畏；七，隐秘护持清净戒，因为他善于拔脱犯戒众生；八，不作一切恶清净戒，因为他誓愿修习一切的善法；九，远离一切有见的清净戒，因为他从来不会执着戒行；十，守护众生的清净戒，因为他能发起大悲，誓愿救度众生。就是以上这十种。如果诸位菩萨能安住于这个法门，就能得证如来无上的无过失清净戒。

"佛子啊！菩萨摩诃萨有十种清净的安忍境界。是哪十种呢？一，安然接受诋毁侮辱的清净忍，因为他誓愿救护任何众生；二，安然接受刀杖的清净忍，因为他善于护佑自己与其他的众生；三，不生嗔恚怨害的清净忍，因为他的心意从不动摇；四，不责卑贱的清净忍，因为他居上位时，都能宽恕对待下属；五，若有依归的众生都能救度的清净忍，因为他能舍弃自身的性命，奋力救拔众生；六，远离我慢的清净忍，因为他从来不会轻视未学的人；七，有残忍毁坏菩萨者，他也不生嗔怨的清净忍，因为他观察世间种种都如梦幻不实；八，有冒犯菩萨者，他也不会想报仇的清净忍，因为菩萨不会分别自己或是他人；九，不随烦恼的清净忍，因为他已远离各种境界；十，随顺菩萨的真实智慧，了知一切法无生的清净忍，因为他不必经由他人教导，就能趣入一切智。就是以上这十种。如果诸位菩萨能安住其中，就能得证诸佛不必经由他人而开悟的无上法忍。

"佛子啊！菩萨摩诃萨有十种的清净精进。是哪十种呢？一，身的清净精进，因为他能尊重、承事供养诸佛菩萨以及所有师长等尊贵的福田而不退转；二，语的清净精进，因为凡他所听闻的佛法，都能广为他人演说，赞叹诸佛功德而毫无疲倦；三，意的清净精进，因为他善能入出慈、悲、喜、舍，禅定解脱及各种三昧，从不歇息；四，正直心的清净精进，因为他的心中无诳、无谄、无曲、无伪，勤修一切法，从无退转；五，增胜心的清净精进，因为他常志向趣求最上智慧，誓愿具足一切洁白清净之法；六，不会白费的清净精进，因为他摄取布施、持戒、安忍、多闻及不放逸，乃至菩提，都无止息；七，摧伏一切魔的清净精进，因为他能除灭贪欲、嗔恚、愚痴、邪见等一切烦恼缠缚覆盖；八，成就圆满智慧光明的清净精进，因为他善于观察所有的施为，并且能究竟这些施为没有后悔，而得证诸佛的不共法；九，无来无去的清净精进，因为他已得证如实的智慧，入法界门，身业、语业及意业完全平等，也明了相与非相，都无所着；十，成就法光明的清净精进，因为他能超过一切境地，受诸佛灌顶，以无烦恼的无漏身而示现死亡、受生、出家成道、说法、灭度，具足如此的普贤事业等。就是以上这十种。如果诸位菩萨能安住此法，就能得证如来无上的大清净精进。

"佛子啊！菩萨摩诃萨有十种清净禅境。是哪十种呢？一，恒常乐于出家，因为他能舍弃所有的一切；二，得证真实善友，因为他能开示教导人们正道；三，能够安住寂静的阿兰若处，忍受风雨等吹拂，因为他已远离了我及我所有；四，远离愦闹众生，因为他喜爱寂静独处；五，心业调柔，因为他能守护种种善根；六，心智寂灭，因为一切音声等各种禅定之刺都不能扰乱他；七，觉道方便，因为他能观察一切有为法，并且示现证得；八，远离味着，因为他从来未曾舍离欲界；九，发起六通三明❶，因为他了知一切众生的根性；十，自在游戏，因为他能证入诸佛三昧，了知万法无我。就是以上这十种。如果诸位菩萨能安住其中，就能得证如来无上的大清净禅。

　　"佛子啊！菩萨摩诃萨有十种清净智慧。是哪十种呢？一，了知一切因的清净智慧，因为他不会破坏果报；二，了知一切缘的清净智慧，因为他不会违背和合的现象；三，了知不断不常的清净智慧，因为他能如实地明了通达缘起；四，拔一切见的清净智慧，因为他从不取舍众生相；五，观察一切众生心行的清净智慧，因为他了知一切如幻不实；六，广大辩才的清净智慧，因为他能明了分别诸法，问答无碍；七，一切诸魔外道、声闻、独觉都不能了知的清净智慧，因为他能深入诸佛的智慧；八，见诸佛的微妙法身、见一切众生的本性清净、见一切法皆完全寂灭、见一切佛国刹土等同虚空的清净智慧，因为他了知一切相皆不会互相妨碍；九，总持一切辩才方便波罗蜜的清净智慧，因为他能使众生得到最殊胜的智慧；十，诸佛一念相应的金刚智慧，明了一切法平等的清净智慧，因为他已得证一切法门至尊的智慧。就是以上这十种。如果诸位菩萨能安住其中，就能得证如来的无障碍大智慧。

　　"佛子啊！菩萨摩诃萨有十种清净的慈心。是哪十种呢？一，平等心的清净慈心，因为他能普遍摄受一切众生，无所拣择；二，饶益有情的清净慈心，因为他能随顺所有的作为，皆令众生欢喜；三，摄物同己的清净慈心，因为他能使众生究竟出离生死；四，不舍世间的清净慈心，因为他的心常能随缘忆念积集善根；五，能至解脱的清净慈心，因为他能使众生灭除一切的烦恼；六，出生菩提的清净慈心，因为他能使众生发心求取一切智心；七，世间无碍的清净慈心，因为他能放出大光明，平等普照众生；八，充满虚空的清净慈心，因为他能无处不至地救护众生；九，法缘的清净慈心，因为他已得证如如真实的法门；十，无缘的清净慈心，因为他已证入菩萨离生的体性。就是以上这十种。如果诸位菩萨能安住此法，就能得证如来无上广大的清净慈心。

"佛子啊！菩萨摩诃萨有十种清净的悲心。是哪十种呢？一，无同俦伴侣的清净悲心，因为他能独自发起愿心；二，无疲厌的清净悲心，因为他能代一切众生受苦，而不以为劳苦；三，难处受生的清净悲心，他为了度化众生，而受生那样的地方；四，善趣受生的清净悲心，为了示现无常，所以示现受生善趣；五，度化邪定众生的清净悲心，因为他历劫以来，从不舍弃弘法的誓愿；六，不着己乐的清净悲心，因为他能普遍给予众生快乐，不求自己安乐；七，不求回报恩惠的清净悲心，因为他已洁净自己的心志，没有贪求；八，能除颠倒的清净悲心，因为他能如实地宣说法门；九，菩萨为了宣说无垢清净的光明法，思惟了知一切法的本性清净无染、无热恼，只是因为外境烦恼而受种种痛苦。就对众生生起名为本性清净的大悲；十，菩萨摩诃萨了知一切法如空中鸟迹，因为众生的愚痴障翳，所以不能明照了知。他如是观察之后，而生起名为真实智的大悲，为众生开示涅槃法。就是以上这十种。如果诸位菩萨能安住此法，就能得证如来无上的广大清净悲心。

"佛子啊！菩萨摩诃萨有十种清净的喜心。是哪十种呢？一，发菩提心的清净喜心；二，完全舍弃所有的清净喜心；三，不嫌弃破戒众生而教化他们成就的清净喜心；四，能忍受造恶的众生，誓愿救度他们的清净喜心；五，愿舍弃身命求取正法，不心生后悔的清净喜心；六，愿意舍弃欲乐、常乐、法乐的清净喜心；七，使一切众生舍弃资生乐、常乐、法乐的清净喜心；八，恭敬供养诸佛，无有厌足，视法界平等无二的清净喜心；九，使一切众生喜爱禅定解脱，入出三昧游戏的清净喜心；十，心中悦乐具足万行，随顺菩萨道的一切苦行，证得牟尼寂静不动、无上定慧的清净喜心。就是以上这十种。如果诸位菩萨能安住这个法门，就能得证如来无上广大的清净喜心。

"佛子啊！菩萨摩诃萨有十种清净的舍心。是哪十种呢？一，恭敬供养众生，不生染爱执着的清净舍心；二，不轻慢毁辱众生，不生嗔恚的清净舍心；三，常行世间，不为利、衰、毁、誉、称、讥、苦、乐等世间八法染着的清净舍心；四，对于法器众生❷等待时机成熟而教化，即使对非法器的众生也不生嫌弃的清净舍心；五，不求二乘有学、无学法的清净舍心；六，心常远离一切欲乐，随顺烦恼法的清净舍心；七，不赞叹二乘，只是一心厌离生死的清净舍心；八，远离一切世间的言语、非涅槃的言语、非离欲的言语、不顺理的言语、恼乱他人的言语、声闻独觉的言语，乃至一切障碍菩萨道的言语都完全远离的清净舍心；九，如果有众生根器已经成熟，虽然发生念慧也未能了知最上法时，菩萨就会等待时机成熟才教化对方，而若是菩萨曾于往昔教化某个众生，但是他必须等到佛陀的境地才可调伏的话，菩萨也会等待时机的清净舍心；十，菩萨摩诃萨对于上述两种人无高、无下、无取、无舍，已远离一切种种的分别心，恒常安住正定入如实的法心，得堪忍的清净舍心。就是以上这十种。如果诸位菩萨能安住其中，就能得证如来无上广大的清净舍心。

"佛子啊！菩萨摩诃萨有十种的义理。是哪十种呢？一，多闻的义理，因为凡他所听闻的一切，都能坚固修行；二，法的义理，因为他能善巧思惟，加以拣择；三，空的义理，因为他能够证得第一义理空；四，寂静的义理，因为他恒常远离众生种种的喧哗愦闹；五，不可说的义理，因为他从不执着一切的言语；六，如实的义理，因为他明了通达三世，平等无二；七，法界的义理，因为他了知诸法都是同一味，无所分别；八，真如的义理，因为他能随顺诸佛趣入真如；九，实际的义理，因为他了知诸法究竟如实；十，大般涅槃的义理，因为他能除灭一切苦而修习种种菩萨的行持。就是以上这十种。如果诸位菩萨能安住这个法门，就能得证一切智的无上义理。

"佛子啊！菩萨摩诃萨有十种法。是哪十种呢？一，真实的法，因为他能够依照佛所说的法而修行；二，离取的法，因为他对"能取"的主体及"所取"的客体都能完全远离；三，无诤的法，因为他没有任何的疑惑诤论；四，寂灭的法，因为他能灭除一切的热恼；五，离欲的法，因为他能断除一切的贪欲；六，无分别的法，因为他已永远息灭攀缘分别；七，无生的法，因为他的体性犹如虚空，如如不动；八，无为的法，因为他已远离生、住、灭等种种相貌；九，本性的法，因为他的自性清净无染；十，舍一切乌波提有苦涅槃❸的法，因为他能生起一切菩萨行，并且从不间断地修习。就是以上这十种。如果诸位菩萨能安住其中，就能得证如来的无上广大法。

"佛子啊！菩萨摩诃萨有十种具足福德的助道法具。是哪十种呢？一，菩萨以劝请众生发起菩提心为福德的助道法具，因为他不会断绝三宝的种性；二，菩萨以随顺十种回向❹为福德的助道法具，因为他能断除一切不善的法，聚集一切的善法；三，菩萨以智慧诱诲为福德的助道法具，因为这个福德超过三界任何福德；四，菩萨以心无疲倦为福德的助道法具，因为他能究竟度化解脱众生；五，菩萨以完全舍弃内外一切所有为福德的助道法具，因为他从来不会执着所有的东西；六，菩萨以满足相好精进不退为福德的助道法具，因为他能大开布施之门；七，菩萨以无上菩提回向上、中、下三品善根，不轻视任何人为福德的助道法具，因为他能善巧方便相应相和；八，菩萨能以大悲对待邪定下劣不善的众生，不轻贱他们为福德的助道法具，因为他恒常生起大人的弘誓心愿；九，菩萨能恭敬供养诸佛，视一切菩萨皆为如来，使一切众生都心生欢喜为福德的助道法具，因为他能非常坚牢地守护根本志愿；十，菩萨摩诃萨因为阿僧祇劫以来积集的善根，虽能易如反掌地取证无上菩提，但菩萨却能完全施与众生，心中毫不烦恼，也无悔恨，心量广大等同虚空，这是菩萨福德的助道法具，因为他能生起大智慧证入大法。就是以上这十种。如果诸位菩萨能安住其中，就能具足如来无上广大福德聚集。

"佛子啊！菩萨摩诃萨有十种具足智慧的助道法具。是哪十种呢？一，亲近多闻，真正的善知识，并且恭敬供养，尊重礼拜，随顺种种需求，不违背他的教导。因为他所做的一切，都非常正直毫不虚妄矫作。二，他永离骄慢，常行谦卑恭敬。他的身、语、意业都非常调柔，一点儿也不粗犷，心性柔和善顺，不虚伪、不谄曲，因为菩萨之身堪作诸佛的法器。三，菩萨能安住念慧而随顺智觉未曾散乱，惭愧柔和，心安止不动。常忆念佛、念法、念僧、念戒、念施、念天；常行六和敬，就是在身、口、意三业，戒法、见解、修行中与大众和合；常随顺安住六坚固法❺。因为他以十种智作为方便。四，他乐法，菩萨以法为乐，恒常乐于听闻他乐法、乐义，无有厌足。因此能舍离世间的言论及世间言说，专心听受出世间语。远离小乘，趣入大乘的智慧，因为他能一心忆念毫无散动。五，菩萨一心荷负六波罗蜜，慈、悲、喜、舍四种梵行都已成熟，因此能随顺种种善行明法；并勤于请问聪敏有智慧之人，而远离恶趣，归向善道，心中恒常爱乐；又正念观察，调伏自己的性情，守护他人的意念，坚固修习真实行。六，他乐于出离，不着欲界、色界、无色界等三有境界，因为他能觉察自己的起心动念，没有任何的恶念。并且已断绝所有的贪欲、嗔恚、伤害，身、语、意三业都已纯善，因此能决定了知心的自性，因为他能使自他的心念清净。七，他观察五蕴都是如幻如化显现，十八界如同毒蛇，十二处宛如空旷的聚落。一切诸法皆如幻化，亦同如火焰，或水中之月，或如梦、如影、如响，也如幻象，也如空中的画，如旋转的火轮，如霓虹的彩色，或如日月的光明。但这些都是无相、无形，也是非常非断、不来不去的，亦无所在的处所。菩萨如此观察之后，了知一切法都是无生、无灭，因为他了知一切法的体性都是空明寂灭的。八，菩萨摩诃萨听闻一切法无我、无众生、无寿者、无补伽罗的我、无内心、无外境；无贪、嗔、痴；无身，也无物；无主体，也无相待的对象；无著，亦无行持，如是的一切皆无所有，完全归于寂灭。因为他听闻之后深信不疑，不怀疑也不毁谤，所以能够成就圆满解脱。九，菩萨摩诃萨善于调伏身心的诸根，按照法理修行。恒能安住止观，心意寂静，不生起任何动念。无我、无人；无作者，也无行者；无计执于我的想法，无计执于我的业；诸根圆满无有疮疣，也无有疤痕；亦没有所谓在此处有所得证法忍境地的心念。身、语、意三业无来也无去；无有精进，也无有勇猛的心执。观察一切的众生、一切诸法，都心意平等而无所住；他既不执着此岸，也不执着彼岸，完全远离此与彼的分别性。无所从来，也无所至去，常以智慧如此的思惟，因为他已到达无分别相的彼岸。十，菩萨摩诃萨因为已经明见缘起法，所以见法清净；因为见法清净，所以能明见国土清净；因为明见国土清净，所以能明见虚空清净；因为明见虚空清净，所以能明见法界清净；因为明见法界清净，所以明见智慧清净。这就是第十种，因为他能修行积集一切的智慧。

"佛子啊！以上就是菩萨摩诃萨十种智慧助道法具。如果诸位菩萨能安住此法，就能得证如来一切法的无障碍清净，聚集微妙智慧。

"佛子啊！菩萨摩诃萨有十种明行足，具足光明的圣行。是哪十种呢？一，善巧分别诸法的明行足；二，不取着诸法的明行足；三，远离颠倒见的明行足；四，智慧光明照耀诸根的明行足；五，善巧发起正精进的明行足；六，能深入真谛智慧的明行足；七，能灭烦恼业，成就法性尽智与无生智慧的明行足；八，能以天眼智慧普遍观察的明行足；九，能以宿命住念的智慧，了知往昔清净的明行足；十，能以烦恼漏尽神通的智慧，断除众生诸漏烦恼的明行足。就是以上这十种。如果诸位菩萨能安住于这个法门，就能得证诸佛佛法的无上大光明。

"佛子啊！菩萨摩诃萨因为十种心来求法。是哪十种呢？一，以真心求法，因为他从不谄曲矫诳；二，精进求法，因为他已远离懈怠傲慢；三，一去不返的心念求法，因为他毫不吝惜身命；四，为断除一切众生的烦恼而求法，因为他不是为了得到名利或他人恭敬而求法；五，为了饶益自他众生而求法，因为他不眷顾自己的利益；六，为了入智慧而求法，因为他不乐求文字游戏；七，为出离生死而求法，因为他从不贪着世间种种的欲乐；八，为度化众生而求法，因为他能发起菩提心；九，为断除众生的疑惑而求法，因为他要使众生毫不犹豫的修道行善；十，为满足佛法而求法，因为他不会乐求其他的法乘。就是以上这十种。如果诸位菩萨能安住于这个法门，就能得证不必经由他人教导的大智慧佛法。

"佛子啊！菩萨摩诃萨有十种让各种根性众生明了的佛法。是哪十种呢？一，随顺世俗生长善根是让童蒙凡夫明了的法；二，得到无碍不坏的信心，觉了法自性，是让证得随信行❻的人明了的法；三，勤修习法，随顺法安住是让证得随法行❼的人明了的法；四，远离八种邪曲而趣向八正道，是让已修证得见诸佛不断的人明了的法；五，消除灭绝各种的结使烦恼，断除生死的根本诸漏烦恼，彻见真实谛理，是让声闻证得初果须陀洹的人明了的法；六，观察执溺沉味于境界之中是过患，虽然尚要往来欲界受生一次，却了知本无往来，是让证得声闻二果斯陀含的人明了的法；七，不乐三界，求尽有漏，连一念都不爱着受生，是让三果阿那含的人明了的法；八，获六神通、得八解脱门、九次第定、四辩才完全成就，是让证得阿罗汉的人明了的法；九，体性乐于观察一味的缘起，心意常住寂静，知足少事。了解因缘而自己就可开悟，不必经由他人的教诲，就能成就种种神通智慧，是让证得辟支佛的人明了的法；十，智慧广大，诸根明利，乐于度脱众生，勤修福德智慧助道之法，具足如来无畏的十力，具足圆满一切功德，是证得菩萨的人所明了的法。就是以上这十种。如果诸位菩萨能安住于这个法门，就能得证如来无上的大智慧明了的法。

"佛子啊！菩萨摩诃萨有十种修行法门。是哪十种呢？一，恭敬尊重诸位善知识的修行法门；二，常使诸天觉悟的修行法门；三，在诸佛处所常心怀惭愧修行的法门；四，哀悯众生不舍生死的修行法门；五，事必明了究竟，心无变动的修行法门；六，专心忆念、追随诸位大乘菩萨精勤修学的修行法门；七，远离邪见，勤求正道的修行法门；八，摧破众魔及烦恼业的修行法门；九，了知一切众生根性殊胜低劣，仍能为他们说法，让他们安住佛地修行的法门；十，安住无边的广大法界，灭除烦恼使身清净的修行法门。就是以上这十种。如果诸位菩萨能安住其中，就能得证如来无上的修行法门。

"佛子啊！菩萨摩诃萨有十种生出障碍的魔扰。是哪十种呢？一，五蕴魔，因为它能生出各种的执取；二，烦恼魔，因为它能生出杂染；三，业魔，因为它能障碍菩萨修行；四，心魔，因为它能使人心生贡高我慢；五，死魔，因为它会使人舍弃生处；六，天魔，因为它会使人骄纵自性；七，善根魔，因为它能使人执着贪取；八，三昧魔，因为它能使人耽溺三昧禅味；九，善知识魔，因为它会使人心生执着；十，菩提法的智慧魔，因为它使人执着分别菩提。就是以上这十种。菩萨摩诃萨应该普行方便，尽快远离这十种魔扰。

"佛子啊！菩萨摩诃萨因为十种因缘而被魔业所纠缠。是哪十种呢？

第一种魔业是忘失菩提心而修行各种善根。第二种魔业是用邪恶的心布施，用嗔恚的心持戒。舍弃恶性的人，远离懈怠的众生。轻视散漫乱心的人，讥嫌恶见及无智慧者。第三种魔业是对于甚深法心生悭吝，遇到堪于教化者，而不为其说法教化。如果有非法器、尚未成熟的人恭敬供养财利，就勉强为他说法。第四种魔业是不乐听闻诸波罗蜜；或者是听闻说法之后而不修行；或是修行，也多生懈怠；或是因为懈怠，而意志狭小低劣，不求无上的大菩提法。第五种魔业是远离善知识，亲近恶知识；乐求二乘，不乐发心入胎受生，只一心向往涅槃离欲的寂静境界。第六种魔业是在菩萨处所，心生嗔恚，以恶眼看待菩萨，苛求罪衅，说菩萨的过错罪恶，断绝他所有的财利供养。第七种魔业是诽谤正法，不乐听闻正法，或假使听闻便生起毁谤，不尊重说法的人。认为自己所说的才是正法，其他人所说都不是正法。第八种魔业是耽于学习世间的议论、善巧的技术与文学词句，只开示阐扬二乘的教法，而隐藏覆盖甚深的法门。或以妙义传授不堪作法器的人，远离菩提而安住邪道。第九种魔业是乐于亲近、供养已解脱、安稳的人，却不肯亲近，也不教化，未得解脱、安稳的人。第十种魔业是增长我慢，毫不恭敬。多恼害众生，不求正法的真实智慧，心中弊恶难可开悟。就是以上这十种。菩萨摩诃萨应快速远离，勤求佛业。

"佛子啊！菩萨摩诃萨有十种舍离魔业的因缘。是哪十种呢？一，恭敬供养亲近善知识；二，不妄自尊大高举，不妄自赞叹自己的种种；三，能信解不毁谤诸佛甚深之法；四，未曾忘失一切的智慧心；五，勤修妙行，恒常不放逸；六，常求一切菩萨的宝藏法；七，恒常演说佛法，心无疲倦；八，归依十方诸佛，并心生救护众生的念头；九，信受忆念诸佛神力的加持；十，与一切菩萨同种善根，平等无二。就是以上十种。如果诸位菩萨能安住于这个法门，就能出离一切的魔道。

"佛子啊！菩萨摩诃萨有十种见佛身的方式。是哪十种呢？一，以无着心面见❽安住世间圆满成就的正觉；二，以佛的大愿力出生面见八相成道的诸佛；三，以深信心面见具足相好庄严的诸佛；四，以随顺心面见如来灭度后，以舍利随顺众生、住持佛法的诸佛；五，以深入法性面见示现涅槃的诸佛；六，以普至法界面见智慧通达法界体性的诸佛；七，以安住真如面见用大慈调伏众生的诸佛；八，以无量的三昧境界面见常住三昧禅定的诸佛；九，以智慧的光明面见本具佛性智德的诸佛；十，以普受一切心愿的如意示现面见如意自在随乐的诸佛。就是以上这十种。如果诸位菩萨能安住此法，就能得见无上如来。

"佛子啊！菩萨摩诃萨有十种诸佛事业。是哪十种呢？一，随时开示导引众生，因为要使众生正念修行。二，梦中使众生见闻佛法，因为他要觉醒众生往昔的善根。三，为他人演说未曾听闻的经典，因为他要使众生生起智慧，断除疑惑。四，为犯戒而心生忧悔的众生演说出离的法门，因为他要使众生远离疑心。五，如果有众生心生悭吝，乃至恶慧、二乘、损害、疑惑、散动、骄慢的意念，他就能为他们示现如来众相的庄严身，因为他要生长众生过去的善根。六，因为菩萨胜解已经清净，所以在众生难遇正法时，能广为众生说法，使他们听闻之后，得证陀罗尼智、神通智，普遍利益无量众生。七，因为菩萨的志乐殊胜，威德广大。所以如果有魔事现起，他就能以方便示现虚空界等音声，宣说不损恼他人之法对治，使他们开悟。众魔听闻之后，威光就渐渐灭失的诸佛事业。八，他的心无间断，常守护自己，不使自心证入二乘位。如果有众生根性尚未成熟，不管怎样，菩萨都不会为这些人演说解脱境界，这都是出自他的本愿。九，因为他不断修习菩萨行，所以能远离生死的纠结、有漏烦恼。相续不断地修习菩萨行，以大悲心摄取众生，使他们都能发起诸行，究竟解脱。十，菩萨摩诃萨明了自身以及众生本来寂灭，不惊不怖，因而能勤修福德智慧，无有厌足。虽然他了知一切法无有造作，但仍不舍离诸法自相。虽然对于各种境界永离贪欲，但仍乐于瞻仰供奉诸佛色身。虽然他不必经由他人开悟就能悟入于法，但仍常行种种方便求一切智慧。虽然他了知一切国土如幻不实，但仍乐于庄严一切的佛国刹土。虽然他恒常观察无人相、无我相，但仍教化众生无有疲劳厌倦。虽然他在法界本来不动，但仍能以神通智力示现众多变化。虽然他已经成就一切智的智慧，而仍不断修习菩萨行无有休息。虽然他了知诸法不可言说，但仍能转净法轮，使众生心生欢喜。虽然他能示现诸佛神力，但仍然不会厌弃舍离菩萨身。虽然他示现入于大般涅槃，但仍能在一切处所示现受生，能作如是权巧与真实双行，同时圆满的法。

"就是以上这十种。如果诸位菩萨能安住其中，就能得证不必经由他人教导的无上、无师广大的事业。

"佛子啊！菩萨摩诃萨有十种障道的我慢。是哪十种呢？一，对于安住正道，或趣向正道的老师、僧众、父母、沙门、婆罗门等应当尊重的福田，不心生恭敬。二，或是有法师获得最殊胜法，能乘着大乘，了知出离要道，证得陀罗尼，演说契于经典的广大法门，无有休息时，但却在他的处所心生高傲骄慢，以及对他所说的法毫不恭敬。三，不肯赞叹在众会中听闻的妙法，更别谈使人信受。四，喜好宣说他人的过失，自视甚高，凌驾万物。不曾看见自己的过失，不知道自己的短处。五，喜好生起超过上者的过慢，应赞叹的有德之人不赞叹；见到他人赞叹，也不会心生欢喜。六，见到法师为人说法，也知道这是法、是律、是真实、是佛语，但是因为嫌恶说法的人，所以也嫌恶他所说的法。不但自己诽谤，还叫他人诽谤。七，自己要求坐高广座位，自称是法师，接受供奉给养，却不接应执事工作。即使见到耆旧修行已久之人，也不会起身逢迎或承事。八，不欢喜见到有德之人，即使见到，也是言辞粗犷，暗中窥伺他的过失。九，不肯亲近恭敬供养聪慧知法的人，也不肯去请教他：'什么是善法？什么是应该做的事？什么事不应该做？应该做哪些事业，才能于长夜中得到种种利益安乐？'只是一味的愚痴顽狠，被我慢所吞没，终究不能见到出离的要道。十，又有众生，被慢心所覆盖，即使诸佛出世，也不会亲近恭敬供养。旧的善业已消灭，而新的善业又不生起，不应说而说，不应诤论而诤论。未来必定堕入险难深坑，在百千劫中尚且不能遇到诸佛，更何况听闻诸佛说法？但是因为他曾发菩提心，自己终会醒悟。就是以上这十种。

"如果诸位菩萨能远离这些慢业，就能证得十种智慧的净业。是哪十种呢？一，信解一切的业力果报，不败坏一切的因果；二，不舍菩提的心，常忆念诸佛；三，恭敬供养，并时常亲近尊重善知识，始终心无厌怠；四，欣乐诸法，欣乐义理，无有厌足。远离邪念，勤修正念；五，对于一切众生，离于我慢；视诸菩萨如诸佛；爱重正法如同珍惜己身；尊奉如来如同保护己命；视修行者如同诸佛；六，身、语、意业没有各种不善，能赞美贤圣，随顺菩提；七，不破坏缘起，能远离各种邪见，破除黑暗，得到光明，照耀法界；八，能随顺修行十种回向，对于诸波罗蜜生起宛如慈母的心想，对于善巧方便生起宛如慈父的心想，因此能以甚深的清净心趣入菩提房舍；九，勤于积集布施、持戒、多闻、止观、福慧，如是等一切辅助道业的善法，无有厌倦；十，如果有任何一种业，为诸佛所赞叹，能破众魔烦恼斗净；能远离一切障碍覆盖缠缚；能教化调伏众生；能随顺智慧摄取正法；能庄严清净佛国刹土；能发起六通三明，菩萨都能勤加修习，从不懈怠退转。就是以上这十种。如果诸位菩萨能安住其中，就能得证如来善巧方便的无上大智慧净业。

"佛子啊！菩萨摩诃萨有十种为诸魔摄持而障碍正道的因缘。是哪十种呢？一，懈怠心；二，志愿意乐狭小低劣；三，对微少的正行就心生满足；四，只接受一类的因缘而不观察其余的因缘；五，不愿发起大愿；六，断除烦恼，证入声闻、缘觉二乘的涅槃境界；七，永断生死；八，舍离菩萨行；九，不教化众生；十，怀疑毁谤正法。就是以上这十种。

"如果诸位菩萨能舍弃这些为诸魔摄持，障碍正道的因缘，就能得到十种被诸佛摄持的因缘。是哪十种呢？一，能一开始求道时就发起菩提心；二，生生都能持菩提心，不会忘失；三，能觉察并且远离各种魔事；四，听闻各种波罗蜜之后，能按照义理而修行；五，虽了知生死之苦而不厌恶；六，能观察甚深的法门，证得无量的果报；七，能为一切众生宣说二乘法，而却不证取此法乘的解脱；八，乐于观察无为法，但却不安住其中，不会二想分别有为、无为法；九，至无生处而示现受生；十，虽证得一切智，但仍能生起菩萨行，不断菩萨种。就是以上这十种。如果诸位菩萨能安住其中，就能得证诸佛的无上摄持力。

"佛子啊！菩萨摩诃萨有十种为正法摄持的因缘。是哪十种呢？一，了知诸行无常；二，了知一切行苦；三，了知一切行无我；四，了知一切法寂灭涅槃；五，了知诸法都从因缘生起，没有因缘则不能生起；六，了知因为不正确的思惟，就会生起无明，无明生起，老死就会相续不断，如果不正确的思惟能够消灭，则无明也会跟着消灭，乃至老死也不再兴起；七，了知三解脱门，出生声闻乘；证得无诤法，出生独觉乘；八，了知六波罗蜜、四摄法，出生大乘；九，了知一切佛国刹土、一切法、一切众生、一切世皆是诸佛的智慧；十，能断一切念头，舍离一切的执取。远离前后分际，而随顺涅槃。就是以上这十种。如果诸位菩萨能安住其中，就能为诸佛摄持无上法。

"佛子啊！菩萨摩诃萨安住兜率天时，有十种净业。是哪十种呢？一，为欲界诸天的天子宣说厌离的言句：'天界所有的自在都是无常的，一切快乐当会衰落凋谢。'而以此劝发天人发起菩提心。二，为色界诸天，宣说入出诸禅的解脱三昧。如果在其中心生贪爱染着，又因爱而生起，因为身而执着实有我的身见、邪见、无明等执着，则为他们宣说如实的智慧。如果有人对于一切色、非色法心生颠倒妄想，以为它是清净的，就为此人宣说不净法，一切法皆是无常，劝他发起菩提心。三，菩萨摩诃萨安住兜率天时，证入称为光明庄严的三昧，身上放出光明，遍照三千大千世界。因此能随着众生的心念，以种种音声为他们说法。众生听闻之后，信心清净，临命终时都生兜率天宫，菩萨劝请他们发起菩提心。四，菩萨摩诃萨在兜率天时，以无碍眼普见十方兜率天中的一切菩萨，而那些菩萨也是如此看见。他们看见之后，就彼此论说妙法，就是降神识于母胎、初出生时、少年出家、前往参访道场、具足大庄严。又示现从往昔以来种种所行，因为过去种种的行持，才能成就现在的大智慧。因此所有的功德都不离本处，而能示现如此等事。五，菩萨摩诃萨安住兜率天时，十方一切兜率天宫诸位菩萨都前来聚集，恭敬围绕。这时，菩萨摩诃萨为了圆满彼处诸位菩萨的心愿，就心生欢喜，随着那些菩萨所应住的境地，所行、所断、所修、所证，而演说各种法门。那些菩萨听闻之后，都非常欢喜，惊叹这是他们从未见闻的，而各自还回本土所住的宫殿。六，菩萨摩诃萨安住兜率天时，欲界主天魔波旬，为了要毁坏扰乱菩萨的净业，就带领眷属围绕菩萨所在的地方。这时，菩萨为了摧伏魔军，就安住在金刚道摄受的般若波罗蜜方便善巧智慧门，以柔软、粗犷两种语言为他们说法，使魔波旬不得趁虚而入。魔众见到菩萨的威力自在，就纷纷发起无上正等正觉。七，菩萨摩诃萨安住兜率天时，了知欲界诸位天子不乐听闻佛法。这时，菩萨发出大音声遍告他们：'今日菩萨将在宫中示现稀有之事，想看见的人，最好尽速前往。'这时，诸位天子听到之后，就有无量百千亿那由他的天子前来集会。这时，菩萨看见诸天大众都来集会，就为那些天子示现他们未曾见闻的各种宫中稀有事。他们看见之后，都非常欢喜，沉醉不已。于是菩萨又在大家沉醉时发出声劝告大家：'诸位仁者啊！所有的现象都是无常的，都是不圆满的，一切诸法都是无我，涅槃寂灭。'又说：'你们都应当修菩萨行，圆满一切智慧。'那些天子听闻菩萨的法音之后，忧伤悲叹，对世间的欲乐都心生厌离，没有一个不发起菩提心的。八，菩萨摩诃萨安住兜率天宫时，即使不舍离本处，也能前往拜诣十方无量的诸佛。亲见诸位如来，亲近礼拜，恭敬听法。这时，诸佛为了要使菩萨获得无上的灌顶法门，就为他们演说名为一切神通的菩萨境地，以一念相应的智慧，具足最胜的功德，入于一切智。九，菩萨摩诃萨安住兜率天宫时，为了要供养诸位如来，就以大神力兴起名为殊胜可乐的种种供养器具，遍法界、虚空界、一切世界，供养诸佛。那些世界中的无量众生，一看见这些供养的器具，就发起无上等正觉。十，菩萨摩诃萨安住兜率天宫时，出生无量无边、如幻如影的法门，周遍十方世界。随顺众生示现种种色、种种相貌、种种形体、种种威仪、种种事业、种种方便、种种譬喻、种种言说，使他们都心生欢喜。佛子啊！以上就是菩萨摩诃萨安住在兜率天时所作的十种净业。如果诸位菩萨能成就这个法门，就能在未来的时劫下生于人间。

"佛子啊！菩萨摩诃萨在兜率天即将下生人间成佛时，示现十种庄严事。是哪十种呢？一，菩萨摩诃萨将会从足下放出名为安乐庄严的大光明，普照三千大千世界一切身处恶趣的苦难众生。凡是触摸到这个光明的人，没有不离开痛苦得到安乐的。这些众生得到安乐之后，了知将有奇特的伟人出兴世间。二，菩萨摩诃萨将会从眉间白毫相中放出名为觉悟的大光明，普照三千大千世界。照耀与他宿世一同修行的诸位菩萨。那些菩萨被这光明照耀之后，都了知菩萨将要下生，于是各各出兴无量的供养器具，前往菩萨所在之处，供养菩萨。三，菩萨摩诃萨将会从右掌中放出名为清净境界的大光明，庄严清净三千大千世界。其中如果有已经得证无漏智慧的辟支佛，他们一察觉到这个光明，就会舍弃寿命；如果没有察觉的人，也会因为这个光明的神力，而迁移到别处。其余世界的诸魔及外道，如果有人看见这光明，也都迁移到他方世界，除了受诸佛神力所加持，及应受度化的众生外。四，菩萨摩诃萨将会从两膝间放出名为清净庄严的大光明，普照诸天宫殿。下从护世四天王，上至净居天，没有不照耀周遍的。而那些天人等，都了知菩萨将从兜率天下生人间。他们无不恋慕、悲叹忧恼，各自拿着种种华鬘、衣服、涂香、末香、幡盖、妓乐前往菩萨所在之处，恭敬供养菩萨，随着他下生人间乃至涅槃。五，菩萨摩诃萨将从卍字的金刚庄严心藏中放出名为无能胜幢的大光明，普照十方世界金刚力士❾。这时，百亿位金刚力士都前来聚集，跟随菩萨身边为侍卫，从菩萨下生人间，乃至涅槃。六，菩萨摩诃萨将会从身上的一切毛孔放出名为分别众生的大光明，普照大千世界，遍触所有的菩萨身，再照触所有的天人。诸位菩萨等心里都这样想：‘我应当安住在此处，供养如来，教化众生。’七，菩萨摩诃萨将会从大摩尼宝藏殿中放出名为善住观察的大光明，照耀这位菩萨将投生的王宫。这光明照耀之后，其余的菩萨都会随他下生阎浮提洲。有的下生在他的家族，有的生在他的聚落中，或有的与菩萨受生同一个城邑，这都是为了要教化众生而示现的啊！八，菩萨摩诃萨将会从天上的宫殿及广大的庄严楼阁中放出名为一切宫殿清净庄严的大光明，照耀他即将降生的生母腹中。光明照耀之后，菩萨的母亲便会安稳快乐，具足成就一切功德。他母亲的腹中自然有以大摩尼宝庄严的广大楼阁，这都是为了要安置菩萨身而示现的啊！九，菩萨摩诃萨将会从两足下放出名为善住的大光明。如果诸位天子及诸位梵天的性命将要结束时，凡是被这光明照触的人，就能延长寿命、供养菩萨，从他下生世间，乃至涅槃。十，菩萨摩诃萨将会从随形好相中放出名为眼庄严的大光明，示现菩萨的种种诸业。这时，诸位人天，有的看见菩萨安住兜率天，有的看见菩萨入胎，有的看见他初生，有的看见他出家，有的看见他成道，有的看见他降魔，有的看见他转法轮，有的看见菩萨涅槃。佛子啊！菩萨摩诃萨从身上、从宝座、从宫殿中，或从楼阁中，放出如是等百万阿僧祇光明，都能示现种种菩萨的业力。示现如是之业后，因为具足一切的功德法，而能从兜率天下生人间。"

【注释】

❶ 六通三明："六通"指六种神通，即天眼通、天耳通、他心通、宿命通、神足通和漏尽通。"三明"指的是宿命明、天眼明和漏尽明。宿命明是明了众生一切宿世之事，天眼明是了知众生未来之事，漏尽明是指圣者断尽一切烦恼。

❷ 法器众生：有佛性开发之望者。

❸ 乌波提涅槃：译作"有苦涅槃"。外道及二乘的涅槃尚未完全离苦，所以有这个名称。

❹ 十种回向：菩萨的五十二位修行中，第四个十位名为十回向。一，救护一切众生，离众生相回向；二，不坏回向；三，等一切佛回向；四，至一切处回向；五，无尽功德藏回向；六，随顺平等善根回向；七，随顺等观一切众生回向；八，真如相回向；九，无缚无着解脱回向；十，等法界无量回向。

❺ 六坚固法：指信坚、法坚、修坚、德坚、顶坚、觉坚。

❻ 随信行：相信他人所说而行道者。

❼ 随法行：自己研读经论，自得了悟而行道者。

❽ 无着见：安住世间，不着涅槃之义成正觉，不着生死义。所以要不着生死涅槃者，才能得见此佛。

❾ 金刚力士：手执金刚杵的护法神祇。

卷第五十九
离世间品第三十八之七

【原典】

"佛子！菩萨摩诃萨示现处胎，有十种事。何等为十？佛子！菩萨摩诃萨为欲成就小心劣解诸众生故，不欲令彼起如是念：'今此菩萨自然化生，智慧善根不从修得。'是故菩萨示现处胎。是为第一事。菩萨摩诃萨为成熟父母及诸眷属、宿世同行众生善根，示现处胎。何以故？彼皆应以见于处胎，成熟所有诸善根故。是为第二事。菩萨摩诃萨入母胎时，正念正知，无有迷惑，住母胎已，心恒正念，亦无错乱。是为第三事。菩萨摩诃萨在母胎中常演说法，十方世界诸大菩萨、释、梵、四王皆来集会，悉令获得无量神力、无边智慧，菩萨处胎成就如是辩才、胜用。是为第四事。菩萨摩诃萨在母胎中集大众会，以本愿力教化一切诸菩萨众。是为第五事。菩萨摩诃萨于人中成佛，应具人间最胜受生，以此示现处于母胎。是为第六事。菩萨摩诃萨在母胎中，三千大千世界众生悉见菩萨，如明镜中见其面像。尔时，大心天、龙、夜叉、乾闼婆、阿修罗、迦楼罗、紧那罗、摩睺罗伽、人、非人等，皆诣菩萨，恭敬供养。是为第七事。菩萨摩诃萨在母胎中，他方世界一切最后生菩萨在母胎者，皆来共会，说大集法门，名广大智慧藏。是为第八事。菩萨摩诃萨在母胎时，入离垢藏三昧，以三昧力，于母胎中现大宫殿，种种严饰悉皆妙好，兜率天宫不可为比，而令母身安隐无患。是为第九事。菩萨摩诃萨住母胎时，以大威力兴供养具，名开大福德离垢藏，普遍十方一切世界，供养一切诸佛如来，彼诸如来咸为演说无边菩萨住处法界藏。是为第十事。佛子！是为菩萨摩诃萨示现处胎十种事。若诸菩萨了达此法，则能示现甚微细趣。

“佛子！菩萨摩诃萨有十种甚微细趣。何等为十？所谓在母胎中，示现初发菩提心，乃至灌顶地；在母胎中，示现住兜率天；在母胎中，示现初生；在母胎中，示现童子地；在母胎中，示现处王宫；在母胎中，示现出家；在母胎中，示现苦行，往诣道场，成等正觉；在母胎中，示现转法轮；在母胎中，示现般涅槃；在母胎中，示现大微细，谓一切菩萨行一切如来自在神力无量差别门。佛子！是为菩萨摩诃萨在母胎中十种微细趣。若诸菩萨安住此法，则得如来无上大智慧微细趣。

“佛子！菩萨摩诃萨有十种生。何等为十？所谓远离愚痴，正念正知生；放大光明网，普照三千大千世界生；住最后有更不受后身生；不生不起生；知三界如幻生；于十方世界普现身生；证一切智智身生；放一切佛光明普觉悟一切众生身生；入大智观察三昧身生；佛子！菩萨生时，震动一切佛刹，解脱一切众生，除灭一切恶道，映蔽一切诸魔，无量菩萨皆来集会。佛子！是为菩萨摩诃萨十种生，为调伏众生故，如是示现。

“佛子！菩萨摩诃萨以十事故，示现微笑心自誓。何等为十？所谓菩萨摩诃萨念言：‘一切世间没在欲泥，除我一人，无能勉❶济。’如是知已，熙怡微笑心自誓。复念言：‘一切世间烦恼所盲，唯我今者具足智慧。’如是知已，熙怡微笑心自誓。又念言：‘我今因此假名身故，当得如来充满三世无上法身。’如是知已，熙怡微笑心自誓。菩萨尔时，以无障碍眼，遍观十方所有梵天，乃至一切大自在天，作是念言：‘此等众生，皆自谓为有大智力。’如是知已，熙怡微笑心自誓。菩萨尔时观诸众生，久种善根，今皆退没，如是知已，熙怡微笑心自誓。菩萨观见世间种子，所种虽少，获果甚多，如是知已，熙怡微笑心自誓。菩萨观见一切众生，蒙佛所教，必得利益，如是知已，熙怡微笑心自誓。菩萨观见过去世中同行菩萨，染著余事，不得佛法广大功德，如是知已，熙怡微笑心自誓。菩萨观见过去世中同共集会诸天人等，至今犹在凡夫之地，不能舍离，亦不疲厌，如是知已，熙怡微笑心自誓。菩萨尔时，为一切如来光明所触，倍加欣慰，熙怡微笑心自誓。是为十。佛子！菩萨为调伏众生故，如是示现。

"佛子！菩萨摩诃萨以十事故，示行七步。何等为十？所谓现菩萨力故，示行七步；现施七财故，示行七步；满地神愿故，示行七步；现超三界相故，示行七步；现菩萨最胜行，超过象王、牛王、师子王行故，示行七步；现金刚地相故，示行七步；现欲与众生勇猛力故，示行七步；现修行七觉宝故，示行七步；现所得法不由他教故，示行七步；现于世间最胜无比故，示行七步。是为十。佛子！菩萨为调伏众生故，如是示现。

"佛子！菩萨摩诃萨以十事故，现处童子地。何等为十？所谓为现通达一切世间文字、算计、图书、印玺种种业故，处童子地；为现通达一切世间象马、车乘、弧矢、剑戟种种业故，处童子地；为现通达一切世间文笔、谈论、博弈、嬉戏种种事故，处童子地；为现远离身、语、意业诸过失故，处童子地；为现入定住涅槃门，周遍十方无量世界故，处童子地；为现其力超过一切天、龙、夜叉、乾闼婆、阿修罗、迦楼罗、紧那罗、摩睺罗伽、释、梵、护世、人、非人等故，处童子地；为现菩萨色相威光超过一切释、梵、护世故，处童子地；为令耽著欲乐众生欢喜乐法故，处童子地；为尊重正法，勤供养佛，周遍十方一切世界故，处童子地；为现得佛加被蒙法光明故，处童子地。是为十。

"佛子！菩萨摩诃萨现童子地已，以十事故，现处王宫。何等为十？所谓为令宿世同行众生善根成熟故，现处王宫；为显示菩萨善根力故，现处王宫；为诸人、天耽著乐具，示现菩萨大威德乐具故，现处王宫；顺五浊世众生心故，现处王宫；为现菩萨大威德力能于深宫入三昧故，现处王宫；为令宿世同愿众生满其意故，现处王宫；欲令父母、亲戚、眷属满所愿故，现处王宫；欲以妓乐出妙法音供养一切诸如来故，现处王宫；欲于宫内住微妙三昧，始从成佛乃至涅槃皆示现故，现处王宫；为随顺守护诸佛法故，现处王宫。是为十。最后身菩萨如是示现处王宫已，然后出家。

"佛子！菩萨摩诃萨以十事故，示现出家。何等为十？所谓为厌居家故，示现出家；为著家众生令舍离故，示现出家；为随顺信乐圣人道故，示现出家；为宣扬赞叹出家功德故，示现出家；为显永离二边见故，示现出家；为令众生离欲乐、我乐故，示现出家；为先现出三界相故，示现出家；为现自在不属他故，示现出家；为显当得如来十力、无畏法故，示现出家；最后菩萨法应尔故，示现出家。是为十。菩萨以此调伏众生。

"佛子！菩萨摩诃萨为十种事故，示行苦行。何等为十？所谓为成就劣解众生故，示行苦行；为拔邪见众生故，示行苦行；为不信业报众生令见业报故，示行苦行；为随顺杂染世界法应尔故，示行苦行；示能忍劬劳勤修道故，示行苦行；为令众生乐求法故，示行苦行；为著欲乐、我乐众生故，示行苦行；为显菩萨起行殊胜，乃至最后生犹不舍勤精进故，示行苦行；为令众生乐寂静法，增长善根故，示行苦行❷；为诸天、世人诸根未熟，待时成熟故，示行苦行。是为十。菩萨以此方便调伏一切众生。

"佛子！菩萨摩诃萨往诣道场有十种事。何等为十？所谓诣道场时，照耀一切世界；诣道场时，震动一切世界；诣道场时，于一切世界普现其身；诣道场时，觉悟一切菩萨及一切宿世同行众生；诣道场时，示现道场一切庄严；诣道场时，随诸众生心之所欲，而为现身种种威仪，及菩提树一切庄严；诣道场时，现见十方一切如来；诣道场时，举足、下足常入三昧，念念成佛无有超隔；诣道场时，一切天、龙、夜叉、乾闼婆、阿修罗、迦楼罗、紧那罗、摩睺罗伽、释、梵、护世一切诸王各不相知，而兴种种上妙供养；诣道场时，以无碍智，普观一切诸佛如来于一切世界修菩萨行而成正觉。是为十。菩萨以此教化众生。

"佛子！菩萨摩诃萨坐道场有十种事。何等为十？所谓坐道场时，种种震动一切世界；坐道场时，平等照耀一切世界；坐道场时，除灭一切诸恶趣苦；坐道场时，令一切世界金刚所成；坐道场时，普现❸一切诸佛如来师子之座；坐道场时，心如虚空，无所分别；坐道场时，随其所应，现身威仪；坐道场时，随顺安住金刚三昧；坐道场时，受一切如来神力所持清净妙处；坐道场时，自善根力悉能加被一切众生。是为十。

"佛子！菩萨摩诃萨坐道场时，有十种奇特未曾有事。何等为十？佛子！菩萨摩诃萨坐道场时，十方世界一切如来皆现其前，咸举右手而称赞言：‘善哉！善哉！无上导师！’是为第一未曾有事。菩萨摩诃萨坐道场时，一切如来皆悉护念，与其威力，是为第二未曾有事。菩萨摩诃萨坐道场时，宿世同行诸菩萨众悉来围绕，以种种庄严具恭敬供养，是为第三未曾有事。菩萨摩诃萨坐道场时，一切世界草木、丛林诸无情物，皆曲身低影，归向道场，是为第四未曾有事。菩萨摩诃萨坐道场时，入三昧，名观察法界，此三昧力能令菩萨一切诸行悉得圆满，是为第五未曾有事。菩萨摩诃萨坐道场时，得陀罗尼，名最上离垢妙光海藏，能受一切诸佛如来大云法雨，是为第六未曾有事。菩萨摩诃萨坐道场时，以威德力兴上妙供具，遍一切世界供养诸佛，是为第七未曾有事。菩萨摩诃萨坐道场时，住最胜智，悉现了知一切众生诸根意行，是为第八未曾有事。菩萨摩诃萨坐道场时，入三昧，名善觉，此三昧力能令其身充满三世尽虚空界一切世界，是为第九未曾有事。菩萨摩诃萨坐道场时，得离垢光明无碍大智，令其身业普入三世，是为第十未曾有事。佛子！是为菩萨摩诃萨坐道场时，十种奇特未曾有事。

“佛子！菩萨摩诃萨坐道场时，观十种义故，示现降魔。何等为十？所谓为浊世众生乐于斗战，欲显菩萨威德力故，示现降魔；为诸天、世人有怀疑者，断彼疑故，示现降魔；为教化调伏诸魔军故，示现降魔；为欲令诸天、世人乐军阵者，咸来聚观，心调伏故，示现降魔；为显示菩萨所有威力世无能敌故，示现降魔；为欲发起一切众生勇猛力故，示现降魔；为哀愍末世诸众生故，示现降魔；为欲显示乃至道场犹有魔军而来触恼，此后乃得超魔境界故，示现降魔；为显烦恼业用羸劣、大慈善根势力强盛故，示现降魔；为欲随顺浊恶世界所行法故，示现降魔。是为十。

“佛子！菩萨摩诃萨有十种成如来力。何等为十？所谓超过一切众魔烦恼业故，成如来力；具足一切菩萨行，游戏一切菩萨三昧门故，成如来力；具足一切菩萨广大禅定故，成如来力；圆满一切白净助道法故，成如来力；得一切法智慧光明，善思惟分别故，成如来力；其身周遍一切世界故，成如来力；所出言音悉与一切众生心等故，成如来力；能以神力加持一切故，成如来力；与三世诸佛身、语、意业等无有异，于一念中了三世法故，成如来力；得善觉智三昧，具如来十力，所谓是处非处智力乃至漏尽智力故，成如来力。是为十。若诸菩萨具此十力，则名如来、应、正等觉。

"佛子！如来、应、正等觉转大法轮有十种事。何等为十？一者，具足清净四无畏智；二者，出生四辩随顺音声；三者，善能开阐四真谛相；四者，随顺诸佛无碍解脱；五者，能令众生心皆净信；六者，所有言说皆不唐捐，能拔众生诸苦毒箭；七者，大悲愿力之所加持；八者，随出音声普遍十方一切世界；九者，于阿僧祇劫说法不断；十者，随所说法皆能生起根、力、觉、道、禅定、解脱、三昧等法。佛子！诸佛如来转于法轮，有如是等无量种事。

"佛子！如来、应、正等觉转法轮时，以十事故，于众生心中种白净法，无空过者。何等为十？所谓过去愿力故；大悲所持故；不舍众生故；智慧自在，随其所乐为说法故；必应其时，未曾失故；随其所宜，无妄说故；知三世智，善了知故；其身最胜，无与等故；言辞自在，无能测故；智慧自在，随所发言悉开悟故。是为十。

"佛子！如来、应、正等觉作佛事已，观十种义故，示般涅槃。何等为十？所谓示一切行实无常故；示一切有为非安隐故；示大涅槃是安隐处，无怖畏故；以诸人、天乐著色身，为现色身是无常法，令其愿住净法身故；示无常力不可转故；示一切有为不随心住，不自在故；示一切三有皆如幻化，不坚牢故；示涅槃性究竟坚牢，不可坏故；示一切法无生无起而有聚集、散坏相故；佛子！诸佛世尊作佛事已，所愿满已，转法轮已，应化度者皆化度已，有诸菩萨应受尊号成记别已，法应如是入于不变大般涅槃。佛子！是为如来、应、正等觉观十义故，示般涅槃。

"佛子！此法门名菩萨广大清净行。无量诸佛所共宣说，能令智者了无量义皆生欢喜，令一切菩萨大愿、大行皆得相续。佛子！若有众生得闻此法，闻已信解，解已修行，必得疾成阿耨多罗三藐三菩提。何以故？以如说修行故。佛子！若诸菩萨不如说行，当知是人于佛菩提则为永离，是故菩萨应如说行。佛子！此一切菩萨功德行处决定义华，普入一切法，普生一切智，超诸世间，离二乘道，不与一切诸众生共，悉能照了一切法门，增长众生出世善根，离世间法门品，应尊重，应听受，应诵持，应思惟，应愿乐，应修行。若能如是，当知是人疾得阿耨多罗三藐三菩提。"

说此品时，佛神力故，及此法门法如是故，十方无量无边阿僧祇世界皆大震动，大光普照。尔时，十方诸佛皆现普贤菩萨前，赞言："善哉！善哉！佛子！乃能说此诸菩萨摩诃萨功德行处决定义华普入一切佛法出世间法门品。佛子！汝已善学此法，善说此法。汝以威力护持此法，我等诸佛悉皆随喜，如我等诸佛随喜于汝，一切诸佛悉亦如是。佛子！我等诸佛悉共同心护持此经，令现在、未来诸菩萨众未曾闻者皆当得闻。"

尔时，普贤菩萨摩诃萨承佛神力，观察十方一切大众洎于法界，而说颂言：

于无量劫修苦行，从无量佛正法生，令无量众住菩提，彼无等行听我说。

供无量佛而舍著，广度群生不作想，求佛功德心无依，彼胜妙行我今说。

离三界魔烦恼业，具圣功德最胜行，灭诸痴惑心寂然，我今说彼所行道。

永离世间诸诳幻，种种变化示众生，心生住灭现众事，说彼所能令众喜。

见诸众生生老死，烦恼忧横所缠迫，欲令解脱教发心，彼功德行应听受。

施戒忍进禅智慧，方便慈悲喜舍等，百千万劫常修行，彼人功德仁应听。

千万亿劫求菩提，所有身命皆无吝，愿益群生不为己，彼慈愍行我今说。

无量亿劫演其德，如海一滴未为少，功德无比不可喻，以佛威神今略说。

其心无高下，求道无厌倦，普使诸众生，住善增净法。

智慧普饶益，如树如河泉，亦如于大地，一切所依处。

菩萨如莲华，慈根安隐茎，智慧为众蕊，戒品为香洁。

佛放法光明，令彼得开敷，不著有为水，见者皆欣乐。

菩萨妙法树，生于直心地，信种慈悲根，智慧以为身，

方便为枝干，五度为繁密，定叶神通华，一切智为果。

最上力为莨❹，垂阴覆三界。

菩萨师子王，白净法为身。四谛为其足，正念以为颈，

慈眼智慧首，顶系解脱缯，胜义空谷中，吼法怖众魔。

菩萨为商主，普见诸群生，在生死旷野，烦恼险恶处，

魔贼之所摄，痴盲失正道，示其正直路，令入无畏城。

菩萨见众生，三毒烦恼病，种种诸苦恼，长夜所煎迫；

为发大悲心，广说对治门，八万四千种，灭除众苦患。

菩萨为法王，正道化众生，令远恶修善，专求佛功德；

一切诸佛所，灌顶授尊记，广施众圣财，菩提分珍宝。

菩萨转法轮，如佛之所转，戒毂三昧辋，智庄慧为剑，

既破烦恼贼，亦殄众魔怨，一切诸外道，见之无不散。

菩萨智慧海，深广无涯际，正法味盈洽，觉分宝充满，

大心无边岸，一切智为潮，众生莫能测，说之不可尽。

菩萨须弥山，超出于世间，神通三昧峰，大心安不动；

若有亲近者，同其智慧色，迥绝众境界，一切无不睹。

菩萨如金刚，志求一切智，信心及苦行，坚固不可动；

其心无所畏，饶益诸群生，众魔与烦恼，一切悉摧灭。

菩萨大慈悲，譬如重密云，三明发电光，神足震雷音，

普以四辩才，雨八功德水，润洽于一切，令除烦恼热。

菩萨正法城，般若以为墙，惭愧为深堑，智慧为却敌，

广开解脱门，正念恒防守，四谛坦王道，六通集兵仗，

复建大法幢，周回遍其下；三有诸魔众，一切无能入。

菩萨迦楼罗，如意为坚足，方便勇猛翅，慈悲明净眼，

住一切智树，观三有大海，搏撮天人龙，安置涅槃岸。

菩萨正法日，出现于世间，戒品圆满轮，神足速疾行，
照以智慧光，长诸根力药，灭除烦恼暗，消竭爱欲海。

菩萨智光月，法界以为轮，游于毕竟空，世间无不见；
三界识心内，随时有增减；二乘星宿中，一切无俦匹。

菩萨大法王，功德庄严身，相好皆具足，人天悉瞻仰，
方便清净目，智慧金刚杵，于法得自在，以道化群生。

菩萨大梵王，自在超三有，业惑悉皆断，慈舍靡不具，
处处示现身，开悟以法音，于彼三界中，拔诸邪见根。

菩萨自在天，超过生死地，境界常清净，智慧无退转，
绝彼下乘道，受诸灌顶法，功德智慧具，名称靡不闻。

菩萨智慧心，清净如虚空，无性无依处，一切不可得，
有大自在力，能成世间事，自具清净行，令众生亦然。

菩萨方便地，饶益诸众生；菩萨慈悲水，浣❺涤诸烦恼；
菩萨智慧火，烧诸惑习薪；菩萨无住风，游行三有空。

菩萨如珍宝，能济贫穷厄；菩萨如金刚，能摧颠倒见；
菩萨如璎珞，庄严三有身；菩萨如摩尼，增长一切行。

菩萨德如华，常发菩提分；菩萨愿如鬘，恒系众生首。

菩萨净戒香，坚持无缺犯；菩萨智涂香，普熏于三界。

菩萨力如帐，能遮烦恼尘；菩萨智如幢，能摧我慢敌。

妙行为缯彩，庄严于智慧，惭愧作衣服，普覆诸群生。

菩萨无碍乘，巾之出三界；菩萨大力象，其心善调伏；
菩萨神足马，腾步超诸有；菩萨说法龙，普雨众生心；
菩萨优昙华，世间难值遇；菩萨大勇将，众魔悉降伏；
菩萨转法轮，如佛之所转；菩萨灯破暗，众生见正道；
菩萨功德河，恒顺正道流；菩萨精进桥，广度诸群品。

大智与弘誓，共作坚牢船，引接诸众生，安置菩提岸。

菩萨游戏园，真实乐众生；菩萨解脱华，庄严智宫殿；

菩萨如妙药，灭除烦恼病；菩萨如雪山，出生智慧药。

菩萨等于佛，觉悟诸群生，佛心岂有他，正觉觉世间。

如佛之所来，菩萨如是来；亦如一切智，以智入普门。

菩萨善开导，一切诸群生；菩萨自然觉，一切智境界。

菩萨无量力，世间莫能坏；菩萨无畏智，知众生及法。

一切诸世间，色相各差别，音声及名字，悉能分别知。

虽离于名色，而现种种相；一切诸众生，莫能测其道。

如是等功德，菩萨悉成就，了性皆无性，有无无所著。

如是一切智，无尽无所依，我今当演说，令众生欢喜。

虽知诸法相，如幻悉空寂，而以悲愿心，及佛威神力，

现神通变化，种种无量事；如是诸功德，汝等应听受。

一身能示现，无量差别身，无心无境界，普应一切众。

一音中具演，一切诸言音；众生语言法，随类皆能作。

永离烦恼身，而现自在身，知法不可说，而作种种说。

其心常寂灭，清净如虚空，而普庄严刹，示现一切众。

于身无所著，而能示现身；一切世间中，随应而受生。

虽生一切处，亦不住受生，知身如虚空，种种随心现。

菩萨身无边，普现一切处，常恭敬供养，最胜两足尊。

香华众妓乐，幢幡及宝盖，恒以深净心，供养于诸佛。

不离一佛会，普在诸佛所，于彼大众中，问难听受法。

闻法入三昧，一一无量门，起定亦复然，示现无穷尽。

智慧巧方便，了世皆如幻，而能现世间，无边诸幻法。

示现种种色，亦现心及语，入诸想网中，而恒无所著。

或现初发心，利益于世间；或现久修行，广大无边际，

施戒忍精进，禅定及智慧，四梵四摄等，一切最胜法。

或现行成满，得忍无分别；或现一生系，诸佛与灌顶。

或现声闻相，或复现缘觉，处处般涅槃，不舍菩提行。

或现为帝释，或现为梵王，或天女围绕，或时独宴默。

或现为比丘，寂静调其心；或现自在王，统理世间法。

或现巧术女，或现修苦行，或现受五欲，或现入诸禅。

或现初始生，或少或老死。若有思议者，心疑发狂乱。

或现在天宫，或现始降神，或入或住胎，或佛转法轮。

或生或涅槃，或现入学堂，或在采女中，或离俗修禅。

或坐菩提树，自然成正觉；或现转法轮，或现始求道。

或现为佛身，宴坐无量刹；或修不退道，积集菩提具。

深入无数劫，皆悉到彼岸；无量劫一念，一念无量劫。

一切劫非劫，为世示现劫，无来无积集，成就诸劫事。

于一微尘中，普见一切佛；十方一切处，无处而不有。

国土众生法，次第悉皆见；经无量劫数，究竟不可尽。

菩萨知众生，广大无有边；彼一众生身，无量因缘起。

如知一无量，一切悉亦然；随其所通达，教诸未学者。

悉知众生根，上中下不同；亦知根转移，应化不应化；

一根一切根，展转因缘力，微细各差别，次第无错乱。

又知其欲解，一切烦恼习；亦知去来今，所有诸心行。

了达一切行，无来亦无去；既知其行已，为说无上法。

杂染清净行，种种悉了知，一念得菩提，成就一切智。

住佛不思议，究竟智慧心，一念悉能知，一切众生行。

菩萨神通智，功力已自在，能于一念中，往诣无边刹。

如是速疾往，尽于无数劫，无处而不周，莫动毫端分。

譬如工幻师，示现种种色，于彼幻中求，无色无非色。

菩萨亦如是，以方便智幻，种种皆示现，充满于世间。

譬如净日月，皎镜在虚空，影现于众水，不为水所杂。

菩萨净法轮，当知亦如是，现世间心水，不为世所杂。

如人睡梦中，造作种种事，虽经亿千岁，一夜未终尽。

菩萨住法性，示现一切事，无量劫可极，一念智无尽。

譬如山谷中，及以宫殿间，种种皆响应，而实无分别。

菩萨住法性，能以自在智，广出随类音，亦复无分别。

如有见阳焰，想之以为水，驰逐不得饮，展转更增渴。

众生烦恼心，应知亦如是；菩萨起慈愍，救之令出离。

观色如聚沫，受如水上泡，想如热时焰，诸行如芭蕉。

心识犹如幻，示现种种事；如是知诸蕴，智者无所著。

诸处悉空寂，如机关动转；诸界性永离，妄现于世间。

菩萨住真实，寂灭第一义，种种广宣畅，而心无所依。

无来亦无去，亦复无有住，烦恼业苦因，三种恒流转。

缘起非有无，非实亦非虚，如是入中道，说之无所著。

能于一念中，普现三世心，欲色无色界，一切种种事。

随顺三律仪，演说三解脱，建立三乘道，成就一切智。

了达处非处，诸业及诸根，界解与禅定，一切至处道。

宿命念天眼，灭除一切惑，知佛十种力，而未能成就。

了达诸法空，而常求妙法，不与烦恼合，而亦不尽漏。

广知出离道，而以度众生，于此得无畏，不舍修诸行。

无谬无违道，亦不失正念，精进欲三昧，观慧无损减。

三聚皆清净，三世悉明达，大慈愍众生，一切无障碍。

由入此法门，得成如是行，我说其少分，功德庄严义。

穷于无数劫，说彼行无尽，我今说少分，如大地一尘。

依于佛智住，起于奇特想，修行最胜行，具足大慈悲。

精勤自安隐，教化诸含识，安住净戒中，具诸授记行。

能入佛功德，众生行及刹，劫世悉亦知，无有疲厌想。

差别智总持，通达真实义，思惟说无比，寂静等正觉。

发于普贤心，及修其行愿，慈悲因缘力，趣道意清净。

修行波罗蜜，究竟随觉智，证知力自在，成无上菩提。

成就平等智，演说最胜法，能持具妙辩，逮得法王处。

远离于诸著，演说心平等，出生于智慧，变化得菩提。

住持一切劫，智者大欣慰，深入及依止，无畏无疑惑。

了达不思议，巧密善分别，善入诸三昧，普见智境界。

究竟诸解脱，游戏诸通明，缠缚悉永离，园林恣游处。

白法为宫殿，诸行可欣乐，现无量庄严，于世心无动。

深心善观察，妙辩能开演，清净菩提印，智光照一切。

所住无等比，其心不下劣，立志如大山，种德若深海。

如宝安住法，被甲誓愿心，发起于大事，究竟无能坏。

得授菩提记，安住广大心，秘藏无穷尽，觉悟一切法。

世智皆自在，妙用无障碍，众生一切刹，及以种种法。

身愿与境界，智慧神通等，示现于世间，无量百千亿。

游戏及境界，自在无能制，力无畏不共，一切业庄严。

诸身及身业，语及净修语，以得守护故，成办❻十种事。

菩萨心初发，及以心周遍，诸根无散动，获得最胜根。

深心增胜心，远离于谄诳；种种决定解，普入于世间。

舍彼烦恼习，取兹最胜道，巧修使圆满，逮成一切智。

离退入正位，决定证寂灭，出生佛法道，成就功德号。

道及无量道，乃至庄严道，次第善安住，悉皆无所著。

手足及腹藏，金刚以为心，被以慈哀甲，具足众器仗。

智首明达眼，菩提行为耳，清净戒为鼻，灭暗无障碍。

辩才以为舌，无处不至身；最胜智为心，行住修诸业。

道场师子坐，梵卧空为住，所行及观察，普照如来境。

遍观众生行，奋迅及哮吼，离贪行净施，舍慢持净戒，

不嗔常忍辱，不懈恒精进，禅定得自在，智慧无所行。

慈济悲无倦，喜法舍烦恼；于诸境界中，知义亦知法。

福德悉成满，智慧如利剑，普照乐多闻，明了趣向法。

知魔及魔道，誓愿咸舍离；见佛与佛业，发心皆摄取，

离慢修智慧，不为魔力持；为佛所摄持，亦为法所持。

现住兜率天，又现彼命终；示现住母胎，亦现微细趣。

现生及微笑，亦现行七步；示修众技术，亦示处深宫。

出家修苦行，往诣于道场，端坐放光明，觉悟诸群生，
降魔成正觉，转无上法轮，所现悉已终，入于大涅槃。
彼诸菩萨行，无量劫修习，广大无有边，我今说少分。
虽令无量众，安住佛功德；众生及法中，毕竟无所取。
具足如是行，游戏诸神通；毛端置众刹，经于亿千劫；
掌持无量刹，遍往身无倦，还来置本处，众生不知觉。
菩萨以一切，种种庄严刹，置于一毛孔，真实悉令见。
复以一毛孔，普纳一切海，大海无增减，众生不娆害。
无量铁围山，手执碎为尘，一尘下一刹，尽此诸尘数。
以此诸尘刹，复更末为尘；如是尘可知，菩萨智难量。
于一毛孔中，放无量光明；日月星宿光，摩尼珠火光，
及以诸天光，一切皆映蔽，灭诸恶道苦，为说无上法。
一切诸世间，种种差别音；菩萨以一音，一切皆能演。
决定分别说，一切诸佛法，普使诸群生，闻之大欢喜。
过去一切劫，安置未来今；未来现在劫，迥置过去世。
示现无量刹，烧然及成住；一切诸世间，悉在一毛孔。
未来及现在，一切十方佛，靡不于身中，分明而显现。
深知变化法，善应众生心，示现种种身，而皆无所著。
或现于六趣，一切众生身，释梵❼护世身，诸天人众身，
声闻缘觉身，诸佛如来身；或现菩萨身，修行一切智。
善入软中上，众生诸想网，示现成菩提，及以诸佛刹。
了知诸想网，于想得自在，示修菩萨行，一切方便事。
示现如是等，广大诸神变；如是诸境界，举世莫能知。
虽现无所现，究竟转增上，随顺众生心，令行真实道。
身语及与心，平等如虚空，净戒为涂香，众行为衣服，
法缯严净髻，一切智摩尼，功德靡不周，灌顶升王位。
波罗蜜为轮，诸通以为象，神足以为马，智慧为明珠。
妙行为采女，四摄主藏臣，方便为主兵，菩萨转轮王。

三昧为城廓，空寂为宫殿，慈甲智慧剑，念弓明利箭。

高张神力盖，迥建智慧幢，忍力不动摇，直破魔王军。

总持为平地，众行为河水，净智为涌泉，妙慧作树林。

空为澄净池，觉分菡萏华，神力自庄严，三昧常娱乐。

思惟为采女，甘露为美食，解脱味为浆，游戏于三乘。

此诸菩萨行，微妙转增上，无量劫修行，其心不厌足。

供养一切佛，严净一切刹，普令一切众，安住一切智。

一切刹微尘，悉可知其数；一切虚空界，一沙可度量；

一切众生心，念念可数知；佛子诸功德，说之不可尽。

欲具此功德，及诸上妙法，欲使诸众生，离苦常安乐，

欲令身语意，悉与诸佛等，应发金刚心，学此功德行。

注释

❶ "勉"，大正本原作"兔"，今依三本改之。

❷ 大正本原无"为令众生……行"十七字，今依明本增之。

❸ "现"，大正本原作"观"，今依明本改之。

❹ "萏"，大正本原作"鸟"，今依明本改之。

❺ "浣"，大正本原作"澣"，今依三本及宫本改之。

❻ "办"，大正本原作"辨"，今依宫本改之。

❼ "释梵"，大正本原作"梵释"，今依三本及宫本改之

【白话语译】

"佛子啊！菩萨摩诃萨示现身处母胎时，有十种庄严事。是哪十种庄严事呢？佛子啊！菩萨摩诃萨为了要成就发心狭小、信解低劣的众生，不让他们生起：'现在这位菩萨是自然化生的，所以他根本不必修学就能证得智慧与善根。'的念头，所以，菩萨示现处于母胎。这是第一种庄严事。菩萨摩诃萨为了要成熟父母，以及诸位眷属以及宿世共同修行众生的善根，所以示现处于母胎。为什么呢？他们都会因为看见处于母胎的菩萨，而成熟所有的善根，这是菩萨第二种庄严事。菩萨摩诃萨进入母胎，能够正念、正知，没有迷惑。住入母胎之后，心还是恒系正念，没有错乱，这是菩萨的第三种庄严事。菩萨摩诃萨在母胎中，恒常演说佛法，十方世界的许多菩萨、帝释、四大天王都来聚会，菩萨都能让他们获得无量的神力、无边的智慧，这是菩萨处于母胎时成就的无碍辩才，殊胜妙用。这是菩萨的第四种庄严事。菩萨摩诃萨在母胎中，能聚集大众，以本愿的力量教化诸位菩萨，这是菩萨的第五种庄严事。菩萨摩诃萨在人间成佛时，具足人间最殊胜的投胎受生，以此而示现处于母胎，这是菩萨的第六种庄严事。菩萨摩诃萨在母胎时，三千大千世界的众生无不看见菩萨，就好像从明镜中看到他的面容一样。这时，大心天、龙、夜叉、乾闼婆、阿修罗、迦楼罗、紧那罗、摩睺罗伽、人、非人等，都前去拜见菩萨，恭敬供养，这是菩萨的第七种庄严事。菩萨摩诃萨在母胎时，他方世界一切最后投生母胎的菩萨，都前来集会，演说名为'广大智慧藏'的大集法门，这是菩萨的第八种庄严事。菩萨摩诃萨在母胎，能进入离垢藏三昧，以本愿的力量教化诸位菩萨，并以这三昧的力量，虽身处母胎，但仍示现大宫殿。各种庄严的装饰都非常美好，连兜率天宫也无法相比。而且菩萨还会使他母亲的身心安稳没有忧患，这是菩萨的第九种庄严事。菩萨摩诃萨在母胎时，能以他名为'开大福德离垢藏'的大威力兴起一切供养，供养十方世界的诸佛。这些诸佛都前来为他演说无边菩萨所住的法界藏，这是菩萨的第十种庄严事。

"佛子啊！以上就是菩萨摩诃萨示现处于母胎时的十种庄严事。如果各位菩萨了知通达这些法，就能示现甚为微细的趣向。

"佛子啊！菩萨摩诃萨有十种甚为微细的趣向示现。是哪十种呢？一，在母胎中示现初发菩提心，乃至于灌顶地；二，在母胎中示现安住兜率天；三，在母胎中示现初生相；四，在母胎中示现童子；五，在母胎中示现处于王宫；六，在母胎中示现出家相；七，在母胎中示现苦行相，前往参访道场，成就正等正觉；八，在母胎中示现转法轮相；九，在母胎中示现般若涅槃；十，在母胎中示现大微细❶，即'一切菩萨行及一切如来的自在神力无量差别法门'。佛子啊！这些就是菩萨摩诃萨在母胎中的十种微细趣向。如果诸位菩萨能安住于此法，就可以修得如来无上广大的智慧微细趣向。

"佛子啊！菩萨摩诃萨有十种清净庄严的出生境界。是哪十种呢？一，远离愚痴，而正念正知的出生；二，放大光明网，普照三千大千世界的出生；三，住最后有更不受后身生的出生；四，不生不起生；五，了知三界如幻的出生；六，在十方世界普遍示现化身的出生；七，证得一切智智身的出生；八，放出诸佛光明，普照觉悟众生身的出生；九，进入大智慧观察三昧身的出生；十，菩萨出生时，能震动一切的佛国刹土，解脱所有的众生，消除毁灭所有的恶道。光明映照，一切的诸魔都因此而隐藏起来，而无数的菩萨也都前来聚会。佛子啊！以上就是菩萨摩诃萨十种清净庄严的出生境界，菩萨都是为了调伏众生，才如此示现。

"佛子啊！菩萨摩诃萨能以十种因缘，而示现微笑清净庄严的心来自起誓愿。是哪十种呢？一，菩萨摩诃萨心想：'世人都埋没在欲望的泥淖中，除了我之外无人能救度。'他如是了知之后，就以清净庄严的心安然微笑而自起誓愿。二，他又生起这样的念头：'世人都被烦恼蒙蔽，唯有我能具足智慧。'他如是了知之后，就以清净庄严的心安然微笑而自起誓愿。三，他心里又想：'我现在将用这虚假的色身修证如来遍满过去、现在、未来三世的无上法身。'他如是了知之后，就以清净庄严的心安然微笑而自起誓愿。四，这时，他用无障碍的法眼普遍观察十方所有的梵天，乃至于一切大自在天，而这样想：'这些众生，都自称有大智慧的神力。'他如是了知之后，就以庄严的心安然微笑而自起誓愿。五，这时菩萨观察众生久远以前所种的善根，现在都退没了。他如是了知之后，就以清净庄严的心安然微笑而自起誓愿。六，菩萨观察看见世间的众生，所种的因虽然很少，但所获得的果报却很多。他如是了知之后，就以清净庄严的心安然微笑而自起誓愿。七，菩萨看见凡诸佛教化的众生，无不得到大利益。他如是了知之后，就以清净庄严的心安然微笑而自起誓愿。八，菩萨观见过去世中共同修行的许多菩萨，现在已染污执着他事，不能证得佛法的广大功德。他如是了知之后，就以清净庄严的心安然微笑而自起誓愿。九，菩萨观见过去世与他共同集会的许多天人等，至今仍在凡夫的境地，不能舍下离弃世间的欲乐，也不嫌疲倦厌烦。他如是了知之后，就以清净庄严的心安然微笑而自起誓愿。十，这时菩萨被一切如来的光明所触及，更加欣慰，就以清净庄严的心安然微笑而自起誓愿。以上就是菩萨以十种清净庄严心示现微笑、自起誓愿的因缘。佛子啊！菩萨都是为了调伏众生，才如此示现。

"佛子啊！菩萨摩诃萨能以十种因缘，示现初生时行走七步。是哪十种呢？一，为了示现菩萨的威力，所以示现出生时行走七步；二，为了示现他布施的七圣财❷，所以示现出生时行七步；三，为了满足地神的心愿，所以示现出生时行走七步；四，为了示现超脱欲界、色界、无色界三界相，所以示现初出生时行走七步；五，为了示现菩萨最殊胜的行仪，超过象王、牛王、师子王的行走，所以示现出生时行走七步；六，为了示现庄严的金刚宝地地相，所以示现出生行走七步；七，为了示现给予众生勇猛的力量，所以示现出生时行走七步；八，为了示现修行择法菩提分、精进菩提分、喜菩提分、轻安菩提分、念菩提分、定菩提分、舍菩提分等七觉支的法宝，所以示现出生时行走七步；九，为了示现所证得的法不是由他人所教导的，所以示现出生时行走七步；十，为了示现生于世间是最殊胜无比，所以示现出生时行走七步。这就是菩萨示现初出生时行走七步的十种因缘。佛子啊！菩萨都是为了调伏众生才如此示现。

"佛子啊！菩萨摩诃萨能以十件事的因缘，示现童子的模样。是哪十种呢？一，为了示现通达一切世间的文字、计算、图书、印玺等种种的学问事业，所以示现童子的模样；二，为了示现通达一切世间一切的象马、车乘、弧矢射箭、剑戟等种种事业，而示现童子的模样；三，为了示现通达一切世间一切的文笔、谈论、下棋、嬉戏等种种事情，而示现童子的模样；四，为了示现远离身、语、意业各种过失，而示现童子的模样；五，为了示现入定安住涅槃，法身遍满十方无量世界，而示现童子的模样；六，为了示现他的威力超过一切的天、龙、夜叉、乾闼婆、阿修罗、迦楼罗、紧那罗、摩睺罗伽、释、梵、护世、人、非人等，而示现童子的模样；七，为了示现菩萨的色相威光超过帝释、天王、护世，而示现童子的模样；八，为了让耽迷执着欲望享乐的众生喜欢闻法，而示现童子的模样；九，为了尊重正法，精勤供养周遍十方世界的诸佛，而示现童子的模样；十，为了得到诸佛加持，为法的光明照耀，而示现童子的模样。这就是十种菩萨摩诃萨示现童子的模样因缘。

"佛子啊！菩萨摩诃萨示现童子的模样之后，又以十种因缘示现身处王宫为太子。是哪十种呢？一，为了让宿世共同修行的众生善根成熟，而示现身处王宫为太子；二，为了显现菩萨善根的威力，而示现身处王宫为太子；三，为了许多耽迷各种娱乐器具的人天，而示现菩萨大威德的乐具，示现身处王宫为太子；四，为了顺应五浊恶世众生的心念，而示现身处王宫为太子；五，为了显现菩萨的大威德力量即使在深宫中也能进入三昧，而示现身处王宫为太子；六，为了满足宿世和他共同发起誓愿众生的心意，而示现身处王宫为太子；七，为了满足父母、亲戚、眷属的愿望，而示现身处王宫为太子；八，希望能以妓艺娱乐演出微妙的法音，供养诸佛，而示现身处王宫为太子；九，为了要在王宫中安住广大微妙的三昧，示现成佛乃至涅槃的全部过程，而示现身处王宫为太子；十，为了随顺地守护诸佛法，而示现身处王宫为太子。以上就是十种菩萨身处王宫为太子的因缘。最后一次受生的菩萨，如是示现身处王宫为太子之后，就出家了。

"佛子啊！菩萨摩诃萨能以十种因缘，示现出家。是哪十种呢？一，因为厌离住在家里，而示现出家；二，为了让执着家庭的众生能心生舍离，而示现出家；三，为了随顺信乐圣人之道，而示现出家；四，为了宣扬赞叹出家的功德，而示现出家；五，为了显示离常、断二边见，而示现出家；六，为了让众生离欲乐及我乐，而示现出家；七，为了示现出脱三界相，而示现出家；八，为了示现不附属他人的自在，而示现出家；九，为增长众生善根而修苦行；十，为得到如来十力的无所畏惧法，而示现出家；十，最后投胎的菩萨在法上应如是，而示现出家的因缘。因为菩萨能以这些因缘调伏众生，所以示现出家。

"佛子啊！菩萨摩诃萨为了十种因缘，而示现修苦行。是哪十种呢？一，为了成就信解低劣的众生而修苦行；二，为了拔除众生的邪见而修苦行；三，为了让不相信业报的众生看见业报而修苦行；四，为了随顺如是杂染的世间法而修苦行；五，为了示现忍耐劳苦，精勤修道而修苦行；六，为了让众生乐于求法而修苦行；七，为了执着欲乐及爱着自己所妄执之我的我乐众生而修苦行；八，为了显现菩萨行之殊胜，即使最后一次受生，仍旧勤奋精进不舍，而修苦行；九，为了令众生乐寂静法，增长善根，而修苦行；十，为了许多的善根未成熟的天人、世人正等待因缘时机成熟，而修苦行。以上就是菩萨摩诃萨为了善巧方便调伏众生，而示现的十种修苦行因缘。

"佛子啊！菩萨摩诃萨参访菩提道场的时候，有十种现象发生。是哪十种呢？一，参访菩提道场时，佛光照耀一切世界；二，参访菩提道场时，神威震动一切世界；三，菩萨参访菩提道场时，能够在所有的世界示现化身；四，菩萨参访菩提道场时，能觉悟所有的菩萨，及宿世共同修行的所有众生；五，菩萨参访菩提道场时，能示现道场的一切庄严；六，菩萨参访菩提道场时，能随顺众生的希望而为他示现种种身相威仪，及菩提树的一切庄严；七，他参访菩提道场时，立刻得证面见十方诸佛；八，他参访菩提道场时，不管是举手投足，一举一动都恒常证入三昧，念念成佛，没有任何的超阻隔碍；九，菩萨参访菩提道场时，一切天、龙、夜叉、乾闼婆、阿修罗、迦楼罗、紧那罗、摩睺罗伽、帝释、天王、护世等一切诸王莫不相知，而作种种上好微妙的供养；十，他参访菩提道场时，能以无障碍的智慧，普遍观察诸佛在所有世界修持菩萨行而成就正等正觉。这是菩萨摩诃萨参访菩提道场的时候所产生的十种事，菩萨能借这些因缘教化众生。

"佛子啊！菩萨摩诃萨端坐在菩提道场修行时有十种瑞象发生。是哪十种呢？一，他端坐在菩提道场修行时，有种种的震动，震动一切世界；二，他端坐在菩提道场修行时，佛光平等照耀一切世界；三，他端坐在菩提道场修行时，能除去消灭所有的过恶、痛苦；四，他端坐在菩提道场修行时，能让一切世界都变成以金刚宝藏庄严修饰的世界；五，他端坐菩提道场修行时，能普遍示现诸佛如来的师子宝座；六，他端坐菩提道场修行时，心就像虚空一样，没有分别；七，他端坐在菩提道场修行时，能随自己的应化之身，示现种种威仪身相；八，他端坐在菩提道场修行时，能随顺安住在金刚三昧中；九，他端坐在菩提道场修行时，能承受诸佛威神力的加持，具足一切清净胜妙；十，他端坐在菩提道场修行时，自身的善根威力恒能加持所有的众生。这就是菩萨摩诃萨端坐在菩提道场修行时所产生的十种瑞相。

"佛子啊！菩萨摩诃萨端坐在菩提道场修行时，有十种奇特未曾有的微妙庄严事。是哪十种呢？佛子啊！菩萨摩诃萨端坐在菩提道场修行时，十方世界的诸佛都示现在他面前，举起右手称赞说：'善哉！善哉！伟大的无上导师！'这是菩萨第一种未曾有的微妙庄严的事。菩萨摩诃萨端坐菩提道场修行时，一切的如来都前来护念，给他威德力量，这是菩萨第二种未曾有的微妙庄严的事。菩萨摩诃萨端坐菩提道场修行时，宿世共同修行的菩萨们都来围绕，用种种庄严的供品恭敬供养，这是菩萨第三种未曾有的微妙庄严的事。菩萨摩诃萨端坐菩提道场修行时，一切世界的草木、丛林等无情识，都弯曲低下身体，朝向菩提道场，这是菩萨第四种未曾有的微妙庄严的事。菩萨摩诃萨端坐菩提道场修行时，能进入名为观察法界的三昧，这种三昧的威力能圆满菩萨的所有行持，这是菩萨第五种未曾有的微妙庄严的事。菩萨摩诃萨端坐菩提道场修行时，证得名为最上离垢妙光海藏的陀罗尼门，因此能承受诸佛如来广大云海的法雨，这是菩萨第六种未曾有的微妙庄严的事。菩萨摩诃萨端坐菩提道场修行时，能以威德神力兴起最上妙好的供养器具，供养十方世界的诸佛，这是菩萨第七种未曾有的微妙庄严的事。菩萨摩诃萨端坐菩提道场修行时，安住在最殊胜的妙智慧，现证了知所有众生的各种根器、意念、行持，这是菩萨第八种未曾有的微妙庄严的事。菩萨摩诃萨端坐菩提道场修行时，能进入名为善觉的三昧，这种三昧能让他的身形遍满三世无尽的虚空及一切世界，这是菩萨第九种未曾有的微妙庄严事。菩萨摩诃萨端坐菩提道场修行时，证得离垢光明无碍大智的法门，因此他的身业能普入过去、现在、未来三世，这是菩萨第十种未曾有的微妙庄严的事。

"佛子啊！以上就是菩萨摩诃萨端坐菩提道场修行时，十种未曾有的微妙庄严的事。

"佛子啊！菩萨摩诃萨端坐菩提道场修行时，能观察十种意义，而示现降魔的因缘。是哪十种呢？一，因为五浊恶世的众生乐于斗争战事，菩萨为了显现大威德的力量，而示现降魔；二，因为许多天人、世人始终怀疑法，菩萨为了断除他们的疑虑，而示现降魔；三，菩萨为了教化调伏众魔军，而示现降魔；四，菩萨为了让诸天人、世人喜乐军队阵容，都来围聚观赏，调伏心性，而示现降魔；五，菩萨为了显示菩萨所有的威德力量世间无有能敌者，而示现降魔；六，菩萨为了众生发起勇猛精进的力量，而示现降魔；七，菩萨为了哀悯末法时期的众生，而示现降魔；八，菩萨为了显示连菩提道场都会有魔军扰乱，但是如此才能超越魔障，而示现降魔；九，菩萨为了显示烦恼业力的羸弱低劣，大慈悲的善根力量才是真正的强盛，而示现降魔；十，菩萨为了要随顺五浊恶世修行的法门，而示现降魔的因缘。以上就是菩萨摩诃萨端坐菩提道场修行时，观察十种意义，而示现降魔的十种因缘。

"佛子啊！菩萨摩诃萨因为十种因缘而成就诸佛的十力。是哪十种呢？一，因为菩萨已超过一切众魔烦恼业障，而能成就如来威力；二，因为菩萨具足一切的菩萨行，能游戏菩萨的三昧法门，所以成就如来的威力；三，因为菩萨具足一切菩萨的广大禅定力，所以能成就如来的威力；四，因为菩萨圆满一切洁白清净的助道之法，所以能成就如来的威力；五，因为菩萨证得一切法藏的智慧光明，善于思惟分别，所以能成就如来的威力；六，因为他的法门遍满一切世界，所以能成就如来的威力；七，因为他所讲的话，语言声音完全等同众生的心意，所以能成就如来的威力；八，因为菩萨能够以神力加持一切，所以能成就如来的威力；九，因为菩萨与三世诸佛如来的身、语、意三业平等无差别，一念之间就能了知三世诸法，所以能成就如来的威力；十，因为菩萨能证得善觉智三昧，具足如来的十种威力。从所谓了知一切因缘果报是处非处智力，乃至于到永断的一切疑惑习气的"漏尽智力"等如来十力都完全具足，所以能成就如来的大威力。以上就是菩萨成就诸佛十力的十种因缘。如果诸位菩萨能具足诸佛的十力，就可以称为如来、应、正等觉。

"佛子啊！如来、应、正等觉转动大法轮时有十事。是哪十种呢？一，具足清净的佛陀四无畏智智；二，出生具足法、义、辞、辩等四种无碍辩才的随顺音声；三，善于宣说开示阐明苦、集、灭、道等四真谛；四，能随顺诸佛如来的无碍解脱；五，能让众生都生出清净正信；六，所宣说的法都功不唐捐，能拔除众生如毒箭般的众苦；七，能以大悲愿力加持一切；八，随顺菩萨所演说的法音，能普遍十方世界；九，能在阿僧祇的时劫中说法不断；十，凡随所说的法都能生起五根、五力、七觉支、八正道、禅定、解脱、三昧等法。佛子啊！诸佛如来在转法轮时有如是无等无量之事啊！

"佛子啊！如来、应、正等觉转动法轮时，能以十种事的因缘，在众生心中种下各种洁白清净的法，凡是听闻的众生都不会白费空过。是哪十种呢？一，因为过去世的愿力；二，因为大悲心的加持；三，因为不舍弃众生；四，因为他的大智慧、大自在，而能随顺众生的悦乐，而为他们说法；五，因为他能顺应最适当的时机，未曾失误；六，因为他会随顺着众生所适宜摄受的法，没有妄语；七，因为他能了知三世智慧，并且善巧了知三世的一切诸法；八，因为他的身相最为殊胜，没有人能够与他相等；九，他的言语措辞自在，他人无法测知；十，他的智慧自在无碍，众生只要随顺他所说的话都得以开悟。就是这十种事。

"佛子啊！如来、应、正等觉出兴作佛事之后，因为观察十种意义，而示现般涅槃的境界。是哪十种呢？一，示现一切的众行其实都是无常的；二，示现一切的有为法都不是安稳的；三，示现大涅槃是最安稳的，既没有恐怖，也没有畏惧；四，因为诸人、天执着色身的享乐，诸佛为了示现色身的无常，让他们安住在清净的法身；五，示现人不可能扭转无常；六，示现一切的有为法都不能安住心中，不能使人自在；七，示现三界都如幻化，一点儿也不坚牢；八，示现涅槃体性才是究竟的坚牢，没有人能够毁坏；九，示现诸法本性无生、无起而只是有聚集、离散、毁坏之相。佛子啊！诸佛世尊兴作佛事之后，已经圆满所有发起的誓愿，法轮已转，应该度化的众生也都已经度化，有诸菩萨等应当授记成佛的尊号来成就记别之后，法应如是地进入不变的大般涅槃。

"佛子啊！这十种意义的因缘，如来、应、正等觉观察之后，就示现般涅槃。

"佛子啊！❸这种法门称为菩萨广大的清净行，是无量的诸佛所共同宣说的，能让大智慧者了知无量义，心生欢喜；让一切菩萨的大悲愿、大悲行都能相续不断。

"佛子啊！如果有众生能够听闻这个法门，听闻之后能正信了知，了知之后能奉持修行，一定能够很快就成就正觉。为什么呢？因为他能按照所说的法修持。

"佛子啊！若诸佛菩萨不能照诸佛所宣说的法修行，必可知道此人与佛菩提是永远背离的，所以菩萨一定要照佛陀所说的法修行。

"佛子啊！菩萨所有功德的所行处都是由决定不坏的义理所生，因此他能普遍进入一切法，普遍生出一切智慧。超出所有的世间，永离二乘之道，不同于一切的众生。并且完全观照了知任一个法门，增长众生出世间的善根。所以你们对《离世间法门品》应当尊重、听受、诵持、思惟、愿乐、修行，如果能够这样做，那么这个人一定会很快就证得正觉。"

菩萨在宣说这离世间品的时候❹，因为佛陀的神力，以及这个法门本来如是，十方无量无边的阿僧祇世界都发生大震动，普照大光明。

这时，十方的诸佛全都示现在普贤菩萨的面前，赞叹地说："善哉！善哉！佛子啊！你能宣说这个诸菩萨摩诃萨的功德所行处由决定不坏的义理所生，普遍趣入一切佛法的出世间法门品。佛子啊！因为你长于修学这个法门，宣说这个法门，所以你能以威力护持这个法门，所以诸佛都前来随喜赞叹这种法门。如同一位佛陀随喜赞叹你一般，诸佛也全都是如此赞叹你。佛子啊！诸佛如来都会共同护持此经，让现在、未来未曾听闻此法的菩萨，都能在适当的时机听闻此法。"

这时，普贤菩萨摩诃萨蒙受诸佛的威神力加持，观察十方一切大众，浸润法界而称颂说：

于无量劫勤修苦行，从无量佛正法出生，
令无量众安住菩提，彼无等行听我宣说。
供无量佛而舍执着，广度群生不作心想，
求佛功德心无所依，彼胜妙行我今宣说。
离三界魔烦恼众业，具圣功德最胜妙行，
灭诸痴惑心体寂然，我今说彼所行妙道。
永离世间诸欺诳幻，种种变化示诸众生，
心生住灭示现众事，说彼所能令众欢喜。
见诸众生生老病死，烦恼忧悲横所缠迫，
欲令解脱教彼发心，彼功德行今应听受。
施戒忍进禅定智慧，方便慈悲喜舍等心，
百千万劫恒常修行，彼人功德仁者应听。
千万亿劫勤求菩提，所有身命悉皆无吝，
愿益群生不为己利，彼慈悯行我今宣说。
无量亿劫演其功德，如海一滴未为稀少，
功德无比不可譬喻，以佛威神如今略说。
其心无有高下，求道亦无厌倦，
普使一切众生，安住善增净法。

智慧普皆饶益，如树亦如河泉，
亦如同于大地，一切所依止处。
菩萨宛如莲华，慈根为安隐茎，
智慧为众华蕊，戒品甚为香洁。
佛放妙法光明，令彼而得开敷，
不著有为之水，见者悉皆欣乐。
菩萨妙法大树，生于直心大地，
信种慈悲为根，智慧以为树身。
方便作为枝干，五度为彼繁密，
定叶神通妙华，一切智慧为果。
最上大力为鸟，垂阴覆盖三界，
菩萨大师子王，白净妙法为身。
四谛为其双足，正念以为颈项，
慈眼智慧为首，顶系解脱丝缯。
胜义空谷之中，吼法惊怖众魔，
萨能为商主，普见一切群生。
在生死旷野中，烦恼险恶之处，
魔贼之所摄持，痴盲失于正道。
示其正直大路，令人无畏宝城，
菩萨见诸众生，三毒烦恼恶病。
种种诸般苦恼，长夜中所煎迫，
为发大慈悲心，广说对治法门。
八万四千种法，灭除一切苦患，
菩萨能为法王，正道化导众生。
令彼远恶修善，专求诸佛功德，
一切诸佛所在，灌顶授彼尊记。
广施一切圣财，众菩提分珍宝，
菩萨转大法轮，宛如佛之所转。

戒毂三昧为辋，智庄严慧为剑，
既破彼烦恼贼，亦殄灭众魔怨。
一切诸外道等，见之无不失散，
菩萨智慧大海，深广无涯无际。
正法妙味盈洽，众觉分宝充满，
大心无有边岸，一切智慧为潮。
众生莫能测度，说之不可穷尽，
菩萨如须弥山，超出于诸世间。
神通三昧为峰，大心安住不动，
若有能亲近者，如同其智慧色。
迥绝种种境界，一切无不亲睹，
菩萨宛如金刚，志求一切智慧。
信心以及苦行，坚固不可动摇，
其心无所畏惧，饶益诸群生等。
众魔与诸烦恼，一切悉皆摧灭，
菩萨广大慈悲，譬如深重密云。
三明迅发电光，神足震动雷音，
普以四种辩才，雨下八功德水❺。
润洽于一切处，令除众烦恼热，
菩萨正法大城，般若以为城墙。
惭愧作为深堑，智慧为彼却敌，
广开解脱妙门，正念恒为防守。
四谛平坦王道，六通积集兵仗，
复建广大法幢，周回遍满其下。
三有诸魔军众，一切无能趣入，
菩萨迦楼罗鸟，如意以为坚足。
方便为勇猛翅，慈悲成明净眼，
安住一切智树，观察三有大海。

搏撮天人众龙，安置涅槃彼岸，
菩萨正法大日，出现于诸世间。
戒品圆满轮宝，神足速疾而行，
照以智慧光明，长养诸根力药。
灭除烦恼黑暗，消竭爱欲大海，
菩萨智光明月，法界以为其轮。
游于毕竟空中，世间无不亲见，
三界识心之内，随时或有增减。
二乘星宿之中，一切无能俦匹，
菩萨如大法王，功德庄严其身。
相好现皆具足，人天悉皆瞻仰，
方便清净眼目，智慧金刚宝杵。
于法已得自在，以道化导群生，
菩萨如大梵王，自在超于三有。
业惑悉皆断绝，慈舍靡不具足，
处处示现其身，开悟众以法音。
于彼三界之中，拔除诸邪见根，
菩萨如自在天，超过于生死地。
境界恒常清净，智慧无有退转，
绝彼下乘之道，受诸灌顶大法。
功德智慧具足，名称靡不听闻，
菩萨大智慧心，清净如同虚空。
无性无依止处，一切了不可得，
有大自在威力，能成世间众事。
自具清净妙行，令诸众生亦然，
菩萨于方便地，饶益一切众生。
菩萨慈悲法水，浣涤一切烦恼；
菩萨智慧大火，烧诸惑习薪材；

菩萨无住之风，游行三有空中；

菩萨宛如珍宝，能济贫穷困厄；

菩萨宛如金刚，能摧颠倒见解；

菩萨宛如璎珞，庄严三有之身；

菩萨宛如摩尼，增长一切胜行；

菩萨妙德如华，常发菩提分法；

菩萨愿如宝鬘，恒系众生之首；

菩萨清净戒香，坚持行无缺犯；

菩萨智慧涂香，普熏三界之中；

菩萨力如宝帐，能遮烦恼尘劳；

菩萨智如大幢，能摧毁我慢敌。

以妙行为缯彩，庄严成于智慧；

惭愧作为衣服，普覆一切群生。

菩萨无碍妙乘，巾之出于三界；

菩萨大力象王，其心善能调伏；

菩萨神足马宝，腾步超于诸有；

菩萨说法如龙，普雨众生之心；

菩萨如优昙华，世间难得值遇；

菩萨为大勇将，众魔悉皆降伏；

菩萨转大法轮，如同佛之所转；

菩萨灯明破暗，众生见于正道；

菩萨功德大河，恒顺正道而流；

菩萨精进桥梁，广度一切群品；

大智与弘誓愿，共作坚牢之船，

引接诸众生等，安置菩提彼岸。

菩萨游戏园林，真实利乐众生；

菩萨解脱妙华，庄严智慧宫殿；

菩萨宛如妙药，灭除诸烦恼病；

菩萨亦如雪山，出生智慧妙药；
菩萨等同于佛，觉悟一切群生，
佛心岂有他意，正觉觉于世间。
如佛之所后来，菩萨亦如是来，
亦如一切智者，以智入于普门。
菩萨善巧开导，一切诸群生等，
菩萨自然觉悟，一切智慧境界。
菩萨无量威力，世间莫能沮坏；
菩萨无畏智慧，了知众生及法。
一切诸世间中，色相各有差别，
音声以及名字，悉能分别了知。
虽远离于名色，而示现种种相，
一切诸众生中，莫能测量其道。
如是等诸功德，菩萨悉皆成就，
了性皆悉无性，有无皆无所著。
如是一切智慧，无尽亦无所依，
我今应当演说，令诸众生欢喜。
虽了知诸法相，如幻本悉空寂，
而以大悲愿心，以及佛威神力。
示现神通变化，种种无量妙事，
如是诸种功德，汝等应当听受。
一身悉能示现，无量差别妙身，
无心亦无境界，普应一切大众。
一音中皆具演，一切所有言音，
众生语言诸法，随类皆能创作。
永离烦恼之身，而现自在妙身，
知法不可宣说，而作种种言说。
其心恒常寂灭，清净宛如虚空，

而普庄严刹土，示现一切大众。
于身亦无所著，而能示现其身，
一切世间之中，随相应而受生。
虽生一切处中，亦不住于受生，
了知身如虚空，种种随心示现。
菩萨身亦无边，普现一切处所，
恒常恭敬供养，最胜两足至尊。
香华及众妓乐，幢幡以及宝盖，
恒以甚深净心，供养于诸佛陀。
不离一佛大会，普示在诸佛所，
于彼大众之中，问难及听受法。
闻法入于三昧，一一无量法门，
起定亦复皆然，示现无有穷尽。
智慧善巧方便，了世皆如幻化，
而能示现世间，无边诸幻化法。
示现种种色相，亦示现心及语，
入诸心想网中，而恒无所执着。
或示现初发心，利益于诸世间，
或现长久修行，广大无边无际。
施戒忍及精进，禅定及智慧度，
四梵❻与四摄❼等，一切最殊胜法。
或现诸行成满，得证忍无分别；
或现一生所系，诸佛与之灌顶；
或现声闻之相，或复示现缘觉，
处处入般涅槃，不舍菩提妙行。
或现为帝释天，或现身为梵王，
或示天女围绕，或时独坐宴默，
或示现为比丘，寂静调伏其心；

或现自在大王，统理世间诸法；
或现为巧术女，或现勤修苦行，
或现身受五欲，或现入诸禅定，
或现初始出生，或现少或老、死，
若有心思议者，则心疑发狂乱；
或现身在天宫，或现始降神识，
或入或住胎中，或成佛转法轮，
或生或入涅槃，或现入于学堂，
或在采女之中，或离俗世修禅，
或坐菩提树下，自然成就正觉；
或示现转法轮，或现初始求道，
或示现为佛身，宴坐❽无量刹土；
或修不退转道，积集菩提资具；
深入无数时劫，皆悉到达彼岸。
无量劫入一念，一念中无量劫，
一切劫与非劫，为世示现时劫。
无来亦无积集，成就诸劫中事，
于一微尘之中，普见一切诸佛。
十方一切处所，无处而不示现，
国土众生之法，次第悉皆得见。
经于无量劫数，究竟不可穷尽，
菩萨了知众生，广大无有边际。
彼一众生之身，无量因缘所起，
如知一身无量，一切身悉亦然。
随其所通达者，教化诸未学者，
悉了知众生根，上中下各不同。
亦知诸根转移，应化及不应化，
一根与一切根，辗转因缘之力，

微细各有差别，次第无有错乱。
又了知其欲解，一切烦恼习气，
亦知过去来今，所有种种心行，
了达一切所行，无来亦无有去，
既知其所行已，为说无上妙法。
杂染与清净行，种种皆悉了知，
一念得证菩提，成就一切智慧。
住佛不可思议，究竟智慧妙心，
一念悉能了知，一切众生心行。
菩萨神通智慧，功力已得自在，
能于一念之中，往诣无边刹土。
如是速疾往诣，尽于无数时劫，
无处而不周遍，莫动毫毛端分。
譬如工巧幻师，示现种种色相，
于彼幻化中求，无色及无非色。
菩萨亦复如是，以方便智幻化，
种种悉皆示现，充满于诸世间。
譬如清净日月，皎镜在虚空中，
影现映于众水，不为众水所杂。
菩萨清净法轮，当知亦复如是，
示现世间心水，不为世水所杂。
如人于睡梦中，造作种种情事，
虽经亿千岁时，一夜未曾终尽。
菩萨安住法性，示现一切情事，
无量劫可极致，一念智慧无尽。
譬如山谷之中，及以宫殿之间，
种种悉皆响应，而实无所分别。
菩萨安住法性，能以自在智慧，

广出随类音声，亦复无所分别。
如有见于阳焰，心想之以为水，
驰逐而不得饮，辗转更增干渴。
众生烦恼之心，应知亦复如是，
菩萨心起慈悯，救之令得出离。
观色宛如聚沫，受如水上之泡，
想如热时火焰，诸行如同芭蕉。
心识犹如幻化，示现种种情事，
如是了知诸蕴，智者无所执着。
诸处悉皆空寂，宛如机关动转，
一切界性永离，虚妄现于世间。
菩萨安住其实，寂灭第一义中，
种种广大宣畅，而心无所依止。
无来亦复无去，亦复无有安住，
烦恼惑业苦因，三种恒相流转。
缘起非有非无，非实亦复非虚，
如是入于中道，说之无所染着。
能于一念之中，普现三世众心，
欲色及无色界，一切种种情事。
随顺于三律仪❾，演说三解脱门，
建立三乘之道❿，成就一切智慧。
了达处与非处，诸业以及诸根，
界解与诸禅定，一切至处要道。
宿命念天眼通，灭除一切疑惑，
了知佛十种力，而未全能成就。
了达诸法性空，而常勤求妙法，
不与烦恼合和，而亦不尽诸漏。
广知出离要道，而以济度众生，

于此得证无畏，不舍勤修诸行。
具无谬无违道，亦不失于正念，
精进欲入三昧，观慧无有损减。
三聚皆得清净，三世悉皆明达，
大慈悯诸众生，一切无有障碍。
由入此大法门，得成如是妙行，
我今说其少分，功德庄严要义。
穷于无数时劫，说彼胜行无尽，
我今应说少分，宛如大地一尘。
依于佛智安住，起于奇特心想，
修行最殊胜行，具足广大慈悲。
精勤自得安稳，教化一切含识，
安住净戒之中，具足诸授记行。
能入诸佛功德，众生行及刹土，
劫世悉亦了知，无有疲厌心想。
差别智慧总持，通达真实妙义，
思惟宣说无比，寂静等同正觉。
发于普贤大心，及修其胜行愿，
慈悲因缘大力，趣道心意清净。
修行诸波罗蜜，究竟随顺觉智，
证如十力自在，成就无上菩提。
成就平等智慧，演说最殊胜法，
能持具足妙辩，逮得法王之处。
远离于诸执着，演说心本平等，
出生于大智慧，变化得证菩提。
住持一切时劫，智者心大欣慰，
深入以及依止，无畏无有疑惑。
了达不可思议，巧密善妙分别，

善入诸三昧中，普见智慧境界。

究竟诸解脱法，游戏诸神通明，
缠缚悉皆永离，园林恣游之处。

白法以为宫殿，诸行极可欣乐，
示现无量庄严，于世心无动摇。

深心善巧观察，妙辩能为开演，
清净菩提妙印，智光普照一切。

所住无与等比，其心无有下劣，
立志宛如大山，种种宛如深海。

如宝安住妙法，被甲誓愿大心，
发起成于大事，究竟无能沮坏。

得授佛菩提记，安住广大心中，
秘藏无有穷尽，觉悟一切妙法。

世智皆得自在，妙用无有障碍，
众生一切刹土，及以种种妙法。

身愿与诸境界，智慧及神通等，
示现于世间中，无量百千亿种。

游戏及诸境界，自在无能制之，
十力无畏不共，一切净业庄严。

诸身以及身业，语及净修语业，
以得守护之故，成办十种大事。

菩萨心初发时，及以心达周遍，
诸根无有散动，获得最胜妙根。

深心及增胜心，远离于诸谄诳，
种种决定解悟，普入于世间中。

舍彼烦恼习气，取兹最胜妙道，
巧修使之圆满，逮成一切智慧。

离退入于正位，决定证得寂灭，

出生佛法妙道，成就功德名号。
道及无量之道，乃至庄严妙道，
次第善巧安住，悉皆无所执着。
手足及腹宝藏，金刚以之为心，
被以慈哀铠甲，具足众器兵仗，
智首明达妙眼，以菩提行为耳。
清净戒律为鼻，灭暗无有障碍，
辩才以为喉舌，无处不至妙身。
最胜智慧为心，行住勤修诸业，
道场师子安坐，梵卧以空为住。
所行以及观察，普照如来境界，
遍观众生心行，奋迅以及哮吼。
离贪行清净施，舍慢持净妙戒，
不嗔常行忍辱，不懈恒住精进。
禅定已得自在，智慧空无所行，
慈济悲心无倦，喜法舍诸烦恼。
于诸境界之中，知义亦了知法，
福德悉成圆满，智慧宛如利剑。
普照乐于多闻，明了趣向妙法，
了知魔及魔道，誓愿咸皆舍离。
见诸佛与佛业，发心悉皆摄取，
离慢修习智慧，不为魔力所持。
为佛之所摄持，亦为妙法所持，
示现住兜率天，又现从彼命终。
示现安住母胎，亦示现微细趣，
现生以及微笑，亦现行走七步。
示修众妙技术，亦示身处深宫，
出家勤修苦行，往诣住于道场。

端坐大放光明，觉悟一切群生，
降魔圆成正觉，转动无上法轮，
所现悉已终了，入于大涅槃中。
彼诸菩萨妙行，无量时劫修习，
广大无有边际，我今宣说少分。
虽令无量大众，安住佛功德海，
众生以及法中，毕竟无有所取。
具足如是妙行，游戏诸神通力，
毛端巧置众刹，经于亿千时劫。
掌持无量刹土，遍往身无疲倦，
还来置于本处，众生心不知觉。
菩萨能以一切，种种庄严刹土，
置于一毛孔中，真实悉令得见。
复能以一毛孔，普纳一切大海，
大海无增无减，众生亦不娆害。
无量铁围大山，手执碎为微尘，
一尘下为一刹，尽此所有尘数。
以此诸尘刹土，复更末为微尘，
如是微尘可知，菩萨智慧难量。
于一毛孔之中，大放无量光明，
日月星宿光明，摩尼珠火之光。
及以诸天光明，一切悉皆映蔽。
灭除诸恶道苦，为说无上大法，
一切诸世间中，种种差别言音，
菩萨能以一音，一切皆能演说。
决定分别宣说，一切诸佛妙法，
普使一切群生，闻之生大欢喜。
过去一切时劫，安置未来今时，

未来现在时劫，迥置过去世中。

示现无量刹土，烧然以及成住，

一切诸世间中，悉置在一毛孔。

未来及现在世，一切十方诸佛，

靡不于身之中，能分明而显现。

深知变化妙法，善巧应众生心，

示现种种色身，而皆无所执着。

或示现于六趣，一切众生之身，

梵释及护世身，诸天人众之身，

声闻与缘觉身，诸佛如来妙身，

或现菩萨身形，修行一切智慧，

能善入软中上，众生诸想网中。

示现圆成菩提，及以诸佛刹土。

了知诸心想网，于想能得自在。

示修菩萨妙行，一切方便胜事，

示现如是等等，广大诸种神变。

如是一切境界，举世莫能了知，

虽现亦无所现，究竟辗转增上。

随顺众生心想，令行真实之道，

身语及与心念，平等如同虚空。

净戒以为涂香，众行作为衣服，

法缯庄严净髻，一切智慧摩尼，

功德靡不周遍，灌顶晋升王位。

波罗蜜为轮宝，诸神通以为象，

神足以为宝马，智慧作为明珠，

以妙行为采女，四摄主藏大臣，

方便为主兵宝，菩萨转轮圣王，

三昧作为城郭，空寂能为宫殿，

慈悲甲智慧剑，念慧弓明利箭，

高张神力宝盖，迥建智慧大幢，

忍力不可动摇，直破魔王大军。

总持作为平地，众行以为河水，

清净智为涌泉，妙慧作成树林。

空为澄净水池，觉分菡萏妙华，

神通力自庄严，三昧恒常娱乐。

正思惟为采女，甘露化为美食，

解脱妙味为浆，游戏于三乘中。

此诸菩萨胜行，微妙转更增上，

无量时劫修行，其心永不厌足。

供养一切诸佛，严净一切佛刹，

普令一切众生，安住一切智慧。

一切刹土微尘，悉可了知其数，

一切虚空世界，一沙可为度量。

一切众生心想，念念皆可数知，

佛子诸般功德，说之不可穷尽。

欲具此功德海，及诸无上妙法，

欲使一切众生，离苦常得安乐。

欲令身语意业，悉与诸佛平等，

应发大金刚心，学此功德胜行。

【注释】

❶ 大微细：指多事于一相中同时齐现，深密难知。

❷ 七财：七圣财，指信、戒、闻、惭、愧、舍、慧七法。

❸ 以上本会说分完毕，以下话说劝修学。

❹ 以下叙述现瑞与证成。

❺ 八功德水：水的八种功德，一为澄净，二为清冷，三为甘美，四为轻软，五为润泽，六为安和，七为除饥渴等患，八为长养诸根。

❻ 四梵：四梵行，慈、悲、喜、舍四无量心，这四心为梵天之生因，又叫四梵行。

❼ 四摄：布施、爱语、利行、同事。

❽ 宴坐：安乐而坐之意，即是坐禅。

❾ 三律仪：摄律仪戒、摄善法戒、摄众生戒三者。

❿ 三乘道：声闻道、缘觉道、菩萨道。

入法界品第三十九

卷第六十
《入法界品》导读

  《入法界品第三十九》是《华严经》最后一品，共有二十一卷，占全经四分之一强。就内容和量言，本品可作为《华严经》的代表。本品主要叙述善财童子参访善知识的故事。《入法界品》在历史上常以单行经流传，而近代在尼泊尔亦发现了梵本 *Gaṇḍa-vyūha-sūtra* 并予以校订出版。唐代般若三藏所译的《大方广佛华严经》四十卷（公元六八五年），即是《入法界品》的别行经。此《四十华严》最主要的特色是比起《六十华严》或《八十华严》的《入法界品》要多出最后一卷说普贤十大行愿的部分，可以补后二者的不足。

  入法界的意义，即是要探求宇宙人生的实相，要如释迦牟尼佛一样证无上正等正觉。因此入法界是依法为师，以一切法为师证入法性成就正觉。所以善财所参所见，无一不是中道，无一不是甚深寂灭。然后由此寂灭甚深中，从容而成普贤广大行愿，无穷无尽演妙法音，成熟有情严佛净土。这样的精神正是每一个生命追求圆满的代表，这样的行动也正是修行者的典范。

  入是证悟之义，法界是所要证入的。法有三个意义：一，能保持自己的特性；二，能成轨则使人知解；三，是心意所对的对象。界也有三种意义：一，当"原因"解，因为依界能生圣道；二，当"性质"解，即界是一切法所依止的性质；三，当"分隔"解，即一切法都有分际而不相杂乱，如动物界、植物界。而善财童子所入的法界，法藏在《探玄记》卷十八中举出了五种意义。一，有为法界。二，无为法界。三，亦有为亦无为法界，如《起信论》所说一心法界分为心真如及心生灭，而各总摄一切法。因此是亦有为（心生灭）亦无为（心真如）法界。四，非有为非无为法界，即离有为、无为二种相之故。五，无障碍法界，即华严法界。一切法摄入一法，或一微尘中见一切法界，都毕竟无障碍。大小相入，时劫相入，如帝网交映，一多无碍而法界分明。而能入者也有五类：一，净信；二，正解；三，修行；四，证得；五，圆满。

其次，法藏还举出入法界的五种类别：所入、能入、能入所入混融无二，能所圆融形夺俱泯、一异存亡无碍具足。所入法界又分五种：法法界、人法界、人法俱融法界、人法俱泯法界、无障碍法界。其中法法界是指事、理、境、行、体、用、顺、违、教、义法界，人法界指人、天、男、女、在家、出家、外道、诸神、菩萨、佛法界。人法界是因为此十种人法界参而不杂，善财童子一见，便悟入法界，所以称人法界。而能入法界也有五重，即身证、智证、俱证、身智俱泯、自在圆满。

《入法界品》是第九会祇园重阁会，五分之中是"依人入证成德分"，五周因果中是"证入因果"。依人入证成德，即是指善财童子参访善知识而入证法界法门，最终成就普贤实德。证入因果，果即证入法界圆满果法皆是佛果所收，即如来师子频申三昧显现的法界自在。因则是文殊、普贤所现的一切法界法门。

《入法界品》的内容大致可分作两部分，即序文和正文。正文是由卷六十一"尔时文殊师利童子从善住楼阁出"开始，展开善财五十三参的内容。如果依照《四十华严》来看，《入法界品》总结流通部分应是普贤行愿（其卷四十）那部分，现在《八十华严》缺普贤菩萨，有美中不足之憾。

序文中，世尊在室罗筏国逝多林给孤独园重阁，与五百大菩萨及五百声闻在一起。世尊入师子频申三昧起大神变严净广博一切，十方诸佛世界各大菩萨便来云集，但是声闻皆看不见诸佛的神力及诸菩萨聚会。接着十方来的十大菩萨便依序赞佛，普贤菩萨再以十种法句开显诸佛的师子频申三昧。世尊为了让菩萨都能安住师子频申三昧，就从白毫放名为"普照三世法界门"的大光明，普照诸佛世界海，令与会众人都能得见。文殊菩萨以偈赞颂，诸菩萨因为受佛三昧光明的照明，而进入这个三昧，得证种种法门。

正文由文殊菩萨出善住楼阁开始。文殊出阁与众菩萨一起朝诣世尊，供养结束后便南行人间，舍利弗等六千比丘也同行。文殊劝发六千比丘发菩提心以后，来到福城，住在城东庄严幢婆罗林里。福城居民知道文殊住在林中，都前往朝礼。优婆塞、优婆夷，还有童子、童女各五百，善财童子也在其中。文殊为大众说法后，善财童子便发菩提心。而且想要亲近善知识，请教菩萨行为何，及如何修菩萨道。善财问菩萨应该如何学、如何修、如何趣向、如何行、如何净、如何入、如何成就、如何随顺、如何忆念、如何增广菩萨行、如何令普贤行速得圆满？

文殊菩萨说："要成一切智智，一定要求真正的善知识。"因此介绍善财童子参访德云比丘，善财便往南参访德云比丘。善财参访的善知识，共有五十五个人物，但是德生童子与有德童女同在一处问答，只能算作一会。而遍友童子师有问无答，不算一会。而文殊虽是同一人，但处所已异，便成二会，所以合起来共有五十三参。依其人物顺序先列其名如下：

（一）文殊师利菩萨

（二）德云比丘

（三）海云比丘

（四）善住比丘

（五）弥伽医生

（六）解脱长者

（七）海幢比丘

（八）休舍优婆夷

（九）毗目霍沙仙人

（十）胜热婆罗门

（十）慈行童女

（十二）善见比丘

（十三）自在主童子

（四十二）摩耶佛母

（四十三）天主光天女

（四十四）善知众艺童子

（四十五）贤胜优婆夷

（四十六）坚固解脱长者

（四十七）妙月长者

（四十八）无胜军长者

（四十九）最寂静婆罗门

（五十）德生童子、有德童女

（五十一）弥勒菩萨

（五十二）文殊菩萨

（五十三）普贤菩萨

慧苑《刊定记》中将五十三参归成二十类：一，比丘；二，医生；三，长者；四，优婆夷；五，仙人；六，婆罗门；七，童女；八，童子；九，居士；十，人王；十一，外道；十二，船师；十三，比丘尼；十四，女人；十五，菩萨；十六，天神；十七，地神；十八，夜神；十九，林神；二十，先生。

善财南行参访善知识，慧苑《刊定记》记所谓"南行"，并不是一定指方位上向南。"南"梵音称作"驮器尼"，根据西域的训释，南是"右"之意，右是"顺"之意。城邑殿围多皆向东，南便是右，所以"右绕"皆是依此而说。文殊顺化，善财顺求，所以南行即是顺行。《离世间品》说："随顺，是不尽一切尊者教故。""随顺"一词，梵文便是"驮器尼"。所以南行即是右行，右行即是随顺行，所以往忉利天宫参访不违南行之义。

文殊菩萨是善财童子的第一个善知识，第二便是德云比丘。以下依序简介五十三参的内容。

（二）德云比丘。德云比丘住胜乐园妙峰山（晋译作"可乐国和合山功德云比丘"），修持"忆念一切诸佛境界智慧光明普见法门"。能够看见十方佛土、佛陀等，但是不能了知诸大菩萨的各种念佛门，因此介绍善财参访海云比丘。

（三）海云比丘。海云比丘住海门国，十二年中常以大海为对象思惟，直至大海中忽现大莲华，华上有佛，示现种种不可思议，演说普眼法门。海云受教一千二百年后，教导十方众生趣入此一"诸佛菩萨行光明普眼法门"，但不能演说诸大菩萨入一切菩萨行海、入大愿海、入一切众生海等。

（四）善住比丘。善住比丘住楞伽道边的海岸聚落，比海云比丘处更南六十由旬，他正在空中往来经行。善住比丘成就了"普速疾供养诸佛成就众生无碍解脱门"，得智慧光明，叫作"究竟无碍"，能了知众生的各种心行。但不能知了菩萨所持的种种戒，如大悲戒、波罗蜜戒等。

（五）弥伽医生。弥伽住达里鼻荼国自在城（晋译作"自在国咒药城良医弥伽"），坐于师子座上演说"轮字庄严法门"。得妙音陀罗尼，知十方无数世界种种语言。但是只成就这个"菩萨妙音陀罗尼光明法门"，而不知普遍趣入众生种种想海、施设海、名号海等。

（六）解脱长者。解脱长者住在住林聚落。善财南行十二年，会遇了解脱长者。解脱长者已经超入"普摄一切佛刹无边旋陀罗尼三昧门"，能在身中示现一切佛国刹土等。入出"如来无碍庄严解脱门"，普见十方诸佛，而且自知一切如幻皆由自心所现。解脱长者成就"如来无碍庄严解脱门"，入出自在，但不能了知菩萨得无碍智、住无碍行的境界等。

（七）海幢比丘。海幢比丘住阎浮提畔摩利伽罗国（晋译作"庄严阎浮提顶国海幢比丘"）。善财童子来访时，海幢比丘正入大三昧中，但在三昧中又能出现种种变化教化利益众生。这个普眼舍得三昧，又叫"般若波罗蜜境界清净光明"、"普庄严清净门"。能使比丘了知一切世界，往询、庄严一切世界，见诸佛等。但他仍不能知菩萨作智慧海净法界境等。

（八）休舍优婆夷。休舍意为寂静，此位优婆夷住海潮住处普庄严园林中。休舍优婆夷承事过许多位佛陀，已经发起菩提心。但要严净一切世界、拔一切众生烦恼习气尽才成佛。此为"离忧安隐幢解脱门"。

（九）毗目瞿沙仙人。毗目瞿沙仙人住那罗索国之大林中，已经证得"菩萨无胜幢解脱"，能以这个解脱力加持善财，善财便看到自己前往十方佛土见佛，而得毗卢遮那藏三昧光明等。

（十）胜热婆罗门。胜热婆罗门住伊沙那聚落，他所修的是上刀山以身投火的苦行。证得"菩萨无尽轮解脱"。善财依言上刀山跳入大火中，立刻证得"菩萨善住三昧"、"菩萨寂静乐神通三昧"，清净安稳。

（十一）慈行童女。住在师子奋迅城的慈行童女，是师子幢王的女儿，住在毗卢遮那藏殿中，证得"般若波罗蜜普庄严门"。因此能使诸佛影像一一现于宫中，善财接着便得种种陀罗尼门。

（十二）善见比丘。善见比丘住三眼国，年少而出家不久，却随诸佛修梵行。得"菩萨随顺解脱门"，一念之间能使一切世界现前。

（十三）自在主童子。自在主童子住名闻国河渚之中，聚沙嬉戏。自在主曾依文殊修学数法，悟入"一切工巧神通智法门"，而且深知菩萨算数法。

（十四）具足优婆夷。具足优婆夷住海住大城自宅之中，成就"菩萨无尽福德藏解脱门"，能使小碟生出无量的美味饮食供给十方众生，车乘、香花也是如此。

（十五）明智居士。明智居士住大兴城，坐于七宝台上，得"随意出生福德藏解脱门"。能随众生所需，恣意供给，满其所愿。

（十六）法宝髻长者。法宝髻长者住在师子宫大城，为善财介绍其宅舍，共有十层八门，种种庄严及菩萨众会宣妙法音。此是他过去供养无边光明法界普庄严王如来所得的福报，才能成就"菩萨无量福德宝藏解脱门"。

（十七）普眼长者。普眼长者住藤根国普门城，证得"令一切众生普见诸佛法门"，能治一切众生疾病，而且教以佛法。并能做种种香，以香供佛而出无量香云以为庄严。

（十八）无厌足王。无厌足王住多罗幢大城，以地狱法治城，得"菩萨如幻解脱"，令众生不作十恶业，住十善业，未曾恼害任何众生。

（十九）大光王。大光王住妙光城，修"菩萨大慈幢行"，能进入"菩萨大慈为首顺世三昧"。他并在善财面前趣入这个三昧门，示现众生的慈心行相。

（二十）不动优婆夷。身为童女的不动优婆夷安住王都自家中，身

卷第六十·《入法界品》导读

相庄严，为众说法。不动童女往昔曾于修臂佛修行，现在成就"求一切法无厌足的三昧光明"。能为众生说法，让他们欢喜。

（二十一）遍行外道。遍行外道住在无量都萨罗大城东方善德山上，已经成就了"至一切处菩萨行"、"普观世间三昧门"、"无依无作神通力"、"普门般若波罗蜜"。

（二十二）优钵罗华长者。长者是从事卖香为生，知道种种香品及如何调和香品方法，也知道种香品的产地、香品的治病法及天龙八部诸香等。

（二十三）婆施罗船师。婆施罗船师住楼阁大城外海边，能为大众开示大海法及佛功德海。已经成就"菩萨大悲行幢"，因此能救度众生出离生死海。

（二十四）无上胜长者。无上胜长者住在可乐城东边大庄严幢无忧林中，常为商人、居士说法。长者已经成就了"至一切处修菩萨行清净法门无依无作神通之力"，因此到任何众生那里宣说佛法。

（二十五）师子频申比丘尼。比丘尼住在输那国迦陵迦林城胜光王布施的日光园中，常为大众说法。比丘尼已经得证"成就一切智解脱"，所以能在一念之间普照三世一切法，出生三昧王三昧，得意生身，了知一切法都如幻如化。

（二十六）婆须蜜多女。婆须蜜多女住险难国宝庄严城城北自宅中，已经得证"菩萨离贪际解脱"，过去是由文殊菩萨劝发修行的。婆须蜜多女因为以淫女身度化众生远离贪欲而证得光明解脱。

（二十七）鞞瑟胝罗居士。鞞瑟胝罗居士住善度城，常供养佛塔。了知诸佛没有涅槃，因此证得佛种的无尽三昧，成就"菩萨所得不般涅槃际解脱"。

（二十八）观自在菩萨。观自在菩萨住补怛洛迦山（光明山），宣说大慈悲法，已经成就"菩萨大悲行解脱门"。如果众生能忆念菩萨，或唱念菩萨的名字，或见到菩萨的身影，都能永离怖畏。

（二十九）正趣菩萨。正趣菩萨由东方空中飞来，成就了"菩萨普疾行解脱"，因此能够立刻前往任何地方，他是从东方妙藏世界胜生佛那儿学来这个法门的。

（三十）大天神。大天神住堕罗钵底城。善财来访，见他以四大海水洗面，而以金花散于善财上。大天神成就了"云网解脱"，因此能为众生示现种种宝物、形相等以令众生舍恶行善。

（三十一）安住主地神。安住神住在摩竭提国的菩提道场，已经成就"不可坏智慧藏菩萨解脱"，所以能以这个法门成就众生。

（三十二）婆珊婆演底主夜神。夜神住摩竭提国迦毗罗城，成就了"菩萨破一切众生痴暗法光明解脱"，破众生愚痴之暗，而予以净法之光明。

（三十三）普德净光主夜神。普德净光夜神也住摩竭提国菩提场内。他已经成就了"菩萨寂静禅定乐普游步解脱门"，因此能以种种方便来成就众生。

（三十四）喜目观察众生夜神。夜神也住菩提道场边，在如来众会道场坐师子座上，已能趣入"大势力普喜幢解脱"，令善财得见诸稀有事，善财便同得菩萨不思议大势力普喜幢自在力解脱。

（三十五）普救众生妙德夜神。夜神也同处如来会中，为善财示现菩萨调伏众生神力，并说弥勒菩萨、寂静音海夜神及自己在过去普智宝焰妙德幢如来时的因缘。依普贤菩萨劝发菩提心而修行，成就"菩萨普现一切世间调伏众生解脱门"。

（三十六）寂静音海主夜神。此夜神也在菩提道场附近，成就"菩萨念念出生广大喜庄严解脱门"。修十大法藏则能入此解脱，即修布施、净戒、精进、禅定、般若、方便、诸愿、诸力、净智广大法藏。

（三十七）守护一切城增长威力主夜神。此夜神也在如来会中，得"菩萨甚深自在妙音解脱"。能令世人断离戏论的语言，而常说真实清净的话语。

（三十八）开敷一切树华主夜神。此夜神也同在如来会中，成就了"菩萨出生广大喜光明解脱门"，因此能了知如来普摄众生的巧方便智。并说过去普照法界智慧山寂静威德王佛时之因缘，那时的法音圆满盖王就是现在的毗卢遮那佛，光明王即净饭王，莲华光夫人即摩耶夫人，宝光童女即夜神本身。

（三十九）大愿精进力救护一切众生夜神。此夜神也是在道场成就"教化众生令生善根解脱门"，并宣说他往昔曾在善光时劫供养诸佛，修这法门。

（四十）妙德圆满神。妙德圆满神住在蓝毗尼园林，告诉善财说只要菩萨能够成就十种受生藏，就能得生如来家。此神已经成就"菩萨于无量势遍一切处示现受生自在解脱门"，因此能了知无量的时劫菩萨下生成道情形。

（四十一）瞿波释种女。此释迦族女住迦毗罗城，为善财宣说只要成就十法便能圆满因陀罗网普智光明的菩萨行，并且劝他应以十法承事善知识。释迦女瞿波已成就"观察一切菩萨三昧海解脱门"，并说过去于胜日身如来时之因缘。

（四十二）摩耶佛母。摩耶夫人坐在从地上涌出的大宝莲华座上，示现净妙的色身。她已经成就"大愿智幻解脱门"，因此能常做诸位菩萨的母亲，过去、未来亦做佛母。

（四十三）天主光王女。天主光王女是三十三天正念天王之女，已经成就"菩萨无碍念清净庄严解脱"，因此能忆念过去无量劫供养诸佛之事，铭记不忘。

（四十四）善知众艺童子。天主光王女介绍善财参访迦毗罗城遍友童子师，但遍友为善财介绍善知众艺童子。童子成就了"菩萨善知众艺解脱"，唱持四十二字门，入般若波罗蜜门。因此他能以四十二般若婆罗蜜门为首，入无量般若门。

（四十五）贤胜优婆夷。贤胜优婆夷住在摩竭提国婆咀那城中，证得"菩萨无依处道场解脱"，又得无尽三昧。

（四十六）坚固解脱长者。坚固解脱长者住在沃田城，已经成就"菩萨无著念清净庄严解脱"，因此能在十方佛所求法无息。

（四十七）妙月长者。妙月长者一样住在沃田城的自宅中，证得"菩萨净智光明解脱"。

（四十八）无胜军长者。无胜军长者住在出生城，已经成就"菩萨无尽相解脱"，曾经面见无量诸佛，证得无尽藏。

（四十九）最寂静婆罗门。最寂静婆罗门住在出生城南的法聚落中，已经成就"菩萨诚愿语解脱"。不退菩提，能满一切愿。

（五十）德生童子、有德童女。童子、童女住妙意华门城，得"菩萨幻住解脱"，见一切世界皆是幻住。

（五十一）弥勒菩萨。弥勒菩萨住南方海岸国大庄严园毗卢遮那庄严藏大楼阁中。童子、童女为善财介绍弥勒菩萨所行，善财便依言而到大楼阁前，顶礼慑心思惟观察，赞叹楼阁及诸位菩萨后。然后见到弥勒由别处来，弥勒菩萨便以偈颂赞叹善财功德。善财启问如何修菩萨行，弥勒赞发菩提心功德无尽之后，说进入毗卢遮那庄严藏大楼阁中周遍观察，便能了知修菩萨行。善财入阁以后见种种庄严，及弥勒所显之种种相。然后弥勒再为善财介绍文殊师利童子是其善知识，应当参访。

（五十二）文殊菩萨。善财南参经一百一十城，到了普门国苏摩那城，欲求见文殊。文殊遥伸右手经过一百一十由旬摩善财顶，说法后令善财成就无数法门，然后隐没不见。

（五十三）普贤菩萨。善财一心想见文殊，然后同起渴仰欲见普贤菩萨。即在金刚藏菩提场毗卢遮那佛师子座前，起广大心，见十种瑞相、十种光明。更用心求时便见普贤菩萨坐宝莲华师子座上，一一毛孔出生无量自在神通境界，十方世界诸佛处也是如此。善财因此便得十种智波罗蜜，普贤以右手摩善财顶，善财便得无数三昧门。普贤神力唯佛能知，而此神力是过去久修菩萨所行。普贤身相清净，善财观见普贤相好，又见自身在普贤身中教化众生。而善财所亲近无数善知识所得善根，不及见普贤一毛分。而从初发心到见普贤所入佛刹海，不及一念入普贤一毛孔所见。普贤菩萨因此向诸大菩萨以偈颂宣说诸佛功德大海一滴之相，《八十华严》即以此偈结束。

如前所说，《四十华严》卷四十及《普贤行愿品》，应该把《普贤行愿品》接在卷八十，合在一起参究较妥。

《入法界品》五十三参影响佛教相当深远，宋代佛国惟白禅师（作《建中靖国续灯录》三十卷）即作了《文殊指南图赞》，有简短的说明并刻图及作赞颂德。张商英赞美此书可与李通玄《华严经论》、澄观《疏钞》、龙树《二十万偈》相媲美。

而唐代曹洞宗祖师洞山禅师的《五位君臣颂》，最终也是以善财五十三参作结，他说："头角才生已不堪，拟心求佛好羞惭。迢迢空劫无人识，肯向南询五十三！"

卷第六十

入法界品第三十九之一

【原典】

　　尔时，世尊在室罗筏国逝多林给孤独园大庄严重阁，与菩萨摩诃萨五百人俱，普贤菩萨、文殊师利菩萨而为上首，其名曰光焰幢菩萨、须弥幢菩萨、宝幢菩萨、无碍幢菩萨、华幢菩萨、离垢幢菩萨、日幢菩萨、妙幢菩萨、离尘幢菩萨、普光幢菩萨、地威力菩萨、宝威力菩萨、大威力菩萨、金刚智威力菩萨、离尘垢威力菩萨、正法日威力菩萨、功德山威力菩萨、智光影威力菩萨、普吉祥威力菩萨、地藏菩萨、虚空藏菩萨、莲华藏菩萨、宝藏菩萨、日藏菩萨、净德藏菩萨、法印藏菩萨、光明藏菩萨、脐藏菩萨、莲华德藏菩萨、善眼菩萨、净眼菩萨、离垢眼菩萨、无碍眼菩萨、普见眼菩萨、善观眼菩萨、青莲华眼菩萨、金刚眼菩萨、宝眼菩萨、虚空眼菩萨、喜眼菩萨、普眼菩萨、天冠菩萨、普照法界智慧冠菩萨、道场冠菩萨、普照十方冠菩萨、一切佛藏冠菩萨、超出一切世间冠菩萨、普照冠菩萨、不可坏冠菩萨、持一切如来师子座冠菩萨、普照法界虚空冠菩萨、梵王髻菩萨、龙王髻菩萨、一切化佛光明髻菩萨、一切道场髻菩萨、一切愿海音宝王髻菩萨、一切佛光明摩尼髻菩萨、示现一切虚空平等相摩尼王庄严髻菩萨、示现一切如来神变摩尼王幢网垂覆髻菩萨、出一切佛转法轮音髻菩萨、说三世一切名字音髻菩萨、大光菩萨、离垢光菩萨、宝光菩萨、离尘光菩萨、焰光菩萨、法光菩萨、寂静光菩萨、日光菩萨、自在光菩萨、天光菩萨、福德幢菩萨、智慧幢菩萨、法幢菩萨、神通幢菩萨、光幢菩萨、华幢菩萨、摩尼幢菩萨、菩提幢菩萨、梵幢菩萨、普光幢菩萨、梵音菩萨、海音菩萨、大地音菩萨、世主音菩萨、山相击音菩萨、遍一切法界音菩萨、震一切法海雷音菩萨、降魔音菩萨、大慈方便云雷音菩萨、息一切世间苦安慰音菩萨、法上菩萨、胜上菩萨、智上菩萨、福德须弥上菩萨、功德珊瑚上菩萨、名称上菩萨、普光上菩萨、大慈上菩萨、智海上菩萨、佛种上菩萨、光胜菩萨、德胜菩萨、上胜菩萨、普明胜菩萨、法胜菩萨、月胜菩萨、虚空胜菩萨、宝胜菩萨、幢胜菩萨、智胜菩萨、娑罗自在王菩萨、法自在王菩萨、象自在王菩萨、梵自在王菩萨、山自在王菩萨、众自在王菩萨、速疾自在王菩萨、寂静自在王菩萨、不动自在王菩萨、势力自在王菩萨、最胜自在王菩萨、寂静音菩萨、无碍音菩萨、地震音菩萨、海震音菩萨、云音菩萨、法光音菩萨、虚空音菩萨、说一切众生善根音菩萨、示一切大愿音菩萨、道场音菩萨、须弥光觉菩萨、虚空觉菩萨、离染觉菩萨、无碍觉菩萨、善觉菩萨、普照三世觉菩萨、广大觉菩萨、普明觉菩萨、法界光明觉菩萨，如是等菩萨摩诃萨五百人俱。此诸菩萨皆悉成就普贤行愿，境界无碍，普遍一切诸佛刹故；现身无量，亲近一切诸如来故；净眼无障，见一切佛神变事故；至处无限，一切如来成正觉所恒普诣故；光明无际，以智慧光普照一切实法海故；说法无尽，清净辩才无边际劫无穷尽故；等虚空界，智慧所行悉清净故；无所依止，随众生心现色身故；除灭痴翳，了众生界无众生故；等虚空智，以大光网照法界故。及与五百声闻众俱，悉觉真谛，皆证实际，深入法性，永出有海，依佛功德，离结、使、缚，住无碍处，其心寂静，犹如虚空，于诸佛所，永断疑惑，于佛智海，深信趣入。及与无量诸世主俱，悉曾供养无量诸佛，常能利益一切众生，为不请友，恒勤守护，誓愿不舍，入于世间殊胜智门，从佛教生，护佛正法，起于大愿，不断佛种，生如来家，求一切智。

时，诸菩萨大德、声闻、世间诸王，并其眷属，咸作是念："如来境界、如来智行、如来加持、如来力、如来无畏、如来三昧、如来所住、如来自在、如来身、如来智，一切世间诸天及人无能通达，无能趣入，无能信解，无能了知，无能忍受，无能观察，无能拣择，无能开示，无能宣明，无有能令众生解了，唯除诸佛加被之力、佛神通力、佛威德力、佛本愿力，及其宿世善根之力、诸善知识摄受之力、深净信力、大明解力、趣向菩提清净心力、求一切智广大愿力。唯愿世尊随顺我等及诸众生种种欲、种种解、种种智、种种语、种种自在、种种住地、种种根清净、种种意方便、种种心境界、种种依止如来功德、种种听受诸所说法，显示如来往昔趣求一切智心、往昔所起菩萨大愿、往昔所净诸波罗蜜、往昔所入菩萨诸地、往昔圆满诸菩萨行、往昔成就方便、往昔修行诸道、往昔所得出离法、往昔所作神通事、往昔所有本事因缘，及成等正觉、转妙法轮、净佛国土、调伏众生、开一切智法城、示一切众生道、入一切众生所住、受一切众生所施、为一切众生说布施功德、为一切众生现诸佛影像，如是等法，愿皆为说！"

尔时，世尊知诸菩萨心之所念，大悲为身，大悲为门，大悲为首，以大悲法而为方便，充遍虚空，入师子频申三昧。入此三昧已，一切世间普皆严净。于时，此大庄严楼阁忽然广博无有边际，金刚为地，宝王覆上，无量宝华及诸摩尼普散其中，处处盈满，琉璃为柱，众宝合成，大光摩尼之所庄严，阎浮檀金如意宝王周置其上，以为严饰。危楼迥带，阁道傍出，栋宇相承，窗闼交映，阶、墀、轩、槛，种种备足，一切皆以妙宝庄严。其宝悉作人、天形像，坚固妙好，世中第一，摩尼宝网弥覆其上。于诸门侧，悉建幢幡，咸放光明，普周法界道场之外。阶蹬、栏楯，其数无量，不可称说，靡不咸以摩尼所成。

尔时，复以佛神力故，其逝多林忽然广博，与不可说佛刹微尘数诸佛国土其量正等。一切妙宝间错庄严，不可说宝遍布其地，阿僧祇宝以为垣墙，宝多罗树庄严道侧。其间复有无量香河，香水盈满，湍激洄澓，一切宝华随流右转，自然演出佛法音声，不思议宝芬陀利华，菡萏芬敷，弥布水上，众宝华树列植其岸，种种台榭不可思议，皆于岸上次第行列，摩尼宝网之所弥覆。阿僧祇宝放大光明，阿僧祇宝庄严其地。烧众妙香，香气氛氲。复建无量种种宝幢，所谓宝香幢、宝衣幢、宝幡幢、宝缯幢、宝华幢、宝璎珞幢、宝鬘幢、宝铃幢、摩尼宝盖幢、大摩尼宝幢、光明遍照摩尼宝幢、出一切如来名号音声摩尼王幢、师子摩尼王幢、说一切如来本事海摩尼王幢、现一切法界影像摩尼王幢，周遍十方，行列庄严。

时，逝多林上虚空之中，有不思议天宫殿云、无数香树云、不可说须弥山云、不可说妓乐云、出美妙音歌赞如来不可说宝莲华云、不可说宝座云、敷以天衣菩萨坐上叹佛功德不可说诸天王形像摩尼宝云、不可说白真珠云、不可说赤珠楼阁庄严具云、不可说雨金刚坚固珠云，皆住虚空，周匝遍满，以为严饰。何以故？如来善根不思议故，如来白法不思议故，如来威力不思议故，如来能以一身自在变化遍一切世界不思议故，如来能以神力令一切佛及佛国庄严皆入其身不思议故，如来能于一微尘内普现一切法界影像不思议故，如来能于一毛孔中示现过去一切诸佛不思议故，如来随放一一光明悉能遍照一切世界不思议故，如来能于一毛孔中出一切佛刹微尘数变化云充满一切诸佛国土不思议故，如来能于一毛孔中普现一切十方世界成、住、坏劫不思议故。如于此逝多林给孤独园见佛国土清净庄严，十方一切尽法界、虚空界、一切世界亦如是见。所谓见如来身住逝多林，菩萨众会皆悉遍满；见普雨一切庄严云，见普雨一切宝光明照曜云，见普雨一切摩尼宝云，见普雨一切庄严盖弥覆佛刹云，见普雨一切天身云，见普雨一切华树云，见普雨一切衣树云，见普雨一切宝鬘、璎珞相续不绝周遍一切大地云，见普雨一切庄严具云，见普雨一切如众生形种种香云，见普雨一切微妙宝华网相续不断云，见普雨一切诸天女持宝幢幡于虚空中周旋来去云，见普雨一切众宝莲华于华叶间自然而出种种乐音云，见普雨一切师子座宝网璎珞而为庄严云。

尔时，东方过不可说佛刹微尘数世界海外，有世界名金灯云幢，佛号毗卢遮那胜德王。彼佛众中有菩萨名毗卢遮那愿光明，与不可说佛刹微尘数菩萨俱，来向佛所，悉以神力兴种种云，所谓天华云、天香云、天末香云、天鬘云、天宝云、天庄严具云、天宝盖云、天微妙衣云、天宝幢幡云、天一切妙宝诸庄严云，充满虚空。至佛所已，顶礼佛足，即于东方化作宝庄严楼阁及普照十方宝莲华藏师子之座，如意宝网罗覆其身，与其眷属结跏趺坐。

南方过不可说佛刹微尘数世界海外，有世界名金刚藏，佛号普光明无胜藏王。彼佛众中有菩萨名不可坏精进王，与不可说佛刹微尘数菩萨俱，来向佛所，持一切宝香网，持一切宝璎珞，持一切宝华带，持一切宝鬘带，持一切金刚璎珞，持一切摩尼宝网，持一切宝衣带，持一切宝璎珞带，持一切最胜光明摩尼带，持一切师子摩尼宝璎珞，悉以神力充遍一切诸世界海。到佛所已，顶礼佛足，即于南方化作遍照世间摩尼宝庄严楼阁及普照十方宝莲华藏师子之座，以一切宝华网罗覆其身，与其眷属结跏趺坐。

西方过不可说佛刹微尘数世界海外，有世界名摩尼宝灯须弥山幢，佛号法界智灯。彼佛众中有菩萨名普胜无上威德王，与世界海微尘数菩萨俱，来向佛所，悉以神力兴不可说佛刹微尘数种种涂香烧香须弥山云、不可说佛刹微尘数种种色香水须弥山云、不可说佛刹微尘数一切大地微尘等光明摩尼宝王须弥山云、不可说佛刹微尘数种种光焰轮庄严幢须弥山云、不可说佛刹微尘数种种色金刚藏摩尼王庄严须弥山云、不可说佛刹微尘数普照一切世界阎浮檀摩尼宝幢须弥山云、不可说佛刹微尘数现一切法界摩尼宝须弥山云、不可说佛刹微尘数现一切诸佛相好摩尼宝王须弥山云、不可说佛刹微尘数现一切如来本事因缘说诸菩萨所行之行摩尼宝王须弥山云、不可说佛刹微尘数现一切佛坐菩提场摩尼宝王须弥山云，充满法界。至佛所已，顶礼佛足，即于西方化作一切香王楼阁，真珠宝网弥覆其上，及化作帝释影幢宝莲华藏师子之座，以妙色摩尼网罗覆其身，心王宝冠以严其首，与其眷属结跏趺坐。

北方过不可说佛刹微尘数世界海外，有世界名宝衣光明幢，佛号照虚空法界大光明。彼佛众中有菩萨名无碍胜藏王，与世界海微尘数菩萨俱，来向佛所，悉以神力兴一切宝衣云，所谓黄色宝光明衣云、种种香所熏衣云、日幢摩尼王衣云、金色炽然摩尼衣云、一切宝光焰衣云、一切星辰像上妙摩尼衣云、白玉光摩尼衣云、光明遍照殊胜赫奕摩尼衣云、光明遍照威势炽盛摩尼衣云、庄严海摩尼衣云，充遍虚空。至佛所已，顶礼佛足，即于北方化作摩尼宝海庄严楼阁及毗琉璃宝莲华藏师子之座，以师子威德摩尼王网罗覆其身，清净宝王为髻明珠，与其眷属结跏趺坐。

东北方过不可说佛刹微尘数世界海外，有世界名一切欢喜清净光明网，佛号无碍眼。彼佛众中有菩萨，名化现法界愿月王，与世界海微尘数菩萨俱，来向佛所，悉以神力兴宝楼阁云、香楼阁云、烧香楼阁云、华楼阁云、栴檀楼阁云、金刚楼阁云、摩尼楼阁云、金楼阁云、衣楼阁云、莲华楼阁云，弥覆十方一切世界。至佛所已，顶礼佛足，即于东北方化作一切法界门大摩尼楼阁及无等香王莲华藏师子之座，摩尼华网罗覆其身，著妙宝藏摩尼王冠，与其眷属结跏趺坐。

东南方过不可说佛刹微尘数世界海外，有世界名香云庄严幢，佛号龙自在王。彼佛众中有菩萨名法慧光焰王，与世界海微尘数菩萨俱，来向佛所，悉以神力兴金色圆满光明云、无量宝色圆满光明云、如来毫相圆满光明云、种种宝色圆满光明云、莲华藏圆满光明云、众宝树枝圆满光明云、如来顶髻圆满光明云、阎浮檀金色圆满光明云、日色圆满光明云、星月色圆满光明云，悉遍虚空。到佛所已，顶礼佛足，即于东南方化作毗卢遮那最上宝光明楼阁、金刚摩尼莲华藏师子之座，众宝光焰摩尼王网罗覆其身，与其眷属结跏趺坐。

西南方过不可说佛刹微尘数世界海外，有世界名日光摩尼藏，佛号普照诸法智月王。彼佛众中有菩萨名摧破一切魔军智幢王，与世界海微尘数菩萨俱，来向佛所，于一切毛孔中出等虚空界华焰云、香焰云、宝焰云、金刚焰云、烧香焰云、电光焰云、毗卢遮那摩尼宝焰云、一切金光焰云、胜藏摩尼王光焰云、等三世如来海光焰云，一一皆从毛孔中出，遍虚空界。到佛所已，顶礼佛足，即于西南方化作普现十方法界光明网大摩尼宝楼阁及香灯焰宝莲华藏师子之座，以离垢藏摩尼网罗覆其身，著出一切众生发趣音摩尼王严饰冠，与其眷属结跏趺坐。

西北方过不可说佛刹微尘数世界海外，有世界名毗卢遮那愿摩尼王藏，佛号普光明最胜须弥王。彼佛众中有菩萨，名愿智光明幢，与世界海微尘数菩萨俱，来向佛所，于念念中，一切相好、一切毛孔、一切身分，皆出三世一切如来形像云、一切菩萨形像云、一切如来众会形像云、一切如来变化身形像云、一切如来本生身形像云、一切声闻辟支佛形像云、一切如来菩提场形像云、一切如来神变形像云、一切世间主形像云、一切清净国土形像云，充满虚空。至佛所已，顶礼❶佛足，即于西北方化作普照十方摩尼宝庄严楼阁及普照世间宝莲华藏师子之座，以无能胜光明真珠网罗覆其身，著普光明摩尼宝冠，与其眷属结跏趺坐。

下方过不可说佛刹微尘数世界海外，有世界名一切如来圆满光普照，佛号虚空无碍相智幢王。彼佛众中有菩萨名破一切障勇猛智王，与世界海微尘数菩萨俱，来向佛所，于一切毛孔中，出说一切众生语言海音声云，出说一切三世菩萨修行方便海音声云，出说一切菩萨所起愿方便海音声云，出说一切菩萨成满清净波罗蜜方便海音声云，出说一切菩萨圆满行遍一切刹音声云，出说一切菩萨成就自在用音声云，出说一切如来往诣道场破魔军众成等正觉自在用音声云，出说一切如来转法轮契经门名号海音声云，出说一切随应教化调伏众生法方便海音声云，出说一切随时、随善根、随愿力普令众生证得智慧方便海音声云。到佛所已，顶礼佛足，即于下方化作现一切如来宫殿形像众宝庄严楼阁及一切宝莲华藏师子之座，著普现道场影摩尼宝冠，与其眷属结跏趺坐。

上方过不可说佛刹微尘数世界海外，有世界名说佛种性无有尽，佛号普智轮光明音。彼佛众中有菩萨名法界差别愿，与世界海微尘数菩萨俱，发彼道场来向此娑婆世界释迦牟尼佛所，于一切相好、一切毛孔、一切身分、一切支节、一切庄严具、一切衣服中，现毗卢遮那等过去一切诸佛、未来一切诸佛、已得授记、未授记者，现在十方一切国土、一切诸佛并其众会，亦现过去行檀那波罗蜜及其一切受布施者诸本事海，亦现过去行尸罗波罗蜜诸本事海，亦现过去行羼提波罗蜜割截支体心无动乱诸本事海，亦现过去行精进波罗蜜勇猛不退诸本事海，亦现过去求一切如来禅波罗蜜海而得成就诸本事海，亦现过去求一切佛所转法轮所成就法发勇猛心一切皆舍诸本事海，亦现过去乐见一切佛、乐行一切菩萨道、乐化一切众生界诸本事海，亦现过去所发一切菩萨大愿清净庄严诸本事海，亦现过去菩萨所成力波罗蜜勇猛清净诸本事海，亦现过去一切菩萨所修圆满智波罗蜜诸本事海，如是一切本事海，悉皆遍满广大法界。至佛所已，顶礼佛足，即于上方化作一切金刚藏庄严楼阁及帝青金刚王莲华藏师子之座，以一切宝光明摩尼王网罗覆其身，以演说三世如来名摩尼宝王为髻明珠，与其眷属结跏趺坐。

如是十方一切菩萨并其眷属，皆从普贤菩萨行愿中生，以净智眼见三世佛，普闻一切诸佛如来所转法轮、修多罗海，已得至于一切菩萨自在彼岸，于念念中现大神变，亲近一切诸佛如来，一身充满一切世界一切如来众会道场，于一尘中普现一切世间境界，教化成熟一切众生未曾失时，一毛孔中出一切如来说法音声。知一切众生悉皆如幻，知一切佛悉皆如影，知一切诸趣受生悉皆如梦，知一切业报如镜中像，知一切诸有生起如热时焰，知一切世界皆如变化。成就如来十力、无畏，勇猛自在，能师子吼，深入无尽辩才大海，得一切众生言辞海诸法智，于虚空法界所行无碍，知一切法无有障碍，一切菩萨神通境界悉已清净，勇猛精进，摧伏魔军，恒以智慧了达三世，知一切法犹如虚空，无有违诤，亦无取著，虽勤精进而知一切智终无所来，虽观境界而知一切有悉不可得。以方便智入一切法界，以平等智入一切国土，以自在力令一切世界展转相入于一切世界。处处受生，见一切世界种种形相。于微细境现广大刹，于广大境现微细刹。于一佛所一念之顷，得一切佛威神所加，普见十方无所迷惑，于刹那顷悉能往诣。如是等一切菩萨满逝多林，皆是如来威神之力。

于时，上首诸大声闻，舍利弗、大目揵连、摩诃迦叶、离婆多、须菩提、阿㝹楼驮、难陀、劫宾那、迦旃延、富楼那等诸大声闻，在逝多林皆悉不见如来神力、如来严好、如来境界、如来游戏、如来神变、如来尊胜、如来妙行、如来威德、如来住持、如来净刹，亦复不见不可思议菩萨境界、菩萨大会、菩萨普入、菩萨普至、菩萨普诣、菩萨神变、菩萨游戏、菩萨眷属、菩萨方所、菩萨庄严师子座、菩萨宫殿、菩萨住处、菩萨所入三昧自在、菩萨观察、菩萨频申、菩萨勇猛、菩萨供养、菩萨受记、菩萨成熟、菩萨勇健、菩萨法身清净、菩萨智身圆满、菩萨愿身示现、菩萨色身成就、菩萨诸相具足清净、菩萨常光众色庄严、菩萨放大光网、菩萨起变化云、菩萨身遍十方、菩萨诸行圆满。如是等事，一切声闻诸大弟子皆悉不见。何以故？以善根不同故，本不修习见佛自在善根故，本不赞说十方世界一切佛刹清净功德故，本不称叹诸佛世尊种种神变故，本不于生死流转之中发阿耨多罗三藐三菩提心故，本不令他住菩提心故，本不能令如来种性不断绝故，本不摄受诸众生故，本不劝他修习菩萨波罗蜜故，本在生死流转之时不劝众生求于最胜大智眼故，本不修习生一切智诸善根故，本不成就如来出世诸善根故，本不得严净佛刹神通智故，本不得诸菩萨眼所知境故，本不求超出世间不共菩提诸善根故，本不发一切菩萨诸大愿故，本不从如来加被之所生故，本不知诸法如幻、菩萨如梦故，本不得诸大菩萨广大欢喜故。如是皆是普贤菩萨智眼境界，不与一切二乘所共。以是因缘，诸大声闻不能见，不能知，不能闻，不能入，不能得，不能念，不能观察，不能筹量，不能思惟，不能分别。是故，虽在逝多林中，不见如来诸大神变。

复次，诸大声闻无如是善根故，无如是智眼故，无如是三昧故，无如是解脱故，无如是神通故，无如是威德故，无如是势力故，无如是自在故，无如是住处故，无如是境界故，是故于此不能知，不能见，不能入，不能证，不能住，不能解，不能观察，不能忍受，不能趣向，不能游履，又亦不能广为他人开阐解说，称扬示现，引导劝进，令其趣向，令其修习，令其安住，令其证入。何以故？诸大弟子依声闻乘而出离故，成就声闻道，满足声闻行，安住声闻果，于无有谛得决定智，常住实际究竟寂静，远离大悲，舍于众生，住于自事。于彼智慧，不能积集，不能修行，不能安住，不能愿求，不能成就，不能清净，不能趣入，不能通达，不能知见，不能证得。是故，虽在逝多林中对于如来，不见如是广大神变。

"佛子！如恒河岸有百千亿无量饿鬼，裸形饥渴，举体焦然，乌鹫豺狼竞来搏撮，为渴所逼，欲求水饮，虽住河边而不见河，设有见者，见其枯竭。何以故？深厚业障之所覆故。彼大声闻亦复如是，虽复住在逝多林中，不见如来广大神力，舍一切智，无明翳瞙覆其眼故，不曾种植萨婆若地诸善根故。譬如有人，于大会中昏睡安寝，忽然梦见须弥山顶帝释所住善见大城，宫殿、园林种种严好，天子、天女百千万亿，普散天华，遍满其地，种种衣树出妙衣服，种种华树开敷妙华，诸音乐树奏天音乐，天诸采女歌咏美音，无量诸天于中戏乐。其人自见著天衣服，普于其处住止周旋。其大会中一切诸人虽同一处，不知不见。何以故？梦中所见，非彼大众所能见故。一切菩萨、世间诸王亦复如是，以久积集善根力故，发一切智广大愿故，学习一切佛功德故，修行菩萨庄严道故，圆满一切智智法故，满足普贤诸行愿故，趣入一切菩萨智地故，游戏一切菩萨所住诸三昧故，已能观察一切菩萨智慧境界无障碍故，是故悉见如来世尊不可思议自在神变。一切声闻诸大弟子皆不能见，皆不能知，以无菩萨清净眼故。譬如雪山具众药草，良医诣彼悉能分别，其诸捕猎、放牧之人恒住彼山，不见其药。此亦如是，以诸菩萨入智境界，具自在力，能见如来广大神变。诸大弟子唯求自利，不欲利他，唯求自安，不欲安他，虽在林中，不知不见。譬如地中有诸宝藏，种种珍异悉皆充满，有一丈夫聪慧明达，善能分别一切伏藏，其人复有大福德力，能随所欲自在而取，奉养父母，赈恤亲属，老、病、穷乏靡不均赡。其无智慧、无福德人，虽亦至于宝藏之处，不知不见，不得其益。此亦如是，诸大菩萨有净智眼，能入如来不可思议甚深境界，能见佛神力，能入诸法门，能游三昧海，能供养诸佛，能以正法开悟众生，能以四摄摄受众生。诸大声闻不能得见如来神力，亦不能见诸菩萨众。譬如盲人至大宝洲，若行、若住、若坐、若卧，不能得见一切众宝。以不见故，不能采取，不得受用。此亦如是，诸大弟子虽在林中亲近世尊，不见如来自在神力，亦不得见菩萨大会。何以故？无有菩萨无碍净眼，不能次第悟入法界见于如来自在力故。譬如有人得清净眼，名离垢光明，一切暗色不能为障。尔时，彼人于夜暗中，处在无量百千万亿人众之内，或行、或住、或坐、或卧，彼诸人众形相威仪，此明眼人莫不具见。其明眼者威仪进退，彼诸人众悉不能睹。佛亦如是，成就智眼，清净无碍，悉能明见一切世间，其所示现神通变化，大菩萨众所共围绕，诸大弟子悉不能见。譬如比丘在大众中入遍处定，所谓地遍处定、水遍处定、火遍处定、风遍处定、青遍处定、黄遍处定、赤遍处定、白遍处定、天遍处定、种种众生身遍处定、一切语言音声遍处定、一切所缘遍处定，入此定者见其所缘，其余大众悉不能见，唯除有住此三昧者。如来所现不可思议诸佛境界亦复如是，菩萨具见，声闻莫睹。譬如有人，以翳形药自涂其眼，在于众会去、来、坐、立无能见者，而能悉睹众会中事。应知如来亦复如是，超过于世，普见世间，非诸声闻所能得见，唯除趣向一切智境诸大菩萨。如人生已，则有二天，恒相随逐，一曰同生，二曰同名。天常见人，人不见天。应知如来亦复如是，在诸菩萨大集会中现大神通，诸大声闻悉不能见。譬如比丘得心自在，入灭尽定，六根作业皆悉不行，一切语言不知不觉，定力持故，不般涅槃。一切声闻亦复如是，虽复住在逝多林中，具足六根，而不知不见不解不入如来自在、菩萨众会诸所作事。何以故？如来境界甚深广大，难见难知，难测难量，超诸世间，不可思议，无能坏者，非是一切二乘境界，是故，如来自在神力、菩萨众会及逝多林普遍一切清净世界，如是等事，诸大声闻悉不知见，非其器故。"

尔时，毗卢遮那愿光明菩萨承佛神力，观察十方，而说颂言：

> 汝等应观察，佛道不思议，于此逝多林，示现神通力。
> 善逝威神力，所现无央数；一切诸世间，迷惑不能了。
> 法王深妙法，无量难思议，所现诸神通，举世莫能测。
> 以了法无相，是故名为佛，而具相庄严，称扬不可尽。
> 今于此林内，示现大神力，甚深无有边，言辞莫能辩。
> 汝观大威德，无量菩萨众，十方诸国土，而来见世尊。
> 所愿皆具足，所行无障碍；一切诸世间，无能测量者。
> 一切诸缘觉，及彼大声闻，皆悉不能知，菩萨行境界。
> 菩萨大智慧，诸地悉究竟，高建勇猛幢，难摧难可动。
> 诸大名称士，无量三昧力，所现诸神变，法界悉充满。

尔时，不可坏精进王菩萨承佛神力，观察十方，而说颂言：

> 汝观诸佛子，智慧功德藏，究竟菩提行，安隐诸世间。

其心本明达，善入诸三昧，智慧无边际，境界不可量。

今此逝多林，种种皆严饰，菩萨众云集，亲近如来住。

汝观无所著，无量大众海，十方来诣此，坐宝莲华座。

无来亦无住，无依无戏论，离垢心无碍，究竟于法界。

建立智慧幢，坚固不动摇，知无变化法，而现变化事。

十方无量刹，一切诸佛所，同时悉往诣，而亦不分身。

汝观释师子，自在神通力，能令菩萨众，一切俱来集。

一切诸佛法，法界悉平等，言说故不同，此众咸通达。

诸佛常安住，法界平等际，演说差别法，言辞无有尽。

尔时，普胜无上威德王菩萨承佛神力，观察十方，而说颂言：

汝观无上士，广大智圆满，善达时非时，为众演说法；

摧伏众外道，一切诸异论，普随众生心，为现神通力。

正觉非有量，亦复非无量；若量若无量，牟尼悉超越。

如日在虚空，照临一切处；佛智亦如是，了达三世法。

譬如十五夜，月轮无减缺；如来亦复然，白法悉圆满。

譬如空中日，运行无暂已；如来亦如是，神变恒相续。

譬如十方刹，于空无所碍，世灯现变化，于世亦复然。

譬如世间地，群生之所依；照世灯法轮，为依亦如是。

譬如猛疾风，所行无障碍；佛法亦如是，速遍于世间。

譬如大水轮，世界所依住；智慧轮亦尔，三世佛所依。

尔时，无碍胜藏王菩萨承佛神力，观察十方，而说颂言：

譬如大宝山，饶益诸含识；佛山亦如是，普益于世间。

譬如大海水，澄净无垢浊；见佛亦如是，能除诸渴爱。

譬如须弥山，出于大海中；世间灯亦尔，从于法海出。

如海具众宝，求者皆满足；无师智亦然，见者悉开悟。

如来甚深智，无量无有数；是故神通力，示现难思议。

譬如工幻师，示现种种事；佛智亦如是，现诸自在力。

譬如如意宝，能满一切欲；最胜亦复然，满诸清净愿。

譬如明净宝，普照一切物；佛智亦如是，普照群生心。

譬如八面宝，等鉴于诸方；无碍灯亦然，普照于法界。

譬如水清珠，能清诸浊水；见佛亦如是，诸根悉清净。

尔时，化现法界愿月王菩萨承佛神力，观察十方，而说颂言：

譬如帝青宝，能青一切色；见佛者亦然，悉发菩提行。

一一微尘内，佛现神通力，令无量无边，菩萨皆清净。

甚深微妙力，无边不可知；菩萨之境界，世间莫能测。

如来所现身，清净相庄严，普入于法界，成就诸菩萨。

难思佛国土，于中成正觉；一切诸菩萨，世主皆充满。

释迦无上尊，于法悉自在，示现神通力，无边不可量。

菩萨种种行，无量无有尽；如来自在力，为之悉示现。

佛子善修学，甚深诸法界，成就无碍智，明了一切法。

善逝威神力，为众转法轮，神变普充满，令世皆清净。

如来智圆满，境界亦清净；譬如大龙王，普济诸群生。

尔时，法慧光焰王菩萨承佛神力，观察十方，而说颂言：

三世诸如来，声闻大弟子，悉不能知佛，举足下足事。

去来现在世，一切诸缘觉，亦不知如来，举足下足事。

况复诸凡夫，结使所缠缚，无明覆心识，而能知导师！

正觉无碍智，超过语言道，其量不可测，孰有能知见！

譬如明月光，无能测边际；佛神通亦尔，莫见其终尽。

一一诸方便，念念所变化，尽于无量劫，思惟不能了。

思惟一切智，不可思议法，一一方便门，边际不可得。

若有于此法，而兴广大愿；彼于此境界，知见不为难。

勇猛勤修习，难思大法海；其心无障碍，入此方便门。

心意已调伏，志愿亦宽广，当获大菩提，最胜之境界。

尔时，破一切魔军智幢王菩萨承佛神力，观察十方，而说颂言：

智身非是身，无碍难思议；设有思议者，一切无能及。

从不思议业，起此清净身，殊特妙庄严，不著于三界。

光明照一切，法界悉清净，开佛菩提门，出生众智慧。

譬如世间日，普放慧光明，远离诸尘垢，灭除一切障，

普净三有处，永绝生死流，成就菩萨道，出生无上觉。

示现无边色，此色无依处；所现虽无量，一切不思议。

菩提一念顷，能觉一切法；云何欲测量，如来智边际？

一念悉明达，一切三世法；故说佛智慧，无尽无能坏。

智者应如是，专思佛菩提；此思难思议，思之不可得。

菩提不可说，超过语言路；诸佛从此生，是法难思议。

尔时，愿智光明幢王菩萨承佛神力，观察十方，而说颂言：

若能善观察，菩提无尽海，则得离痴念，决定受持法。

若得决定心，则能修妙行，禅寂自思虑，永断诸疑惑。

其心不疲倦，亦复无懈怠，展转增进修，究竟诸佛法。

信智已成就，念念令增长，常乐常观察，无得无依法。

无量亿千劫，所修功德行；一切悉回向，诸佛所求道。

虽在于生死，而心无染著，安住诸佛法，常乐如来行。

世间之所有，蕴界等诸法；一切皆舍离，专求佛功德。

凡夫婴妄惑，于世常流转；菩萨心无碍，救之令解脱。

菩萨行难称，举世莫能思，遍除一切苦，普与群生乐。

已获菩提智，复愍诸群生，光明照世间，度脱一切众。

尔时，破一切障勇猛智王菩萨承佛神力，观察十方，而说颂言：

无量亿千劫，佛名难可闻；况复得亲近，永断诸疑惑！

如来世间灯，通达一切法，普生三世福，令众悉清净。

如来妙色身，一切所钦叹，亿劫常瞻仰，其心无厌足。

若有诸佛子，观佛妙色身，必舍诸有著，回向菩提道。

如来妙色身，恒演广大音，辩才无障碍，开佛菩提门；

晓悟诸众生，无量不思议，令入智慧门，授以菩提记。

如来出世间，为世大福田，普导诸含识，令其集福行。

若有供养佛，永除恶道畏，消灭一切苦，成就智慧身。

若见两足尊，能发广大心；是人恒值佛，增长智慧力。

若见人中胜，决意向菩提；是人能自知，必当成正觉。

尔时，法界差别愿智神通王菩萨承佛神力，观察十方，而说颂言：

释迦无上尊，具一切功德；见者心清净，回向大智慧。

如来大慈悲，出现于世间，普为诸群生，转无上法轮。

如来无数劫，勤苦为众生；云何诸世间，能报大师恩？

宁于无量劫，受诸恶道苦；终不舍如来，而求于出离。

宁代诸众生，备受一切苦；终不舍于佛，而求得安乐。

宁在诸恶趣，恒得闻佛名；不愿生善道，暂时不闻佛。

宁生诸地狱，一一无数劫；终不远离佛，而求出恶趣。

何故愿久住，一切诸恶道？以得见如来，增长智慧故。

若得见于佛，除灭一切苦；能入诸如来，大智之境界。

若得见于佛，舍离一切障；长养无尽福，成就菩提道。

如来能永断，一切众生疑，随其心所乐，普皆令满足。

注释

❶ "礼"，大正本原作"理"，今依前后文意改之。

【白话语译】

这时，世尊在舍卫国，祇洹精舍❶大庄严重阁的给孤独园❷中，和五百位菩萨摩诃萨同聚一堂，上首是普贤菩萨、文殊师利菩萨。另外其他的菩萨分别名为光焰幢菩萨、须弥幢菩萨、宝幢菩萨、无碍幢菩萨、华幢菩萨、离垢幢菩萨、日幢菩萨、妙幢菩萨、离尘垢幢菩萨、普光幢菩萨、地威力菩萨、宝威力菩萨、大威力菩萨、金刚智威力菩萨、离尘垢威力菩萨、正法日威力菩萨、功德山威力菩萨、智光影威力菩萨、普吉祥威力菩萨、地藏菩萨、虚空藏菩萨、莲华藏菩萨、宝藏菩萨、日藏菩萨、净德藏菩萨、法印藏菩萨、光明藏菩萨、脐藏菩萨、莲华德藏菩萨、善眼菩萨、净眼菩萨、离垢眼菩萨、无碍眼菩萨、普见眼菩萨、善观眼菩萨、青莲华眼菩萨、金刚眼菩萨、宝眼菩萨、虚空眼菩萨、喜眼菩萨、普眼菩萨、天冠菩萨、普照法界智慧冠菩萨、道场冠菩萨、普照十方冠菩萨、一切佛藏冠菩萨、超出一切世间冠菩萨、普照冠菩萨、不可坏冠菩萨、持一切如来师子座冠菩萨、普照法界虚空冠菩萨、梵王髻菩萨、龙王髻菩萨、一切化佛光明髻菩萨、一切道场髻菩萨、一切愿海音宝王髻菩萨、一切佛光明摩尼髻菩萨、示现一切虚空平等相摩尼王庄严髻菩萨、示现一切如来神变摩尼王幢网垂覆髻菩萨、出一切佛转法轮音髻菩萨、说三世一切名字音髻菩萨、大光菩萨、离垢光菩萨、宝光菩萨、离尘光菩萨、焰光菩萨、法光菩萨、寂静光菩萨、日光菩萨、自在光菩萨、天光菩萨、福德幢菩萨、智慧幢菩萨、法幢菩萨、神通幢菩萨、光幢菩萨、华幢菩萨、摩尼幢菩萨、菩提幢菩萨、梵幢菩萨、普光幢菩萨、梵音菩萨、海音菩萨、大地音菩萨、世主音菩萨、山相击音菩萨、遍一切法界音菩萨、震一切法海雷音菩萨、降魔音菩萨、大慈方便云雷音菩萨、息一切世间苦安慰音菩萨、法上菩萨、胜上菩萨、智上菩萨、福德须弥上菩萨、功德珊瑚上菩萨、名称上菩萨、普光上菩萨、大慈上菩萨、智海上菩萨、佛种上菩萨、光胜菩萨、德胜菩萨、上胜菩萨、普明胜菩萨、法胜菩萨、月胜菩萨、虚空胜菩萨、宝胜菩萨、幢胜菩萨、智胜菩萨、婆罗自在王菩萨、法自在王菩萨、象自在王菩萨、梵自在王菩萨、山自在王菩萨、众自在王菩萨、速疾自在王菩萨、寂静自在王菩萨、不动自在王菩萨、势力自在王菩萨、最胜自在王菩萨、寂静音菩萨、无碍音菩萨、地震音菩萨、海震音菩萨、云音菩萨、法光音菩萨、虚空音菩萨、说一切众生善根音菩萨、示一切大愿音菩萨、道场音菩萨、须弥光觉菩萨、虚空觉菩萨、离染觉菩萨、无碍觉菩萨、善觉菩萨、普照三世觉菩萨、广大觉菩萨、普明觉菩萨、法界光明觉菩萨，如是等等五百位菩萨摩诃萨都前来集会。

这些菩萨都已完全成就普贤的行愿，因为他们能普遍趣入一切的诸佛刹土，所以能证得无碍的境界；因为他们能亲近诸佛如来，所以能示现无量法身；因为他们能面见诸佛的神威变化，所以得证以无障碍的清净法眼；因为他们能普遍前往拜见诸佛成就正觉之处，所以能证得到达无限处所的境地；因为他们能以智慧的光明普照一切如实的法海世界，所以证得无际的光明；因为他们的辩才清净，无边无尽，所以能证得说法无尽；因为他们的智慧所行完全清净，所以能证得等同虚空界的境地；因为他们能随顺众生的心念而示现色身，所以能证得无所依止；因为他们了知众生界中实无众生，所以能证得除灭愚痴翳障；因为他们能以大光明普照法界，所以能证得等同虚空的智慧。

在场的五百位声闻行者，都完全觉悟了佛法的真谛，已经证得了涅乐实际的圣者境界；深入法性，永远出离了轮回苦恼的生死大海；依止诸佛的功德，永离结使烦恼的缠缚，安住于无障碍处。

他们的心念寂静宛如虚空，已在诸佛世界断除疑惑，所以能深信趣入诸佛的智慧大海。

在场还有无量世间的王者，都曾供养无量的诸佛，利益众生，不必等众生请求，就自动地成为众生的益友。不断勤加守护众生，誓愿永不舍弃他们。所以进入世间殊胜的智慧法门，从佛陀的教诲中出生，护持佛陀的正法。发起大愿，不断绝诸佛的种性，出生如来之家，求取一切智慧。

这时，诸位菩萨大德、声闻、世间诸王及他们的眷属，心里都这样想：

"如来的境界、如来的智慧心行、如来的加持、如来的神力、如来的无畏、如来的三昧、如来所安住、如来的自在、如来的法身、如来智慧，一切世间的诸天以及世人，无人能够通达了知；无人能够趣入；无人能够真正的信解；无人能够安忍信受；无人能够观察清楚；无人能够拣择；无人能够开晓明示；无人能让众生了解。除非诸佛以加被力量、佛的神通力量、佛的大威德力量、佛的本愿力量，以及他宿世善根的力量、诸位善知识摄受的力量、深广清净正信的力量、大智明解通达的力量、趣向菩提清净心的力量、求一切智的广大愿力来摄受。所以，希望世尊能随顺我们以及一切众生的种种希望、种种知解、种种智慧、种种言语、种种自在、种种安住境地、种种清净善根、种种意念方便、种种心的境界、种种依止于如来的功德、种种听闻摄诸佛如来所宣说的法，示现如来过去趣向寻求的一切智、过去所发的菩萨大愿、过去所清净安住的各种波罗蜜、过去所进入的各种菩萨境地、过去所圆满的各种菩萨行持、过去成就的方便善巧：过去修行的各种道路、过去证得的出离世间法门、过去不现的神通本事、过去所有的本事因缘，以及成就正觉、转动妙法轮、庄严清净佛国土、调伏众生、开示一切智慧法门，示现一切众生道路，进入一切众生所住境地。接受众生的布施，为众生宣说布施的功德，为众生示现诸佛如来的影像。如此种种法门，希望佛陀都能为大众圆满宣说。"

这时，世尊知道诸菩萨心中所想的事，于是就以大悲为法身，大悲为法门，大悲为首要，以大悲法门为方便善巧，充满遍布虚空，证入师子频申三昧。他进入这个三昧之后，世间都变得非常庄严清净。这时，原本广大庄严的楼阁忽然变得更加广大博深，没有边际。地上铺满金刚，上面又覆盖妙宝，无数的宝华及各种摩尼珠遍撒其中，盈满处处。又有以众宝聚合而成的琉璃柱子，上面还严饰着大光明的摩尼宝珠。另外又以阎浮檀金如意宝王，布置四周，庄严校饰。高楼迂回曲折，阁楼台阶、轩槛、种种都完备具足的小径从傍延伸出来。一栋接着一栋，窗阃交相辉映，一切都以妙宝庄严。这些宝物完全作成人间天上的形式，坚固美好，可说是世界第一。又有摩尼宝珠网覆盖上面，在每一道门的两侧又有幢幡竖起，大放光明，普及法界道场之外。阶梯栏楯的数量多得说不尽，无一不是以摩尼宝珠建成的。

这时，佛陀又以神力，使祇洹精舍变得更加广大深博，大小等同不可数说的诸佛净土。一切的妙好宝物都交错其间，非常庄严。不可数说的宝物也遍布地上，以阿僧祇数的宝物作墙，宝多罗树庄严地种在道路两旁，中间又有无量的香河，香水充满其中，湍激洄洑。一切的宝花都随着水流向右旋转，自然地演奏佛法的声音。不可思议的宝芬陀利华，以及莲华，都盛开其中。而且香气四溢地布满水面。许多的宝华树也行列地种在岸边，种种不可思议的台榭，都依次第排列岸上，以摩尼宝珠网弥盖上面，阿僧祇那么多的宝物都大放光明，庄严着这个地方。还有妙好的熏香，香气氤氲。

还有无数无量的种种宝幢，即宝香幢、宝表幢、宝幡幢、宝缯幢、宝华幢、宝璎珞幢、宝鬘幢、宝铃幢、摩尼宝盖幢、大摩尼宝幢、光明遍照摩尼宝幢、出一切如来名号音声摩尼王幢、师子摩尼王幢、说一切如来本事海摩尼王幢、现一切法界影像摩尼王幢，遍满十方地行列庄严。

这时，祇洹精舍上的虚空，有不可思议的天宫殿云、无数香树云、不可说的须弥山云、不可说的妓乐云、出美妙音歌赞如来不可说的宝莲华云、不可说的宝座云，都有敷以天衣的菩萨坐在上面赞叹诸佛功德。还有不可说的诸天王形象摩尼宝云、不可说的白真珠云、不可说的赤珠楼阁庄严具云、不可说的雨金刚坚固珠云，都安住虚空，布满四周庄严校饰。

为什么呢？因为如来的善根，实在是不可思议；如来洁白的清净三法，实在是不可思议；如来的威力，实在是不可思议；如来能用一身自在变化遍满一切世界的神通力，实在是不可思议；如来能够以神力让诸佛及佛国庄严完全进入他的身体，实在是不可思议；如来能够在一微尘内普现一切法界的影像，实在是不可思议；如来能够在一个毛孔中示现过去诸佛，实在是不可思议；如来随着一一放出的光明都能遍照一切世界，实在是不可思议；如来能够在一个毛孔中示现一切佛国刹土微尘数变化的云，充满诸佛国土，实在是不可思议；如来能够在一个毛孔中，普现十方世界所有的成住坏劫，实在是不可思议。

　　就像在这逝多林给孤独园所看见的清净庄严佛国土一般，十方一切穷尽法界、虚空界、一切世界也是如此。如来法身安住祇洹精舍，菩萨大众都完全遍满会场。普遍雨下一切的庄严云，普遍雨下一切宝光明照曜云，普遍雨下一切摩尼宝云，普遍雨下一切庄严宝盖遍雨覆盖佛国刹土云，普遍雨下一切天身云，普遍雨下一切华树云，普遍雨下一切衣树云，普遍雨下一切宝鬘璎珞，相续不绝、周遍一切大地云，普遍雨下一切庄严具云，普遍雨下一切如众生形种种香云，普遍雨下一切微妙宝华网相续不断云，普遍雨下一切诸天女持宝幢幡于虚空周旋来去云，普遍雨下一切众宝莲华于华叶间自然而出种种乐音云，普遍雨下一切师子座宝网璎珞而为庄严云。

　　这时，向东方去，经过不可说佛国刹土微尘数世界海外，有一个名为金灯云幢的世界。有佛住世，佛号是毗卢遮那胜德王佛。这些佛众中有一位名为毗卢遮那愿光明菩萨，和不可说佛国刹土微尘数的菩萨一起，来到佛前，以神力兴起种种云，就是天华云、天香云、天末香云、天鬘云、天宝云、天庄严具云、天宝盖云、天微妙衣云、天宝幢幡云、天一切妙宝诸庄严云等，都充满虚空。他们到达佛前之后，顶礼佛足，随即在东方化现以众宝物庄严的楼阁，以及光明普照十方的宝莲华藏师子座。以如意宝网覆盖身上，和他的眷属结跏趺盘腿而坐。

　　向南方去，经过不可说佛国刹土微尘数世界海外，有名为金刚藏的世界。其中有佛住世，佛号是：普光明无胜藏王佛。他的佛众中有名为不可坏精进王的菩萨，和不可说佛国刹土微尘数菩萨一起来到佛前。带着一切的宝香网、璎珞、宝华丝带、宝鬘丝带、摩尼宝珠网、宝衣带、宝璎珞带、最殊胜光明的摩尼带、师子摩尼宝璎珞等，以神力充满遍布一切的世界海。他们到了佛前之后，顶礼佛足，随即在南方化现遍照世间摩尼宝珠的庄严楼阁，以及普照十方的宝莲华藏师子座。然后用一切的宝华网覆盖身上，和他的眷属盘腿坐下。

　　向西方去经过不可说佛国刹土微尘数世界海外，有一个名为摩尼宝灯须弥山幢的世界。其中有佛住世，佛号为法界智灯佛。他的佛众中有一位名为普胜无上威德王的菩萨，和世界海微尘数的菩萨一起来到佛前。以神力兴起不可说佛国刹土微尘数的种种涂香烧香须弥山云、不可说佛国刹土微尘数种种色香水须弥山云、不可说佛国刹土微尘数一切大地微尘等光明摩尼宝王须弥山云、不可说佛国刹土微尘数种种光焰轮庄严幢须弥山云、不可说佛国刹土微尘数种种色金刚藏摩尼王庄严须弥山云、不可说佛国刹土微尘数普照一切世界阎浮檀摩尼宝幢须弥山云、不可说佛国刹土微尘数现一切法界摩尼宝须弥山云、不可说佛国刹土微尘数现一切诸佛相好摩尼宝王须弥山云、不可说佛国刹土微尘数现一切如来本事因缘说诸菩萨所行之行摩尼宝王须弥山云、不可说佛国刹土微尘数现一切佛坐菩提场摩尼宝王须弥山云等，都充满整个法界。他们到达佛前之后，顶礼佛足，随即在西方化现一切香王楼阁，上面覆有真珠宝网。又现化帝释影幢宝莲华藏师子座，然后用妙色摩尼网覆盖他的身体。用心王宝冠庄严头顶，然后和他的眷属盘腿而坐。

向北方去，经过不可说佛国刹土微尘数世界海外宝衣光明幢的世界。其中有佛住世，佛号为照虚空法界大光明佛。他的佛众中有一位名为无碍胜藏王的菩萨，和世界海微尘数的菩萨一起来到佛前。以神力兴起一切宝衣云，就是黄色宝光明衣云、种种香所熏衣云、日幢摩尼王衣云、金色炽然摩尼衣云、一切宝光焰衣云、一切星辰像上妙摩尼衣云、白玉光摩尼衣云、光明遍照殊胜赫奕摩尼衣云、光明遍照威势炽盛摩尼衣云、庄严海摩尼衣云等，都充满整个虚空。他们到达佛前之后，顶礼佛足，随即在北方化现一座摩尼宝海庄严楼阁，及毗琉璃宝莲华藏师子座。然后他以师子威德摩尼王网覆盖身上，以清净宝王作明珠发髻，再和他的眷属盘腿而坐。

向东北方去，经过不可说佛国刹土微尘数世界海外，有名为一切欢喜清净光明网的世界。其中有佛住世，佛号为无碍眼佛。他的佛众中有一位名为化现法界愿月王的菩萨，和世界海微尘数的菩萨一起来到佛前。用神力兴作宝楼阁云、香楼阁云、华楼阁云、栴檀楼阁云、金刚楼阁云、摩尼楼阁云、金楼阁云、衣楼阁云、莲华楼阁云等，完全覆盖十方世界。他们到佛前之后，顶礼佛足，随即在东北方幻化一切法界门大摩尼楼阁，以及无等香王莲华藏师子座。他并以摩尼华网覆盖身上，戴上妙宝藏摩尼王冠，然后和他的眷属盘腿而坐。

向东南方去，经过不可说佛国刹土微尘数世界海外，有一个名为香云庄严幢的世界。其中有佛住世，佛号为龙自在王佛。他的佛众中有一位名为法慧光焰王的菩萨，和世界海微尘数菩萨一起，来到佛前。都用神力兴起金色圆满光明云、无量宝色圆满光明云、如来毫相圆满光明云、种种宝色圆满光明云、莲华藏圆满光明云、众宝树枝圆满光明云、如来顶髻圆满光明云、阎浮檀金色圆满光明云、日色圆满光明云、星月色圆满光明云等，遍满虚空。他们到佛前之后，顶礼佛足，随即在东南方化现毗卢遮那最上宝光明楼阁，以及金刚摩尼莲华藏师子座。以众宝光焰摩尼王网覆盖身上，然后和他的眷属盘腿而坐。

向西南方去，经过不可说佛国刹土微尘数世界海之外，有一个名为日光摩尼藏的世界。其中有佛住世，佛号为普照诸法智月王。他的佛众中有一位名为摧破一切魔军智幢王的菩萨，和世界海微尘数菩萨一起来到佛前。在每个一毛孔中化现等同虚空的华焰云、香焰云、宝焰云、金刚焰云、烧香焰云、电光焰云、毗卢遮那摩尼宝焰云、一切金光焰云、胜藏摩尼王光焰云、等三世如来海光焰云等，遍布虚空。他们到达佛前之后，顶礼佛足，随即在西南方化现普现十方法界光明网的大摩尼宝楼阁，以及香焰宝莲华藏师子座。并用离垢藏摩尼网覆盖身上，头上戴着出生一切众生发起趣向音声的摩尼宝王庄饰的宝冠，然后和他的眷属盘腿而坐。

向西北方去，经过不可说佛国刹土微尘数世界海之外，有名为毗卢遮那愿摩尼王藏的世界。其中有佛住世，佛号为普光明最胜须弥王。他的佛众中有一位名为愿智光明幢的菩萨，和世界海微尘数菩萨一起来到佛前。他们每一念的思惟、一切的相好、一切的身分，都化现过去、现在、未来三世一切如来形象云、一切菩萨形象云、一切如来众会形象云、一切如来变化身形象云、一切如来本生身形象云、一切声闻辟支佛形象云、一切如来菩提道场形象云、一切如来神变形象云、一切世间主形象云、一切清净国土形象云等，充满虚空。他们到达佛前之后，顶礼佛足，随即在西北方化现普照十方摩尼宝庄严，以及普照世间宝莲华师子座。用无能胜光的光明真珠网覆盖身上，头戴着光明摩尼宝冠，然后和他的眷属盘腿而坐。

向下方去，经过不可说佛国刹土微尘数世界海之外，有名为一切如来圆满光普照的世界。其中有佛住世，佛号为虚空无碍相智幢王佛。他的佛众中有一位名为破一切障勇猛智王的菩萨，和世界海微尘数菩萨一起来到佛前。在一切毛孔中，示现演说一切众生语言海音声云，示现演说一切过去、现在、未来三世菩萨修行方便海音声云，示现演说一切菩萨所起愿方便海音声云，示现演说一切菩萨成就圆满清净波罗蜜方便海音云，示现演说一切菩萨成就自在用音声云，示现演说一切如来往诣道场破魔军众成等正觉自在用音声云，示现演说一切如来转法轮契经门名号音声云，示现演说一切随应教化调伏众生法方便海音声云，示现演说一切随时随善根、随愿力普令众生证得智慧方便海音声云。他到达佛前之后，便顶礼佛足，随即在下方化现一切如来宫殿形象的众宝庄严楼阁，以及一切宝莲华藏师子座。头戴着普现道场影摩尼宝冠，然后和他的眷属盘腿而坐。

向上方去，经过不可说佛国刹土微尘数世界海之外，有名为说佛种性无有尽的世界。其中有佛住世，佛号为普智轮光明音。他的佛众中有位名为法界差别愿的菩萨，和世界海微尘数菩萨一起。从他们的清净道场出发来到这个娑婆世界中释迦牟尼佛前，在每一庄严相中、每一毛孔中、每一身相支分中、每一肢节中、每一庄严器具中、每一件衣服中，示现毗卢遮那等过去的一切诸佛、未来一切诸佛，已经得授记、未来将授记者；还有现在的十方一切国土、一切诸佛及他们的众会；也示现过去行布施波罗蜜，及他们受布施者的各种本事海；也示现过去行持持戒波罗蜜的各种本事海；也示现过去修行安忍波罗蜜，割截肢体，心无动乱的各种本事海；也示现过去修行精进波罗蜜，勇猛不退的各种本事海；也示现过去求一切如来禅波罗蜜海，而证得成就的各种本事海；又示现过去求诸佛转动法轮而成就法，发勇猛心，完全舍弃一切的各种本事海；也示现过去乐于见到诸佛，乐于实践菩萨道，乐于度化众生的各种本事海；也示现过去所发一切菩萨大愿清净庄严的各种本事海；也示现过去菩萨成就力波罗蜜勇猛清净的各种本事海；也示现过去一切菩萨所修圆满智波罗蜜的各种本事海。如是一切的本事海，完全遍满广大法界。

法界差别愿善萨来到佛前之后，顶礼佛足，随即在上方化现一切金刚藏庄严的楼阁，以及帝青金刚王莲华藏师子座。用一切宝光明摩尼网覆盖身上，用演说三世如来名号为摩尼宝王的宝珠，作成明珠发髻，然后和他的眷属盘腿而坐。

像这样，十方一切菩萨及他们的眷属，都从普贤菩萨的行愿中出生。能以清净智慧眼看见三世诸佛，普遍听闻诸佛如来转动的法轮，修多罗法海，而证得到一切菩萨自在的境地。并且念念都能示现大神通，亲近一切如来，并以法身充满法界如来的众会道场。在一粒尘沙中示现一切世间，教化成就所有的众生，未曾错失时节因缘。他还能从一毛孔中发出诸佛说法的声音。了知众生完全都是如幻不实的；了知诸佛都如幻影；了知六道各种生趣的受生其实都像做梦一般；了知一切业报就像镜中的影像；了知诸有生起时就像滚烫的火焰；了知一切世界都是变化无常的。因此能成就如来的十力、四无畏。像师子吼般勇猛自在大演法音，深入无穷尽的辩才大海。证得一切众生言辞海诸法智慧，在虚空法界行持无碍，了知一切法没有障碍。

他清净一切菩萨神通的境界后，更勇猛精进地摧毁降伏魔军，恒常以智慧明了通达三世。了知一切法宛如虚空，没有什么可违反诤辩的，也没有能够获取执着什么。他虽然勤奋精进，但也了知一切智慧究竟无所从来。他虽能观察境界，但是也了知一切的有都是幻化而了不可得的。因此能用方便智慧证入一切法界；用平等智慧证入一切佛国刹土；用自在神力让一切世界辗转证入一个世界。处处受生，并且看见一切世界的种种形相。在微细境界中示现广大刹土，或在广大境中示现微细刹土；或在一佛之前的一念之间，得到诸佛威神力的加持，普遍示现十方，没有任何迷惑。在刹那间，都能前去诣见所有佛土。像上面所说的一切菩萨，都遍满祇洹精舍，这都是如来威德神力的化现。

这个时候，上座的诸位大声闻行者，舍利弗❸、大目犍连❹、摩诃迦叶❺、离婆多❻、须菩提❼、阿㝹楼驮❽、难陀❾、劫宾那❿、迦旃延⓫、富楼那⓬等诸位大声闻行者。在祇洹精舍中完全看不见如来的神力、如来的庄严相好、如来的境界、如来的自在游戏、如来的神通变化、如来的尊贵殊胜、如来的妙行、如来的威德、如来的住持、如来的清净刹土。也看不见不可思议的菩萨境界、菩萨大会、菩萨普遍证入、菩萨普遍到达、菩萨的普遍诣见十方国土、菩萨的神通变化、菩萨的游戏、菩萨的眷属、菩萨的方所、菩萨庄严的师子宝座、菩萨的宫殿、菩萨的杂处、菩萨所入的三昧自在、菩萨的观察、菩萨宛若师子般的频申三昧、菩萨的勇猛、菩萨的供养、菩萨的授记、菩萨的成就、菩萨的勇健、菩萨的法身清净、菩萨的智身圆满、菩萨的愿身示现、菩萨的色身成就、菩萨的各种相好具足清净、菩萨常光的众色庄严、菩萨放大光网、菩萨起变化云、菩萨的身遍十方、菩萨的诸行圆满。

　　如是等等事，一切声闻诸大弟子，都完全看不见。为什么呢？因为他们的善根不同，因为他们不曾修习看见诸佛自在的善根，因为他们不曾赞叹宣说十方世界诸佛刹土的清净功德，因为他们不曾称扬赞叹诸佛世尊种种的神通变化力，因为他们不曾在生死流转中发起无上正等正觉，因为他们不曾安住菩提心，因为他们往昔不能够让如来种性不断绝，因为他们往昔不能摄受众生，因为他们往昔不曾劝请他人修习菩萨波罗蜜，因为他们往昔在生死流转时不曾劝请众生发愿求取最殊胜的大智慧眼，因为他们往昔不曾修习出生一切智的种种善根，因为他们往昔没有成就如来出离世间的种种善根，因为他们往昔没有修得严净佛国刹土的神通智慧，因为他们往昔没有修得诸菩萨眼所了知的境界，因为他们往昔不求超出世间、不共世间的种种菩提善根，因为他们往昔没有发起一切菩萨种种广大的誓愿，因为他们往昔不是从如来的加被所生，因为他们往昔不了知诸法如幻、菩萨如梦，因为他们往昔没有得到诸大菩萨的广大欢喜。

　　这些都是普贤菩萨智慧才能得见了知的境界，不同于一切的二乘诸法。由于如此，所以诸大声闻弟子不能看见、不能了知、不能听闻、不能证入、不能获得、不能起念、不能观察、不能筹量、不能思惟、不能分别。因此，虽然同在祇洹精舍当中，但是却不能看见如来的诸大神通变化。

又因为这些大声闻弟子没有像这样的善根❸，没有像这样的智慧眼，没有像这样的三昧故，没有像这样的解脱力，没有像这样的神通力，没有像这样的威德，没有像这样的势力，没有像这样的自在，没有像这样的安住于诸处，没有像这样的境界。因此不能了知、不能看见、不能证入、不能获得、不能安住、不能了解、不能观察、不能安忍信受、不能趣向、不能游履，又不能广为他人开示阐扬，解说佛法。称扬示现，引导劝发精进，让他人趣向正道，让他人修习正法，让他人安住境界，让他人证入正果。

为什么呢？诸大弟子都是依声闻乘而出离，所以只能成就声闻道，满足声闻行，安住声闻果位。对于无有❹的真谛义理得证决定不坏的智慧，常安住在实际究竟的寂静，而远离大悲心，舍离众生，安住自身解脱的独善之事。所以不能积集大乘菩萨的智慧，也不能够修行、安住、愿求、成就、清净、趣入、通达、看见、证得。由于这些缘故，虽然他们与菩萨同在祇洹精舍，对于如来如是广大神通变化都看不见。

"佛子啊！❺就像恒河的岸边有百千亿无量的饿鬼，裸露形体、腹中饥渴，全身上下都焦黑不已。像乌鹫豺狼相竞聚集，因为饥渴逼迫，为了求取水喝，即使住在河边，却看不见河。即使有饿鬼能看见那河水，看见的河却是枯竭的。为什么呢？因为他的业障深重，层层覆盖了他的自性。这些大声闻行者也是如此，虽然都身处祇洹精舍，却不能看见如来广大的神通力，舍弃一切智慧。因为他无明的翳膜覆盖了他的眼睛，不曾种植萨婆若地的各种善根。

"譬如有人❻，在大会中昏睡安眠，忽然梦见须弥山顶帝释天所住善见大城的宫殿、园林种种庄严妙好。还有百千万亿的天子、天女，散布天华布满地上，种种的衣树都生出妙好衣服，种种的华树也都开出香味芬芳的妙华。各种音乐树更演奏天上音乐，许多采女也纷纷歌咏美妙的音声。无量诸天王在里面游戏享乐，这个人看见自己穿着天上的衣服，在这地方安止居住，与大家同乐。这大会中一切众人虽同在一个地方，但是其他人却不能了知也看不见他梦中所见。为什么呢？此人梦中所看见的，其他人并没法看见。

"一切的菩萨、诸世间天王也是如此。因为久远劫以来他们已积集各种善根，发起一切智慧广大的愿力。并且努力学习诸佛如来的功德，修行菩萨种种庄严清净道场的行持。圆满一切智智法，圆满俱足普贤菩萨的行愿，并且深入一切菩萨的智慧境地，游戏一切菩萨安住的各种三昧。因为菩萨及诸世间天王能够观察一切菩萨的智慧境界，没有障碍，所以能看见如来不可思议的自在神变。这些都是一切声闻大弟子不能看见，不能了知的，因为他们没有菩萨清净的眼目。

"譬如在雪山上❶，有各种药草，良医到此，能够完全分别。但是捕猎放牧的人，虽然常住此山，却不知道有这些药草。同样的道理，因为诸菩萨证入智慧境界，具足自在力，因此能看见如来的广大神通变化。而佛陀的诸位大弟子只求利益自己，不求利益他人；只求自己安住，不求他人安住，所以虽然同在祇洹精舍，却不能了知、不能看见。

"又譬如土地中有各种宝藏❶，种种珍贵异常的宝物都充满其中，有一个智慧通达的聪明人，善于分别一切埋藏的宝藏。这个人又非常有福气，因此能随心所欲地自在取用，奉养父母，帮助亲属、老者、病人、贫穷、匮乏者，都能充足给养他们。而没有智慧、没有福德的人，虽然到了有宝藏的地方，却不能了知、不能看见，不能得到其中的利益。

"同样的道理，诸大菩萨因为有清净智慧眼目，因此能够进入如来不可思议的甚深境界，能够看见诸佛的神力，能够证入各种法门，能够游戏于三昧海，能够供养诸佛如来，能够用正法开悟众生，能够用四摄法摄受众生。所以这些大声闻既不能够看见如来神力，也不能够看见诸位菩萨。

"譬如有盲人到大宝洲❶，或行、或住、或坐、或卧，怎样也不能看见各种宝物，因为他们看不见，所以不能挖采，也没法受用。同样的道理，佛陀的诸大弟子虽然在祇洹精舍亲近世尊，却不能看见如来的自在神力，也不能看见菩萨大会。为什么呢？因为他们没有菩萨无障碍清净法眼，不能依次第悟入法界，看到如来的自在神力。

"譬如有人，证得名为"离垢光明"的清净眼❷，一切的黑暗都不能障碍他。这时，此人在黑暗中，身边有无量百千万亿的人，不管他们是行、住、坐、卧，及其他等等的形相威仪，这个证得离垢光明眼的人没有不看见的。而这人的威仪进退，这些人却都看不见。诸佛也是如此，他已成就智慧法眼，清净没有障碍，能完全明见世间诸佛如来示现的神通变化，诸大菩萨并共同围绕，但诸大弟子却完全不能看见。

"譬如比丘在大众之中❷，能证入遍一切处定，就是地遍一切处定、水遍一切处定、火遍一切处定、风遍一切处定、青遍一切处定、黄遍一切处定、赤遍一切处定、白遍一切处定、天遍一切处定、种种众生身遍一切处定、一切语言音声遍一切处定、一切所缘遍一切处定。证入这个禅定境界的人，自己能够见到地、水、火、风、青、黄、赤、白等，他修习这个禅定观想所缘的境界遍达一切。但是其他人却都看不见他们所证的禅定三昧。除了修证安住在这个三昧的人。所以，如来示现的诸佛不可思议境界也是如此。菩萨能完全看见，而声闻则看不见。

"譬如有人❷，用能隐形的药涂在自己的眼睛，在于众会中来去坐立都没人看见，而他却能完全看见众会中的事。所以，你们应当知道如来也是如此，他的能力超过世间，因此能够普见世间所有的事。但是诸位声闻行者却不能看见，除了趣向求一切智慧境界的诸大菩萨能看见之外。

"就如同凡人出生之后❷，就有两个天人，恒常随从身边，一位名叫同生，另一位名叫同名。天人能够时常见到人，人却不能见到天人。所以，你们应知道如来也是如此，在诸菩萨大集会中示现大神通，各个大声闻都不能看见。譬如已证得心自在的比丘❷，能证入灭尽定，这时他的眼、耳、鼻、舌、身、意等六根造作行业都完全止息，一切语言问答也不知不觉。同时，因为这个定境的禅定力量所持，他并不会入灭而般涅槃。一切声闻也是如此，虽然住于祇洹精舍，具足六根，但却不能了知、不能看见、不能了解、不能证入如来自在于菩萨众会中所做的种种事情。

"为什么呢？如来的境界甚为深奥广大，难以看见、难能了知、难测、难量，超过诸世间的一切。非常不可思议，没有人能破坏，不是二乘的境界。所以，如来自在的神力及菩萨众会、祇洹精舍中遍一切清净世界种种化现事，诸大声闻都不能了知看见，因为他们不是那种根器。"

这时，毗卢遮那愿光明菩萨承蒙佛陀神力的加持，观察十方，而称颂说：

汝等应当观察，佛道不可思议，
于此逝多林中，示现大神通力。
善逝大威神力，所现无央其数，
一切诸世间中，迷惑不能了知。
法王甚深妙法，无量难以思议，
所现一切神通，举世莫能测度。
以了法本无相，是故名为佛陀，
而具众相庄严，称扬不可穷尽。
今于此林之内，示现大威神力，
甚深无有边际，言辞莫能称辩。
汝观具大威德，无量诸菩萨众，
由十方诸国土，而来拜见世尊。
所愿悉皆具足，所行无有障碍，
一切诸世间中，无有能测量者。
一切诸缘觉众，及彼诸大声闻，
皆悉不能了知，菩萨妙行境界。
菩萨广大智慧，诸地悉皆究竟，
高建勇猛大幢，难摧难可动摇。
诸广大名称士，无量三昧威力，
所现一切神变，法界悉皆充满。

这时，不可坏精进王菩萨承蒙佛的神力加持，观察十方，而称颂说：

汝观诸佛真子，智慧功德宝藏，

究竟菩提妙行，安稳于诸世间。

其心本然明达，善入一切三昧，

智慧无有边际，境界不可计量。

今此逝多林中，种种悉皆严饰，

菩萨大众云集，亲近如来而住。

汝观无所执着，无量大众之海，

十方皆来诣此，安坐宝莲华座。

无来亦无所住，无依亦无戏论，

离垢心无障碍，究竟于法界中。

十方无量刹土，一切诸佛所在，

同时悉皆往诣，而亦不劳分身。

汝今观释师子，自在神通威力，

能令菩萨大众，一切俱来集会。

一切诸佛妙法，法界悉皆平等，

言说故有不同，此众咸皆通达。

诸佛恒常安住，法界平等之际，

演说差别诸法，言辞无有穷尽。

这时，普胜无上威德王菩萨承佛的神力加持，观察十方，而称颂说：

汝观无上大士，广大智慧圆满，

善达时与非时，为众演说妙法。

摧伏一切外道，一切各种异论，

普随众生之心，为示现神通力。

正觉本非有量，亦复非为无量，

若量与若无量，牟尼悉皆超越。

如日在虚空中，照临一切处所，

佛智亦复如是，了达三世妙法。

譬如十五夜中，月轮无有减缺，
如来亦复皆然，白法悉皆圆满。

譬如空中日轮，运行无暂已时，
如来亦复如是，神变恒为相续。

譬如十方刹土，于空无所障碍，
世灯示现变化，于世亦复皆然。

譬如世间大地，群生之所依止，
照世明灯法轮，为依亦复如是。

譬如广大水轮，世界所依止住，
智慧轮亦复尔，三世佛之所依。

这时，无碍胜藏王菩萨承佛的神力加持，观察十方，而称颂说：

譬如广大宝山，饶益一切含识，
佛山亦复如是，普益于诸世间。

譬如大海之水，澄净无有垢浊，
见佛亦复如是，能除一切渴爱。

譬如须弥山王，出于大海之中，
世间明灯亦尔，从于法海中出。

如海具足众宝，求者皆得满足，
无师智慧亦然，见者悉得开悟。

如来甚深智慧，无量亦无有数，
是故神通威力，示现难以思议。

譬如工巧幻师，示现种种化事，
佛智亦复如是，现诸自在威力。

譬如有如意宝，能满一切所欲，
最胜者亦复然，满足诸清净愿。

譬如明净珍宝，普照一切万物，

佛智慧亦如是，普照群生心念。
譬如八面妙宝，平等鉴照诸方，
无碍明灯亦然，普遍照于法界。
譬如水清宝珠，能清净诸浊水，
见佛亦复如是，诸根悉皆清净。

这时，化现法界愿月王菩萨承佛的神力加持，观察十方，而称颂说：

譬如帝青妙宝，能青一切众色，
见佛者亦复然，悉发菩提心行。
一一微尘之内，佛陀现神通力，
今彼无量无边，菩萨悉皆清净。
甚深微妙威力，清净妙相庄严，
普入于法界中，成就一切菩萨。
难思诸佛国土，于中成等正觉，
一切诸菩萨众，世主悉皆充满。
释迦无上至尊，于法悉得自在，
示现大神通力，无边不可测量。
菩萨种种胜行，无量无有穷尽，
如来自在神力，为之悉皆示现。
佛子善巧修学，甚深一切法界，
成就无碍智慧，明了一切妙法。
善逝威神之力，为众转大法轮，
神变普皆充满，令世皆得清净。
如来智慧圆满，境界亦得清净，
譬如诸大龙王，普济一切群生。

这时，法慧光焰王菩萨承佛的神力加持，观察十方，而称颂说：

三世诸佛如来，声闻大弟子众，
悉不能了知佛，举足下足之事。
去来现在世中，一切诸缘觉众，
亦不了知如来，举足下足之事。
况复凡夫大众，结使烦恼缠缚，
无明盖覆心识，而能了知导师？
正觉无碍智慧，超过语言之道，
其量不可测量，孰有能知见者！
譬如明月之光，无能测其边际，
诸佛神通亦尔，莫见其之终尽。
一一诸种方便，念念之所变化，
尽于无量时劫，思惟不能了知。
思惟一切智慧，不可思议妙法，
一一诸方便门，边际不可了得。
若有于此法中，而兴广大愿力，
彼于此境界中，知见不复为难。
勇猛精勤修习，难思广大法海，
其心无有障碍，入此方便之门。
心意已得调伏，志愿亦甚宽广，
当获广大菩提，最胜微妙境界。

这时，破一切魔军智幢王菩萨承佛的神力加持，观察十方，而称颂说：

智身非是色身，无碍难可思议，
设有可思议者，一切亦无能及。
从不思议业力，生起此清净身，
殊异特妙庄严，不着于三界中。
光明普照一切，法界悉皆清净，

开示佛菩提门，出生众种智慧。
譬如世间大日，普放智慧光明，
远离诸种尘垢，灭除一切障碍。
普净三有处所，永绝生死之流，
成就菩萨妙道，出生无上大觉。
示现无边色相，此色无依止处，
所现虽为无量，一切不可思议。
菩提一念之顷，能觉一切妙法，
云何而欲测量，如来智慧边际？
一念悉皆明达，一切三世妙法，
故说诸佛智慧，无尽亦无能坏。
智者亦应如是，专思诸佛菩提，
此思难以思议，思之亦不可得。
菩提不可宣说，超过语言道路，
诸佛从此出生，是法难可思议。

这时，愿智光明幢王菩萨承佛的神力加持，观察十方，而称颂说：

若能善巧观察，菩提无尽大海，
则得离痴心念，决定受持佛法。
若得决定心念，则能修习妙行，
禅寂复自思虑，永断一切疑惑。
其心永不疲倦，亦复无有懈怠，
辗转增进修习，究竟诸佛妙法。
信智已得成就，念念能令增长，
常乐恒常观察，无得无依止法。
无量亿千时劫，所修功德妙行，
一切悉皆回向，诸佛所求大道。

虽在于生死中，而心亦无染着，
安住诸佛妙法，常乐如来妙行。
世间一切所有，蕴界处等诸法，
一切悉皆舍离，专求诸佛功德。
凡夫婴行妄惑，于世恒常流转，
菩萨心无障碍，救之令得解脱。
菩萨妙行难称，举世莫能思量，
遍除一切苦恼，普与群生喜乐。
已获菩提妙智，复悯诸群生等，
光明普照世间，度脱一切众生。

这时，破一切障勇猛智王菩萨承佛的神力加持，观察十方，而称颂说：

无量亿千时劫，佛名难可听闻，
况复得以亲近，永断一切疑惑！
如来世间明灯，通达一切妙法，
普生三世福德，令众悉皆清净。
如来微妙色身，一切之所钦叹，
亿劫恒常瞻仰，其心无有厌足。
若有诸佛子等，观察佛妙色身，
必舍诸有执着，回向大菩提道。
如来微妙色身，恒演广大音声，
辩才永无障碍，开佛大菩提门。
晓悟十方众生，无量不可思议，
令入智慧之门，授以佛菩提记。
如来出兴世间，为世广大福田，
普导一切含识，令其积集福行。
若有供养于佛，永除恶道怖畏，

消灭一切苦恼，成就大智慧身。
若见两足至尊，能发广大妙心，
是人恒值遇佛，增长智慧之力。
若见人中特胜，决意趣向菩提，
是人能自了知，必当成就正觉。

这时，法界差别愿智神通王菩萨承佛的神力加持，观察十方，而称颂说：

释迦无上至尊，具足一切功德，
见者心生清净，回向广大智慧。
如来大慈大悲，出现于世间中，
普为一切群生，转动无上法轮。
如来无数时劫，勤苦为诸众生，
云何于诸世间，能报广大师恩？
宁于无量时劫，受诸恶道苦恼，
终不舍弃如来，而心求于出离。
宁代一切众生，备受一切苦恼，
终不舍弃于佛，而暂求得安乐。
宁在诸恶趣中，恒得听闻佛名，
不愿生于善道，暂时不闻佛名。
宁生诸地狱中，一一经无数劫，
终不远离佛陀，而求出离恶趣。
何故愿得久住，一切诸恶道中？
以得见佛如来，增长智慧之故。
若能得见于佛，除灭一切苦恼，
能入诸佛如来，大智微妙境界。
若得见于佛陀，舍离一切障碍，

长养无尽福德，成就大菩提道。

如来能永断绝，一切众生疑惑，

随其心中所乐，普皆令得满足。

【注释】

❶ 逝多林："逝多"是舍卫国太子之名，须达多长者要求买其所有地，于此建精舍献予佛，即祇洹精舍。

❷ 给孤独园："给孤独"即须达多长者，长者能救济施与孤独贫困者，故有此名称。给孤独长者建立的僧园即祇洹精舍。

❸ 舍利弗：梵语 Śāriputra 的音译，是从母名而命名，译作"鹙鹭子"，十大弟子之一，誉称"智慧第一"。

❹ 大目犍连：又作"摩诃目犍莲"，梵语 Mahāmaudgalyāyana，译作"大采菽"，十大弟子之一，誉称"神通第一"。

❺ 摩诃迦叶：梵语 Mahā-kāśyapa 的音译，译作"大饮光"，婆罗门族中一姓，同是十大弟子之一，誉称"头陀第一"。

❻ 离婆多：梵语 Revata 的音译，译作"室星"，祈求星星而得之子，故有此名，誉称"坐禅第一"。

❼ 须菩提：梵语 Subhūti 的音译，译作"善现"、"善吉"等，又称"空生"，十大弟子中以"解空第一"闻名。

❽ 阿觉楼驮：梵语 Aniruddha 的音译，译作"无灭"或"如意"等。十大弟子中，誉称"天眼第一"。

❾ 难陀：梵语 Ānanda 的音译，译作"欢喜"或"庆喜"等。佛的常随侍者，号称"多闻第一"。

❿ 劫宾那：又作"摩诃劫宾那"，梵语 Mahākalpina，译作"房宿"，佛弟子中能知星宿者。

⓫ 迦旃延：婆罗门姓之一，梵语 Mahākātyāyana，译作"扇绳"或"好肩"，十大弟子中以"论议第一"闻名。

⓬ 富楼那：梵语 Pūrna 的音译，全名为"富楼那弥多罗尼子"，译作"满慈子"，十大弟子中号称"说法第一"。

⓭ 前段说明欠缺宿因，次段说明无现在因缘。

⓮ 无有谛：指"我空法有"的义理。

⓯ 次举十喻，释二乘不见之所以，初譬喻佛菩萨润益甚深之德。

⓰ 次譬显示佛菩萨高显广大之德。

⓱ 次譬喻幽邃难见之德。

⓲ 次譬明秘密难知之德。

⓳ 次譬显示迥绝难测之德。

⓴ 次譬显示智照难量之德。

㉑ 次譬显示周遍难思之德。

㉒ 次譬示隐显超世之德。

㉓ 次譬说明微妙难坏之德。

㉔ 次譬显示声闻安住自乘之无德。

卷第六十一
入法界品第三十九之二

【原典】

　　尔时，普贤菩萨摩诃萨普观一切菩萨众会，以等法界方便、等虚空界方便、等众生界方便，等三世、等一切劫、等一切众生业、等一切众生欲、等一切众生解、等一切众生根、等一切众生成熟时、等一切法光影方便，为诸菩萨以十种法句开发、显示、照明、演说此师子频申三昧。何等为十？所谓演说能示现等法界一切佛刹微尘中，诸佛出兴次第、诸刹成坏次第法句；演说能示现等虚空界一切佛刹中，尽未来劫赞叹如来功德音声法句；演说能示现等虚空界一切佛刹中，如来出世无量无边成正觉门法句；演说能示现等虚空界一切佛刹中，佛坐道场菩萨众会法句；演说于一切毛孔，念念出现等三世一切佛变化身充满法界法句；演说能令一身充满十方一切刹海，平等显现法句；演说能令一切诸境界中，普现三世诸佛神变法句；演说能令一切佛刹微尘中，普现三世一切佛刹微尘数佛种种神变经无量劫法句；演说能令一切毛孔出生三世一切诸佛大愿海音，尽未来劫开发化导一切菩萨法句；演说能令佛师子座量同法界，菩萨众会道场庄严等无差别，尽未来劫转于种种微妙法轮法句。佛子！此十为首，有不可说佛刹微尘数法句，皆是如来智慧境界。

　　尔时，普贤菩萨欲重宣此义，承佛神力，观察如来，观察众会，观察诸佛难思境界，观察诸佛无边三昧，观察不可思议诸世界海，观察不可思议如幻法智，观察不可思议三世诸佛悉皆平等，观察一切无量无边诸言辞法，而说颂言：

> 一一毛孔中，微尘数刹海，悉有如来坐，皆具菩萨众。
> 一一毛孔中，无量诸刹海，佛处菩提座，如是遍法界。
> 一一毛孔中，一切刹尘佛，菩萨众围绕，为说普贤行。
> 佛坐一国土，充满十方界，无量菩萨云，咸来集其所。
> 亿刹微尘数，菩萨功德海，俱从会中起，遍满十方界。
> 悉住普贤行，皆游法界海，普现一切刹，等入诸佛会。
> 安坐一切刹，听闻一切法；一一国土中，亿劫修诸行。
> 菩萨所修行，普明法海行，入于大愿海，住佛境界地。
> 了达普贤行，出生诸佛法，具佛功德海，广现神通事。
> 身云等尘数，充遍一切刹，普雨甘露法，令众住佛道。

尔时，世尊欲令诸菩萨安住如来师子频申广大三昧故，从眉间白毫相放大光明，其光名普照三世法界门，以不可说佛刹微尘数光明而为眷属，普照十方一切世界海诸佛国土。时，逝多林菩萨大众，悉见一切尽法界、虚空界一切佛刹一一微尘中，各有一切佛刹微尘数诸佛国土，种种名、种种色、种种清净、种种住处、种种形相。如是一切诸国土中，皆有大菩萨坐于道场师子座上成等正觉，菩萨大众前后围绕，诸世间主而为供养。或见于不可说佛刹量大众会中，出妙音声，充满法界，转正法轮。或见在天宫殿、龙宫殿、夜叉宫殿，乾闼婆、阿修罗、迦楼罗、紧那罗、摩睺罗伽、人、非人等诸宫殿中，或在人间村邑聚落、王都大处，现种种姓、种种名、种种身、种种相、种种光明，住种种威仪，入种种三昧，现种种神变，或时自以种种言音，或令种种诸菩萨等在于种种大众会中，种种言辞说种种法。

如此会中，菩萨大众见于如是诸佛如来甚深三昧大神通力。如是尽法界、虚空界，东、西、南、北、四维、上、下一切方海中，依于众生心想而住，始从前际至今现在，一切国土身、一切众生身、一切虚空道，其中一一毛端量处，一一各有微尘数刹种种业起次第而住，悉有道场菩萨众会，皆亦如是见佛神力，不坏三世，不坏世间，于一切众生心中现其影像，随一切众生心乐出妙言音，普入一切众会中，普现一切众生前，色相有别，智慧无异，随其所应开示佛法，教化调伏一切众生未曾休息。其有见此佛神力者，皆是毗卢遮那如来于往昔时善根摄受，或昔曾以四摄所摄，或是见闻忆念亲近之所成熟，或是往昔教其令发阿耨多罗三藐三菩提心，或是往昔于诸佛所同种善根，或是过去以一切智善巧方便教化成熟。是故皆得入于如来不可思议甚深三昧，尽法界、虚空界大神通力，或入法身，或入色身，或入往昔所成就行，或入圆满诸波罗蜜，或入庄严清净行轮，或入菩萨诸地，或入成正觉力，或入佛所住三昧无差别大神变，或入如来力、无畏智，或入佛无碍辩才海。

彼诸菩萨以种种解、种种道、种种门、种种入、种种理趣、种种随顺、种种智慧、种种助道、种种方便、种种三昧，入如是等十不可说佛刹微尘数佛神变海方便门。云何种种三昧？所谓普庄严法界三昧、普照一切三世无碍境界三昧、法界无差别智光明三昧、入如来境界不动转三昧、普照无边虚空三昧、入如来力三昧、佛无畏勇猛奋迅庄严三昧、一切法界旋转藏三昧、如月普现一切法界以无碍音大开演三昧、普清净法光明三昧、无碍缯法王幢三昧、一一境界中悉见一切诸佛海三昧、于一切世间悉现身三昧、入如来无差别身境界三昧、随一切世间转大悲藏三昧、知一切法无有迹三昧、知一切法究竟寂灭三昧、虽无所得而能变化普现世间三昧、普入一切刹三昧、庄严一切佛刹成正觉三昧、观一切世间主色相差别三昧、观一切众生境界无障碍三昧、能出生一切如来母三昧、能修行入一切佛海功德道三昧、一一境界中出现神变尽未来际三昧、入一切如来本事海三昧、尽未来际护持一切如来种性三昧、以决定解力令现在十方一切佛刹海皆清净三昧、一念中普照一切佛所住三昧、入一切境界无碍际三昧、令一切世界为一佛刹三昧、出一切佛变化身三昧、以金刚王智知一切诸根海三昧、知一切如来同一身三昧、知一切法界所安立悉住心念际三昧、于一切法界广大国土中示现涅槃三昧、令住最上处三昧、于一切佛刹现种种众生差别身三昧、普入一切佛智慧三昧、知一切法性相三昧、一念普知三世法三昧、念念中普现法界身三昧、以师子勇猛智知一切如来出兴次第三昧、于一切法界境界慧眼圆满三昧、勇猛趣向十力三昧、放一切功德圆满光明普照世间三昧、不动藏三昧、说一法普入一切法三昧、于一法以一切言音差别训释三昧、演说一切佛无二法三昧、知三世无碍际三昧、知一切劫无差别三昧、入十力微细方便三昧、于一切劫成就一切菩萨行不断绝三昧、十方普现身三昧、于法界自在成正觉三昧、生一切安隐受三昧、出一切庄严具庄严虚空界三昧、念念中出等众生数变化身云三昧、如来净空月光明三昧、常见一切如来住虚空三昧、开示一切佛庄严三昧、照明一切法义灯三昧、照十力境界三昧、三世一切佛幢想三昧、一切佛一密藏三昧、念念中所作皆究竟三昧、无尽福德藏三昧、见无边佛境界三昧、坚住一切法三昧、现一切如来变化悉令知见三昧、念念中佛日常出现三昧、一念❶中悉知三世所有法三昧、普音演说一切法性寂灭三昧、见一切佛自在力三昧、法界开敷莲华三昧、观诸法如虚空无住处三昧、十方海普入一方三昧、入一切法界无源底三昧、一切法海三昧、以寂静身放一切光明三昧、一念中现一切神通大愿三昧、一切时一切处成正觉三昧、以一庄严入一切法界三昧、普现一切诸佛身三昧、知一切众生广大殊胜神通智三昧、一念中其身遍法界三昧、现一乘净法界三昧、入普门法界示现大庄严三昧、住持一切佛法轮三昧、以一切法门庄严一法门三昧、以因陀罗网愿行摄一切众生界三昧、分别一切世界门三昧、乘莲华自在游步三昧、知一切众生种种差别神通智三昧、令其身恒现一切众生前三昧、知一切众生差别音声言辞海三昧、知一切众生差别智神通三昧、大悲平等藏三昧、一切佛入如来际三昧、观察一切如来解脱处师子频申三昧，菩萨以如是等不可说佛刹微尘数三昧，入毗卢遮那如来念念充满一切法界三昧神变海。

其诸菩萨皆悉具足大智神通，明利自在，住于诸地，以广大智普观一切，从诸智慧种性而生，一切智智常现在前，得离痴翳清净智眼，为诸众生作调御师，住佛平等，于一切法无有分别，了达境界，知诸世间性皆寂灭无有依处。普诣一切诸佛国土而无所著，悉能观察一切诸法而无所住，遍入一切妙法宫殿而无所来，教化调伏一切世间，普为众生现安隐处，智慧解脱，为其所行，恒以智身住离贪际，超诸有海，示真实际，智光圆满，普见诸法，住于三昧，坚固不动，于诸众生恒起大悲，知诸法门悉皆如幻，一切众生悉皆如梦，一切如来悉皆如影，一切言音悉皆如响，一切诸法悉皆如化。善能积集殊胜行愿，智慧圆满，清净善巧，心极寂静，善入一切总持境界，具三昧力，勇猛无怯；获明智眼，住法界际，到一切法无所得处。修习无涯智慧大海，到智波罗蜜究竟彼岸，为般若波罗蜜之所摄持。以神通波罗蜜普入世间，依三昧波罗蜜得心自在。以不颠倒智知一切义，以巧分别智开示法藏，以现了智训释文辞，以大愿力说法无尽。以无所畏大师子吼，常乐观察无依处法，以净法眼普观一切，以净智月照世成坏，以智慧光照真实谛。福德智慧如金刚山，一切譬喻所不能及。善观诸法，慧根增长，勇猛精进，摧伏众魔，无量智慧，威光炽盛，其身超出一切世间，得一切法无碍智慧，善能悟解尽、无尽际，住于普际，入真实际，无相观智常现在前。善巧成就诸菩萨行，以无二智知诸境界，普见一切世间诸趣，遍往一切诸佛国土。智灯圆满，于一切法无诸暗障，放净法光照十方界，为诸世间真实福田，若见若闻，所愿皆满，福德高大，超诸世间，勇猛无畏，摧诸外道。演微妙音遍一切刹，普见诸佛，心无厌足，于佛法身已得自在，随所应化而为现身，一身充满一切佛刹，已得自在清净神通，乘大智舟，所往无碍，智慧圆满，周遍法界。譬如日出普照世间，随众生心现其色像，知诸众生根性欲乐，入一切法无诤境界。知诸法性无生无起，能令小大自在相入，决了佛地甚深之趣，以无尽句说甚深义，于一句中演说一切修多罗海。获大智慧陀罗尼身，凡所受持永无忘失。一念能忆无量劫事，一念悉知三世一切诸众生智。恒以一切陀罗尼门，演说无边诸佛法海，常转不退清净法轮，令诸众生皆生智慧。得佛境界智慧光明，入于善见甚深三昧，入一切法无障碍际，于一切法胜智自在，一切境界清净庄严。普入十方一切法界，随其方所，靡不咸至，一一尘中现成正觉，于无色性现一切色，以一切方普入一方。其诸菩萨具如是等无边福智功德之藏，常为诸佛之所称叹，种种言辞说其功德，不能令尽，靡不咸在逝多林中，深入如来功德大海，悉见于佛光明所照。

尔时，诸菩萨得不思议正法光明，心大欢喜，各于其身及以楼阁、诸庄严具，并其所坐师子之座，遍逝多林一切物中，化现种种大庄严云，充满一切十方法界。所谓于念念中放大光明云，充满十方，悉能开悟一切众生；出一切摩尼宝铃云，充满十方，出微妙音，称扬赞叹三世诸佛一切功德；出一切音乐云，充满十方，音中演说一切众生诸业果报；出一切菩萨种种愿行色相云，充满十方，说诸菩萨所有大愿；出一切如来自在变化云，充满十方，演出一切诸佛如来语言音声；出一切菩萨相好庄严身云，充满十方，说诸如来于一切国土出兴次第；出三世如来道场云，充满十方，现一切如来成等正觉功德庄严；出一切龙王云，充满十方，雨一切诸香；出一切世主身云，充满十方，演说普贤菩萨之行；出一切宝庄严清净佛刹云，充满十方，现一切如来转正法轮。是诸菩萨以得不思议法光明故，法应如是，出兴此等不可说佛刹微尘数大神变庄严云。

尔时，文殊师利菩萨承佛神力，欲重宣此逝多林中诸神变事，观察十方，而说颂言：

汝应观此逝多林，以佛威神广无际，一切庄严皆示现，十方法界悉充满。

十方一切诸国土，无边品类大庄严，于其座等境界中，色像分明皆显现。

从诸佛子毛孔出，种种庄严宝焰云，及发如来微妙音，遍满十方一切刹。

宝树华中现妙身，其身色相等梵王，从禅定起而游步，进止威仪恒寂静。

如来一一毛孔内，常现难思变化身，皆如普贤大菩萨，种种诸相为严好。

逝多林上虚空中，所有庄严发妙音，普说三世诸菩萨，成就一切功德海。

逝多林中诸宝树，亦出无量妙音声，演说一切诸群生，种种业海各差别。

林中所有众境界，悉现三世诸如来，一一皆起大神通，十方刹海微尘数。

十方所有诸国土，一切刹海微尘数，悉入如来毛孔中，次第庄严皆现睹。

所有庄严皆现佛，数等众生遍世间，一一咸放大光明，种种随宜化群品。

香焰众华及宝藏，一切庄严殊妙云，靡不广大等虚空，遍满十方诸国土。

十方三世一切佛，所有庄严妙道场，于此园林境界中，一一色像皆明现。

一切普贤诸佛子，百千劫海庄严刹，其数无量等众生，莫不于此林中见。

尔时，彼诸菩萨以佛三昧光明照故，即时得入如是三昧，一一皆得不可说佛刹微尘数大悲门，利益安乐一切众生。于其身上一一毛孔，皆出不可说佛刹微尘数光明。一一光明，皆化现不可说佛刹微尘数菩萨。其身形相如世诸主，普现一切众生之前，周匝遍满十方法界，种种方便教化调伏，或现不可说佛刹微尘数诸天宫殿无常门，或现不可说佛刹微尘数一切众生受生门，或现不可说佛刹微尘数一切菩萨修行门，或现不可说佛刹微尘数梦境门，或现不可说佛刹微尘数菩萨大愿门，或现不可说佛刹微尘数震动世界门，或现不可说佛刹微尘数分别世界门，或现不可说佛刹微尘数现生世界门，或现不可说佛刹微尘数檀波罗蜜门，或现不可说佛刹微尘数一切如来修诸功德种种苦行尸波罗蜜门，或现不可说佛刹微尘数割截肢体羼提波罗蜜门，或现不可说佛刹微尘数勤修毗梨耶波罗蜜门，或现不可说佛刹微尘数一切菩萨修诸三昧禅定解脱门，或现不可说佛刹微尘数佛道圆满智光明门，或现不可说佛刹微尘数勤求佛法为一文一句故舍无数身命门，或现不可说佛刹微尘数亲近一切佛咨问一切法心无疲厌门，或现不可说佛刹微尘数随诸众生时节欲乐往诣其所方便成熟令住一切智海光明门，或现不可说佛刹微尘数降伏众魔制诸外道显现菩萨福智力门，或现不可说佛刹微尘数知一切工巧明智门，或现不可说佛刹微尘数知一切众生差别明智门，或现不可说佛刹微尘数知一切法差别明智门，或现不可说佛刹微尘数知一切众生心乐差别明智门，或现不可说佛刹微尘数知一切众生根行、烦恼、习气明智门，或现不可说佛刹微尘数知一切众生种种业明智门，或现不可说佛刹微尘数开悟一切众生门。以如是等不可说佛刹微尘数方便门，往诣一切众生住处而成熟之。所谓或往天宫，或往龙宫，或往夜叉、乾闼婆、阿修罗、迦楼罗、紧那罗、摩睺罗伽宫，或往梵王宫，或往人王宫，或往阎罗王宫，或往畜生、饿鬼、地狱之所住处，以平等大悲、平等大愿、平等智慧、平等方便摄诸众生。或有见已而调伏者，或有闻已而调伏者，或有忆念而调伏者，或闻音声而调伏者，或闻名号而调伏者，或见圆光而调伏者，或见光网而调伏者，随诸众生心之所乐，皆诣其所，令其获益。

"佛子！此逝多林一切菩萨，为欲成熟诸众生故，或时现处种种严饰诸宫殿中，或时示现住自楼阁宝师子座，道场众会所共围绕，周遍十方，皆令得见，然亦不离此逝多林如来之所。佛子！此诸菩萨，或时示现无量化身云，或现其身独一无侣。所谓或现沙门身，或现婆罗门身，或现苦行身，或现充盛身，或现医王身，或现商主身，或现净命身，或现妓乐身，或现奉事诸天身，或现工巧技术身。往诣一切村营城邑、王都聚落、诸众生所，随其所应，以种种形相、种种威仪、种种音声、种种言论、种种住处，于一切世间犹如帝网行菩萨行。或说一切世间工巧事业，或说一切智慧照世明灯，或说一切众生业力所庄严，或说十方国土建立诸乘位，或说智灯所照一切法境界，教化成就一切众生，而亦不离此逝多林如来之所。"

尔时，文殊师利童子从善住楼阁出，与无量同行菩萨，及常随侍卫诸金刚神、普为众生供养诸佛诸身众神、久发坚誓愿常随从诸足行神、乐闻妙法主地神、常修大悲主水神、智光照耀主火神、摩尼为冠主风神、明练十方一切仪式主方神、专勤除灭无明黑暗主夜神、一心匪懈阐明佛日主昼神、庄严法界一切虚空主空神、普度众生超诸有海主海神、常勤积集趣一切智助道善根高大如山主山神、常勤守护一切众生菩提心城主城神、常勤守护一切智智无上法城诸大龙王、常勤守护一切众生诸夜叉王、常令众生增长欢喜乾闼婆王、常勤除灭诸饿鬼趣鸠槃荼王、恒愿拔济一切众生出诸有海迦楼罗王、愿得成就诸如来身高出世间阿修罗王、见佛欢喜曲躬恭敬摩睺罗伽王、常厌生死恒乐见佛诸大天王、尊重于佛赞叹供养诸大梵王。文殊师利与如是等功德庄严诸菩萨众，出自住处，来诣佛所，右绕世尊，经无量匝，以诸供具种种供养，供养毕已，辞退南行，往于人间。

尔时，尊者舍利弗承佛神力，见文殊师利菩萨，与诸菩萨众会庄严，出逝多林，往于南方，游行人间，作如是念："我今当与文殊师利俱往南方。"时，尊者舍利弗与六千比丘前后围绕，出自住处，来诣佛所，顶礼佛足，具白世尊。世尊听许，右绕三匝，辞退而去，往文殊师利所。此六千比丘是舍利弗自所同住，出家未久，所谓海觉比丘、善生比丘、福光比丘、大童子比丘、电生比丘、净行比丘、天德比丘、君慧比丘、梵胜比丘、寂慧比丘。如是等，其数六千，悉曾供养无量诸佛，深植善根，解力广大，信眼明彻，其心宽博，观佛境界，了法本性，饶益众生，常乐勤求诸佛功德，皆是文殊师利说法教化之所成就。

尔时，尊者舍利弗在行道中观诸比丘，告海觉言："海觉！汝可观察文殊师利菩萨清净之身，相好庄严，一切天人莫能思议。汝可观察文殊师利圆光映彻，令无量众生发欢喜心。汝可观察文殊师利光网庄严，除灭众生无量苦恼。汝可观察文殊师利众会具足，皆是菩萨往昔善根之所摄受。汝可观察文殊师利所行之路，左右八步，平坦庄严。汝可观察文殊师利所住之处，周回十方，常有道场随逐而转。汝可观察文殊师利所行之路，具足无量福德庄严，左右两边有大伏藏，种种珍宝自然而出。汝可观察文殊师利曾供养佛，善根所流，一切树间出庄严藏。汝可观察文殊师利，诸世间主雨供具云，顶礼恭敬以为供养。汝可观察文殊师利，十方一切诸佛如来将说法时，悉放眉间白毫相光来照其身，从顶上入。"

尔时，尊者舍利弗为诸比丘称扬赞叹、开示演说文殊师利童子有如是等无量功德具足庄严。彼诸比丘闻是说已，心意清净，信解坚固，喜不自持，举身踊跃，形体柔软，诸根悦豫，忧苦悉除，垢障咸尽，常见诸佛，深求正法，具菩萨根，得菩萨力，大悲大愿皆自出生，入于诸度甚深境界，十方佛海常现在前，于一切智深生信乐，即白尊者舍利弗言："唯愿大师将引我等往诣于彼胜人之所。"时，舍利弗即与俱行，至其所已，白言："仁者！此诸比丘，愿得奉觐。"

　　尔时，文殊师利童子，无量自在菩萨围绕并其大众，如象王回观诸比丘。时，诸比丘顶礼其足，合掌恭敬，作如是言："我今奉见，恭敬礼拜，及余所有一切善根。唯愿仁者文殊师利、和尚舍利弗、世尊释迦牟尼，皆悉证知！如仁所有如是色身，如是音声，如是相好，如是自在，愿我一切悉当具得。"

　　尔时，文殊师利菩萨告诸比丘言："比丘！若善男子、善女人，成就十种趣大乘法，则能速入如来之地，况菩萨地！何者为十？所谓积集一切善根心无疲厌，见一切佛承事供养心无疲厌，求一切佛法心无疲厌，行一切波罗蜜心无疲厌，成就一切菩萨三昧心无疲厌，次第入一切三世心无疲厌，普严净十方佛刹心无疲厌，教化调伏一切众生心无疲厌，于一切刹一切劫中成就菩萨行心无疲厌。为成就一众生故，修行一切佛刹微尘数波罗蜜，成就如来十❷力，如是次第，为成熟一切众生界，成就如来一切力，心无疲厌。

　　"比丘！若善男子、善女人，成就深信，发此十种无疲厌心，则能长养一切善根，舍离一切诸生死趣，超过一切世间种性❸，不堕声闻、辟支佛地，生一切如来家，具一切菩萨愿，学习一切如来功德，修行一切菩萨诸行，得如来力，摧伏众魔及诸外道，亦能除灭一切烦恼，入菩萨地，近如来地。"

　　时，诸比丘闻此法已，则得三昧，名无碍眼见一切佛境界。得此三昧故，悉见十方无量无边一切世界诸佛如来，及其所有道场众会；亦悉见彼十方世界一切诸趣所有众生；亦悉见彼一切世界种种差别，亦悉见彼一切世界所有微尘，亦悉见彼诸世界中一切众生所住宫殿以种种宝而为庄严，及亦闻彼诸佛如来种种言音演说诸法文辞训释，悉皆解了，亦能观察彼世界中一切众生诸根心欲，亦能忆念彼世界中一切众生前后十生，亦能忆念彼世界中过去、未来各十劫事，亦能忆念彼诸如来十本生事、十成正觉、十转法轮、十种神通、十种说法、十种教诫、十种辩才，又即成就十千菩提心、十千三昧、十千波罗蜜，悉皆清净，得大智慧圆满光明，得菩萨十神通，柔软微妙，住菩萨心，坚固不动。

尔时，文殊师利菩萨劝诸比丘住普贤行；住普贤行已，入大愿海；入大愿海已，成就大愿海。以成就大愿海故，心清净；心清净故，身清净；身清净故，身轻利；身清净、轻利故，得大神通无有退转；得此神通故，不离文殊师利足下，普于十方一切佛所悉现其身，具足成就一切佛法。

注释

❶ "念"，大正本原作"日"，今依宫本改之。

❷ "十"，大正本原作"一"，今依三本及宫本改之。

❸ "性"，大正本原作"姓"，今依三本及宫本改之。

【白话语译】

这时，普贤菩萨摩诃萨普遍观察会中所有的菩萨，以等同法界的方便；等同虚空界的方便；等同众生界的方便；等同三世、等同一切时劫、等同一切众生业、等同一切众生意欲、等同一切众生解悟、等同一切众生根器、等同一切众生成熟时、等同一切法光影的方便，为诸位菩萨，以十种法义文句开发、显示、照明、演说这个师子频申三昧的境界。

是哪十种呢？一，演说示现等同法界一切佛国刹土微尘的诸佛，他们出兴世间的次第，各个佛国刹土成立、毁坏等次第的法义文句。二，演说示现等同虚空界一切佛国刹土，穷尽未来的时劫，赞叹如来功德声音的法义文句。三，演说示现等同虚空界一切佛国刹土，如来出兴世间不可数、没有边际成就正觉法门的法义文句。四，演说示现等同虚空界一切佛国刹土，佛陀安坐道场，菩萨大众会集的法义文句。五，演说在一切毛孔中，念念出现等同三世诸佛变化身，充满法界的法义文句。六，演说一身充满十方一切刹海，无不平等显现的法义文句。七，演说一切种种境界中普现起三世诸佛，神通变化的法义文句。八，演说一切佛国刹土微尘，普遍示现三世一切佛国刹土微尘数诸佛的种种神通变化，经历无量时劫的法义文句。九，演说使一切毛孔中出生三世一切诸佛大誓愿海的音声，穷尽未来劫，开示启发及劝化导引菩萨的法义文句。十，演说诸佛师子座的数量等同法界，菩萨众会道场庄严都没有差别，即使穷尽未来所有的时劫，也常转种种微妙法轮的法义文句。佛子啊！以上所说十种是比较重要的。当然，还有不可说佛国刹土微尘数的法义文句，都是如来智慧的境界。

这时，普贤菩萨想重新宣明这个义理，他承受佛陀的神力，观察如来，观察与会大众，观察诸佛难以思议境界，观察诸佛无边的三昧境界，观察不可思议的诸世界海，观察不可思议的如幻法智，观察不可思议的三世诸佛都是平等不二的，观察一切无量无边的种种言辞法句，而说了以下的偈颂：

一一毛孔之中，微尘数刹土海，
悉有如来端坐，皆具菩萨大众。
一一毛孔之中，无量诸刹土海，
佛处菩提座上，如是遍周法界。
一一毛孔之中，一切刹尘数佛，
菩萨大众围绕，为说普贤胜行。
佛坐一国刹土，充满十方世界，
无量菩萨云集，咸来集会其所。
亿刹微尘土数，菩萨大功德海，
俱从会中而起，遍满十方世界。
悉住普贤胜行，皆游法界大海，
普现一切刹土，等入诸佛集会。
安坐一切刹土，听闻一切妙法，
一一国土之中，亿劫勤修诸行。
菩萨所有修行，普明法海妙行，
入于大愿之海，安住佛境界地。
了达普贤胜行，出生诸佛大法，
具足佛功德海，广现诸神通事。
身云等尘数量，充遍一切刹土。
普雨甘露妙法，令众安住佛道。

这时❶，世尊为了要使诸位菩萨安住如来师子频申广大的三昧境界，从眉宇间的白毫放出名为普照三世法门的大光明。这光明有不可说佛国刹土微尘数的光明作为眷属伴随而来，普照十方一切世界海的诸佛国土。

这时，在逝多林中的菩萨，全都看见穷尽法界、虚空界的一切佛国刹土，每一微尘中各有一切佛国刹土微尘数的诸佛国土，及他们的种种名号、种种色相、种种清净、种种住处、种种形相。这所有的国土，又有菩萨摩诃萨坐在道场的师子座上，成就等正觉。每位菩萨都有大众前后围绕，各个世间的王主都前来供养。或是示现不可说佛国刹土微尘数的大众会中，发出美妙的声音，充满法界，转动正法轮。或出现在天宫殿、龙宫殿、夜叉宫殿、乾闼婆、阿修罗、迦楼罗、紧那罗、摩睺罗伽、人、非人等宫殿。或是在人间的村邑、聚落、王都等地方，示现种种姓氏、种种名号、种种身、种种相好、种种光明。安住在种种威仪，证入种种三昧境界，示现种种神通变化。或时常以自己种种的言辞声音，或是使诸位菩萨等，在种种大众集会中，以种种言辞演说种种的法门。

在如此的法会中，菩萨大众见到了甚深三昧的大神通力，穷尽法界、虚空界、东、西、南、北、四维上下一切大海，依随众住的各种心想而安住。从以前开始到现在的一切国土身、一切众生身、一切虚空道，其中一一毛端数多的地方，都各有微尘数的刹土兴起，依次安住，所有道场的菩萨众会也是如此。看见佛陀的神力，不毁坏过去、现在、未来三世，亦不毁坏世间。在一切众生心中示现影像，随顺众生心所喜乐发出美妙的言辞声音，普遍示现趣入一切众会中，普遍示现众生面前。他的色相虽有差别，智慧却没有差异。随顺相应的众生，开示佛法，教化调伏一切众生，不曾休息。

凡是看见这种佛陀神力的，都是毗卢遮那佛在以前用善根摄受过的，或以前曾用布施、爱语、利行、同事四种摄受法门所摄受的，或是曾见闻忆念亲近佛陀而成熟的，或是佛陀曾教他发无上正等正觉之心的，或是以前曾与诸佛共同种植善根的，或是诸佛过去曾用一切智慧的善巧方便教化成熟的，所以现在他们才能证入如来不可思议的甚深三昧，穷尽法界、虚空界、大神通力，或是证入法身，或是证入色身，或是证入以前所成就的大行，或是证入圆满各种波罗蜜，或证入庄严清净行轮，或证入菩萨的各个境地。或证入成就正觉力，或证入佛所安住的三昧无差别大神通变化。或证入如来力无畏智慧，或证入诸佛辩才无碍的大海。

所以那些菩萨能以种种解悟、种种道行、种种法门、种种趣入、种种理趣、种种随顺、种种智慧、种种助道、种种方便、种种三昧，证入如此等十种不可说佛国刹土微尘数的神通变化海方便法门。是哪种三昧？就是普遍庄严法界的三昧、普照三世无碍境界的三昧、法界无差别智光明的三

昧、证入如来境界不动转的三昧、普照无边虚空的三昧、证入如来力的三
昧、佛陀无畏勇猛奋迅庄严的三昧、一切法界旋转藏的三昧、如月普现一
切法界，以无碍的声音广大开演的三昧、普遍清净法光明的三昧、无碍缯
法王幢的三昧、一一境界中悉见诸佛海的三昧、于一切世间悉现身的三昧、
入如来无差别身境界的三昧、随一切世间转大悲藏的三昧、了知一切法没
有形迹的三昧、了知一切法究竟寂灭的三昧、虽然无所得而能变化普现世
间的三昧、普入一切刹的三昧、庄严一切佛国刹土成就正觉的三昧、观察
一切世间主色相差别的三昧、观察一切众生境界没有障碍的三昧、能够出
生一切如来母的三昧、能修行入一切佛海功德道的三昧、每一境界能出现
神通变化，穷尽未来际的三昧、入一切如来本事海的三昧、穷尽未来际护
持一切如来种性的三昧、以决定解力示现十方一切佛国刹土海的清净三昧、
以一念普照一切佛所的安住三昧、入一切境界无碍际的三昧、令一切世界
为一佛国刹土的三昧、出生一切佛变化身的三昧、以金刚王智慧了知诸根
海的三昧、知一切如来都同一身的三昧、了知一切法界所安立的悉住心念
的三昧、在一切法界广大国土示现涅槃的三昧、安住最上处的三昧、在一
切佛国刹土示现种种众生差别身的三昧、普遍趣入一切佛智慧的三昧、了
知一切法性相的三昧、一念就能普遍了知三世法的三昧、念念都能普遍示
现法界身的三昧，菩萨又能以师子的勇猛智慧了知一切如来出兴次第的三
昧、在一切法界境界都慧眼圆满的三昧、勇猛趣向十力的三昧、放出一切
功德圆满光明普照世间的三昧、不动藏的三昧、说一法普入一切法的三昧、
于一法以一切言辞音声差别训示的三昧、演说一切诸佛无有二法的三昧、
了知三世无碍无边的三昧、了知一切时劫都没有差别的三昧、进入十力微
细方便的三昧、在一切的时劫成就一切菩萨行从不断绝的三昧、十方普遍
现身三昧、在法界自在成就正觉的三昧、生一切安稳处所的三昧、出生一
切庄严具庄严虚空界的三昧、念念都能出生等同众生数变化身云的三昧、
如来净空月光明的三昧、常见一切如来安住虚空的三昧、开示诸佛庄严的
三昧、照明一切法义灯的三昧、普照十力境界的三昧、三世一切佛幢想的
三昧、一切佛一密藏的三昧、念念所作都究竟的三昧、无尽福德藏的三昧、

见无边佛陀境界的三昧、坚固安住一切法的三昧、示现一切如来变化悉令众生知见的三昧、念念中佛日常出现三昧、一念中就能了知所有三世法的三昧、普遍发出音声演说一切法性寂灭的三昧，还有见一切佛自在力的三昧、法界开敷莲华三昧、观诸法如同虚空没有安住处所的三昧、十方海普入一方的三昧、入一切法界没有根底的三昧、一切法海三昧、以寂静身放一切光明的三昧、一念之间就能示现一切神通大愿的三昧、一切时一切处都能成就正觉的三昧、能以一庄严入一切法界的三昧、普现一切诸佛身的三昧、了知众生广大殊胜神通智慧的三昧、一念之间身形就能遍及法界的三昧、能示现一乘净法界的三昧、趣入普门法界示现大庄严的三昧、住持一切佛法轮的三昧，或有以一切法门庄严一法门的三昧、以因陀罗网愿行摄取众生的三昧、分别一切世界门的三昧、乘莲华自在游步的三昧、了知众生种种差别神通智的三昧、使自己的身形恒常示现众生面前的三昧、了知众生差别音声言辞海的三昧、了知众生差别智神通的三昧、大悲平等藏的三昧、一切佛入如来际的三昧、观察一切如来解脱处师子频申的三昧。菩萨能用如此等等不可说佛国刹土微尘数量的三昧，进入毗卢遮那如来念念充满法界三昧的神通变化海。

那些菩萨都具足大智神通，明利自在，因此能安住在各个境地，用广大的智慧普遍观察一切。从各种智慧种性出生，一切智智无不显现在前，证得离痴翳清净智眼，因此能作众生的调御导师。他安住在诸佛平等性中，所以不会分别一切的法门。他了知通达所有的境界，也了知一切世间体性都是寂灭的，没有依止处。他虽普遍拜访诸佛国土，却毫不染着，虽观察诸法，却无所住，虽遍入一切妙法宫殿却无所从来。他不断教化调伏世间，为众生示现安稳处所。智慧解脱是其所行，他恒常用智慧身安住离贪际，解脱一切存有的大海，并示现真实际，他的智光圆满，普见诸法，安住三昧，坚固不动。

他对众生恒常心生大悲，了知所有的法门都如同幻化，众生都如同梦幻，如来都如同幻影，所有的言辞声音都如山谷中的回响，诸法都如同幻化。因此能积集殊胜的行愿，智慧圆满，清净善巧，心念寂静。他善于证入一切的总持境界，具足三昧力，精进勇猛毫不怯弱。他已获得光明的智慧之眼，安住法界，证得一切法无所得的境地。他修习无涯的智慧大海，到达智慧波罗蜜的究竟彼岸，为般若波罗蜜所摄持。他以神通波罗蜜普遍趣入世间，依三昧波罗蜜得到心的自在。他能用不颠倒的智慧了知所有的义理，用善巧分别的智慧开示法藏。以示现究竟明了智慧的训示文辞，用广大的愿力说法，没有穷尽。无所畏惧地作大师子吼，常乐于观察无依处法，用清净法眼普观一切，用净智月映照世间的成、住、坏、空。用智慧光明照耀真实谛理，他的福德智慧如同金刚山，一切比喻都无法形容。

他善于观照诸法，增长慧根，勇猛精进，摧伏众魔。他的智慧无量，威德光焰炽盛。又，他的身形殊胜，超越世间所有的身形，得到一切法无碍的智慧，善能悟解穷尽、无穷之际。又，他安住在普遍周达的境界，证入真实际，无相观照智慧常显现在前。他能善巧成就各种菩萨行，以无二的智慧了知种种境界，普见世间各种生趣，普遍前往诸佛国土。他的智灯圆满，没有种种黑暗障碍，因此能放出清净的法光，照耀十方法界。

他是世间的真实福田，凡是看见他的人、或听闻他名号的人，都能随其所愿，无不圆满。他的福德无量，超出一切世间，勇猛无畏，能摧伏所有的外道。他宣演微妙的音声，遍布一切刹土。普见诸佛，心里却不以此自满。他已证得诸佛法身的自在，因此，能随顺所应度化的众生而示现，他能以一身充满所有的佛国刹土。他已经证得自在清净的神通，因此能乘着大智慧的舟船，往来无所障碍。他的智慧圆满，周遍法界，好比日出普照世间，因此能随顺众生的心意示现色相。

他清楚了知众生所有的根性欲乐，因此能证入一切法无净的境界。他了知一切法性无生、无起，因此能够使小、大自在的相摄相入。又，他决定了知诸佛境地甚深的义趣，因此能用无量的文句宣说甚深的义理，能在一句话中就能演说一切修多罗法海。

他已获得大智慧陀罗尼身，凡是曾经受持的法门，就永远不会忘失。他在一念之间就忆起无量劫以来的事，一念之间就能了知三世众生的智慧。能恒常以所有的陀罗尼法门，演说没有边际的诸佛法海；恒常转动不退失的清净法轮，使一切众生都能生出智慧，证得诸佛境界。智慧光明，证入在善见甚深的三昧。证入一切无障碍的法门际，在一切法中智慧殊胜自在，一切境界清净庄严。又能普遍趣入十方法界，随顺一切方位处所，没有不一一到达的。在一尘中示现成就正觉，在无色相的体性中显现所有的色相，以一切方所普遍摄入一个方所。

那些菩萨已经具足如此等等无边的福德智慧功德宝藏，恒常为诸佛处所共同称扬赞叹诸佛功德，就算用种种言辞宣说他们的功德，也没法说完。他们全都在逝多林中，深入如来的功德大海，被诸佛的光明照耀着。

这时，诸位菩萨证得不可思议的正法光明，心生大欢喜，各自以自己的身形、楼阁、种种庄严物具，和他们安坐的师子宝座，遍及逝多林的一切事物，化现种种充满十方法界的大庄严云。就是充满十方，念念都能开悟一切众生的大光明云；充满十方，能发出微妙的声音，称扬赞叹三世诸佛所有功德的一切摩尼宝铃云；充满十方，能以音声演说众生种种业力果报的音乐云；充满十方，宣说菩萨所有广大誓愿的种种愿行色相云；充满十方，演出诸佛语言声音的如来自在变化云；充满十方，演说诸佛国土出兴次第的菩萨相好庄严身云；充满十方，示现一切如来成就正等正觉，功德庄严的三世如来道场云；充满十方，雨一切诸香的龙王云；充满十方，演说普贤菩萨功德行愿的世主身云；充满十方，示现一切如来转正法轮的宝庄严清净佛刹云。因为这些菩萨已得到不可思议的法光明，于法应当如此，所以能够出兴此般不可说佛国刹土微尘数的广大神通变化庄严云。

这时，文殊师利菩萨受佛陀神力加持，想要重新宣说在逝多林中所有神通变化的现象，就观察十方，而说出以下的偈颂❷：

> 汝应观此逝多林中，以佛威神宽广无际，
> 一切庄严皆能示现，十方法界悉皆充满。
> 十方一切诸佛国土，无边品类广大庄严，
> 于其座等境界之中，色相分明皆悉显现。
> 从诸佛子毛孔流出，种种庄严宝焰彩云，

及发如来微妙音声，遍满十方一切刹土。

宝树华中示现妙身，其身色相等同梵王，
从禅定出起而游步，进止威仪恒皆寂静。

如来一一毛孔之内，常现难思变化妙身，
悉皆如普贤大菩萨，种种诸相最为严好。

逝多林上虚空之中，所有庄严悉发妙音，
普说三世诸菩萨众，成就一切功德大海。

逝多林中诸宝树上，亦出无量微妙音声，
演说一切所有群生，种种业海各各差别。

林中所有众妙境界，悉现三世诸佛如来，
一一皆起广大神通，十方刹海微尘众数。

十方所有诸国刹土，一切刹海微尘众数，
悉入如来毛孔之中，次第庄严悉皆现睹。

所有庄严皆示现佛，数等众生遍于世间，
一一咸放广大光明，种种随宜教化群品。

香焰众华及诸宝藏，一切庄严殊特妙云，
靡不广大等同虚空，遍满十方诸国刹土。

十方三世一切诸佛，所有庄严微妙道场，
于此园林境界之中，一一色相悉皆明现。

一切普贤诸佛真子，百千劫海庄严刹土，
其数无量等同众生，莫不于此林中示现。

这时，那些菩萨，因为受佛陀三昧光明的照耀，都得以立即证入如此的三昧，一一证得不可说佛国刹土微尘数的大悲法门，利益安乐一切众生。从身上的每一毛孔，放出不可说佛国刹土微尘数的光明。一一光明，都变化示现不可说佛国刹土微尘数的菩萨。他们身体的外形相貌，如同世间的王主，普遍示现一切众生之前，周遍十方法界，用种种方便教化调伏众生。

菩萨或是示现不可说佛国刹土微尘数诸天宫殿的无常法门；或是示现

不可说佛国刹土微尘数众生的受生法门；或是示现不可说佛国刹土微尘数菩萨的修行法门；或是示现不可说佛国刹土微尘数的梦境法门；或是示现不可说佛国刹土微尘数的菩萨大愿法门；或是示现不可说佛国刹土微尘数震动的世界法门；或是示现不可说佛国刹土微尘数分别世界的法门；或是示现不可说佛国刹土微尘数现生世界的法门；或是示现不可说佛国刹土微尘数布施波罗蜜的法门；或是示现不可说佛国刹土微尘数的如来修诸功德、种种苦行的持戒波罗蜜法门；或是示现不可说佛国刹土微尘数割截肢体的忍辱波罗蜜法门；或是示现不可说佛国刹土微尘数的勤修精进的波罗蜜法门；或是示现不可说佛国刹土微尘数菩萨修行各种三昧禅定的解脱法门；或是示现不可说佛国刹土微尘数佛道圆满的智光明法门；或是示现不可说佛国刹土微尘数精勤求取佛法的菩萨，为了一个文字或一句义理，而愿意舍弃无数身体性命的法门；或是示现不可说佛国刹土微尘数的菩萨，亲近诸佛、咨问佛法，而心中毫不疲劳厌弃的法门。

或是示现不可说佛国刹土微尘数，随顺众生因缘时节、志欲喜乐而前往其处所，用方便成熟他们，使他们都能安住在一切智慧海的光明法门；或是示现不可说佛国刹土微尘数降伏众魔、制伏外道而显现菩萨福德智慧力的法门；或是示现不可说佛国刹土微尘数工巧明智法门；或是示现不可说佛国刹土微尘数了知一切众生差别的明智法门；或是示现不可说佛国刹土微尘数了知一切法门差别的明智法门；或是示现不可说佛国刹土微尘数了知一切众生心乐差别的明智法门；或是示现不可说佛国刹土微尘数了知一切众生根行烦恼习气的明智法门；或是示现不可说佛国刹土微尘数了知一切众生种种作业的明智法门；或是示现不可说佛国刹土微尘数开悟一切众生的法门。菩萨能以如此等不可说佛国刹土微尘数的方便法门，前往一切众生的住处成熟他们。

换言之，菩萨或前往天宫，或前往龙宫，或前往夜叉、乾闼婆、阿修罗、迦楼罗、紧那罗、摩睺罗伽宫，或前往梵王宫，或前往人王宫，或前往阎罗王宫，或前往畜生、饿鬼、地狱众生的住处，用平等的大悲、平等的大愿、平等的智慧、平等的方便摄受所有众生。有的是见了菩萨之后而调伏的；有的是听闻菩萨而调伏的；有的是因忆念菩萨而调伏的；有的是听到菩萨的音声而调伏的；有的是听闻他的名号而调伏的；有的是看见菩萨的圆光而调伏的；有的是看见菩萨的光网而调伏的。因此菩萨能随顺所有众生心之所乐，前往他们的处所，使他们都能获益。

"佛子啊！这逝多林的一切菩萨，为了要成熟所有的众生，有时示现身处于种种精巧庄饰的宫殿中；有时示现住在自己楼阁中珍宝菩萨的师子座上，有无数的道场众会共同围绕，使周围遍满十方的众生都得以看见他。然而菩萨却不曾离开这逝多林的如来处所。

"佛子啊！这些菩萨，有时示现无量化身云，或示现单独一人没有伴侣，也就是示现沙门身，或示现婆罗门身，或示现苦行身，或示现充盛身，或示现医王身，或示现商主身，或示现修行人过着清净生活的净命身，或示现妓乐身，或示现奉事诸天身，或示现工巧技术身。前往各个村营、城邑、王都、聚落等众生的处所，随其相应的因缘，用种种身形相貌、种种威仪、种种声音、种种言论、种种住处，在一切世间，就像帝释天王的牟尼珠网，实践菩萨行。或宣说世间的工巧事业，或宣说一切照世明灯的智慧，或宣说众生业力庄严之事，或宣说十方国土建立的种种修行差别的诸乘阶位，或宣说智慧灯照明一切法门的境界，教化成就众生，而同时也从不离开逝多林如来的处所。"

这时❸，文殊师利童子从善住楼阁出来，与无量的同行菩萨众及恒常伴随侍卫的金刚神、普为众生供养诸佛诸身的众神，长久以来已发坚定誓愿、常随从的诸足行神、乐闻妙法的主地神、常修大悲的主水神、智光照耀的主火神、摩尼为冠的主风神、明练十方一切仪式的主方神、专勤除灭无明黑暗的主夜神、一心匪懈阐明佛日的主昼神、庄严法界一切虚空的主空神、普度众生超诸有海的主海神、常勤积集趣向一切智慧，助道善根高大如山的主山神、常勤守护众生菩提心城的主城神、常勤守护智智无上法城的诸大龙王、常勤守护一切众生的诸夜叉王、常令众生增长欢喜的乾闼婆王、常勤除灭诸饿鬼趣的鸠槃荼王、恒愿拔济众生脱出诸有之海的迦楼罗王、愿得成就诸佛身，高出世间的阿修罗王、见佛欢喜曲躬恭敬的摩睺罗伽王、常厌生死恒乐见佛的诸大天王、尊重诸佛，并赞叹供养的诸位大梵王。文殊师利和如此等等庄严的菩萨众，从自己的住处出来，拜诣佛的处所，右绕世尊，经无数圈，用所有的供具作种种供养。供养完毕之后，就向世尊辞别告退向南方行，前往人间。

这时，尊者舍利弗受诸佛神力的加持，看见文殊师利菩萨，和会中所有菩萨众庄严地从逝多林出来，前往南方，游行人间，他就想："我现在应当和文殊师利菩萨一起前往南方。"

这时，尊者舍利弗和六千位比丘，前后围绕，从住处出发，来到佛的处所。顶礼佛足，向世尊表白他们的心意。世尊同意之后，他们就由右绕世尊三圈，向世尊辞行告退，前往文殊师利的处所。这六千比丘是与舍利弗共同居住的行者，才出家不久。有海觉比丘、善生比丘、福光比丘、大童子比丘、电生比丘、净行比丘、天德比丘、君慧比丘、梵胜比丘、寂慧比丘，如此等六千位比丘。他们都曾供养无量的诸佛，深植善根，解力广大，信眼明彻，心意宽广博深。因此能够觐见诸佛的境界，了悟诸法的本性，饶益众生，恒常精勤求取诸佛的功德。因此，他们都是文殊师利说法教化成就的比丘。

这时，尊者舍利弗在路上，观察诸位比丘，告诉海觉比丘说："海觉比丘啊！你可以观察文殊师利菩萨，一切天人都不能思议，庄严相好的清净，你可以观察文殊师利菩萨的圆光映彻，使无量的众生心生欢喜。你可以观察文殊师利菩萨能除灭众生无量苦恼的庄严光网。你可以观察文殊师利菩萨的大众具足，这些大众都是由他以前善根所摄受的。你可以观察文殊师利菩萨走路的样子，左右各八步，平坦庄严。你可以观察文殊师利菩萨住的地方，周围十方常有道场随着他而转移位置。你可以观察文殊师利菩萨走过的路，都具足无量的福德庄严，左右两边都藏有大宝藏，种种珍宝都自然化现。你可以观察文殊师利菩萨曾经供养诸佛，因为他善根流布，一切树间无不出现庄严宝藏。你可以观察文殊师利菩萨，所有世间主都雨下供具云，并恭敬地顶礼文殊菩萨作为供养。你可以观察十方一切诸佛如来将要宣说佛法的时候，都放出眉间的白毫光明，映照文殊师利菩萨，从他顶上进入身中。"

这时,尊者舍利弗为众比丘称扬赞叹、开示演说文殊师利童子有如此等无量的功德具足庄严。那些比丘听闻之后,都心意清净,信解坚固,欢喜不能自持,举身踊跃,形体都变得柔软,各个身根也悦豫不已,所有的忧苦无不解除,所有的垢染障碍也都除尽。他们恒常见到诸佛,深求正法,具备菩萨根性,得到菩萨大力,大悲大愿都自然出生。他们证入于诸度波罗蜜甚深的境界,十方佛海常显现在前,于一切智深切地生起信心悦乐。他们对尊者舍利弗说:"只愿大师率领引导我们,前往拜诣文殊师利菩萨那位殊胜之人的处所。"这时,舍利弗就带着他们,来到文殊师利菩萨的处所,对菩萨说:"仁者啊!这些比丘,希望能觐见您。"

这时,文殊师利童子身边有无量已得到自在的菩萨围绕,还有他的集会大众,如同象王般地回视观察前来的比丘。

所有的比丘都顶礼菩萨的双足,恭敬合掌地说:"我们今天来觐见菩萨,恭敬礼拜,及其余所有一切善根,但愿仁者文殊师利、和尚舍利弗、世尊释迦牟尼佛都能明证了知。像仁者这样的色身,这样的声音,这样的相好,这样的自在,愿我等都能具足。"

这时,文殊师利菩萨告诉比丘说:"比丘啊!如果有善男子、善女人,成就十种趣向大乘的善法,就能立即证入如来的境地,何况是菩萨境地呢?哪十种大乘法呢?一,积集一切的善根,毫无疲劳厌倦;二,承事供养诸佛,毫不疲劳厌倦;三,勤求一切佛法,毫不疲劳厌倦;四,行修一切波罗蜜,毫不疲劳厌倦;五,成就一切菩萨三昧,毫不疲劳厌倦;六,次第进入过去、现在、未来三世,毫不疲劳厌倦;七,普遍庄严清净十方佛国刹土,毫不疲劳厌倦;八,教化调伏众生,毫不疲劳厌倦;九,在一切刹土、一切劫中,成就菩萨行,毫不疲劳厌倦;十,为成熟一众生,修行一切佛国刹土微尘数的波罗蜜,成就如来一切力量。如此次第修习,即使为成熟一切众生界,成就如来一切力量,也毫不疲劳厌倦。

"比丘啊!如果善男子、善女人,成就深信,就能发起这十种没有疲劳厌倦的心,就能长养一切善根,舍弃远离所有生死趣。超过一切世间种性，不会堕入声闻、辟支佛的境地，而能生在如来家，具足一切菩萨的广大誓愿。学习一切如来功德，修行一切菩萨行，得如来力，摧伏众魔及所有外道。也能除灭一切的烦恼，证入菩萨境地，接近如来的境地。"

这时，所有比丘听闻之后就证得了名为"无碍眼见一切佛境界"的三昧。因为他们已证得这个三昧，所以能看见十方无量无边世界的诸佛，及其所有道场中的与会大众。也能看见十方一切世界的种种差别、所有微尘，也能看见其他所有世界中众生所住、用种种珍贵庄严的宫殿，并能同时听闻他方世界诸佛如来以种种言辞声音来演说诸法的文辞训释。

他们也能观察那些世界中众生的种种根性心欲，也能忆念那些世界中众生的前后十生、过去未来各十劫的事，或怀念那些世界中诸佛如来十种本生因缘，十次示现成就正觉、十次转动法轮、十种神通、十种说法、十种教诫、十种辩才，又立即成就十千菩提心、十千三昧、十千波罗蜜，都能清净。证大智慧圆满光明，证得菩萨十种神通，柔软微妙，安住菩萨心，坚固不动。

这时，文殊师利菩萨，劝请所有比丘安住普贤行。安住普贤行之后，入大愿海。入大愿海之后，成就大愿海。因一旦成就大愿海，心就清净了；因为心一清净，身就清净了；因为身一清净，身体就能轻安便利；身体一轻安便利，就能得到大神通，再也不会退转。因为他一证得这个神通，就能不离文殊师利的足下，同时也能普遍在十方诸佛的处所示现身形，具足成就一切佛法。

【注释】

❶ 这段在说明毫光利益众生。

❷ 这段偈颂是文殊菩萨在叙述佛陀的功德。

❸ 这里以上是这一会的本会，以下就进入这一会的尾声。末会在说明善财渐进修行。

卷第六十二
入法界品第三十九之三

【原典】

尔时，文殊师利菩萨劝诸比丘发阿耨多罗三藐三菩提心已，渐次南行，经历人间，至福城东，住庄严幢娑罗林中往昔诸佛曾所止住教化众生大塔庙处，亦是世尊于往昔时修菩萨行能舍无量难舍之处，是故，此林名称普闻无量佛刹，此处常为天、龙、夜叉、乾闼婆、阿修罗、迦楼罗、紧那罗、摩睺罗伽、人与非人之所供养。

时，文殊师利与其眷属到此处已，即于其处说普照法界修多罗，百万亿那由他修多罗以为眷属。说此经时，于大海中有无量百千亿诸龙而来其所，闻此法已，深厌龙趣，正求佛道，咸舍龙身，生天人中。一万诸龙，于阿耨多罗三藐三菩提得不退转。复有无量无数众生，于三乘中各得调伏。

时，福城人闻文殊师利童子在庄严幢娑罗林中大塔庙处，无量大众从其城出，来诣其所。时，有优婆塞，名曰大智，与五百优婆塞眷属俱，所谓须达多优婆塞、婆须达多优婆塞、福德光优婆塞、有名称优婆塞、施名称优婆塞、月德优婆塞、善慧优婆塞、大慧优婆塞、贤护优婆塞、贤胜优婆塞，如是等五百优婆塞俱，来诣文殊师利童子所，顶礼其足，右绕三匝，退坐一面。复有五百优婆夷，所谓大慧优婆夷、善光优婆夷、妙身优婆夷、可乐身优婆夷、贤优婆夷、贤德优婆夷、贤光优婆夷、幢光优婆夷、德光优婆夷、善目优婆夷，如是等五百优婆夷，来诣文殊师利童子所，顶礼其足，右绕三匝，退坐一面。复有五百童子，所谓善财童子、善行童子、善戒童子、善威仪童子、善勇猛童子、善思童子、善慧童子、善觉童子、善眼童子、善臂童子、善光童子，如是等五百童子，来诣文殊师利童子所，顶礼其足，右绕三匝，退坐一面。复有五百童女，所谓善贤童女、大智居士女童女、贤称童女、美颜童女、坚慧童女、贤德童女、有德童女、梵授童女、德光童女、善光童女，如是等五百童女，来诣文殊师利童子所，顶礼其足，右绕三匝，退坐一面。

尔时，文殊师利童子知福城人悉已来集，随其心乐，现自在身，威光赫奕，蔽诸大众，以自在大慈令彼清凉，以自在大悲起说法心，以自在智慧知其心乐，以广大辩才将为说法。复于是时，观察善财以何因缘而有其名？知此童子初入胎时，于其宅内自然而出七宝楼阁，其楼阁下有七伏藏，于其藏上，地自开裂，生七宝芽，所谓金、银、琉璃、玻璃、真珠、砗磲、玛瑙。善财童子处胎十月，然后诞生，形体支分，端正具足。其七大藏，纵广高下各满七肘，从地涌出，光明照耀。复于宅中自然而有五百宝器，种种诸物自然盈满。所谓金刚器中盛一切香，于香器中盛种种衣，美玉器中盛满种种上味饮食，摩尼器中盛满种种殊异珍宝，金器盛银，银器盛金，金银器中盛满琉璃及摩尼宝，玻璃器中盛满砗磲，砗磲器中盛满玻璃，玛瑙器中盛满真珠，真珠器中盛满玛瑙，火摩尼器中盛满水摩尼，水摩尼器中盛满火摩尼，如是等五百宝器，自然出现。又雨众宝及诸财物，一切库藏悉令充满。以此事故，父母亲属及善相师共呼此儿，名曰善财。又知此童子，已曾供养过去诸佛，深种善根，信解广大，常乐亲近诸善知识，身、语、意业皆无过失，净菩萨道，求一切智，成佛法器，其心清净，犹如虚空，回向菩提，无所障碍。

尔时，文殊师利菩萨如是观察善财童子已，安慰开喻，而为演说一切佛法。所谓说一切佛积集法，说一切佛相续法，说一切佛次第法，说一切佛众会清净法，说一切佛法轮化导法，说一切佛色身相好法，说一切佛法身成就法，说一切佛言辞辩才法，说一切佛光明照耀法，说一切佛平等无二法。尔时，文殊师利童子为善财童子及诸大众说此法已，殷勤劝喻，增长势力，令其欢喜，发阿耨多罗三藐三菩提心，又令忆念过去善根。作是事已，即于其处，复为众生随宜说法，然后而去。

尔时，善财童子从文殊师利所闻佛如是种种功德，一心勤求阿耨多罗三藐三菩提，随文殊师利而说颂曰：

> 三有为城廓，骄慢为垣墙，诸趣为门户，爱水为池堑。
> 愚痴暗所覆，贪志火炽然，魔王作君主，童蒙依止住。
> 贪爱为徽缠，谄诳为辔勒，疑惑蔽其眼，趣入诸邪道。
> 悭嫉骄盈故，入于三恶处，或堕诸趣中，生老病死苦。
> 妙智清净日，大悲圆满轮，能竭烦恼海，愿赐少观察！
> 妙智清净月，大慈无垢轮，一切悉施安，愿垂照察我！
> 一切法界王，法宝为先导，游空无所碍，愿垂教敕我！
> 福智大商主，勇猛求菩提，普利诸群生，愿垂守护我！
> 身被忍辱甲，手提智慧剑，自在降魔军，愿垂拔济我！
> 住法须弥顶，定女常恭侍，灭惑阿修罗，帝释愿观我！
> 三有凡愚宅，惑业地趣因；仁者悉调伏，如灯示我道！
> 舍离诸恶趣，清净诸善道；超诸世间者，示我解脱门！
> 世间颠倒执，常乐我净想；智眼悉能离，开我解脱门！
> 善知邪正道，分别心无怯；一切决了人，示我菩提路！
> 住佛正见地，长佛功德树，雨佛妙法华，示我菩提道！
> 去来现在佛，处处悉周遍，如日出世间，为我说其道！
> 善知一切业，深达诸乘行；智慧决定人，示我摩诃衍！
> 愿轮大悲毂，信轴坚忍辖❶，功德宝庄校，令我载此乘！
> 总持广大箱，慈愍庄严盖，辩才铃震响，使我载此乘！
> 梵行为茵蓐，三昧为采女，法鼓震妙音，愿与我此乘！
> 四摄无尽藏，功德庄严宝，惭愧为羁鞅，愿与我此乘！
> 常转布施轮，恒涂净戒香，忍辱牢庄严，令我载此乘！
> 禅定三昧箱，智慧方便辑，调伏不退转，令我载此乘！

大愿清净轮，总持坚固力，智慧所成就，令我载此乘！

普行为周校，悲心作徐转，所向皆无怯，令我载此乘！

坚固如金刚，善巧如幻化，一切无障碍，令我载此乘！

广大极清净，普与众生乐，虚空法界等，令我载此乘！

净诸业惑轮，断诸流转苦，摧魔及外道，令我载此乘！

智慧满十方，庄严遍法界，普洽众生愿❷，令我载此乘！

清净如虚空，爱见悉除灭，利益一切众，令我载此乘！

愿力速疾行，定心安隐住，普运诸含识，令我载此乘！

如地不倾动，如水普饶益，如是运众生，令我载此乘！

四摄圆满轮，总持清净光；如是智慧日，愿示我令见！

已入法王位❸，已著智王冠，已系妙法缯，愿能慈顾我！

尔时，文殊师利菩萨如象王回观善财童子，作如是言："善哉！善哉！善男子！汝已发阿耨多罗三藐三菩提心，复欲亲近诸善知识，问菩萨行，修菩萨道。善男子！亲近供养诸善知识，是具一切智最初因缘，是故于此勿生疲厌。"

善财白言："唯愿圣者广为我说，菩萨应云何学菩萨行？应云何修菩萨行？应云何趣菩萨行？应云何行菩萨行？应云何净菩萨行？应云何入菩萨行？应云何成就菩萨行？应云何随顺菩萨行？应云何忆念菩萨行？应云何增广菩萨行？应云何令普贤行速得圆满？"

尔时，文殊师利菩萨为善财童子而说颂言：

善哉功德藏，能来至我所，发起大悲心，勤求无上觉。

已发广大愿，除灭众生苦，普为诸世间，修行菩萨行。

若有诸菩萨，不厌生死苦，则具普贤道，一切无能坏。

福光福威力，福处福净海；汝为诸众生，愿修普贤行。

汝见无边际，十方一切佛，皆悉听闻法，受持不忘失。

汝于十方界，普见无量佛，成就诸愿海，具足菩萨行。

若入方便海，安住佛菩提，能随导师学，当成一切智。

汝遍一切刹，微尘等诸劫，修行普贤行，成就菩提道。

汝于无量刹，无边诸劫海，修行普贤行，成满诸大愿。

此无量众生，闻汝愿欢喜，皆发菩提意，愿学普贤乘。

尔时，文殊师利菩萨说此颂已，告善财童子言："善哉！善哉！善男子！汝已发阿耨多罗三藐三菩提心，求菩萨行。善男子！若有众生能发阿耨多罗三藐三菩提心，是事为难。能发心已，求菩萨行，倍更为难。

"善男子！若欲成就一切智智，应决定求真善知识。善男子！求善知识勿生疲懈，见善知识勿生厌足，于善知识所有教诲皆应随顺，于善知识善巧方便勿见过失。

"善男子！于此南方有一国土，名为胜乐；其国有山，名曰妙峰；于彼山中，有一比丘，名曰德云。汝可往问：'菩萨云何学菩萨行？菩萨云何修菩萨行？乃至菩萨云何于普贤行疾❹得圆满？'德云比丘当为汝说。"

尔时，善财童子闻是语已，欢喜踊跃，头顶礼足，绕无数匝，殷勤瞻仰，悲泣流泪。辞退南行，向胜乐国，登妙峰山，于其山上东、西、南、北、四维、上、下观察求觅，渴仰欲见德云比丘。经于七日，见彼比丘在别山上徐步经行。见已，往诣，顶礼其足，右绕三匝，于前而住，作如是言："圣者！我已先发阿耨多罗三藐三菩提心，而未知菩萨云何学菩萨行？云何修菩萨行？乃至应云何于普贤行疾得圆满？我闻圣者善能诱诲，唯愿垂慈，为我宣说：'云何菩萨而得成就阿耨多罗三藐三菩提？'"

时，德云比丘告善财言："善哉！善哉！善男子！汝已能发阿耨多罗三藐三菩提心，复能请问诸菩萨行。如是之事，难中之难。所谓求菩萨行，求菩萨境界，求菩萨出离道，求菩萨清净道，求菩萨清净广大心，求菩萨成就神通，求菩萨示现解脱门，求菩萨示现世间所作业，求菩萨随顺众生心，求菩萨生死涅槃门，求菩萨观察有为、无为心无所著。

"善男子！我得自在决定解力，信眼清净，智光照曜，普观境界，离一切障，善巧观察，普眼明彻，具清净行，往诣十方一切国土，恭敬供养一切诸佛，常念一切诸佛如来，总持一切诸佛正法，常见一切十方诸佛。所谓见于东方一佛、二佛、十佛、百佛、千佛、百千佛、亿佛、百亿佛、千亿佛、百千亿佛、那由他亿佛、百那由他亿佛、千那由他亿佛、百千那由他亿佛，乃至见无数、无量、无边、无等、不可数、不可称、不可思、不可量、不可说、不可说不可说佛，乃至见阎浮提微尘数佛、四天下微尘数佛、千世界微尘数佛、二千世界微尘数佛、三千世界微尘数佛、佛刹微尘数佛，乃至不可说不可说佛刹微尘数佛。如东方，南、西、北方，四维、上、下，亦复如是。一一方中所有诸佛，种种色相、种种形貌、种种神通、种种游戏、种种众会庄严道场、种种光明无边照耀、种种国土、种种寿命，随诸众生种种心乐，示现种种成正觉门，于大众中而师子吼。

"善男子！我唯得此忆念一切诸佛境界智慧光明普见法门，岂能了知诸大菩萨无边智慧清净行门？所谓智光普照念佛门，常见一切诸佛国土种种宫殿悉严净故；令一切众生念佛门，随诸众生心之所乐，皆令见佛得清净故；令安住力念佛门，令入如来十力中故；令安住法念佛门，见无量佛，听闻法故；照耀诸方念佛门，悉见一切诸世界中等无差别诸佛海故；入不可见处念佛门，悉见一切微细境中诸佛自在神通事故；住于诸劫念佛门，一切劫中常见如来诸所施为无暂舍故；住一切时念佛门，于一切时常见如来，亲近同住不舍离故；住一切刹念佛门，一切国土咸见佛身超过一切无与等故；住一切世念佛门，随于自心之所欲乐，普见三世诸如来故；住一切境念佛门，普于一切诸境界中见诸如来次第现故；住寂灭念佛门，于一念中见一切刹一切诸佛示涅槃故；住远离念佛门，于一念❺中见一切佛从其所住而出去故；住广大念佛门，心常观察一一佛身充遍一切诸法界故；住微细念佛门，于一毛端有不可说如来出现，悉至其所而承事故；住庄严念佛门，于一念中见一切刹皆有诸佛成等正觉现神变故；住能事念佛门，见一切佛出现世间放智慧光转法轮故；住自在心念佛门，知随自心所有欲乐，一切诸佛现其像故；住自业念佛门，知随众生所积集业，现其影像令觉悟故；住神变念佛门，见佛所坐广大莲华周遍法界而开敷故；住虚空念佛门，观察如来所有身云庄严法界、虚空界故。而我云何能知能说彼功德行？

"善男子！南方有国，名曰海门，彼有比丘，名为海云。汝往彼问：'菩萨云何学菩萨行、修菩萨道？'海云比丘能分别说发起广大善根因缘。善男子！海云比丘当令汝入广大助道位，当令汝生广大善根力，当为汝说发菩提心因，当令汝生广大乘光明，当令汝修广大波罗蜜，当令汝入广大诸行海，当令汝满广大誓愿轮，当令汝净广大庄严门，当令汝生广大慈悲力。"

时，善财童子礼德云比丘足，右绕观察，辞退而去。

尔时，善财童子一心思惟善知识教，正念观察智慧光明门，正念观察菩萨解脱门，正念观察菩萨三昧门，正念观察菩萨大海门，正念观察诸佛现前门，正念观察诸佛方所门，正念观察诸佛轨则门，正念观察诸佛等虚空界门，正念观察诸佛出现次第门，正念观察诸佛所入方便门。

渐次南行，至海门国，向海云比丘所，顶礼其足，右绕毕已，于前合掌，作如是言："圣者！我已先发阿耨多罗三藐三菩提心，欲入一切无上智海，而未知菩萨云何能舍世俗家，生如来家？云何能度生死海，入佛智海？云何能离凡夫地，入如来地？云何能断生死流，入菩萨行流？云何能破生死轮，成菩萨愿轮？云何能灭魔境界，显佛境界？云何能竭爱欲海，长大悲海？云何能闭众难恶趣门，开诸大❻涅槃门？云何能出三界城，入一切智城？云何能弃舍一切玩好之物，悉以饶益一切众生？"

时，海云比丘告善财言："善男子！汝已发阿耨多罗三藐三菩提心耶？"

善财言："唯！我已先发阿耨多罗三藐三菩提心。"

海云言："善男子！若诸众生不种善根，则不能发阿耨多罗三藐三菩提心。要得普门善根光明，具真实道三昧智光，出生种种广大福海，长白净法无有懈息，事善知识不生疲厌，不顾身命无所藏积，等心如地无有高下，性常慈愍一切众生，于诸有趣专念不舍，恒乐观察如来境界，如是乃能发菩提心。发菩提心者。所谓发大悲心，普救一切众生故；发大慈心，等佑一切世间故；发安乐心，令一切众生灭诸苦故；发饶益心，令一切众生离恶法故；发哀愍心，有怖畏者咸守护故；发无碍心，舍离一切诸障碍故；发广大心，一切法界咸遍满故；发无边心，等虚空界无不往故；发宽博心，悉见一切诸如来故；发清净心，于三世法智无违故；发智慧心，普入一切智慧海故。

"善男子！我住此海门国十有二年，常以大海为其境界。所谓思惟大海广大无量，思惟大海甚深难测，思惟大海渐次深广，思惟大海无量众宝奇妙庄严，思惟大海积无量水，思惟大海水色不同不可思议，思惟大海无量众生之所住处，思惟大海容受种种大身众生，思惟大海能受大云所雨之雨，思惟大海无增无减。

"善男子！我思惟时，复作是念：'世间之中，颇有广博过此海不？颇有无量过此海不？颇有甚深过此海不？颇有殊特过此海不？'

"善男子！我作是念时，此海之下，有大莲华忽然出现，以无能胜因陀罗尼罗宝为茎，吠琉璃宝为华❼，阎浮檀金为叶，沉水为台，玛瑙为须，芬敷布濩，弥覆大海。百万阿修罗王执持其茎，百万摩尼宝庄严网弥覆其上，百万龙王雨以香水，百万迦楼罗王衔诸璎珞及宝缯带周匝垂下，百万罗刹王慈心观察，百万夜叉王恭敬礼拜，百万乾闼婆王种种音乐赞叹供养，百万天王雨诸天华、天鬘、天香、天烧香、天涂香、天末香、天妙衣服、天幢幡盖，百万梵王头顶礼敬，百万净居天合掌作礼，百万转轮王各以七宝庄严供养，百万海神俱时出现恭敬顶礼，百万味光摩尼宝光明普照，百万净福摩尼宝以为庄严，百万普光摩尼宝为清净藏，百万殊胜摩尼宝其光赫奕，百万妙藏摩尼宝光照无边，百万阎浮幢摩尼宝次第行列，百万金刚师子摩尼宝不可破坏清净庄严，百万日藏摩尼宝广大清净，百万可乐摩尼宝具种种色，百万如意摩尼宝庄严无尽光明照耀。此大莲华，如来出世善根所起，一切菩萨皆生信乐，十方世界无不现前，从如幻法生、如梦法生、清净业生，无诤法门之所庄严，入无为印，住无碍门，充满十方一切国土，随顺诸佛甚深境界，于无数百千劫叹其功德不可得尽。

"我时见彼莲华之上，有一如来结跏趺坐，其身从此上至有顶。宝莲华座不可思议，道场众会不可思议，诸相成就不可思议，随好圆满不可思议，神通变化不可思议，色相清净不可思议，无见顶相不可思议，广长舌相不可思议，善巧言说不可思议，圆满音声不可思议，无边际力不可思议，清净无畏不可思议，广大辩才不可思议。又念彼佛往修诸行不可思议，自在成道不可思议，妙音演法不可思议，普门示现种种庄严不可思议，随其左右见各差别不可思议，一切利益皆令圆满不可思议。

"时，此如来即伸右手而摩我顶，为我演说普眼法门，开示一切如来境界，显发一切菩萨诸行，阐明一切诸佛妙法，一切法轮悉入其中，能净一切诸佛国土，能摧一切异道邪论，能灭一切诸魔军众，能令众生皆生欢喜，能照一切众生心行，能了一切众生诸根，随众生心悉令开悟。

"我从于彼如来之所闻此法门，受持读诵，忆念观察。假使有人，以大海量墨，须弥聚笔，书写于此普眼法门，一品中一门，一门中一法，一法中一义，一义中一句，不得少分，何况能尽！

"善男子！我于彼佛所千二百岁，受持如是普眼法门，于日日中，以闻持陀罗尼光明，领受无数品；以寂静门陀罗尼光明，趣入无数品；以无边旋陀罗尼光明，普入无数品；以随地观察陀罗尼光明，分别无数品；以威力陀罗尼光明，普摄无数品；以莲华庄严陀罗尼光明，引发无数品；以清净言音陀罗尼光明，开演无数品；以虚空藏陀罗尼光明，显示无数品；以光聚陀罗尼光明，增广无数品；以海藏陀罗尼光明，辨析无数品。若有众生从十方来，若天、若天王，若龙、若龙王，若夜叉、若夜叉王，若乾闼婆、若乾闼婆王，若阿修罗、若阿修罗王，若迦楼罗、若迦楼罗王，若紧那罗、若紧那罗王，若摩睺罗伽、若摩睺罗伽王，若人、若人王，若梵、若梵王，如是一切来至我所，我悉为其开示解释、称扬赞叹，咸令爱乐、趣入、安住此诸佛菩萨行光明普眼法门。

"善男子！我唯知此普眼法门。如诸菩萨摩诃萨深入一切菩萨行海，随其愿力而修行故；入大愿海，于无量劫住世间故；入一切众生海，随其心乐广利益故；入一切众生心海，出生十力无碍智光故；入一切众生根海，应时教化悉令调伏故；入一切刹海，成满本愿严净佛刹故；入一切佛海，愿常供养诸如来故；入一切法海，能以智慧咸悟入故；入一切功德海，一一修行令具足故；入一切众生言辞海，于一切刹转正法轮故。而我云何能知能说彼功德行？

"善男子！从此南行六十由旬，楞伽道边有一聚落，名为海岸，彼有比丘，名曰善住。汝诣彼问：'菩萨云何净菩萨行？'"

时，善财童子礼海云足，右绕瞻仰，辞退而去。

尔时，善财童子专念善知识教，专念普眼法门，专念佛神力，专持法句云，专入法海门，专思法差别，深入法漩澓，普入法虚空，净治法翳障，观察法宝处。

渐次南行，至楞伽道边海岸聚落，观察十方，求觅善住。见此比丘于虚空中来往经行，无数诸天恭敬围绕，散诸天华，作天妓乐，幡幢缯绮悉各无数，遍满虚空以为供养；诸大龙王，于虚空中兴不思议沉水香云，震雷激电以为供养；紧那罗王奏众乐音，如法赞美以为供养；摩睺罗伽王以不思议极微细衣，于虚空中周回布设，心生欢喜，以为供养；阿修罗王兴不思议摩尼宝云，无量光明种种庄严，遍满虚空以为供养；迦楼罗王作童子形，无量采女之所围绕，究竟成就无杀害心，于虚空中合掌供养；不思议数诸罗刹王，无量罗刹之所围绕，其形长大，甚可怖畏，见善住比丘慈心自在，曲躬合掌瞻仰供养；不思议数诸夜叉王，各各悉有自众围绕，四面周匝恭敬守护；不思议数诸梵天王，于虚空中曲躬合掌，以人间法称扬赞叹；不思议数诸净居天，于虚空中与宫殿俱，恭敬合掌，发弘誓愿。

时，善财童子见是事已，心生欢喜，合掌敬礼，作如是言："圣者！我已先发阿耨多罗三藐三菩提心，而未知菩萨云何修行佛法？云何积集佛法？云何备具佛法？云何熏习佛法？云何增长佛法？云何总摄佛法？云何究竟佛法？云何净治佛法？云何深净佛法？云何通达佛法？我闻圣者善能诱诲，唯愿慈哀，为我宣说：'菩萨云何不舍见佛，常于其所精勤修习？菩萨云何不舍菩萨，与诸菩萨同一善根？菩萨云何不舍佛法，悉以智慧而得明证？菩萨云何不舍大愿，能普利益一切众生？菩萨云何不舍众行，住一切劫心无疲厌？菩萨云何不舍佛刹，普能严净一切世界？菩萨云何不舍佛力，悉能知见如来自在？菩萨云何不舍有为亦复不住，普于一切诸有趣中犹如变化，示受生死，修菩萨行？菩萨云何不舍闻法，悉能领受诸佛正教？

菩萨云何不舍智光，普入三世智所行处？'"

时，善住比丘告善财言："善哉！善哉！善男子！汝已能发阿耨多罗三藐三菩提心，今复发心求问佛法、一切智法、自然者法。

"善男子！我已成就菩萨无碍解脱门，若来若去，若行若止，随顺思惟，修习观察，即时获得智慧光明，名究竟无碍。得此智慧光明故，知一切众生心行无所障碍，知一切众生殁生无所障碍，知一切众生宿命无所障碍，知一切众生未来劫事无所障碍，知一切众生现在世事无所障碍，知一切众生言语音声种种差别无所障碍，决一切众生所有疑问无所障碍，知一切众生诸根无所障碍，随一切众生应受化时悉能往赴无所障碍，知一切刹那、罗婆、牟呼栗多、日夜时分无所障碍，知三世海流转次第无所障碍，能以其身遍往十方一切佛刹无所障碍。何以故？得无住无作神通力故。

"善男子！我以得此神通力故，于虚空中或行或住，或坐或卧，或隐或显，或现一身，或现多身，穿度墙壁犹如虚空，于虚空中结跏趺坐，往来自在犹如飞鸟，入地如水，履水如地，遍身上下普出烟焰如大火聚。或时震动一切大地，或时以手摩触日月，或现其身高至梵宫。或现烧香云，或现宝焰云，或现变化云，或现光网云，皆悉广大，弥覆十方。或一念中过于东方一世界、二世界、百世界、千世界、百千世界，乃至无量世界，乃至不可说不可说世界，或过阎浮提微尘数世界，或过不可说不可说佛刹微尘数世界。于彼一切诸佛国土佛世尊前听闻说法，一一佛所现无量佛刹微尘数差别身，一一身雨无量佛刹微尘数供养云，所谓一切华云、一切香云、一切鬘云、一切末香云、一切涂香云、一切盖云、一切衣云、一切幢云、一切幡云、一切帐云，以一切身云而为供养。一一如来所有宣说，我皆受持；一一国土所有庄严，我皆忆念。如东方，南、西、北方，四维、上、下，亦复如是。如是一切诸世界中所有众生，若见我形，皆决定得阿耨多罗三藐三菩提。彼诸世界一切众生，我皆明见，随其大小、胜劣、苦乐，示同其形，教化成就。若有众生亲近我者，悉令安住如是法门。

"善男子！我唯知此普速疾供养诸佛成就众生无碍解脱门，如诸菩萨持大悲戒、波罗蜜戒、大乘戒、菩萨道相应戒、无障碍戒、不退堕戒、不舍菩提心戒、常以佛法为所缘戒、于一切智常作意戒、如虚空戒、一切世间无所依戒、无失戒、无损戒、无缺戒、无杂戒、无浊戒、无悔戒、清净戒、离尘戒、离垢戒，如是功德，而我云何能知能说？

"善男子！从此南方有国，名达里鼻荼，城名自在，其中有人，名曰弥伽。汝诣彼问：'菩萨云何学菩萨行、修菩萨道？'"

时，善财童子顶礼其足，右绕瞻仰，辞退而行。

注释

❶"辖"，大正本原作"鎋"，今依三本及宫本改之。

❷"愿"，大正本原作"类"，今依三本改之。

❸"位"，大正本原作"城"，今依三本及宫本改之。

❹"疾"，大正本原作"疲"，今依前后文意改之。

❺"念"，大正本原作"日"，今依明、宫本改之。

❻"大"，大正本原作"天"，今依元、明本改之。

❼"华"，大正本原作"藏"，今依明本改之。

【白话语译】

这时，文殊师利菩萨，劝勉各位比丘发起无上正等正觉菩提心之后，慢慢地向南行走，游化人间。

他到了福城的东边，就安住在庄严幢娑罗林中，往昔诸佛也曾经行止安住此处教化众生的大塔庙。这个地方也是以前世尊舍弃无量种难舍之事修习菩萨行的处所，所以这个树林称为普闻无量佛刹林。这个地方常受到天人、龙、夜叉、乾闼婆、阿修罗、迦楼罗、紧那罗、摩睺罗伽等人与非人的供养。

这时，文殊师利菩萨和他的随从眷属到了这里之后，就在这里演说普照法界修多罗经典，这经典有百万亿那由他的修多罗为眷属。他演说这部经典时，大海中有无量百千亿的龙众前来此处听经。他们听闻这个法门之后，都厌弃自己的种族生趣，而求取佛道。这时，他们都立刻舍去龙身，投生天人。另外还有一万多的龙族，在无上正等正觉中得证不退转。又有无量无数的众生，在菩萨、缘觉、声闻等三乘中各自得到调伏教化。

这时，福城里的人，听说文殊师利童子在庄严幢娑罗林里的大塔庙，无量的大众都从福城涌出，拜访文殊师利菩萨。

这时，其中有一位名叫大智的优婆塞❶，和他五百个优婆塞眷属一起前来。这五百个眷属就是须达多优婆塞、婆须达多优婆塞、福德光优婆塞、有名称优婆塞、施名称优婆塞、月德优婆塞、善慧优婆塞、大慧优贤护优婆塞、贤胜优婆塞。如是等等五百位优婆塞，都前来拜见文殊师利童子。他们顶礼菩萨之足，右绕菩萨三圈之后，便退下端坐一边。

又有五百位优婆夷❷，就是大慧优婆夷、善光优婆夷、妙身优婆夷、可乐身优婆夷、贤优婆夷、贤德优婆夷、贤光优婆夷、幢光优婆夷、德光优婆夷、善目优婆夷。如是等等五百位优婆夷，来拜访文殊师利童子。她们顶礼菩萨的双足，右绕菩萨三圈之后，就退下端坐一边。

又有五百位童子，就是善财童子、善行童子、善戒童子、善威仪童子、善勇猛童子、善思童子、善慧童子、善觉童子、善眼童子、善臂童子、善光童子。如此等等五百位童子，都前来拜见文殊师利童子。他们顶礼菩萨的双足，右绕菩萨三圈之后，就退下端坐一边。

又有五百位童女，就是善贤童女、大智居士女童女、贤称童女、美颜童女、贤慧童女、贤德童女、有德童女、梵授童女、德光童女、善光童女。如是等等五百位童女，都前来拜见文殊师利童子。她们顶礼菩萨的双足，右绕菩萨三圈之后，就退下端坐一边。

这时，文殊师利童子知道福城的人都已经聚集此处，就随顺各人心之所乐，示现自在身。他的威仪光明赫奕，相形之下在场的大众都变得黯淡无光。菩萨以自在的大慈与乐的力量让他们清凉，以自在的大悲拔苦之力生起说法的心，以自在的智慧了知他们心中悦乐的法门，以广大的辩才为他们说法。

同时，菩萨也观察为什么善财童子会取名"善财"？菩萨知道这个童子投生入母胎时，他的家宅内自然涌出七宝楼阁，楼阁下有七种潜伏地底的宝藏，宝藏上的土地更自动裂开，生出七支宝芽，就是所谓的金、银、琉璃、玻璃、真珠、砗磲、玛瑙七种宝物。

善财童子身处母胎中十月之后诞生，形体四肢都端正具足。同时地下又涌出七大宝藏，长宽高各满七个手肘，光明照耀。然后，屋宅中又有装着各种物品的五百种宝器自然盈满其中。就是金刚皿中盛满一切妙香，香皿中盛满种种衣物，美玉皿中盛满种种上好妙味的饮食，摩尼宝皿中盛满种种殊胜奇异的珍宝，黄金皿中盛满银，银皿中盛满黄金，金银皿中盛满琉璃及摩尼宝珠，玻璃皿中盛满砗磲，砗磲皿中盛满玻璃，玛瑙皿中盛满真珠，真珠皿中盛满玛瑙，火红摩尼宝皿中盛满水蓝色的摩尼宝珠，水蓝色摩尼宝皿中盛满火红的摩尼珠，如是等五百种宝器都自然涌现。

同时，天空又雨下各众宝物以及各种财物，充满所有的库藏。因为这个缘故，他的父母、亲属，以及善于为人看相的相师，就都叫这个孩子"善财"。菩萨又知道这个童子，过去曾供养诸佛，种下许多善根。信解广大，常乐于亲近善知识，身、语、意业都没有过失。又能清净地修习菩萨道，求取一切智，成就诸佛的法器，心意清净如虚空，回向菩提而无所障碍。

文殊师利菩萨如是观察善财童子之后，想安慰开谕他，便为他演说所有的佛法。就是演说诸佛积集的法、演说诸佛相续的法、演说诸佛次第的法、演说诸佛大众聚会清净的法、演说诸佛转法轮化导的法、演说诸佛妙色身及三十二相好的法、演说诸佛的法身成就之法、演说诸佛言辞巧妙、辩才无碍的法、演说诸佛光明照耀的法、演说诸佛皆是平等无二的法。

这时，文殊师利童子为善财童子以及大众演说这些法门之后，就殷勤地劝发晓喻大家，增长大众善根的势力。让大众欢喜，发起无上正等正觉，并让他们忆念过去世的种种善根。他成作这些事之后，就在这个地方，再为众生随顺时宜地说法，然后离去。

这时，善财童子从文殊师利菩萨处听闻诸佛的种种功德后，一心想要勤求无上正等正觉，于是便尾随文殊师利菩萨之后而说出以下的偈颂：

> 三有作为城郭，骄慢以为垣墙，
> 诸趣成为门户，爱水化为池堑。
> 愚痴迷暗所覆，贪嗔恚火炽然，
> 魔王作为君主，童蒙依止而住。
> 贪爱以为徽缠，谄诳作为辔勒，
> 疑惑蔽其双眼，趣入诸邪道中。
> 悭嫉骄盈之故，入于三恶之处，
> 或堕诸趣之中，生老病死众苦。
> 妙智清净慧日，大悲圆满胜轮，
> 能竭烦恼大海，愿赐少许观察。
> 妙智慧清净月，大慈无垢妙轮，

一切悉施安住，愿垂照察于我。

一切法界之王，法宝以为先导，

游空无所障碍，愿垂教敕于我。

具福智大商主，勇猛勤求菩提，

普利一切群生，愿垂守护于我。

身披忍辱铠甲，手提智慧宝剑，

自在降伏魔军，愿垂拔济于我。

住法须弥山顶，定女❸恒常恭侍，

灭惑众阿修罗，帝释愿观于我。

三有凡愚家宅，惑业地为趣因，

仁者悉皆调伏，如灯示照我道。

舍离一切恶趣，清净所有善道，

超越诸世间者，示我解脱法门。

世间颠倒执着，常乐我净妄想，

智眼悉能出离，开我解脱法门。

善知邪正诸道，分别心勇无怯，

一切决了之人，示我菩提大路。

安住佛正见地，长养佛功德树，

普雨佛妙法华，示我菩提大道。

去来现在诸佛，处处悉皆周遍，

如日出于世间，为我宣说其道。

善知一切众业，深达诸乘要行，

智慧决定之人，示我摩诃衍❹法。

愿轮大悲车毂，信轴坚忍为辖，

功德宝庄校饰，令我载于此乘。

总持广大箱函，慈愍庄严宝盖，

辩才铃震音响，使我载于此乘。

梵行作为茵蓐，三昧示为采女，

法鼓广震妙音，愿与我此大乘。

四摄无尽宝藏，功德庄严妙宝，

惭愧化为羁鞅，愿与我此大乘。

常转布施为轮，恒涂清净戒香，

忍辱坚牢庄严，令我载于此乘。

禅定三昧为箱，智慧方便作轭，

调伏永不退转，令我载于此乘。

大愿清净为轮，总持坚固大力，

智慧所有成就，令我载于此乘。

普行为周校饰，悲心作为徐转，

所向皆无怯懦，令我载于此乘。

坚固宛如金刚，善巧如同幻化，

一切无有障碍，令我载于此乘。

广大极为清净，普与众生欣乐，

虚空法界等同，令我载于此乘。

清净诸业恶轮，断绝诸流转苦，

摧魔以及外道，令我载于此乘。

智慧满于十方，庄严遍周法界，

普洽众生之愿，令我载于此乘。

清净如同虚空，爱见悉皆除灭，

利益一切众生，令我载于此乘。

愿力速疾前行，定心安稳而住，

普运一切含识，令我载于此乘。

如地而不倾动，如水普皆饶益，

如是运诸众生，令我载于此乘。

四摄圆满妙轮，总持清净大光，

如是智慧大日，愿示我令得见。

已入法王城中，已着智王宝冠，

已系妙法缯彩，愿能慈悲顾我。

这时，文殊师利菩萨宛如象王般地回视，观察善财童子说："太好了！太好了！善男子啊！你已经发起无上正等正觉了，也想亲近一切的善知识，询问菩萨所行，修习菩萨道。善男子啊！亲近供养诸位善知识，是得以具足一切智慧的最初因缘，所以你千万不可以心生疲惫厌倦。"

善财童子回答："只愿圣者广大地为我宣说，菩萨应该如何学习菩萨行？应该如何勤修菩萨行？应该如何趣向菩萨行？应该如何实行菩萨行？应该如何清净菩萨行？应该如何证入菩萨行？应该如何成就菩萨行？应该如何随顺菩萨行？应该如何忆念菩萨行？应该如何增广菩萨行？应该如何才能疾速圆满成就普贤行？"

这时，文殊师利菩萨就为善财童子宣说以下的偈颂：

善哉功德宝藏，能来至我处所，
发起大悲心愿，勤求无上正觉。
已发广大愿力，除灭众生之苦，
普为有情世间，勤修菩萨大行。
若有诸位菩萨，不厌生死之苦，
则具足普贤道，一切无能破坏。
福光福威德力，福处福净之海，
汝能为诸众生，誓愿修普贤行。
汝睹见无边际，十方一切诸佛，
皆悉听闻佛法，受持不曾忘失。
汝于十方世界，普见无量诸佛，
成就诸大愿海，具足菩萨大行。
若能入方便海，安住诸佛菩提，
则能随导师学，当成就一切智。
汝若遍一切刹，微尘等诸时劫，

修行普贤行愿，能成就菩提道。

汝若于无量刹，无边诸劫大海，

修行普贤行愿，能成满诸大愿。

此等无量众生，闻汝皆愿欢喜，

皆发菩提心意，愿学普贤大乘。

这时，文殊师利菩萨说了这首偈颂之后，又告诉善财童子："太好了！太好了！善男子啊！你已经发起无上正等正觉，求菩萨行。善男子啊！如果有人能发起无上正等正觉，已经算是很难得的了，而他若能在发心之后，还继续求取菩萨行，这更是难得。善男子啊！如果你想成就诸佛的一切智智，就应该决定寻求真正的善知识。善男子啊！求访善知识时，切勿心生疲倦懈怠，参见善知识勿心生满足，对于善知识所有的教诲，都应该随顺实行。不要只看善知识各种善巧方便的过失。

"善男子啊！南方有一个名叫胜乐的国土，那个国家有一座妙峰山，山中住了一个名叫德云的比丘。你可以前往询问这位善知识：'菩萨应怎么学习菩萨行？菩萨应该怎么勤修菩萨行？乃至于菩萨应该如何快快圆满普贤行？德云比丘会为你宣说。'"

这时，善财童子听了菩萨的话之后，欢喜踊跃，就以头顶礼菩萨双足，围绕菩萨无数圈，殷勤地瞻仰菩萨的容颜，悲伤地哭泣流泪。他向菩萨辞行告退之后，就前往南方，朝着胜乐国的方向，登上妙峰山。在妙峰山上的东、西、南、北，四维上下到处观察寻觅，渴望求见德云比丘。经过七天之后，他才看见德云比丘在另一座山上慢步经行❺。善财童子一看见他，便赶紧前往拜见。顶礼菩萨的双足，右绕菩萨三圈之后，上前向德云比丘说："圣者啊！我先前已经发起无上正等正觉，然而却不知道菩萨应该如何学习菩萨行？如何勤修菩萨行？乃至于如何即刻证得圆满的普贤行？我听闻圣者能循循善诱，教诲众生，希望您能垂怜慈悯，为我宣说：'菩萨要如何才得以成就无上正等正觉？'"

这时，德云比丘告诉善财："太好了！太好了！善男子啊！你已经能发起无上正等正觉，又能请问各种菩萨行。以下这些事，更是难得中的难得。就是求菩萨行，求菩萨境界，求菩萨的出离世间道，求菩萨的清净道，求菩萨的清净广大心，求菩萨如何成就神通，求菩萨示现解脱法门，求菩萨示现世间造作之业，求菩萨随顺众生心意，求菩萨证得生死涅槃之门，求菩萨观察有为法、无为法，而心无所著。

"善男子啊！我已证得自在的决定信解力，具足了清净无染的信心之眼，智慧的光芒照耀，因此能普遍观察所有的境界，远离各种障碍。善巧观察，普眼明澈，具足清净的梵行，能前往拜访十方所有的国土，恭敬供养诸佛，恒常忆念所有的诸佛。并且总持诸佛的正法，恒常见到十方诸佛。就是：看见东方一佛、二佛、十佛、百佛、千佛、百千佛、亿佛、百亿佛、千亿佛、百千亿佛、那由他亿佛、百那由他亿佛、千那由他亿佛、百千那由他亿佛，乃至见到无数、无量、无边、无等、不可数、不可称、不可思、不可量、不可说、不可说不可说的诸佛。乃至见到阎浮提微尘数的诸佛，四天下微尘数般的诸佛，千世界中微尘数的诸佛，二千世界微尘数的诸佛，三千世界微尘数的诸佛，佛国刹土微尘数的诸佛，乃至于不可说不可说佛国刹土微尘数的诸佛。就像东方一般，在南、西、北方四维上下也都是如此。每一个方所的所有佛陀，他们种种的微妙色相，种种的外形相貌，种种的神通自在，种种的游戏，种种的大众聚会庄严道场，种种无边照耀的光明，种种的国土，种种的寿命，随顺众生种种不同的心意悦乐，示现种种成就正觉之门。在大众中作师子吼，广大演说佛法等情形，都无不明见，无不了知。

"善男子啊！我只有证得这个忆念诸佛境界的"智慧光明普见法门"而已，哪里能完全了知诸位大菩萨的无边智慧清净行门呢？这些法门就是：智慧光明普照的念佛法门，因为这能使菩萨恒常证见诸佛国土内种种宫殿的庄严清净；一切众生忆念诸佛的法门，因为这些法门能随着众生心中所悦乐的一切，都得以见佛，得以清净；令安住诸佛十力的念佛法门，因为这些法门能使众生证入如来的十力；使众生安住法中的念佛法门，因为这个法门能使众生亲自见到无量的诸佛，并听闻他们说法；光明照耀各个方所的念佛法门，因为这个法门能使众生看见所有世界中等同无二的诸佛法海；进入细微不可见处所的念佛法门，因为这个法门能使众生看见一切细微的境地，及诸佛神通力的自在变化；安住一切时劫念佛的法门，因为这个法门能使众生在一切的时劫中，恒常看见如来的各种施设作为，没有一时暂舍；能安住一切时间念佛的法门，因为这个法门能使众生在所有的时间恒常看见如来，并且和如来亲近同住，不曾舍离；能安住一切刹土的念佛法门，因为这个法门能使众生在一切的国土中都能看见佛陀越过一切的殊胜，没有与他一样的殊胜身相；安住过去、现在、未来三世的念佛法门，因为这个法门能使众生随着自己心意欲想及喜乐，普遍见到三世诸佛。

　　"安住一切境中的念佛法门，因为这个法门能使众生在一切境界中看见诸位如来次第示现的情形；安住寂灭的念佛法门，因为这个法门能使众生在一念之间看见所有刹土的诸佛示现涅槃；安住远离一切世间、处所的念佛法门，因为这个法门能使众生在一念中看见所有的佛陀，从他们所安住的地方出去；安住广大的念佛法门，因为这个法门能使众生常常看见每一佛身时刻都充满遍布法界；安住微细的念佛法门，因为这个法门能使众生在一根汗毛的顶端看见不可说的如来出现，并且还能前往他们的处所承事供养诸佛；安住庄严的念佛法门，因为这个法门能使众生在一念之间看见一切的刹土，都有诸佛成就正等正觉，示现神通变化；安住能事奉诸佛的念佛法门，因为这个法门能使众生看见诸佛出现世间，大放智慧光明，常转法轮；安住自在心的念佛法门，因为这个法门能使众生随顺自己心中所有的欲乐，并使诸佛为他们示现；安住自身造作业的念佛法门，因为这个法门能使众生了知他们累积聚集的业报，并示现影像，让他们觉悟；安住神通变化自在的念佛法门，因为这个法门能使众生看见诸佛安坐的广大莲华都开放布满整个法界；安住虚空的念佛法门，因为这个法门能使众生观察如来所有积聚示现如云的妙身，庄严法界、虚空界的。这一切我怎么能够了知并且宣说穷尽诸位菩萨殊胜广大的功德行呢？

"善男子啊！南方有一个名叫海门的国家。那里有一位名叫海云的比丘。你去那儿问他：菩萨要怎么学习菩萨行？勤修菩萨道？海云比丘一定能分别为你宣说，使你发起广大的善根因缘。

"善男子啊！海云比丘将会使你进入广大助道的境地阶位，生出广大的善根之力，宣说发起菩提心的因缘。生出广大乘光明，修学广大的波罗蜜。趣入广大诸行法门的大海，满足广大的誓愿法轮，清净广大的慈悲力量。"

这时，善财童子顶礼德云比丘的双足之后，右绕比丘，恋恋不舍地观察瞻仰比丘的容颜，辞退离去。

这时，善财童子一心一意地思惟善知识所教授的，以正念观察智慧的光明法门、以正念观察菩萨的解脱法门、以正念观察菩萨的三昧法门、以正念观察菩萨的大海法门、以正念观察诸佛示现在前的法门、以正念观察诸佛方所的法门、以正念观察诸佛轨则的法门、以正念来观察诸佛同等虚空界的法门、以正念观察诸佛出现次第的法门、以正念观察诸佛趣入的方便法门。

他就这样慢慢地向南走，到了海门国海云比丘的住处。他顶礼海云比丘的双足，右绕比丘之后，就合掌上前问道："圣者啊！我在先前已经发起无上正等正觉，想要进入无上的智慧大海。但是却还不知道菩萨要如何才能舍弃世俗的家业，出生如来的家中？要如何才能度过生死的大海，进入佛法的智慧大海？要如何才能脱离凡夫的境地，证入如来的境地？要如何才能截断生死之流，进入菩萨行之流？要如何才能破除生死轮，成就菩萨愿轮？要如何才能消灭诸魔的境界，开显诸佛的境界？要如何才能竭尽爱欲的大海，增长大悲海？要如何才能关闭众多苦难恶趣的门，开启所有的大涅槃门？要如何才能出离三界之城，而进入一切智慧之城？要如何才能舍弃一切供人赏玩的玩奇物品，而以这些东西饶益众生？"

这时，海云比丘告诉善财："善男子啊！你已经发起无上正等正觉了吗？"

善财回答："是的，先前我已经发起无上正等正觉。"

海云比丘说："善男子啊！如果众生不种下善根，就不能发起无上正等正觉。若你想要证得普门的善根光明，具足真实佛道的三昧智慧光明，出生种种广大的福德海，不断地宣说清净法门，没有懈怠休息地事奉善知识而不心生疲惫厌倦。不顾身家性命，没有任何隐藏积聚的事。平等之心如同大地，不分高下，常慈悲哀悯众生，不管身处各种生趣，都能专心忆念诸佛，而不舍弃。恒常乐于观察如来的境界，这样方能发起菩提心。

"你应发起哪些菩提心呢，就是大悲心，因为它能普遍地救度众生；大慈心，因为它能平等地护佑世间；安乐心，因为它能消灭众生的各种苦难；饶益心，因为它能使众生远离邪恶之法；哀悯心，因为它能守护心中常恐怖畏惧的众生；无碍心，因为它能够舍弃远离一切的障碍；广大心，因为它能够遍满一切法界；无边心，因为它能使菩萨前往任何地方，不管哪里是不是大到等同虚空；宽博心，因为它能够看见所有的诸佛；清净心，因为它从不违背过去、现在、未来三世的法门智慧；智慧心，因为它能使众生普遍进入一切智慧的大海。

"善男子啊！我住在海门国已经十二年了，恒常以大海为修行境界。就是思惟大海的广大无量；思惟大海的甚深难测；思惟大海的渐次深广；思惟大海有无量众多的珍宝，奇妙庄严；思惟大海积聚无量的海水；思惟大海种种不同的水色，不可思议；思惟大海是无量众生所居之处；思惟大海能容受种种身形庞大的众生；思惟大海能容受大云所降下的雨；思惟大海的水从不增加也从不减少。

"善男子啊！我思惟的时候又这么想：'在这个世界，有比大海还广博的事物吗？有比这大海无量的事物吗？有比这大海更深广的事物吗？有比这大海更特殊的事物吗？'

"善男子啊！我这么想的时候，从这个海底忽然涌现大莲华。它的茎干是无物能够超胜的帝释天王青色摩尼宝珠——因陀罗尼宝所成，以大琉璃宝为华，阎浮檀金为叶，以沉水木为台座，以玛瑙为须，芬芳布敷，遍满地覆盖了大海。上百万的阿修罗王执持着莲华的茎，以百万摩尼宝珠庄严的宝网遍布覆盖上面。百万的龙王更以香水雨遍洒莲华，百万的迦楼罗王更衔着各种璎珞和宝贵的丝带，一圈又一圈地垂布莲华四周。百万的罗刹王都以大慈心观察，百万夜叉王也来恭敬礼拜。百万的乾闼婆王更以种种音乐赞叹供养，百万的天王也雨下各种天华、天鬘、天香、天烧香、天涂香、天末香、天上胜妙的衣服、天上的旗幢幡盖。百万的梵王更以头顶礼致敬。百万净居天❻的天人也合掌作礼，百万的转轮圣王各以庄严的七宝前来供养。百万的海神也同时出现，恭敬顶礼。

"这时更有百万颗昧光摩尼宝珠大放光明，还有百万颗的净福摩尼宝庄严，百万颗普光摩尼宝为清净宝藏，还有百万颗光明威赫的殊胜摩尼宝，还有百万颗妙藏摩尼宝无边地照耀，百万的阎浮幢摩尼宝也次第地成行排列，百万颗金刚师子摩尼宝珠更显现不可破坏的清净庄严，百万颗的日藏摩尼宝是那么的广大清净，百万颗可乐摩尼宝珠更具足种种色彩，百万颗如意摩尼宝珠，也无尽地光明照耀。

"这朵大莲华，是由如来出世的善根所生起，凡是看见这朵莲华的菩萨，无不心生信解悦乐，十方的世界无不示现在他们的面前。它从如幻之法而生，从如梦之法而生，从清净的业所出生；以无净的法门来庄严，证入无为的心印，安住无碍之门，充满十方一切国土；随顺诸佛的甚深境界，即使用无数百千劫，赞叹诸佛的功德，也不能穷尽。

"那时，我看见那朵莲华上面，有一位如来盘腿结跏趺坐。他的身体从这里到有顶盖的宝莲华座，确实不可思议；上面的道场大众聚合，确实不可思议；他的各种相好成就，确实不可思议；他的八十种随形好圆满，确实不可思议；他的神通变化，确实不可思议；他的色相清净，确实不可思议；他的顶髻现无顶之相，确实不可思议；他的广长舌相，确实不可思议；他善巧的言辞演说，确实不可思议；他圆满的声音，确实不可思议；他无边际的力量，确实不可思议；他的清净无畏惧，确实不可思议；他的广大辩才，确实不可思议。

"另外，他能忆念其他诸佛往昔修习的各种行门，实在是不可思议；他能自在地成道，实在是不可思议；他能以妙音来演说佛法，实在是不可思议；他能普门地示现种种庄严，实在是不可思议；他能随顺着左右的人，看见各种差别，实在是不可思议；他能圆满一切利益众生的事业，实在是不可思议。

"这时，如来伸出右手抚摩我的头顶，为我演说普遍观察众生的普眼法门。开示一切如来的境界，显发所有的菩萨行，阐明诸佛胜妙的法门，一切法轮无不含摄其中。因此我才能清净诸佛的国土，摧毁一切异行外道的邪论，消灭一切的魔军大众，使众生都心生欢喜。明照众生的心行，了知众生的各种根性，随顺众生的心，都使他们开悟。

"我从那位如来处听闻这个法门之后，就不断受持读诵，忆念观察。如果有人能用大海那么多的墨水，再以聚集须弥山的笔，书写这个普眼法门一品中的一门；一门中的一法；一法中的一个义理；一个义理中的一句，都还是不能获得少分，更何况是把他所说的一切全部写完？

"善男子啊！我在那位佛陀的国土待了一千两百年，信受奉持这个普眼法门。每天，因为听闻奉持陀罗尼光明，使我得以趣入无数品；因为寂静门的陀罗尼光明，使我得以趣入无数品；因为无边旋陀罗尼的光明，使我得以证入无数品；因为随地观察陀罗尼的光明，使我得以分别无数品；因为威力陀罗尼的光明，使我得以普遍摄受无数品；因为莲华庄严陀罗尼的光明，使我得以引发无数品；因为清净言音陀罗尼的光明，使我得以开演无数品；因为虚空藏陀罗尼的光明，使我得以显示无数品；因为光聚陀罗尼的光明，使我得以增广无数品；因为海藏陀罗尼的光明，使我得以辨别分析无数品。

"所以，如果有众生能从十方世界来到这儿，像天人、天王、龙、龙王、夜叉、夜叉王、乾闼婆、乾闼婆王、阿修罗、阿修罗王、迦楼罗、迦楼罗王、紧那罗、紧那罗王、摩睺罗伽、摩睺罗伽王、人、人王、梵、梵王，如此种种的众生来到我这儿，我都能为他们开示解释，称扬赞叹，使他们都喜爱悦乐地趣入、安住诸佛菩萨的光明普眼法门。

"善男子啊！我只了知这个普眼法门而已，如果是像诸位菩萨能深入菩萨的行愿海，而随顺他的愿力修行；菩萨能够进入大愿海，安住世间无量的时劫；菩萨能够进入一切众生的大海，因为他能随顺众生的心意悦乐而广大利益众生；菩萨能够进入一切众生的心海，因为他能出生十力无障碍智慧光明；菩萨能够进入众生根性的大海，因为他能顺应时节因缘而教化众生，调伏他们；菩萨能够进入一切刹土的大海，因为他的成就圆满能以本愿庄严清净佛国刹土；菩萨能够进入诸佛的大海，因为他誓愿恒常供养诸位如来；菩萨能够进入一切的法海，因为他能以智慧悟入一切；菩萨能够进入一切的功德大海，是因为他能具足一切修行；菩萨能够进入众生言辞的大海，因为他能在一切的刹土常转法轮。这一切，我如何能完全了知、穷尽地宣说诸位菩萨的功德行呢？

"善男子啊！从这里向南走六十由旬之后，楞伽❼道的边境有一个叫作海岸的聚落。那里有一位名叫善住的比丘。你去请教他：'菩萨应该如何清净菩萨行？'"

这时，善财童子顶礼海云比丘的双足，右绕比丘，瞻仰他的容颜，辞别告退。

在南行的路上，善财童子专心忆念善知识所教授的普眼法门，专心忆念诸佛的神力，专心持颂法句云，专心趣入法海之门，专心思惟诸法的差别，深入法海深广的漩流，普遍进入法的虚空。清净治理法的遮蔽障碍，观察法空的处所。他慢慢地向南走，到了楞伽道的海岸聚落，向十方观察寻觅，求访善住比丘。

这时，他看见善住比丘在虚空中来往地慢步经行，无数的天人都恭敬围绕在他身边，散下各种美妙的天华，演奏天宫的妓乐。无数的幡旗、宝幢、丝带、有花纹的丝织品遍满虚空，供养善住比丘。各位大龙王也在虚空中兴起不可思议的沉水香云，以震动大地的雷、激烈的闪电供养善住比丘。紧那罗王也演奏各种音乐，如法地赞美供养。摩睺罗伽王更以不可思议质地极为细微的衣物，周遍地回绕布设虚空，心生欢喜地供养善住比丘。阿修罗王也兴起不可思议的摩尼宝云，具足无量的光明、种种庄严，遍满虚空地供养善住比丘。迦楼罗王更化作有无量采女围绕的童子模样，究竟成就无杀害的心，在虚空中合掌供养善住比丘。不可思议的数位罗刹王，有无量罗刹围绕着。他们的身形长大，让人恐怖畏惧，但是看见善住比丘慈心自在，也都曲躬身子，合掌礼敬，瞻仰供养善住比丘。不可思议的诸位夜叉王，各自都有随行的大众围绕着，也四面周匝围绕，恭敬守护善住比丘。不可思议的诸位梵天王，也在虚空中曲躬身子，合掌礼敬，以人间的方法来称扬赞叹善住比丘。不可思议的诸位净居天天人，也在虚空中，示现宫殿，恭敬合掌，发下弘大的誓愿。

这时，善财童子看见这些奇妙的景象之后，心中大生欢喜，合掌敬礼，然后说："圣者啊！我在先前已经发起无上正等正觉，但却还不知菩萨该如何修行佛法？如何积集佛法？如何完备具足佛法？如何熏习佛法？如何增长佛法？如何总摄佛法？如何究竟佛法？如何净治佛法？如何深净佛法？如何通达佛法？我听说圣者善于循循善诱，教诲众生，只愿你慈悲哀悯，为我宣说：'菩萨要怎样才能够不舍离见到佛陀，常在诸佛的处所精勤修习？菩萨要怎样才能不舍离其他菩萨，与诸位菩萨同一善根？菩萨要怎样才能不舍离佛法，都以智慧而得以明了证得？菩萨要怎样才能不舍离弘大的誓愿，普遍利益一切众生？菩萨要怎样才能不舍离众多的行门，安住在一切的时劫，心中毫不疲惫厌倦？菩萨要怎样才能不舍离佛国刹土，普遍地庄严清净一切世界？菩萨要怎样才能不舍离诸佛的神力，而成就如来的自在威力？菩萨要怎样才能不舍离有为法，但又能不安住其中，普遍地受生一切存有的生趣，犹如梦幻变化，示现生死，修菩萨行？菩萨要怎样才能不舍离所听闻之法，而完全领受诸佛的正教？菩萨要怎样才能不舍离智慧的光明，而普遍地证入过去、现在、未来三世智慧所行之处？'"

这时，善住比丘告诉善财："太好了！太好了！善男子啊！你已经能发起无上正等正觉，现在又发心求问佛法、一切智法、自然者法。

"善男子啊！我已经成就了菩萨无碍的解脱法门，不管是来、去、行走、安止，都能随顺思惟，修习观察，即时获得智慧光明，称为'究竟无碍光明'。因为一获得这智慧光明，就可以无障碍地了知众生的心行，可以无障碍地了知众生的死亡、受生，可以无障碍地了知众生的宿昔的生命，可以无障碍地了知众生未来时劫的一切事，可以无障碍地了知众生现在世的事，可以无障碍地了知众生语言声音的各种差别，可以无障碍地了知众生所有的疑问，可以无障碍地了知众生的各种根性，可以无障碍地了知众生应受度化的时机而前去度化，可以无障碍地了知一切刹那罗婆❽牟呼栗多❾的日夜时分，可以无障碍地了知过去、现在、未来三世生死海中的流转次第，可以无障碍地普遍前往十方一切的佛国刹土。为什么呢？因为我已证得无住无作的神通力。

"善男子啊！我因为证得这神通力，所以可以在虚空中行走。或是停住、坐着、卧着、隐形、显身，或是示现多身，穿过墙壁犹如在穿越虚空。在虚空中盘腿结跏趺坐，自在往来，犹如飞鸟。进入地下就像进入水中，踏在水上就像踏在地上一般。遍身上下都冒出浓烟火焰，就像大火燃烧一般。也可以震动大地，有时也以双手摩触日月，或是示现身长高达梵天宫殿。或是示现烧香云，或是示现宝焰云，或是示现变化云，或是示现光网云，都广大地遍满覆盖十方。

"或是在一念之间就能越过东方一个世界、两个世界、百个世界、千个世界、百千个世界、乃至于无量的世界，乃至于不可说不可说的世界，或越过阎浮提微尘数的世界，或越过不可说不可说佛国刹土微尘数的世界。并且在如此不可数的诸佛面前，听闻开示。或在每一个佛所，示现无量佛国刹土微尘数的差别身；每一差别身都雨下无量佛国刹土微尘数的供养云。像一切华云、一切香云、一切鬘云、一切末香云、一切涂香云、一切盖云、一切衣云、一切幢云、一切幡云、一切帐云，以一切的身云供养诸佛。每一位如来宣说的法门，我都能受持奉行；每一个诸佛国土所有的庄严美好，我都忆念不忘。就像东方的各个世界一般，南、西、北方四维上下的各个世界，也是一样。

"所以，凡是一切世界见到我身形的众生，都决定证得无上正等正觉。那里各个世界的所有众生，我都可以明白地看见，并且还能随着他们身形的大小、殊胜低劣、痛苦快乐，示现相同的情境，而教化他们，成就他们。凡是前来亲近我的众生，我都可以使他们安住在如此种种的法门。

"善男子啊！我只了知这种普遍快速供养诸佛、成就众生的无碍解脱法门。但是像诸位菩萨奉持大悲的戒律、波罗蜜的戒律、大乘的戒律、菩萨道相应的戒律、无障碍的戒律、不退堕的戒律、不舍菩提心的戒律、常以佛法为所缘的戒律、对于一切智慧常作意的戒律、宛如虚空的戒律、一切世间无所依靠的戒律、无失的戒律、无损的戒律、无缺的戒律、无杂染的戒律、无混浊的戒律、无悔的戒律、清净的戒律、离尘的戒律、离垢的戒律，如此种种的功德，我怎么能完全了知，演说穷尽？

"善男子啊！从这里向南方走，有一个国家名叫达里鼻荼❿。那里有一座名叫自在的城邑。城里有一个叫弥伽⓫的人。你去拜见他，并问他：'菩萨应该如何学习菩萨行？勤修菩萨道？'"

这时，善财童子顶礼比丘的双足，右绕瞻仰他的容颜，告辞退下，继续南行。

【注释】

❶ 优婆塞：梵语 upāsaka 之音译，意为"近善男"或"清信士"，即归依佛教的在家男居士。

❷ 优婆夷：梵语 upāsikā 之音译，意为"近善女"或"清信女"，即归依佛教的在家女居士。

❸ 定女：以女子来比喻禅定三昧。

❹ 摩诃衍：梵语 mahā-yāna 之音译，译作"大乘"，即大乘之教法。

❺ 经行：坐禅之中起座，徐徐步行，周回道场。

❻ 净居天：在色界四禅最高之处，有五重天，是证得不还果的圣者所生之处。因为没有外道杂居，所以叫净居天。

❼ 楞伽：梵语 Laṅkā 之音译，译作"难入"或"险绝"，位于印度南海岸之山名。

❽ "婆"，宫本作"娑"。罗婆又作"腊缚"。是梵语 lava 之音译，为印度计量时间的单位之一，百二十刹那为一怛刹那，六十怛刹那为一罗婆。

❾ 牟呼栗多：梵语 muhūrta 之音译，为印度时间单位之一，即时分。三十罗婆为一
牟呼栗多，三十牟呼栗多为一昼夜。

❿ 达里鼻荼又作"陀毗罗"，南印度国名。

⓫ 弥伽：梵语 Megha 之音译，译作"云"。

卷第六十三

入法界品第三十九之四

【原典】

尔时，善财童子一心正念法光明法门，深信趣入，专念于佛，不断三宝，叹离欲性，念善知识，普照三世，忆诸大愿，普救众生，不著有为，究竟思惟诸法自性，悉能严净一切世界，于一切佛众会道场心无所著。

渐次南行，至自在城，求觅弥伽。乃见其人于市肆中，坐于说法师子之座，十千人众所共围绕，说轮字庄严法门。时，善财童子顶礼其足，绕无量匝，于前合掌，而作是言："圣者！我已先发阿耨多罗三藐三菩提心，而我未知菩萨云何学菩萨行？云何修菩萨道？云何流转于诸有趣常不忘失菩提之心？云何得平等意坚固不动？云何获清净心无能沮坏？云何生大悲力恒不劳疲？云何入陀罗尼普得清净？云何发生智慧广大光明，于一切法离诸暗障？云何具无碍解辩才之力，决了一切甚深义藏？云何得正念力，忆持一切差别法轮？云何得净趣力，于一切趣普演诸法？云何得智慧力，于一切法悉能决定分别其义？"

尔时，弥伽告善财言："善男子！汝已发阿耨多罗三藐三菩提心耶？"善财言："唯！我已先发阿耨多罗三藐三菩提心。"

弥伽遽即下师子座，于善财所五体投地，散金银华无价宝珠，及以上妙碎末栴檀、无量种衣以覆其上，复散无量种种香华、种种供具以为供养，然后起立而称叹言："善哉！善哉！善男子！乃能发阿耨多罗三藐三菩提心。善男子！若有能发阿耨多罗三藐三菩提心，则为不断一切佛种，则为严净一切佛刹，则为成熟一切众生，则为了达一切法性，则为悟解一切业种，则为圆满一切诸行，则为不断一切大愿，则如实解离贪种性，则能明见三世差别，则令信解永得坚固，则为一切如来所持，则为一切诸佛忆念，则与一切菩萨平等，则为一切贤圣赞喜，则为一切梵王礼觐，则为一切天主供养，则为一切夜叉守护，则为一切罗刹侍卫，则为一切龙王迎接，则为一切紧那罗王歌咏赞叹，则为一切诸世间主称扬庆悦，则令一切诸众生界悉得安隐。所谓令舍恶趣故，令出难处故，断一切贫穷根本故，生一切天人快乐故，遇善知识亲近故，闻广大法受持故，生菩提心故，净菩提心故，照菩萨道故，入菩萨智故，住菩萨地故。

"善男子！应知菩萨所作甚难，难出难值，见菩萨者倍更难有。菩萨为一切众生恃怙，生长成就故；为一切众生拯济，拔诸苦难故；为一切众生依处，守护世间故；为一切众生救护，令免怖畏故。菩萨如风轮，持诸世间不令堕落恶趣故；如大地，增长众生善根故；如大海，福德充满无尽故；如净日，智慧光明普照故；如须弥，善根高出故；如明月，智光出现故；如猛将，摧伏魔军故；如君主，佛法城中得自在故；如猛火，烧尽众生我爱心故；如大云，降霆无量妙法雨故；如时雨，增长一切信根芽故；如船师，示导法海津济处故；如桥梁，令其得度生死海故。"

弥伽如是赞叹善财，令诸菩萨皆欢喜已，从其面门出种种光，普照三千大千世界。其中众生遇斯光已，诸龙神等乃至梵天悉皆来至弥伽之所。弥伽大士即以方便，为开示、演说、分别、解释轮字品庄严法门。彼诸众生闻此法已，皆于阿耨多罗三藐三菩提得不退转。

弥伽于是还升本座，告善财言："善男子！我已获得妙音陀罗尼，能分别知三千大千世界中诸天语言，诸龙、夜叉、乾闼婆、阿修罗、迦楼罗、紧那罗、摩睺罗伽、人与非人，及诸梵天所有语言。如此三千大千世界，十方无数乃至不可说不可说世界，悉亦如是。

"善男子！我唯知此菩萨妙音陀罗尼光明法门。如诸菩萨摩诃萨，能普入一切众生种种想海、种种施设海、种种名号海、种种语言海，能普入说一切深密法句海、说一切究竟法句海、说一切❶所缘中有一切三世所缘法句海、说上法句海、说上上法句海、说差别法句海、说一切差别法句海，能普入一切世间咒术海、一切音声庄严轮、一切差别字轮际，如是功德，我今云何能知能说？

"善男子！从此南行，有一聚落，名曰住林，彼有长者，名曰解脱。汝诣彼问：'菩萨云何修菩萨行？菩萨云何成菩萨行？菩萨云何集菩萨行？菩萨云何思菩萨行？'"

尔时，善财童子以善知识故，于一切智法，深生尊重，深植净信，深自增益，礼弥伽足，涕泗悲泣，绕无量匝，恋慕瞻仰，辞退而行。

尔时，善财童子思惟诸菩萨无碍解陀罗尼光明庄严门，深入诸菩萨语言海门，忆念诸菩萨知一切众生微细方便门，观察诸菩萨清净心门，成就诸菩萨善根光明门，净治诸菩萨教化众生门，明利诸菩萨摄众生智门，坚固诸菩萨广大志乐门，任持诸菩萨殊胜志乐门，净治诸菩萨种种信解门，思惟诸菩萨无量善心门，誓愿坚固，心无疲厌，以诸甲胄而自庄严，精进深心不可退转，具不坏信，其心坚固，犹如金刚及那罗延，无能坏者。守持一切善知识教，于诸境界得不坏智，普门清净，所行无碍，智光圆满，普照一切，具足诸地总持光明，了知法界种种差别，无依无住，平等无二，自性清净而普庄严，于诸所行皆得究竟，智慧清净，离诸执著。知十方差别法，智无障碍；往十方差别处，身不疲懈；于十方差别业，皆得明了；于十方差别佛，无不现见；于十方差别时，悉得深入。清净妙法充满其心，普智三昧明照其心，心恒普入平等境界，如来智慧之所照触，一切智流相续不断，若身若心不离佛法，一切诸佛神力所加，一切如来光明所照；成就大愿，愿身周遍一切刹网，一切法界普入其身。

渐次游行，十有二年，至住林城，周遍推求解脱长者。既得见已，五体投地，起立合掌，白言："圣者！我今得与善知识会，是我获得广大善利。何以故？善知识者，难可得见，难可得闻，难可出现，难得奉事，难得亲近，难得承接，难可逢值，难得共居，难令喜悦，难得随逐。我今会遇，为得善利。

"圣者！我已先发阿耨多罗三藐三菩提心，为欲事一切佛故，为欲值一切佛故，为欲见一切佛故，为欲观一切佛故，为欲知一切佛故，为欲证一切佛平等故，为欲发一切佛大愿故，为欲满一切佛大愿故，为欲具一切佛智光故，为欲成一切佛众行故，为欲得一切佛神通故，为欲具一切佛诸力故，为欲获一切佛无畏故，为欲闻一切佛法故，为欲受一切佛法故，为欲持一切佛法故，为欲解一切佛法故，为欲护一切佛法故，为欲与一切诸菩萨众同一体故，为欲与一切菩萨善根等无异故，为欲圆满一切菩萨波罗蜜故，为欲成就一切菩萨所修行故，为欲出生一切菩萨清净愿故，为欲得一切诸佛菩萨威神藏故，为欲得一切菩萨法藏无尽智慧大光明故，为欲得一切菩萨三昧广大藏故，为欲成就一切菩萨无量无数神通藏故，为欲以大悲藏教化调伏一切众生皆令究竟到边际故，为欲显现神变藏故，为于一切自在藏中悉以自心得自在故，为欲入于清净藏中以一切相而庄严故。

"圣者！我今以如是心、如是意、如是乐、如是欲、如是希求、如是思惟、如是尊重、如是方便、如是究竟、如是谦下，至圣者所。我闻圣者善能诱诲诸菩萨众，能以方便阐明所得，示其道路，与其津梁，授其法门，令除迷倒障，拔犹豫箭，截疑惑网，照心稠林，浣❷心垢浊，令心洁白，使心清净❸，正心谄曲，绝心生死，止心不善，解心执著。于执著处令心解脱，于染爱处使心动转，令其速入一切智境，使其疾到无上法城，令住大悲，令住大慈，令入菩萨行，令修三昧门，令入证位，令观法性，令增长力，令修习行，普于一切，其心平等。唯愿圣者为我宣说：'菩萨云何学菩萨行、修菩萨道，随所修习，疾得清净，疾得明了！'"

时，解脱长者以过去善根力、佛威神力、文殊师利童子忆念力故，即入菩萨三昧门，名普摄一切佛刹无边旋陀罗尼。入此三昧已，得清净身。于其身中，显现十方各十佛刹微尘数佛，及佛国土、众会、道场、种种光明、诸庄严事，亦现彼佛往昔所行神通变化、一切大愿、助道之法、诸出离行、清净庄严，亦见诸佛成等正觉、转妙法轮、教化众生。如是一切，于其身中悉皆显现，无所障碍，种种形相、种种次第，如本而住，不相杂乱，所谓种种国土、种种众会、种种道场、种种严饰。其中诸佛现种种神力、立种种乘道，示种种愿门，或于一世界处兜率宫而作佛事，或于一世界殁兜率宫而作佛事。如是，或有住胎，或复诞生，或处宫中，或复出家，或诣道场，或破魔军，或诸天、龙恭敬围绕，或诸世主劝请说法，或转法轮，或般涅槃，或分舍利，或起塔庙。彼诸如来于种种众会、种种世间、种种趣生、种种家族、种种欲乐、种种业行、种种语言、种种根性、种种烦恼随眠习气诸众生中，或处微细道场，或处广大道场，或处一由旬量道场，或处十由旬量道场，或处不可说不可说佛刹微尘数由旬量道场，以种种神通、种种言辞、种种音声、种种法门、种种总持门、种种辩才门，以种种圣谛海、种种无畏大师子吼，说诸众生种种善根、种种忆念，授种种菩萨记，说种种诸佛法。

彼诸如来所有言说，善财童子悉能听受，亦见诸佛及诸菩萨不可思议三昧神变。

尔时，解脱长者从三昧起，告善财童子言："善男子！我已入出如来无碍庄严解脱门。

"善男子！我入出此解脱门时，即见东方阎浮檀金光明世界，龙自在王如来、应、正等觉，道场众会之所围绕，毗卢遮那藏菩萨而为上首；又见南方速疾力世界，普香如来、应、正等觉，道场众会之所围绕，心王菩萨而为上首；又见西方香光世界，须弥灯王如来、应、正等觉，道场众会之所围绕，无碍心菩萨而为上首；又见北方袈裟幢世界，不可坏金刚如来、应、正等觉，道场众会之所围绕，金刚步勇猛菩萨而为上首；又见东北方一切上妙宝世界，无所得境界眼如来、应、正等觉，道场众会之所围绕，无所得善变化菩萨而为上首；又见东南方香焰光音世界，香灯如来、应、正等觉，道场众会之所围绕，金刚焰慧菩萨而为上首；又见西南方智慧日普光明世界，法界轮幢如来、应、正等觉，道场众会之所围绕，现一切变化幢菩萨而为上首；又见西北方普清净世界，一切佛宝高胜幢如来、应、正等觉，道场众会之所围绕，法幢王菩萨而为上首；又见上方佛次第出现无尽世界，无边智慧光圆满幢如来、应、正等觉，道场众会之所围绕，法界门幢王菩萨而为上首；又见下方佛光明世界，无碍智幢如来、应、正等觉，道场众会之所围绕，一切世间刹幢王菩萨而为上首。

"善男子！我见如是等十方各十佛刹微尘数如来。彼诸如来不来至此，我不往彼。我若欲见安乐世界阿弥陀如来，随意即见；我若欲见栴檀世界金刚光明如来、妙香世界宝光明如来、莲华世界宝莲华光明如来、妙金世界寂静光如来、妙喜世界不动如来、善住世界师子如来、镜光明世界月觉如来、宝师子庄严世界毗卢遮那如来，如是一切，悉皆即见。然彼如来不来至此，我身亦不往诣于彼。知一切佛及与我心，悉皆如梦；知一切佛犹如影像，自心如水；知一切佛所有色相及以自心，悉皆如幻；知一切佛及以己心，悉皆如响。我如是知，如是忆念，所见诸佛，皆由自心。

"善男子！当知菩萨修诸佛法，净诸佛刹，积集妙行，调伏众生，发大誓愿，入一切智自在游戏不可思议解脱之门，得佛菩提，现大神通，遍往一切十方法界，以微细智普入诸劫，如是一切，悉由自心。

"是故，善男子！应以善法扶助自心，应以法水润泽自心，应于境界净治自心，应以精进坚固自心，应以忍辱坦荡自心，应以智证洁白自心，应以智慧明利自心，应以佛自在开发自心，应以佛平等广大自心，应以佛十力照察自心。

"善男子！我唯于此如来无碍庄严解脱门而得入出。如诸菩萨摩诃萨得无碍智，住无碍行，得常见一切佛三昧，得不住涅槃际三昧，了达三昧普门境界，于三世法悉皆平等，能善分身遍一切刹，住于诸佛平等境界，十方境界皆悉现前，智慧观察无不明了，于其身中悉现一切世界成坏，而于己身及诸世界不生二想，如是妙行，而我云何能知能说？

"善男子！从此南行，至阎浮提畔，有一国土，名摩利伽罗，彼有比丘，名曰海幢。汝诣彼问：'菩萨云何学菩萨行、修菩萨道？'"

时，善财童子顶礼解脱长者足，右绕观察，称扬赞叹，思惟恋仰，悲泣流泪，一心忆念，依善知识，事善知识，敬善知识，由善知识见一切智，于善知识不生违逆，于善知识心无谄诳，于善知识心常随顺，于善知识起慈母想，舍离一切无益法故，于善知识起慈父想，出生一切诸善法故。辞退而去。

尔时，善财童子一心正念彼长者教，观察彼长者教，忆念彼不思议菩萨解脱门，思惟彼不思议菩萨智光明，深入彼不思议法界门，趣向彼不思议菩萨普入门，明见彼不思议如来神变，解了彼不思议普入佛刹，分别彼不思议佛力庄严，思惟彼不思议菩萨三昧解脱境界分位，了达彼不思议差别世界究竟无碍，修行彼不思议菩萨坚固深心，发起彼不思议菩萨大愿净业。

　　渐次南行，至阎浮提畔摩利聚落，周遍求觅海幢比丘。乃见其在经行地侧结跏趺坐，入于三昧，离出入息，无别思觉，身安不动。

　　从其足下，出无数百千亿长者、居士、婆罗门众，皆以种种诸庄严具庄严其身，悉著宝冠，顶系明珠，普往十方一切世界，雨一切宝、一切璎珞、一切衣服、一切饮食如法上味、一切华、一切鬘、一切香、一切涂香、一切欲乐资生之具，于一切处救摄一切贫穷众生，安慰一切苦恼众生，皆令欢喜心意清净，成就无上菩提之道。

　　从其两膝，出无数百千亿刹帝利、婆罗门众，皆悉聪慧，种种色相、种种形貌、种种衣服上妙庄严，普遍十方一切世界，爱语、同事摄诸众生。所谓贫者令足，病者令愈，危者令安，怖者令止，有忧苦者咸使快乐。复以方便而劝导之，皆令舍恶，安住善法。

　　从其腰间，出等众生数无量仙人，或服草衣，或树皮衣，皆执澡瓶，威仪寂静，周旋往返十方世界，于虚空中，以佛妙音，称赞如来，演说诸法。或说清净梵行之道，令其修习，调伏诸根。或说诸法皆无自性，使其观察，发生智慧。或说世间言论轨则，或复开示一切智智出要方便，令随次第各修其业。

　　从其两胁，出不思议龙、不思议龙女，示现不思议诸龙神变，所谓雨不思议香云、不思议华云、不思议鬘云、不思议宝盖云、不思议宝幡云、不思议妙宝庄严具云、不思议大摩尼宝云、不思议宝璎珞云、不思议宝座云、不思议宝宫殿云、不思议宝莲华云、不思议宝冠云、不思议天身云、不思议采女云，悉遍虚空而为庄严，充满一切十方世界诸佛道场而为供养，令诸众生皆生欢喜。

从胸前卍字中，出无数百千亿阿修罗王，皆悉示现不可思议自在幻力，令百世界皆大震动，一切海水自然涌沸，一切山王互相冲击，诸天宫殿无不动摇，诸魔光明无不隐蔽，诸魔兵众无不摧伏，普令众生舍骄慢心，除怒害心，破烦恼山，息众恶法，长无斗诤，永共和善；复以幻力，开悟众生，令灭罪恶，令怖生死，令出诸趣，令离染著，令住无上菩提之心，令修一切诸菩萨行，令住一切诸波罗蜜，令入一切诸菩萨地，令观一切微妙法门，令知一切诸佛方便。如是所作，周遍法界。

从其背上，为应以二乘而得度者，出无数百千亿声闻、独觉。为著我者，说无有我；为执常者，说一切行皆悉无常；为贪行者，说不净观；为嗔行者，说慈心观；为痴行者，说缘起观；为等分行者，说与智慧相应境界法；为乐著境界者，说无所有法；为乐著寂静处者，说发大誓愿普饶益一切众生法。如是所作，周遍法界。

从其两肩，出无数百千亿诸夜叉、罗刹王，种种形貌、种种色相，或长或短，皆可怖畏，无量眷属而自围绕，守护一切行善众生，并诸贤圣、菩萨众会，若向正住及正住者，或时现作执金刚神，守护诸佛及佛住处，或遍守护一切世间。有怖畏者，令得安隐；有疾病者，令得除差；有苦恼者，令得免离；有过恶者，令其厌悔；有灾横者，令其息灭。如是利益一切众生，皆悉令其舍生死轮，转正法轮。

从其腹，出无数百千亿紧那罗王，各有无数紧那罗女前后围绕。又出无数百千亿乾闼婆王，各有无数乾闼婆女前后围绕。各奏无数百千天乐，歌咏赞叹诸法实性，歌咏赞叹一切诸佛，歌咏赞叹发菩提心，歌咏赞叹修菩萨行，歌咏赞叹一切诸佛成正觉门，歌咏赞叹一切诸佛转法轮门，歌咏赞叹一切诸佛现神变门，开示演说一切诸佛般涅槃门，开示演说守护一切诸佛教门，开示演说令一切众生皆欢喜门，开示演说严净一切诸佛刹门，开示演说显示一切微妙法门，开示演说舍离一切诸障碍门，开示演说发生一切诸善根门。如是周遍十方法界。

从其面门，出无数百千亿转轮圣王，七宝具足，四兵围绕，放大舍光，雨无量宝，诸贫乏者悉使充足，令其永断不与取行。端正采女无数百千，悉以舍施，心无所著，令其永断邪淫之行。令生慈心，不断生命；令其究竟常真实语，不作虚诳无益谈说；令摄他语，不行离间；令柔软语，无有粗恶；令常演说甚深决定明了之义，不作无义绮饰言辞；为说少欲，令除贪爱，心无瑕垢；为说大悲，令除忿怒，意得清净；为说实义，令其观察一切诸法，深入因缘，善明谛理，拔邪见刺，破疑惑山，一切障碍悉皆除灭。如是所作，充满法界。

从其两目，出无数百千亿日轮，普照一切诸大地狱及诸恶趣，皆令离苦。又照一切世界中间，令除黑暗。又照一切十方众生，皆令舍离愚痴翳障。于垢浊国土放清净光，白银国土放黄金色光，黄金国土放白银色光，琉璃国土放玻璃色光，玻璃国土放琉璃色光，砗磲国土放玛瑙色光，玛瑙国土放砗磲色光，帝青国土放日藏摩尼王色光，日藏摩尼王国土放帝青色光，赤真珠国土放月光网藏摩尼王色光，月光网藏摩尼王国土放赤真珠色光，一宝所成国土放种种宝色光，种种宝所成国土放一宝色光，照诸众生心之稠林，办❹诸众生无量事业，严饰一切世间境界，令诸众生心得清凉生大欢喜。如是所作，充满法界。

从其眉间白毫相中，出无数百千亿帝释，皆于境界而得自在，摩尼宝珠系其顶上，光照一切诸天宫殿，震动一切须弥山王，觉悟一切诸天大众，叹福德力，说智慧力，生其乐力，持其志力，净其念力，坚其所发菩提心力，赞乐见佛，令除世欲，赞乐闻法，令厌世境，赞乐观智，令绝世染，止修罗战，断烦恼诤，灭怖死心，发降魔愿，兴立正法须弥山王，成办*众生一切事业。如是所作，周遍法界。

从其额上，出无数百千亿梵天，色相端严，世间无比，威仪寂静，言音美妙，劝佛说法，叹佛功德，令诸菩萨悉皆欢喜，能办*众生无量事业，普遍一切十方世界。

从其头上，出无量佛刹微尘数诸菩萨众，悉以相好庄严其身，放无边光，说种种行。所谓赞叹布施，令舍悭贪，得众妙宝庄严世界；称扬赞叹持戒功德，令诸众生永断诸恶，住于菩萨大慈悲戒；说一切有悉皆如梦，说诸欲乐，无有滋味，令诸众生离烦恼缚；说忍辱力，令于诸法心得自在；

赞金色身，令诸众生离嗔恚垢，起对治行，绝畜生道；叹精进行，令其远离世间放逸，皆悉勤修无量妙法；又为赞叹禅波罗蜜，令其一切心得自在；又为演说般若波罗蜜，开示正见，令诸众生乐自在智，拔诸见毒；又为演说随顺世间种种所作，令诸众生虽离生死，而于诸趣自在受生；又为示现神通变化，说寿命自在，令诸众生发大誓愿；又为演说成就总持力，出生大愿力，净治三昧力，自在受生力；又为演说种种诸智，所谓普知众生诸根智，普知一切心行智，普知如来十力智，普知诸佛自在智。如是所作，周遍法界。

从其顶上，出无数百千亿如来身，其身无等，诸相随好，清净庄严，威光赫奕，如真金山，无量光明普照十方，出妙音声，充满法界，示现无量大神通力，为一切世间普雨法雨。所谓为坐菩提道场诸菩萨，雨普知平等法雨；为灌顶位诸菩萨，雨入普门法雨；为法王子位诸菩萨，雨普庄严法雨；为童子位诸菩萨，雨坚固山法雨；为不退位诸菩萨，雨海藏法雨；为成就正心位诸菩萨，雨普境界法雨；为方便具足位诸菩萨，雨自性门法雨；为生贵位诸菩萨，雨随顺世间法雨；为修行位诸菩萨，雨普悲愍法雨；为新学诸菩萨，雨积集藏法雨；为初发心诸菩萨，雨摄众生法雨；为信解诸菩萨，雨无尽境界普现前法雨；为色界诸众生，雨普门法雨；为诸梵天，雨普藏法雨；为诸自在天，雨生力法雨；为诸魔众，雨心幢法雨；为诸化乐天，雨净念法雨；为诸兜率天，雨生意法雨；为诸夜摩天，雨欢喜法雨；为诸忉利天，雨疾庄严虚空界法雨；为诸夜叉王，雨欢喜法雨；为诸乾闼婆王，雨金刚轮法雨；为诸阿修罗王，雨大境界法雨；为诸迦楼罗王，雨无边光明法雨；为诸紧那罗王，雨一切世间殊胜智法雨；为诸人王，雨无乐著法雨；为诸龙王，雨欢喜幢法雨；为诸摩睺罗伽王，雨大休息法雨；为诸地狱众生，雨正念庄严法雨；为诸畜生，雨智慧藏法雨；为阎罗王界众生，雨无畏法雨；为诸厄难处众生，雨普安慰法雨。悉令得入贤圣众会。如是所作，充满法界。

海幢比丘又于其身一切毛孔，一一皆出阿僧祇佛刹微尘数光明网，一一光明网具阿僧祇色相、阿僧祇庄严、阿僧祇境界、阿僧祇事业，充满十方一切法界。

尔时，善财童子一心观察海幢比丘，深生渴仰，忆念彼三昧、解脱，思惟彼不思议菩萨三昧，思惟彼不思议利益众生方便海，思惟彼不思议无作用普庄严门，思惟彼庄严法界清净智，思惟彼受佛加持智，思惟彼出生菩萨自在力，思惟彼坚固菩萨大愿力，思惟彼增广菩萨诸行力。如是住立，思惟观察，经一日一夜，乃至经于七日七夜、半月、一月，乃至六月，复经六日。

过此已后，海幢比丘从三昧出。善财童子赞言："圣者！希有奇特！如此三昧最为甚深，如此三昧最为广大，如此三昧境界无量，如此三昧神力难思，如此三昧光明无等，如此三昧庄严无数，如此三昧威力难制，如此三昧境界平等，如此三昧普照十方，如此三昧利益无限，以能除灭一切众生无量苦故。所谓能令一切众生离贫苦故，出地狱故，免畜生故，闭诸难门故，开人、天道故，令人、天众生喜乐故，令其爱乐禅境界故，能令增长有为乐故，能为显示出有乐故，能为引发菩提心故，能使增长福智行故，能令增长大悲心故，能令生起大愿力故，能令明了菩萨道故，能使庄严究竟智故，能令趣入大乘境故，能令照了普贤行故，能令证得诸菩萨地智光明故，能令成就一切菩萨诸愿行故，能令安住一切智智境界中故。圣者！此三昧者，名为何等？"

海幢比丘言："善男子！此三昧名普眼舍得，又名般若波罗蜜境界清净光明，又名普庄严清净门。善男子！我以修习般若波罗蜜故，得此普庄严清净三昧等百万阿僧祇三昧。"

善财童子言："圣者！此三昧境界究竟唯如是耶？"

海幢言："善男子！入此三昧时，了知一切世界，无所障碍；往诣一切世界，无所障碍；超过一切世界，无所障碍；庄严一切世界，无所障碍；修治一切世界，无所障碍；严净一切世界，无所障碍；见一切佛，无所障碍；观一切佛广大威德，无所障碍；知一切佛自在神力，无所障碍；证一切佛诸广大力，无所障碍；入一切佛诸功德海，无所障碍；受一切佛无量妙法，无所障碍；入一切佛法中修习妙行，无所障碍；证一切佛转法轮平等智，无所障碍；入一切诸佛众会道场海，无所障碍；观十方佛法，无所障碍；大悲摄受十方众生，无所障碍；常起大慈充满十方，无所障碍；见十方佛心无厌足，无所障碍；入一切众生海，无所障碍；知一切众生根海，无所障碍；知一切众生诸根差别智，无所障碍。

"善男子！我唯知此一般若波罗蜜三昧光明。如诸菩萨入智慧海，净法界境，达一切趣，遍无量刹，总持自在，三昧清净，神通广大，辩才无尽，善说诸地，为众生依，而我何能知其妙行，辨其功德，了其所行，明其境界，究其愿力，入其要门，达其所证，说其道分，住其三昧，见其心境，得其所有平等智慧？

"善男子！从此南行，有一住处，名曰海潮，彼有园林，名普庄严，于其园中，有优婆夷，名曰休舍。汝往彼问：'菩萨云何学菩萨行、修菩萨道？'"

时，善财童子于海幢比丘所，得坚固身，获妙法财，入深境界，智慧明彻，三昧照耀，住清净解，见甚深法，其心安住诸清净门，智慧光明充满十方，心生欢喜，踊跃无量，五体投地，顶礼其足，绕无量匝，恭敬瞻仰，思惟观察，咨嗟恋慕，持其名号，想其容止，念其音声，思其三昧及彼大愿所行境界，受其智慧清净光明，辞退而行。

注释

❶"切"，大正本原无，今依元、明本增之。

❷"浣"，大正本原作"澣"，今依三本及宫本改之。

❸"净"，大正本原作"凉"，今依宋、元、明本改之。

❹"办"（＊），大正本原作"辨"，今依三本及宫本改之。

【白话语译】

这时，善财童子一心正念法光明的法门，深信趣入，专心念佛。不断绝三宝，叹赞离欲的本性。忆念善知识普照三世的功德，忆念所有的广大誓愿，普遍救护众生，不执着有为，只是究竟思惟诸法自性，能庄严清净所有的世界，在诸佛的众会道场，毫无执着。

他就这样慢慢向南行，来到自在城，寻觅求见弥伽大士。不久就看见大士在市集中，在师子座上说法，有十千人围绕着他。那时他正宣说着轮字庄严法门。这时，善财童子顶礼弥伽大士的双足，绕着大士走无数圈，在他面前合掌："圣者啊！我先前已经发起无上正等正觉，然而却不知道菩萨如何修学菩萨行？如何修菩萨道？如何能流转于诸有趣中，却不忘失菩提心？如何证得平等意坚固不动摇？如何获得不会被破坏的清净心？如何生起不疲劳的大悲力？如何证入普得清净的陀罗尼？如何发生智慧广大光明，对于一切法，远离所有的黑暗障碍？如何具足无碍的解说辩才之力，决意了悟一切甚深的义理法藏？如何得到正念力，忆念把持一切差别法轮？如何得到净趣力，在一切生趣中能普遍演说所有的法门？如何得到智慧力，决定分别一切法门的义理？"

这时，弥伽大士告诉善财童子说："善男子啊！你已经发起无上正等正觉了吗？"

善财童子回答："是的。我先前已经发起无上正等正觉。"

弥伽大士随即走下师子座，向善财童子五体投地，散出金银花及无价宝珠，以及用上妙的碎末栴檀与无量种的宝衣覆盖上面。又再散撒无量的种种香华、种种供养的物具供养。然后起立赞叹地说："太好了！太好了！善男子啊！你竟能发起无上正等正觉。善男子啊！如果能发起无上正等正觉的人，必能不断绝一切佛种，必能庄严清净一切佛国刹土，必能成熟所有的众生，必能了解通达一切的法性，必能了悟解知一切的业种，必能圆满诸行，必能不断失一切广大的誓愿，必能如实了解离贪的种性，必能明白了见三世差别，必能永远坚固信解，必能为一切如来护持，必能为诸佛忆念。

"凡是能发起无上正等正觉的人，可说是与所有的菩萨平等。一切贤圣都能赞叹喜爱他，一切梵王也都会前来礼拜观见他，所有的天主无不供养此人，所有的夜叉无不守护此人，所有的罗刹无不随护侍卫此人，龙王无不前来迎接此人，一切紧那罗王无不歌咏叹赞此人，所有的世间主无不共同称扬庆祝喜悦此人，使一切众生界都得到安稳。

"为什么呢？因为此人能使众生舍弃恶趣，能使众生脱去危难的处所，能断绝一切贫穷的根本，能生起一切天人受用的快乐，能常遇到善知识，并乐于亲近善知识，听闻受持广大的佛法，能生起菩提心、能清净菩提心，能普照菩萨道，能证入菩萨的智慧，能安住菩萨地的缘故。

"善男子啊！你应当了知菩萨的所有作为是相当难得的。他难得出现世间，难得遭遇，能亲见菩萨者更是少有。菩萨可说是众生的依怙，因为他能生长成就一切众生。他是一切众生的拯助救济，因为菩萨能拔除一切的苦难。他是一切众生的依止，因为菩萨能守护世间。他是一切众生的救护，因为菩萨能使众生免于恐怖畏惧。菩萨如同风轮，因为菩萨护持着所有世间，不使众生堕落恶趣。菩萨如同大地，因为他能增长众生的所有善根。他如同大海，因为他的福德充满，没有穷尽。他如同明净日轮，因为他的智慧光明普照世间。他如同须弥山一般，因为他的善根高广胜出。也如同明月，因为菩萨的智慧光明耀出显现。他如同勇猛的大将，因为他能摧伏魔军。他如同君主，因为他能在佛法城中得到自在。他如同猛火，因为他能烧尽众生的我执贪爱。他如同大云，因为他能降霆无量的胜妙法雨。他如同及时雨，因为菩萨能增长一切信根的芽苗。他如同船师，因为菩萨能示现引导众生，使他们在法海中找到津济渡口。他如同桥梁，因为菩萨能使众生度脱生死苦海。"

弥伽大士如此赞叹善财童子，使所有的菩萨都心生欢喜之后，就从他的面门放出种种光明，普照三千大千世界。凡是遇到这光的众生，乃至所有的龙神、梵天，无不前来到弥伽大士面前。弥伽大士就方便为他们开示演说，分别解释轮字品的庄严法门。那些众生听闻这个法门之后，都得无上正等正觉，不再退转。

弥伽大士于是又再回到本座，告诉善财童子说："善男子啊！我已经获得妙音陀罗尼，因此能分别了知三千大千世界中诸天的语言，乃至诸龙、夜叉、乾闼婆、阿修罗、迦楼罗、紧那罗、摩睺罗伽等人与非人，以及梵天的语言。如此三千大千世界十方无数的，乃至于不可说不可说的世界语言，都是如此。

"善男子啊！我只知道菩萨妙音陀罗尼的光明法门，但是如同所有菩萨，他们完全能普遍证入一切众生的种种思想海、种种设施海、种种名号海、种种语言海，能够普遍证入演说一切甚深秘密的法义文句海、演说一切究竟法义的文句海、演说一所缘一切三世所缘法义文句海、演说上胜的法义文句海、演说最上胜的法义文句海、演说差别法义的文句海、演说一切差别法义的文句海，能够普遍证入一切世间的咒术海、一切声音庄严法轮、一切差别字法轮际。像如此的功德，哪里是我现在能够完全了知、能够完全宣说的呢？

"善男子啊！从这里向南行，有一个名为住林的聚落，那里有个名叫解脱的长者，你前往拜见并请问他：'菩萨如何修习菩萨行？菩萨如何成就菩萨行？菩萨如何集聚菩萨行？菩萨如何思惟菩萨行？'"

这时，善财童子因为弥伽大士这位善知识的开示，于一切智慧法深心生起尊重，深深根植了清净的信心，深自增长利益。他礼拜了弥伽大士的双足，涕泪悲泣，绕大士转无数圈，爱恋仰慕地瞻仰之后，辞退离去。

这时，善财童子思惟所有菩萨的无碍解陀罗尼光明庄严法门，深入所有菩萨的语言海法门。忆念所有菩萨了知众生微细的方便法门，观察所有菩萨的清净心法门。成就所有菩萨的善根光明法门，清净治理所有菩萨教化众生的法门。明利所有摄受众生的智慧法门，坚固所有菩萨的广大志乐法门。任持所有菩萨的殊胜志乐法门，净治所有菩萨种种的信解法门。思惟所有菩萨无量的善心法门，誓愿坚固，毫不疲劳厌倦。并以种种甲胄作为自身的庄严，精进深心从不退转。具备不可毁坏的坚固信心，如同没有人能够破坏金刚及那罗延。他又守护忆持所有善知识的教诲，在所有的境界得到不可毁坏的智慧，证得普门清净，一切所行都没有障碍。他的智慧光明圆满，普照一切。具足一切境地的总持光明，了知法界的种种差别，无依止无安住、平等无二。他的自性清净，普遍庄严，究竟圆满所有的行持，智慧清净，远离种种执着。

他并了知十方差别法门，所以智慧没有障碍。他虽前往十方差别处，但却从不疲劳懈怠。他已明白了解十方种种差别的业报，又明见十方差别的诸佛，并且能够深入十方差别的时劫。清净的妙法充满善财的心，普智三昧光明更照映他的心灵。他的心恒常普遍证入平等境界，被如来智慧所照耀碰触，一切智慧都源流不断，不论是他的身或心，都不离开佛法。

一切诸佛神力都加持善财，所有如来的光明也照耀他，使他成就大愿，愿身周遍一切佛国刹土网，所有的法界也都普遍趣入他的身中。

就这样，善财童子慢慢地游化行走，十二年后，来到住林城，四处寻求解脱长者。他见到长者之后，就五体投地礼拜长者，然后起立合掌，向圣者说："今天我得以面见善知识，真是获得广大的善利。因为善知识是这么难得亲见，难得听闻，难得出现，难得有机会奉事，难得亲近，难得承事接触，难得遇到，难得共居一处，难得令他喜悦，难得可以伴随跟从。而我现在竟然能与善知识相会，真可说是莫大的善妙利益。

"圣者啊！我以前已经发起无上正等正觉，我之所以发心是为了想承事诸佛、亲见诸佛、观察诸佛、了知诸佛、印证诸佛平等、发起诸佛的大愿。

"也是为了想圆满诸佛的大愿、具足诸佛的智慧光明、成就诸佛之种种德行、得到诸佛的神通、具足诸佛所有的大力、获得诸佛的无畏力、听闻佛法、受持佛法、住持佛法、解知佛法、护持佛法。

"也是为了与菩萨同一体性，等同菩萨的善根，没有差异。圆满菩萨的波罗蜜，成就菩萨修行的法门。出生菩萨的清净愿力，得到诸佛菩萨的威神藏。得到菩萨法藏没有穷尽的智慧光明，得到菩萨广大的三昧藏。成就菩萨无量无数的神通藏，以大悲藏教化调伏众生，使他们都究竟到边际。显现神通变化藏，也是为了一切自在藏中使自心都能自在，证入清净藏以一切相庄严。

"圣者啊！我现在以如此的心、如此的意念、如此的喜乐、如此的欲愿、如此的希求、如此的思惟、如此的尊重、如此的方便、如此的究竟、如此的谦下来到圣者的处所。我听说圣者善于循循善诱教诲所有的菩萨，能方便阐明义理，明示道路，给他们桥梁；并教授种种法门，使他们除去迷惑颠倒的障碍；拔除犹豫的毒箭，截除疑惑的迷网，照亮心中的稠林，洗涤心的污垢混浊；使心洁白，使心清凉；端正心的谄曲，断绝心的生死；止息心的不善，解除心的执着；于执着处使心解脱，于沾染爱着处，使心动转，使他们都能立刻证入一切智慧的境界，到达无上的法城。

"并且使他们都能安住大悲、安住大慈，证入菩萨行。更使他们修习三昧法门，使他们都能证入果位，观照法性、增长力量、修习菩萨行，普遍一切，心中平等。希望圣者您为我宣说：'如何修学菩萨行？修菩萨道？并且怎样才能随顺所修习的法门，立刻得到清净、明白了悟？'"

这时，解脱长者因为过去的种下善根力，佛陀威神力的加持，以及文殊师利的忆念力，立刻证入菩萨名为普遍摄受一切佛国刹土无边旋陀罗尼的三昧法门。他证入这个三昧之后，身形清净，身中更显现了十方各十佛国刹土微尘数的佛陀，以及佛国刹土中大众集会的种种光明、种种庄严事。还有示现诸佛往昔种种的神通变化、一切大愿、助道的方法、种种出离行，清净庄严，并示现诸佛成就正等正觉，转动妙法轮，教化众生。

如此一切，无不在长者的身中显现，没有障碍。种种形相、种种次第，都如其本性而安住，毫不杂乱。像所谓的种种国土、种种众会、种种道场、种种严饰，其中诸佛示现的种种神通力，立种种乘道，示现种种愿门。或在一世界中处在兜率宫里而作佛事，或在一世界中示现从兜率宫涅槃而作佛事。像这样或是住胎时，或是诞生；或是身处宫中，或是出家；或是前往道场，或击破魔军；或被诸天、龙众恭敬围绕；或有无数的世主劝请说法，或转动法轮；或般涅槃，或分舍利，或建起塔庙等，无不明白显现。

那些在他方世界诸佛的种种众会、种种世间、种种趣生、种种家族、种种欲乐、种种业行、种种语言、种种根性、种种烦恼随眠习气的所有众生，或身处微细的道场，或身处广大的道场；或身处一由旬的道场，或身处十由旬的道场；或身处不可说不可说佛国刹土微尘数由旬的道场，他都能以种种神通、种种言辞、种种声音、种种法门、种种总持法门、种种辩才法门，以种种圣谛海、种种无畏的大师子吼，演说众生的种种善根、种种忆念，授种种菩萨记，演说种种佛法。

那些诸佛如来的所有言辞说法，善财童子都能听闻受持。也能看见诸佛及诸菩萨不可思议的三昧神通变化。这时，解脱长者从三昧起定，告诉善财童子说："善男子啊！我已经入出如来无碍庄严解脱法门。

"善男子啊！我入出此解脱法门的时候，看见东方阎浮檀金光明世界的道场，有与会大众围绕龙自在王如来，其中作为上首的是毗卢遮那藏菩萨。我又看见南方速疾力世界的道场，有与会大众围绕普香如来，其中作为上首的是心王菩萨。我又看见西方香光世界的道场，有与会大众围绕须弥灯王如来，其中作为上首的是无碍心菩萨。我又看见北方裂裟幢世界的道场，有与会大众围绕不可坏金刚如来，其中作为上首的是金刚步勇猛菩萨。我又看见东北方一切上妙宝世界的道场，有无数的与会大众围绕无所得境界眼如来，其中作为上首的是无所得善变化菩萨。我又看见东南方香焰光音世界的道场，有无数的与会大众围绕香灯如来，其中作为上首的是金刚焰慧菩萨。我又看见西南方智慧日普光明世界的道场，有无数的与会大众围绕法界轮幢如来，其中作为上首的是一切变化幢菩萨。我又看见西北方普清济世界的道场，有无数的与会大众围绕一切佛宝高胜幢如来，其中作为上首的是法幢王菩萨。我又看见上方佛次第出现无尽世界的道场，有无数的与会大众围绕无边智慧光圆满幢如来，其中作为上首的是法界门幢王菩萨。我又看见下方佛光明世界的道场，有无数的与会大众围绕无碍智幢如来，其中作为上首的是一切世间刹幢王菩萨。

"善男子啊！我看见像这样等十方各十佛国刹土微尘数的诸佛如来，那些如来不须来到这里，我也不须到那里，然而我如果想要见安乐世界的阿弥陀如来，随我的意念就能见到。我如果想要见栴檀世界的金刚光明如来、妙香世界的宝光明如来、莲华世界的宝莲华光明如来、妙金世界的寂静光如来、妙喜世界的不动如来、善住世界的师子如来、镜光明世界的月觉如来、宝师子菩萨世界的毗卢遮那如来，如此一切世界的诸佛如来，我都能在一念之间立刻见到。但是那些世界中的如来并不曾来到此处，我的身体也不曾前往拜诣那些他方世界的如来。因为我了知诣佛以及我的心识，都如同梦幻；也了知诸佛犹如影像，我的心识如同水中倒影；又了知诸佛所有的色相以及我的心识，都如同幻化；又了知诸佛及我自己的心识，都如同声响不实。我如此了知、如此忆念，所以见到的诸佛其实都是自心的显现。

"善男子啊！你应当知道菩萨修行的所有佛法、清净所有佛刹土、积集种种妙行、调伏众生、发起广大誓愿、证入一切智慧自在游戏不可思议解脱之门、证得诸佛菩提、示现神通、遍往十方世界、以微妙细密的智慧，普入所有的时劫，如此一切其实都由自心所造。

"所以，善男子啊！你应当用善法扶助自己的心，用法水润泽自己的心，在种种境界净治自己的心，用精进坚固自己的心，用忍辱来坦荡❶自己的心，用智慧明证洁白自己的心念，用智慧明利自己的心，用佛的自在开发自己的心，用佛的平等广大自己的心，用佛的十力照察自己的心。

"善男子啊！我只能自在入出这种如来无碍庄严的解脱法门，如果是诸大菩萨得到的无碍智慧；安住的无碍行持；常见的诸佛三昧境界；证得的不住涅槃三昧境界；了达的三昧普门境界，三世法全都平等，善于分身遍及一切刹土，安住的诸佛平等境界；十方境界都能显现于前，智慧观察没有不明白了解的。于其身中一一示现一切世界的生成败坏，而对己身及诸世界不生差异分别想法。像这样种种的菩萨妙行，我如何能完全了知、一一解说呢？

"善男子啊！从这里向南行走，到阎浮提旁，有一名为摩利伽罗❷的国土，那里有位名为海幢的比丘，你去请教他：'菩萨如何学菩萨行？修菩萨道？'"

这时，善财童子顶礼解脱长者的双足，右绕长者数圈，观察并称扬赞叹长者，思惟爱恋，仰幕不已，悲泣流泪，一心忆念。

他一心专念如何依止善知识，事奉善知识，尊敬善知识，由善知识见一切智慧，不违逆善知识，不谄媚诳骗善知识，心常随顺善知识。如恋想慈母地恋想善知识，因为善知识能使人舍弃远离一切无益的法；如恋想慈父地恋想善知识，因为善知识能出生一切的善法。他如此忆想之后，便辞退离去。

这时，善财童子一心正念长者的教诲。观察长者的教诲，忆念菩萨不可思议的解脱法门，思惟菩萨不可思议的智慧光明；深入菩萨不可思议的法界法门，趣向菩萨不可思议的普入法门。明晰地见到不可思议的如来神通变化，知解了悟他不可思议的普入佛国刹土，分别他不可思议的佛力庄严，思惟他不可思议菩萨三昧解脱境界，了解通达他不可思议差别世界的究竟无碍，修行不可思议菩萨的坚固深心，发起菩萨不可思议的宏大誓愿净业。

就这样，善财童子一路思惟，慢慢向南行，来到阎浮提旁的摩利聚落，到处寻求参礼海幢比丘。于是他看见比丘正在经行之地结跏趺坐，深入三昧，呼吸停顿，离出入息，没有别的思觉，身体安住不动。

他的脚下流出无数百千亿的长者居士、婆罗门众，都以种种庄严具庄严自身。他们都头戴宝冠，顶上系着明珠，普遍前往十方世界，雨下种种珍宝、种种璎珞、种种衣服、种种饮食，如法的上妙美味。种种香华、种种华鬘、种种涂香、种种熏香、种种欲乐、种种生活所需要的物具，在所有的地方救护摄受贫穷众生。安慰苦恼的众生，使他们都心生欢喜、心意清净，成就无上菩提。

他的两膝流出无数百千亿刹帝利的聪慧婆罗门。他们的种种色相、种种形貌、种种衣服，上妙庄严，都遍及十方世界。这些婆罗门都说亲爱柔软的语言，与众生共事，摄受所有众生，比如所谓的富足贫穷的众生、疗愈生病的众生、救度危难的众生、平安止住身陷恐怖的众生、悦乐忧苦的众生，再以方便劝导他们，使他们都能舍弃罪恶，安住善法。

他的腰间流出等同众生数量，都拿着澡瓶的无量仙人，有的穿草衣，有的穿树皮衣。他们的威仪寂静，周旋来回往返十方世界。能在虚空中，以诸佛之美妙音声称赞如来，演说种种法门。或演说清净梵行，使众生修习，调伏诸根；或演说所有法都没有自性，使众生观察，出生智慧；或演说世间的言论轨则，或又开示一切智智的出离法要方便，使众生都能随着次第各自修习。

他的两胁流出不可思议的龙、龙女，示现不可思议之种种龙的神通变化。像所谓的雨下不可思议的香云、不可思议的华云、不可思议的鬘云、不可思议的宝盖云、不可思议的宝幡云、不可思议的妙宝庄严具云、不可思议的大摩尼宝云、不可思议的宝璎珞云、不可思议的宝座云、不可思议的宝宫殿云、不可思议的宝莲华云、不可思议的宝冠云、不可思议的天身云、不可思议的采女云，都遍满庄严虚空，充满十方世界，供养诸佛道场，使所有众生都心生欢喜。

他胸前卍字更流出无数百千亿的阿修罗王，这些阿修罗王，全都示现不可思议的自在幻化力，震动百个世界。一切海水自然涌动沸腾，一切山王互相冲击，所有的天宫殿没有不动摇的，所有魔众的光明没有不隐蔽的，所有魔道没有不摧伏的。让众生都舍弃他们的骄慢心、怒害心，更破除他们广大的烦恼山，平息所有的恶法。长久没有斗争，都彼此永远和善相待。他们又以幻化力开悟众生，使他们的罪恶都消灭，并恐惧生死，而决定出离各类生趣；远离染着，安住无上的菩提心。使他们都能修习所有的菩萨行、安住各种波罗蜜、证入菩萨的境地、观察一切微妙法门、了知诸佛的所有方便，如是所作，都周及遍满法界。

他又从背上为应当以二乘得度的众生，流出无数百千亿声闻、独觉大众；为执着于"我"的众生，演说"无有我"之法；为执着于"常"的众生，演说诸行无常；为贪行的众生，演说不净观❸；为嗔行的众生，演说慈心观❹；为痴行的众生，演说缘起观❺；为分别的行者，演说与智慧相应的境界法门；为执着境界的众生，演说无所有法；为执着寂静处的众生，演说如何发起广大誓愿，普遍饶益众生的法门。如是所作，都周遍法界。

他的两肩又流出无数百千亿夜叉罗刹王。他们的种种形貌、种种色相，有长有短，都非常恐怖。他们身边还有无量的眷属围绕，守护所有的行善众生、贤圣、菩萨，这些朝向正住以及安止正住的众生。有时示现作执金刚神，守护诸佛以及佛的处所，或是普遍地守护世间，或安稳恐怖畏惧的众生，或疗愈有疾病的众生，或为苦恼的众生除去苦恼，或让过失作恶的众生都能厌弃恶行并忏悔罪过，或平息消灭众生的灾难横祸。如此利益众生，都使他们舍弃生死轮，常转正法轮。

他的腹间又流出无数百千亿的紧那罗王，这些紧那罗王各有无数紧那罗女前后围绕。又流出无数百千亿各有无数乾闼婆女前后围绕的乾闼婆王，这些天女各自奏着无数的天乐，歌咏叹赞诸法实相，歌咏赞叹诸佛，歌咏赞叹发菩提心的人，歌咏赞叹修菩萨行的人，歌咏赞叹诸佛成就正觉法门，歌咏赞叹诸佛常转法轮，歌咏赞叹诸佛示现神通变化的法门。开示演说诸佛的大般涅槃法门，开示演说守护一切诸佛法门，开示演说使众生都心生欢喜的法门，开示演说庄严清净诸佛刹土的法门，开示演说显示一切微妙法门，开示演说舍弃远离一切障碍的法门，开示演说发生一切诸善根的法门。如此等等，周遍十方法界。

他的面门又流出无数百千亿的转轮圣王，具足转轮圣王的轮宝、白象宝、绀马宝、神珠宝、玉女宝、居士宝、主兵宝等七宝。并有象军、马军、车军及步军等四兵围绕，放出大舍光明雨降下无量珍宝，满足所有贫乏的人，使他们永远断绝他人没有给予就偷取的行为。对无数相貌端正的宫女，都以施舍心，没有贪着，使他们永远断绝邪淫；使他们心生大慈不杀害生命；使他们常说究竟真实的语言，不作虚诳无益的言谈；使他们都能说摄受众生的语言，不说挑拨离间的言语；使他们的言语柔软，没有粗语恶声；使他们时常演说甚深决定明了的义理，不作无意义的花言巧语；为他解说少欲知足，使他们除去贪爱，心中没有任何瑕疵污垢；又为他们演说大悲法门，使他们除灭忿怒，心意清净；又为他们演说真实的义理，使他们都能观察诸法，深入因缘，善巧地明白真实义理，拔除邪见的毒刺，破除疑惑的大山，消灭所有的障碍。如是所作，都遍满法界。

他的两眼又流出无数百千亿的日轮，普照一切大地狱及各种恶趣。因此，身处其中的众生都得以远离苦难。他又照耀一切世界，破除他们的黑暗。又照耀十方众生，都使他们完全舍弃远离愚痴的掩翳障碍，能在垢浊的国土都放出清净的光明。在白银国土放出黄金色光明，在黄金国土放出白银色的光明，在琉璃国土放出玻璃色的光明，在玻璃国土放出琉璃色的光明，在砗磲国土放出玛瑙色的光明，在玛瑙国土放出砗磲色的光明，在帝青国土放出日藏摩尼王色的光明，在日藏摩尼王国土放出帝青色的光明，在赤真珠国土放出月光网藏摩尼王色的光明，在月光网藏摩尼王国土放出赤真珠色的光明，在一宝构成的国土放出种种宝色的光明，在种种宝构成的国土放出一宝色的光明，照耀所有众生的烦恼稠林，辨别众生的无量事业，严饰世间，使所有众生的心都得到清凉，大生欢喜。如是种种的作为，都充满法界。

他眉间的白毫相，又流出无数百千亿的帝释天王。他们都已证得自在的境界，当他们用摩尼宝珠系在头上时，光芒遍照一切诸天宫殿，震动了一切须弥山王，觉悟诸天大众，他用赞叹福德的力量、演说智慧的力量，生起他们的乐力，助长他们的志愿力，清净他们的念力，坚定他们发起的菩提心，使他们都乐面见诸佛，除去世间的志欲，乐于听闻佛法，使他们厌弃世间的境地，乐于观照智慧，使他们断绝世间的染着，停止阿修罗的好战，断除烦恼净论，灭除害怕死亡的心，发起降魔的誓愿，兴立正法的须弥山王，成办所有众生的事业。他如是等等的作为都周遍法界。

他的额上，更流出无数百千亿的梵天。他们的色相都非常端正庄严，世间无可比拟。威仪寂静，言辞声音美妙。又不断劝请诸佛说法，赞叹诸佛的功德，使所有的菩萨都心生欢喜，成办众生无量的事业，周遍十方世界。

他的头上又流出无量佛国刹土微尘数的菩萨，这些菩萨都能以自身的相好，庄严自身，并放出无边的光明，演说种种功行。如所谓的赞叹布施，使众生舍弃悭贪，得生妙宝庄严世界；称扬赞叹持戒的功德，使众生永远断绝所有的恶行，安住菩萨的大慈悲戒律；演说一切存有都是如梦不实的，宣说所有欲乐是没有滋味的，使所有众生都能远离烦恼的束缚；演说忍辱的力量，使众生都能得到一切法的自在；赞叹诸佛无化的金色身，使所有众生都能远离嗔恚污垢，生起对治五毒的行门，断绝畜生道；赞叹精进行，使众生都能远离世间的放逸，勤于修行无量的妙法。又为众生赞叹禅波罗蜜，使他们都能得到心的自在。又为众生演说般若波罗蜜，开示正确的见地，使他们都能乐好自在的智慧，拔除种种邪见的毒害；又为众生演说随顺世界种种所作法门，使他们都能脱离生死，在诸趣中自在受生；又为众生示现神通变化，演说寿命自在，使他们都能发起广大的誓愿；又为众生演说成就总持力、出生大愿力、净治三昧力、自在受生力；又为众生演说种种智慧，如所谓的普遍了知众生所有根性的智慧、普遍了知一切心行的智慧、普遍了知如来十方的智慧、普遍了知诸佛自在的智慧。他如是等等的作为，都周遍法界。

他的头顶又流出无数百千亿的如来身。这些如来的身相，世间没有能与其相比的。他们具有种种大丈夫相及随形好，非常清净庄严。威光显耀赫奕，如同真金山，放出无量的光明，普照十方。发出美妙的声音，充满法界。示现无量的大神通力，为世间普遍降下甘霖法雨。

就像所谓的为坐在菩提道场的菩萨，雨下普遍了知的平等法雨；为灌顶位的菩萨，雨下进入普门的法雨；为法王子位的菩萨，雨下普庄严的法雨；为童子位的菩萨，雨下坚固山的法雨；为不退位的菩萨，雨下海藏的法雨；为成就正心位的菩萨众，雨下普遍所有境界的法雨；为方便具足位的菩萨，雨下自性门的法雨；为生贵位的菩萨，雨下随顺世间的法雨；为修行位的菩萨，雨下普悲悯的法雨；为新学的菩萨，雨下积集藏的法雨。

又为初发心的菩萨，雨下摄受众生的法雨；又为信解的菩萨，雨下无尽境界普遍现前的法雨；又为色界众生，雨下普门法雨；又为梵天天众，雨下普藏法雨；又为自在天的天众，雨下生力法雨；又为魔众，雨下心幢法雨；又为所有化乐天的天众，雨下净念法雨；又为所有兜率天的天众，雨下生意的法雨，为所有的夜摩天，雨下欢喜法雨，为所有的忉利天雨下立刻庄严虚空界的法雨；又为所有的夜叉王，雨下欢喜法雨；又为所有的乾闼婆王，雨下金刚轮法雨；又为所有的阿修罗王，雨下大境界法雨；又为所有的迦楼罗王，雨下无边光明法雨；又为所有的紧那罗王，雨下一切世间殊胜智慧法雨；又为所有的人王，雨下无乐着的法雨；又为所有的龙王，雨下欢喜幢法雨；又为所有的摩睺罗伽，雨下大休息法雨；又为所有的地狱众生，雨下正念庄严的法雨；又为所有的畜生，雨下智慧藏的法雨；又为阎罗王界的众生，雨下无畏法雨；又为身处危难处的众生，雨下普遍安慰的法雨。使他们都得以进入贤圣众会，他如此等等的作为，都充满十方法界。

海幢比丘又在自身的所有毛孔中，每一毛孔都现出阿僧祇佛国刹土微尘数的光明网。每一光明网，又具足了阿僧祇数的色相、阿僧祇数的庄严、阿僧祇数的境界、阿僧祇数的事业，充满十方法界。

这时，善财童子一心观察海幢比丘，深深地生起仰慕之心，忆念他三昧解脱的境界。思惟他不可思议的菩萨三昧境界，思惟他不可思议的利益众生方便海，思惟他不可思议的无作用普庄严法门，思惟他庄严法界的清净智慧，思惟他受佛力加持的智慧，思惟他出生菩萨的自在力，思惟他坚固菩萨的大愿力，思惟他增广菩萨的诸行力。善财童子就这样止住站立，思惟观察，经过了一日一夜，乃至于经过七日七夜，半个月、一个月，直到过了六个月，又过六日之后，海幢比丘从三昧境界出来，善财童子赞叹地说："圣者啊！真是稀有奇特啊！如此三昧的境界真可说是最深最深的；如此三昧的境界真可说是最广大的；如此三昧的境界真可说是无量的；如此三昧的神通力真是难以思量；如此三昧的光明确是无可比拟的；如此三昧的庄严无数；如此三昧的威力确实难以制衡的；如此的三昧确是平等无二；如此的三昧普照十方；如此的三昧利益无限，使众生消除灭绝无量的苦难。

"因为它能使众生远离贫苦，出离地狱，免为畜生，关闭所有的危难门，开启人天道，使人天众生喜乐，使众生爱乐禅定的境界，增长众生的有为之乐，为众生示现出离存有乐，为众生发起菩提心，使众生增长福德智慧行，使众生增长大悲心，使众生生起大愿力，使众生明白了悟菩萨道，使众生庄严究竟的智慧，使众生趣入大乘境界，使众生观照了悟普贤行，使众生能证得所有菩萨的境地智慧光明，使众生成就菩萨的所有誓愿功行，使众生安住一切智智的境界。圣者啊！这个三昧境界，是哪一种三昧呢？"

海幢比丘回答说："善男子啊！这个三昧的名称为普眼舍得三昧，又名为般若波罗蜜境界清净光明三昧，又名为普庄严清净门三昧。善男子啊！我因为修习般若波罗蜜，才能得到这个普庄严清净三昧等百万阿僧祇种三昧。"

善财童子问："圣者啊！这三昧境界究竟是怎样呢？"

海幢比丘回答说："善男子啊！你若能证入这个三昧，就能毫无障碍地了知一切世界；毫无障碍地前往一切的世界；毫无障碍地超过一切世界；毫无障碍地庄严一切世界；毫无障碍地修治一切世界；毫无障碍地庄严清净一切世界；毫无障碍地面见所有的佛陀；毫无障碍地观察诸佛的广大威德；毫无障碍地了知诸佛的自在神通力；毫无障碍地证得一切佛的所有广大力用；毫无障碍地进入一切佛的所有功德海；毫无障碍地领受诸佛的无量妙法；毫无障碍地证入一切佛法中修习胜妙功行；毫无障碍地证得诸佛转法轮的平等智慧；毫无障碍地证入诸佛的众会道场海；毫无障碍地观察十方佛法；毫无障碍地以大悲摄受众生；毫无障碍地常生予乐的大慈心，充满十方；毫无障碍地亲见十方佛，心从不厌倦满足；毫无障碍地回入一切众生海；毫无障碍地了知众生的根性大海；毫无障碍地了解一切众生种种根性差别的智慧。

"善男子啊！我只知道这一个般若波罗蜜三昧光明法门，至于菩萨是如何入智慧海，清净法界境界；通达一切生趣，遍及无量刹土；总持自在，三昧清净；神通广大，辩才没有穷尽，善于演说所有的境地，作为众生的依托的法门，就不是我能够了知的了。更何况是明见他的妙行，分辨他的功德，了知他的种种所行，明白他的境界，究竟他的愿力，证入他的心要法门，通达他所证悟的境界，演说他的菩提道分，安住他的三昧，了见他的心境，甚或得到他所有的平等智慧？

"善男子啊！从这里向南走，有一名叫海潮的地方，那里有个叫作普庄严的园林，在这园林中有位名叫休舍的优婆夷，你去请教她：'菩萨应如何学菩萨行、修菩萨道？'"

这时，善财童子在海幢比丘的处所，已证得坚固身，获得妙法财，证入甚深的境界。智慧明白通彻，三昧照耀，安住清净信解，了知明见甚深的法门，心常安住在所有的清净法门，智慧光明，充满十方，心中欢喜踊跃不已。于是善财童子就五体投地，顶礼比丘之足，绕比丘无数圈，恭敬地瞻仰其容颜。思惟观察，赞叹恋慕，称念海幢比丘的名号，回想他的容貌举止，忆念他的声音，思惟他的三昧及他那些依大愿所行的境界，受持他的智慧清净光明，就辞行告退离去。

【注释】

❶ 坦荡：指不论在顺境还是逆境，心中都能坦然，平静不动。

❷ 摩利伽罗：晋译本译作"庄严"。

❸ 不净观：和慈心观、缘起观、念佛观、数息观并称为"五停心观"，就是五种能使心的妄念止息而产生智慧解脱的禅法。不净观是观想众生身的污秽不净，能对治贪爱心较重的众生。

❹ 慈心观：观想自身喜乐，再层层扩及一切亲、疏、怨的众生，使他们都具足无边喜乐。这种方法适用于对治嗔恚比较重的众生。

❺ 缘起观：观察一切法皆是因缘所生，一切的因果，历历分明，适用于愚痴的众生。五种停心观的详细说明，可参考天台智颛大师所著的《释禅波罗蜜》。

卷第六十四
入法界品第三十九之五

【原典】

尔时，善财童子蒙善知识力，依善知识教，念善知识语，于善知识深心爱乐，作是念言："因善知识，令我见佛；因善知识，令我闻法。善知识者是我师傅，示导于我诸佛法故；善知识者是我眼目，令我见佛如虚空故；善知识者是我津济，令我得入诸佛如来莲华池故。"

渐渐南行，至海潮处，见普庄严园，众宝垣墙周匝围绕，一切宝树行列庄严；一切宝华树，雨众妙华，布散其地；一切宝香树，香气氛氲，普熏十方；一切宝鬘树，雨大宝鬘，处处垂下；一切摩尼宝王树，雨大摩尼宝，遍布充满；一切宝衣树，雨种种色衣，随其所应，周匝敷布；一切音乐树，风动成音，其音美妙，过于天乐；一切庄严具树，各雨珍玩奇妙之物，处处分布，以为严饰。

其地清净无有高下，于中具有百万殿堂，大摩尼宝之所合成；百万楼阁，阎浮檀金以覆其上；百万宫殿，毗卢遮那摩尼宝间错庄严；一万浴池，众宝合成；七宝栏楯，周匝围绕；七宝阶道，四面分布；八功德水，湛然盈满，其水香气如天栴檀，金沙布底，水清宝珠周遍间错；凫雁、孔雀、俱枳罗鸟游戏其中，出和雅音；宝多罗树周匝行列，覆以宝网，垂诸金铃，微风徐摇，恒出美音；施大宝帐，宝树围绕，建立无数摩尼宝幢，光明普照百千由旬。其中复有百万陂池，黑栴檀泥凝积其底，一切妙宝以为莲华敷布水上，大摩尼华光色照耀园中。

复有广大宫殿，名庄严幢，海藏妙宝以为其地，毗琉璃宝以为其柱，阎浮檀金以覆其上，光藏摩尼以为庄严，无数宝王光焰炽然，重楼挟阁种种庄饰；阿卢那香王、觉悟香王，皆出妙香普熏一切。其宫殿中，复有无量宝莲华座周回布列，所谓照耀十方摩尼宝莲华座、毗卢遮那摩尼宝莲华座、照耀世间摩尼宝莲华座、妙藏摩尼宝莲华座、师子藏摩尼宝莲华座、离垢藏摩尼宝莲华座、普门摩尼宝莲华座、光严摩尼宝莲华座、安住大海藏清净摩尼王宝莲华座、金刚师子摩尼宝莲华座。

园中复有百万种帐，所谓衣帐、鬘帐、香帐、华帐、枝帐、摩尼帐、真金帐、庄严具帐、音乐帐、象王神变帐、马王神变帐、帝释所著摩尼宝帐，如是等，其数百万。有百万大宝网弥覆其上，所谓宝铃网、宝盖网、宝身网、海藏真珠网、绀琉璃摩尼宝网、师子摩尼网、月光摩尼网、种种形像众香网、宝冠网、宝璎珞网，如是等，其数百万。有百万大光明之所照耀，所谓焰光摩尼宝光明、日藏摩尼宝光明、月幢摩尼宝光明、香焰摩尼宝光明、胜藏摩尼宝光明、莲华藏摩尼宝光明、焰幢摩尼宝光明、大灯摩尼宝光明、普照十方摩尼宝光明、香光摩尼宝光明，如是等，其数百万。常雨百万庄严具，百万黑栴檀香出妙音声，百万出过诸天曼陀罗华而以散之，百万出过诸天璎珞以为庄严，百万出过诸天妙宝鬘带处处垂下，百万出过诸天众色妙衣，百万杂色摩尼宝妙光普照，百万天子欣乐瞻仰头面作礼，百万采女于虚空中投身而下，百万菩萨恭敬亲近常乐闻法。

时，休舍优婆夷坐真金座，戴海藏真珠网，冠挂出过诸天真金宝钏，垂绀青发，大摩尼网庄严其首，师子口摩尼宝以为耳珰，如意摩尼宝王以为璎珞，一切宝网垂覆其身，百千亿那由他众生曲躬恭敬。东方有无量众生来诣其所，所谓梵天、梵众天、大梵天、梵辅天、自在天，乃至一切人及非人；南、西、北方，四维、上、下，皆亦如是。其有见此优婆夷者，一切病苦悉得除灭，离烦恼垢，拔诸见刺，摧障碍山，入于无碍清净境界，增明一切所有善根，长养诸根；入一切智慧门，入一切总持门；一切三昧门、一切大愿门、一切妙行门、一切功德门，皆得现前；其心广大，具足神通，身无障碍，至一切处。

尔时，善财童子入普庄严园，周遍观察，见休舍优婆夷坐于妙座，往诣其所，顶礼其足，绕无数匝，白言："圣者！我已先发阿耨多罗三藐三菩提心，而未知菩萨云何学菩萨行？云何修菩萨道？我闻圣者善能诱诲，愿为我说！"

休舍告言："善男子！我唯得菩萨一解脱门，若有见闻忆念于我，与我同住，供给我者，悉不唐捐。善男子！若有众生不种善根，不为善友之所摄受，不为诸佛之所护念，是人终不得见于我。善男子！其有众生得见我者，皆于阿耨多罗三藐三菩提获不退转。

"善男子！东方诸佛常来至此，处于宝座为我说法；南、西、北方，四维、上、下，一切诸佛悉来至此，处于宝座为我说法。善男子！我常不离见佛闻法，与诸菩萨而共同住。

"善男子！我此大众，有八万四千亿那由他，皆在此园与我同行，悉于阿耨多罗三藐三菩提得不退转；其余众生住此园者，亦皆普入不退转位。"

善财白言："圣者发阿耨多罗三藐三菩提心为久近耶？"

答言："善男子！我忆过去，于然灯佛所，修行梵行，恭敬供养，闻法受持；次前，于离垢佛所，出家学道，受持正法；次前，于妙幢佛所；次前，于胜须弥佛所；次前，于莲华德藏佛所；次前，于毗卢遮那佛所；次前，于普眼佛所；次前，于梵寿佛所；次前，于金刚齐佛所；次前，于婆楼那天佛所。善男子！我忆过去，于无量劫无量生中，如是次第三十六恒河沙佛所，皆悉承事，恭敬供养，闻法受持，净修梵行。于此已往，佛智所知，非我能测。

"善男子！菩萨初发心无有量，充满一切法界故；菩萨大悲门无有量，普入一切世间故；菩萨大愿门无有量，究竟十方法界故；菩萨大慈门无有量，普覆一切众生故；菩萨所修行无有量，于一切刹一切劫中修习故；菩萨三昧力无有量，令菩萨道不退故；菩萨总持力无有量，能持一切世间故；菩萨智光力无有量，普能证入三世故；菩萨神通力无有量，普现一切刹网故；菩萨辩才力无有量，一音一切悉解故；菩萨清净身无有量，悉遍一切佛刹故。"

善财童子言："圣者久如当得阿耨多罗三藐三菩提？"

答言："善男子！菩萨不为教化调伏一众生故发菩提心，不为教化调伏百众生故发菩提心，乃至不为教化调伏不可说不可说转众生故发菩提心；不为教化一世界众生故发菩提心，乃至不为教化不可说不可说转世界众生故发菩提心；不为教化阎浮提微尘数世界众生故发菩提心，不为教化三千大千世界微尘数世界众生故发菩提心，乃至不为教化不可说不可说转三千大千世界微尘数世界众生故发菩提心；不为供养一如来故发菩提心，乃至不为供养不可说不可说转如来故发菩提心；不为供养一世界中次第兴世诸如来故发菩提心，乃至不为供养不可说不可说转世界中次第兴世诸如来故发菩提心；不为供养一三千大千世界微尘数世界中次第兴世诸如来故发菩提心，乃至不为供养不可说不可说转佛刹微尘数世界中次第兴世诸如来故发菩提心；不为严净一世界故发菩提心，乃至不为严净不可说不可说转世界故发菩提心；不为严净一三千大千世界微尘数世界故发菩提心，乃至不为严净不可说不可说转三千大千世界微尘数世界故发菩提心；不为住持一如来遗法故发菩提心，乃至不为住持不可说不可说转如来遗法故发菩提心；不为住持一世界如来遗法故发菩提心，乃至不为住持不可说不可说转世界如来遗法故发菩提心；不为住持一阎浮提微尘数世界如来遗法故发菩提心，乃至不为住持不可说不可说转佛刹微尘数世界如来遗法故发菩提心。如是略说，不为满一佛誓愿故，不为往一佛国土故，不为入一佛众会故，不为持一佛法眼故，不为转一佛法轮故，不为知一世界中诸劫次第故，不为知一众生心海故，不为知一众生根海故，不为知一众生业海故，不为知一众生行海故，不为知一众生烦恼海故，不为知一众生烦恼习海故，乃至不为知不可说不可说转佛刹微尘数众生烦恼习海故，发菩提心。

"欲教化调伏一切众生悉无余故发菩提心，欲承事供养一切诸佛悉无余故发菩提心，欲严净一切诸佛国土悉无余故发菩提心，欲护持一切诸

佛正教悉无余故发菩提心，欲成满一切如来誓愿悉无余故发菩提心，欲
往一切诸佛国土悉无余故发菩提心，欲入一切诸佛众会悉无余故发菩提
心，欲知一切世界中诸劫次第悉无余故发菩提心，欲知一切众生心海悉
无余故发菩提心，欲知一切众生根海悉无余故发菩提心，欲知一切众生
业海悉无余故发菩提心，欲知一切众生行海悉无余故发菩提心，欲灭一
切众生诸烦恼海悉无余故发菩提心，欲拔一切众生烦恼习海悉无余故发
菩提心。善男子！取要言之，菩萨以如是等百万阿僧祇方便行故发菩提
心。

"善男子！菩萨行普入一切法皆证得故，普入一切刹悉严净故。是故，
善男子！严净一切世界尽，我愿乃尽；拔一切众生烦恼习气尽，我愿乃满。"

善财童子言："圣者！此解脱名为何等？"

答言："善男子！此解脱名离忧安隐幢。善男子！我唯知此一解脱门。
如诸菩萨摩诃萨，其心如海，悉能容受一切佛法；如须弥山，志意坚固，
不可动摇；如善见药，能除众生烦恼重病；如明净日，能破众生无明暗
障；犹如大地，能作一切众生依处；犹如好风，能作一切众生义利；犹如
明灯，能为众生生智慧光；犹如大云，能为众生雨寂灭法；犹如净月，能
为众生放福德光；犹如帝释，悉能守护一切众生。而我云何能知能说彼
功德行？

"善男子！于此南方海潮之处，有一国土，名那罗素；中有仙人，名毗
目瞿沙。汝诣彼问：'菩萨云何学菩萨行、修菩萨道？'"

时，善财童子顶礼其足，绕无数匝，殷勤瞻仰，悲泣流泪，作是思惟：
"得菩提难，近善知识难，遇善知识难，得菩萨诸根难，净菩萨诸根难，
值同行善知识难，如理观察难，依教修行难，值遇出生善心方便难，值遇
增长一切智法光明难。"作是念已，辞退而行。

尔时，善财童子随顺思惟菩萨正教，随顺思惟菩萨净行，生增长菩萨
福力心，生明见一切诸佛心，生出生一切诸佛心，生增长一切大愿心，生
普见十方诸法心，生明照诸法实性心，生普散一切障碍心，生观察法界无
暗心，生清净意宝庄严心，生摧伏一切众魔心。

渐渐游行，至那罗素国，周遍推求毗目瞿沙。见一大林，阿僧祇树以为庄严，所谓种种叶树扶疏布濩，种种华树开敷鲜荣，种种果树相续成熟，种种宝树雨摩尼果，大栴檀树处处行列，诸沉水树常出好香，悦意香树妙香庄严，波吒罗树四面围绕，尼拘律树其身耸擢，阎浮檀树常雨甘果，优钵罗华、波头摩华以严池沼。

时，善财童子见彼仙人在栴檀树下敷草而坐，领徒一万，或着鹿皮，或着树皮，或复编草以为衣服，髻环垂鬓，前后围绕。善财见已，往诣其所，五体投地，作如是言："我今得遇真善知识。善知识者，则是趣向一切智门，令我得入真实道故；善知识者，则是趣向一切智乘，令我得至如来地故；善知识者，则是趣向一切智船，令我得至智宝洲故；善知识者，则是趣向一切智炬，令我得生十力光故；善知识者，则是趣向一切智道，令我得入涅槃城故；善知识者，则是趣向一切智灯，令我得见夷险道故；善知识者，则是趣向一切智桥，令我得度险恶处故；善知识者，则是趣向一切智盖，令我得生大慈凉故；善知识者，则是趣向一切智眼，令我得见法性门故；善知识者，则是趣向一切智潮，令我满足大悲水故。"

作是语已，从地而起，绕无量匝，合掌前住，白言："圣者！我已先发阿耨多罗三藐三菩提心，而未知菩萨云何学菩萨行？云何修菩萨道？我闻圣者善能诱诲，愿为我说！"

时，毗目瞿沙顾其徒众，而作是言："善男子！此童子已发阿耨多罗三藐三菩提心。善男子！此童子普施一切众生无畏，此童子普兴一切众生利益，此童子常观一切诸佛智海，此童子欲饮一切甘露法雨，此童子欲测一切广大法海，此童子欲令众生住智海中，此童子欲普发起广大悲云，此童子欲普雨于广大法雨，此童子欲以智月普照世间，此童子欲灭世间烦恼毒热，此童子欲长含识一切善根。"

时，诸仙众闻是语已，各以种种上妙香华散善财上，投身作礼，围绕恭敬，作如是言："今此童子，必当救护一切众生，必当除灭诸地狱苦，必当永断诸畜生道，必当转去阎罗王界，必当关闭诸难处门，必当干竭诸爱欲海，必令众生永灭苦蕴，必当永破无明黑暗，必当永断贪爱系缚，必以福德大轮围山围绕世间，必以智慧大宝须弥显示世间，必当出现清净智日，必当开示善根法藏，必使世间明识险易。"

时，毗目瞿沙告群仙言："善男子！若有能发阿耨多罗三藐三菩提心，必当成就一切智道。此善男子已发阿耨多罗三藐三菩提心，当净一切佛功德地。"

时，毗目瞿沙告善财童子言："善男子！我得菩萨无胜幢解脱。"

善财白言："圣者！无胜幢解脱境界云何？"

时，毗目仙人即申右手，摩善财顶，执善财手。即时，善财自见其身往十方十佛刹微尘数世界中，到十佛刹微尘数诸佛所，见彼佛刹及其众会、诸佛相好、种种庄严；亦闻彼佛随诸众生心之所乐而演说法，一文一句皆悉通达，各别受持无有杂乱；亦知彼佛以种种解净治诸愿；亦知彼佛以清净愿成就诸力；亦见彼佛随众生心所现色相；亦见彼佛大光明网，种种诸色清净圆满；亦知彼佛无碍智慧大光明力；又自见身于诸佛所，经一日夜或七日夜、半月、一月、一年、十年、百年、千年，或经亿年，或阿庾多亿年，或那由他亿年，或经半劫，或经一劫、百劫、千劫，或百千亿乃至不可说不可说佛刹微尘数劫。

尔时，善财童子为菩萨无胜幢解脱智光明照故，得毗卢遮那藏三昧光明；为无尽智解脱三昧光明照故，得普摄诸方陀罗尼光明；为金刚轮陀罗尼门光明照故，得极清净智慧心三昧光明；为普门庄严藏般若波罗蜜光明照故，得佛虚空藏轮三昧光明；为一切佛法轮三昧光明照故，得三世无尽智三昧光明。

时，彼仙人放善财手，善财童子即自见身还在本处。

时，彼仙人告善财言："善男子！汝忆念耶？"

善财言："唯！此是圣者善知识力。"

仙人言："善男子！我唯知此菩萨无胜幢解脱。如诸菩萨摩诃萨成就一切殊胜三昧，于一切时而得自在，于一念顷出生诸佛无量智慧，以佛智灯而为庄严普照世间，一念普入三世境界，分形遍往十方国土，智身普入一切法界，随众生心普现其前观其根行而为利益，放净光明甚可爱乐；而我云何能知能说彼功德行、彼殊胜愿、彼庄严刹、彼智境界、彼三昧所行、彼神通变化、彼解脱游戏、彼身相差别、彼音声清净、彼智慧光明？

"善男子！于此南方，有一聚落，名伊沙那；有婆罗门，名曰胜热。汝诣彼问：'菩萨云何学菩萨行、修菩萨道？'"

时，善财童子欢喜踊跃，顶礼其足，绕无数匝，殷勤瞻仰，辞退南行。

尔时，善财童子为菩萨无胜幢解脱所照故，住诸佛不思议神力，证菩萨不思议解脱神通智，得菩萨不思议三昧智光明，得一切时熏修三昧智光明，得了知一切境界皆依想所住三昧智光明，得一切世间殊胜智光明；于一切处悉现其身，以究竟智说无二无分别平等法，以明净智普照境界；凡所闻法皆能忍受，清净信解，于法自性决定明了；心恒不舍菩萨妙行，求一切智永无退转，获得十力智慧光明，勤求妙法常无厌足，以正修行入佛境界，出生菩萨无量庄严，无边大愿悉已清净；以无穷尽智知无边世界网，以无怯弱心度无量众生海；了无边菩萨诸行境界，见无边世界种种差别，见无边世界种种庄严，入无边世界微细境界，知无边世界种种名号，知无边世界种种言说，知无边众生种种解，见无边众生种种行，见无边众生成熟行，见无边众生差别想；念善知识。

渐次游行，至伊沙那聚落，见彼胜热修诸苦行求一切智。四面火聚犹如大山，中有刀山高峻无极，登彼山上投身入火。

时，善财童子顶礼其足，合掌而立，作如是言："圣者！我已先发阿耨多罗三藐三菩提心，而未知菩萨云何学菩萨行？云何修菩萨道？我闻圣者善能诱诲，愿为我说！"

婆罗门言："善男子！汝今若能上此刀山，投身火聚，诸菩萨行悉得清净。"

时，善财童子作如是念："得人身难，离诸难难，得无难难，得净法难，得值佛难，具诸根难，闻佛法难，遇善人难，逢真善知识难，受如理正教难，得正命难，随法行难。此将非魔、魔所使耶？将非是魔险恶徒党，诈现菩萨善知识相，而欲为我作善根难、作寿命难，障我修行一切智道，牵我令入诸恶道中,欲障我法门、障我佛法?"

作是念时,十千梵天,在虚空中,作如是言:"善男子!莫作是念!莫作是念!今此圣者得金刚焰三昧光明,发大精进,度诸众生,心无退转;欲竭一切贪爱海,欲截一切邪见网,欲烧一切烦恼薪,欲照一切惑稠林,欲断一切老死怖,欲坏一切三世障,欲放一切法光明。

"善男子!我诸梵天多着邪见,皆悉自谓是自在者、是能作者,于世间中我是最胜。见婆罗门五热炙身,于自宫殿心不乐着,于诸禅定不得滋味,皆共来诣婆罗门所。时,婆罗门以神通力示大苦行为我说法,能令我等,灭一切见,除一切慢,住于大慈,行于大悲,起广大心,发菩提意,常见诸佛,恒闻妙法,于一切处心无所碍。"

复有十千诸魔,在虚空中,以天摩尼宝散婆罗门上,告善财言:"善男子!此婆罗门五热炙身时,其火光明映夺于我所有宫殿诸庄严具皆如聚墨,令我于中不生乐著,我与眷属来诣其所。此婆罗门为我说法,令我及余无量天子、诸天女等,皆于阿耨多罗三藐三菩提得不退转。"

复有十千自在天王,于虚空中,各散天华,作如是言:"善男子!此婆罗门五热炙身时,其火光明映夺我等所有宫殿诸庄严具皆如聚墨,令我于中不生爱著,即与眷属来诣其所。此婆罗门为我说法,令我于心而得自在,于烦恼中而得自在,于受生中而得自在,于诸业障而得自在,于诸三昧而得自在,于庄严具而得自在,于寿命中而得自在,乃至能于一切佛法而得自在。"

复有十千化乐天王,于虚空中,作天音乐,恭敬供养,作如是言:"善男子!此婆罗门五热炙身时,其火光明照我宫殿诸庄严具及诸采女,能令我等不受欲乐、不求欲乐、身心柔软,即与众俱来诣其所。时,婆罗门为我说法,能令我等心得清净、心得明洁、心得纯善、心得柔软、心生欢喜,乃至令得清净十力清净之身,生无量身,乃至令得佛身、佛语、佛声、佛心,具足成就一切智智。"

复有十千兜率天王、天子、天女、无量眷属,于虚空中,雨众妙香,恭敬顶礼,作如是言:"善男子!此婆罗门五热炙身时,令我等诸天及其眷属，于自宫殿无有乐著，共诣其所。闻其说法，能令我等不贪境界，少欲知足，心生欢喜，心得充满，生诸善根，发菩提心，乃至圆满一切佛法。"

复有十千三十三天并其眷属、天子、天女，前后围绕，于虚空中，雨天曼陀罗华，恭敬供养，作如是言："善男子！此婆罗门五热炙身时，令我等诸天于天音乐不生乐著，共诣其所。时，婆罗门为我等说一切诸法无常败坏，令我舍离一切欲乐，令我断除骄慢放逸，令我爱乐无上菩提。又，善男子！我当见此婆罗门时，须弥山顶六种震动，我等恐怖，皆发菩提心坚固不动。"

复有十千龙王，所谓伊那跋罗龙王、难陀优波难陀龙王等，于虚空中，雨黑栴檀；无量龙女奏天音乐，雨天妙华及天香水，恭敬供养，作如是言："善男子！此婆罗门五热炙身时，其火光明普照一切诸龙宫殿，令诸龙众离热沙怖、金翅鸟怖，灭除嗔恚，身得清凉，心无垢浊，闻法信解，厌恶龙趣，以至诚心悔除业障，乃至发阿耨多罗三藐三菩提意住一切智。"

复有十千夜叉王，于虚空中，以种种供具，恭敬供养此婆罗门及以善财，作如是言："善男子！此婆罗门五热炙身时，我及眷属悉于众生发慈愍心，一切罗刹、鸠槃茶❶等亦生慈心；以慈心故，于诸众生无所恼害而来见我。我及彼等，于自宫殿不生乐着，即与共俱，来诣其所。时，婆罗门即为我等如应说法，一切皆得身心安乐，又令无量夜叉、罗刹、鸠槃茶等发于无上菩提之心。"

复有十千乾闼婆王，于虚空中，作如是言："善男子！此婆罗门五热炙身时，其火光明照我宫殿，悉令我等受不思议无量快乐，是故我等来诣其所。此婆罗门为我说法，能令我等于阿耨多罗三藐三菩提得不退转。"

复有十千阿修罗王，从大海出，住在虚空，舒右膝轮，合掌前礼，作如是言："善男子！此婆罗门五热炙身时，我阿修罗所有宫殿、大海、大地，悉皆震动，令我等舍骄慢放逸，是故我等来诣其所。从其闻法，舍离谄诳，安住忍地，坚固不动，圆满十力。"

复有十千迦楼罗王，勇力持王而为上首，化作外道童子之形，于虚空中唱如是言："善男子！此婆罗门五热炙身时，其火光明照我宫殿，一切震动皆悉恐怖，是故我等来诣其所。时，婆罗门即为我等如应说法，令修习大慈，称赞大悲，度生死海，于欲泥中拔济众生，叹菩提心，起方便智，随其所宜调伏众生。"

复有十千紧那罗王，于虚空中，唱如是言："善男子！此婆罗门五热炙身时，我等所住宫殿诸多罗树、诸宝铃网、诸宝缯带、诸音乐树、诸妙宝树及诸乐器，自然而出佛声、法声及不退转菩萨僧声、愿求无上菩提之声，云：'某方、某国，有某菩萨，发菩提心；某方、某国，有某菩萨，修行苦行，难舍能舍，乃至清净一切智行；某方、某国，有某菩萨，往诣道场；乃至某方、某国，有某如来，作佛事已，而般涅槃。'

"善男子！假使有人，以阎浮提一切草木末为微尘，此微尘数可知边际，我宫殿中宝多罗树乃至乐器所说菩萨名、如来名、所发大愿、所修行等，无有能得知其边际。

"善男子！我等以闻佛声、法声、菩萨僧声，生大欢喜，来诣其所。时，婆罗门即为我等如应说法，令我及余无量众生于阿耨多罗三藐三菩提得不退转。"

复有无量欲界诸天，于虚空中，以妙供具，恭敬供养，唱如是言："善男子！此婆罗门五热炙身时，其火光明照阿鼻等一切地狱，诸所受苦悉令休息。我等见此火光明故，心生净信；以信心故，从彼命终，生于天中；为知恩故，而来其所，恭敬瞻仰，无有厌足。时，婆罗门为我说法，令无量众生发菩提心。"

尔时，善财童子闻如是法，心大欢喜，于婆罗门所，发起真实善知识心，头顶礼敬，唱如是言："我于大圣善知识所生不善心，唯愿圣者容我悔过！"

时，婆罗门即为善财而说颂言：

若有诸菩萨，顺善知识教，一切无疑惧，安住心不动。

当知如是人，必获广大利，坐菩提树下，成于无上觉。

尔时，善财童子即登刀山，自投火聚；未至中间，即得菩萨善住三昧；才触火焰，又得菩萨寂静乐神通三昧。善财白言："甚奇！圣者！如是刀山及大火聚，我身触时安隐快乐。"

时，婆罗门告善财言："善男子！我唯得此菩萨无尽轮解脱。如诸菩萨摩诃萨大功德焰，能烧一切众生见惑令无有余，必不退转无穷尽心、无懈怠心、无怯弱心，发如金刚藏那罗延心，疾修诸行无迟缓心，愿如风轮普持一切精进大誓皆无退转；而我云何能知能说彼功德行？

"善男子！于此南方，有城名师子奋迅；中有童女，名曰慈行。汝诣彼问：'菩萨云何学菩萨行、修菩萨道？'"

时，善财童子顶礼其足，绕无数匝，辞退而去。

注释

❶ "茶"，大正本原作"茶"，今依宋、宫本改之。

【白话语译】

这时，善财童子蒙受善知识的力量，依止善知识的教诲，忆念善知识的言语，深深喜爱悦乐善知识，心里这样想："因为善知识，才使我得以见到佛陀；因为善知识，才使我得以听闻佛法，所以善知识可说是我的师父，因为他们能开示教导我所有的佛法；可说是我的眼睛，因为他们能使我看见如同虚空不可尽数的诸佛；可说是我的津济渡口，因为他们能使我证入诸佛如来的莲华宝池。"

就这样善财童子渐渐向南走去，到了海潮这个地方，看见由众多珍宝筑成垣墙的普庄严园。其中有种种宝树行列庄严，所有的宝华树都雨下众妙香华，散布地上。一切宝香树香气氛氲，普熏十方。一切宝鬘树更雨下处处垂下的大宝鬘；一切摩尼宝王树也雨下遍布十方的大摩尼宝；一切宝衣树也雨下种种色衣，随着众生的应求，周围敷满遍布；一切的意乐树，风一吹动时，就自成乐音，声音美妙得胜过天乐；一切庄严具树，也各雨下各种奇妙珍玩，分布各处，作为庄严的饰物。那里的地面清净，没有任何高下凹凸，其中更有大摩尼宝成就的百万座殿堂，百万个以阎浮檀金镶覆的楼阁，百万个用毗卢遮那摩尼珍宝相间交错庄严的宫殿，一万个用种种珍宝合成的浴池，还有围绕四周的七宝栏楯，又有七宝铺陈的、分布四周的阶梯大道，又有湛然盈满、香气如同天栴檀的八功德水。金沙遍布池底，清澈的宝珠更遍布间错。凫、鹰、孔雀、俱枳罗鸟也游戏其中，出声唱着柔和优雅的音声。以宝网覆盖、垂下种种金铃的宝多罗树也行列周围。微风吹来，就恒常发出美妙的声音。还有广大的宝帐、宝树围绕，建立无数的摩尼宝幢，光明普遍照耀百千由旬远。

又有百万个黑栴檀香泥凝固堆积池底的坡池，水上更陈敷遍布胜妙珍宝成就的莲华，园中又有大摩尼宝的华光照耀。

又有名叫庄严幢的广大宫殿，这宫殿是以海藏妙宝铺地，毗琉璃宝作梁柱，以阎浮檀金铺覆上面，以光藏摩尼宝庄严无数宝王的光焰炽盛，重重的珍楼中挟着种种庄饰的宝阁。阿卢耶香王、觉悟香王，都发出上妙香气，普熏一切。

在这座宫殿里头，又有无量分布排列四周的宝莲华座，有所谓的照耀十方摩尼宝莲华座、毗卢遮那摩尼宝莲华座、照耀世间摩尼宝莲华座、妙藏摩尼宝莲华座、师子藏摩尼宝莲华座、离垢藏摩尼宝莲华座、普门摩尼宝莲华座、光严摩尼宝莲华座、安住大海藏清净摩尼宝莲华座、金刚师子摩尼宝莲华座。

园中又有百万种宝帐，像所谓的衣帐、鬘帐、香帐、华帐、枝帐、摩尼帐、真金帐、庄严具帐、音乐帐、象王神变帐、马王神变帐、帝释用摩尼宝帐，如此等等，至少有百万的宝帐。另有百万大宝网弥覆上面，如所谓的宝铃网、宝盖网、宝身网、海藏真珠网、绀琉璃摩尼宝网、师子摩尼网、月光摩尼网、种种形象众香网、宝冠网、宝璎珞网如此等等，至少有百万的大宝网。

还有百万光照的大光明，如所谓的焰光摩尼宝光明、日藏摩尼宝光明、月幢摩尼宝光明、香焰摩尼宝光明、胜藏摩尼宝光明、莲华藏摩尼宝光明、焰幢摩尼宝光明、大灯摩尼宝光明、普照十方摩尼宝光明、香光摩尼宝光明，如此等等，至少有百万道光明。常雨下数以百万计的庄严具，数百万的黑栴檀香，发出美妙的声音，散下数百万的超出胜过诸天所用的曼陀罗华。数百万超出胜过诸天所载的璎珞作为庄严，数百万超出胜过诸天所有妙宝鬘带到处垂下，数百万超出胜过诸天所穿的众色妙衣，数百万杂色摩尼宝珠，妙光普照。数百万天子都欣乐瞻仰他的容颜，头面顶礼；有数百万的采女从虚空投身下来；数百万的菩萨都恭敬亲近，恒常乐于听闻佛法。

这时，休舍优婆夷坐在真金宝座上，戴着海藏真珠网，冠挂着胜过诸天所用的真金宝钏，垂着结青色的头发，以大摩尼宝珠缀成的宝网庄严她的头部。以师子口摩尼宝珠作耳珰，以如意摩尼宝王作璎珞，各种宝网都垂覆在她身上，百千亿那由他数的众生都恭敬地向她曲身鞠躬。

东方无量的众生都前来拜见她，如所谓的梵天众、梵众天众、大梵天众、梵辅天众、自在天众，乃至一切人及非人，南、西、北方四维上下，都是如此。凡是能够看见这位优婆夷的人，都能除灭所有的病苦，远离种种的烦恼尘垢。拔除各种邪见的毒刺，摧毁障碍的大山。证入无碍的清净境界，增明所有的善根，长养诸根。证入所有的智慧法门、总持法门、三昧法门、大愿法门、妙行法门、功德法门，这种种法门无不立刻现前。又她的心量广大，具足神通，身形无碍，所以能前往任何地方。

这时，善财童子进入普庄严园，周遍观察，看见休舍优婆夷坐在精妙的宝座上。于是善财童子就走到优婆夷前，顶礼她的双足，绕着她行走无数圈之后，对她说："圣者啊！我以前就已经发起无上正等正觉了，却还不知道菩萨如何修学菩萨行？如何修菩萨道？我听说圣者善于循循诱导、教诲众生，祈愿圣者能为我说法。"

休舍优婆夷回答他："善男子啊！我只证得一种菩萨的解脱法门。凡是见闻忆念我、与我同住、供给我的众生，都不会白费空过。善男子啊！凡是不种善根，不能被善友摄受，不被诸佛护念的人，永远都不能见到我。善男子啊！凡是能够见到我的人，都是已获得不退转的无上正等正觉。

"善男子啊！东方诸佛常常来到这里，坐在宝座上，为我说法。南、西、北方，四维上下的诸佛也常来我这里，坐在宝座上，为我说法。善男子啊！我一直都不曾舍离见佛闻法，所以能与所有的菩萨共同安住。

"善男子啊！我这里有八万四千亿那由他的大众，安住此园，与我同行，都已得不退转的无上正等正觉，其余安住此园的众生，也都已普遍证入不退转的果位。"

善财童子问："圣者啊！您发无上正等正觉心有多久的时间了？"

休舍优婆夷回答："善男子啊！我过去曾在燃灯佛那里修行梵行，恭敬供养，闻法受持；之前也曾在离垢佛那里，出家学道，受持正法；之前也曾在妙幢佛那里；之前也曾在胜须弥佛那里；之前也曾在莲华德藏佛那里；之前也曾在毗卢遮那佛那里；之前也曾在普眼佛那里；之前也曾在梵寿佛那里；之前也曾在金刚脐佛那里；之前也曾在婆楼那❶天佛那里修学。

"善男子啊！我过去曾在无量的时劫、无量的生趣中，像这样次第地在三十六恒河沙数的诸佛那里，恭敬供养承事每一位佛陀，并且听闻受持佛法，清净修行梵行。在此之前的事，就只有佛的智慧才能了知，我是无法测度的。

"善男子啊！菩萨的初发心是没有限量的，因为它能充满一切法界；菩萨拔苦的大悲法门是无量的，因为它能普遍回入一切世间；菩萨的大愿法门是无量的，因为它能究竟十方法界；菩萨予乐的大慈法门是无量的，因为它能普遍庇护所有的众生；菩萨所修行是无量的，因为它能在所有的刹土、所有的时劫中修习；菩萨的三昧力是无量的，因为它能使菩萨道从不退失；菩萨的总持力是无量的，因为它能总持一切的世间；菩萨的智慧光明力是无量的，因为它能普遍证入三世；菩萨的神通力是无量的，因为它能普现所有的刹网；菩萨的辩才力是无量的，因为它能从一音声解知一切；菩萨的清净身是无量的，因为它的身形能遍及所有的佛国刹土。"

善财童子问："圣者啊！您要多久之后当得证无上正等正觉呢？"

休舍优婆夷回答："善男子啊！菩萨不会只为了调伏一个众生而发菩提心，不会为了只教化调伏百位众生而发菩提心，乃至不会只为了教化调伏不可说不可说的众生而发菩提心，也不会只为教化调伏一个世界的众生而发菩提心，乃至不会只为了教化不可说不可说世界的众生而发菩提心，不会只为了教化阎浮提微尘数世界的众生而发菩提心，不会只为了教化三千大千世界微尘数世界的众生而发菩提心，乃至不会只为了教化不可说不可说三千大千世界微尘数世界的众生而发菩提心；不会只为供养一如来而发菩提心，乃至不会只为了供养不可说不可说的如来而发菩提心；他不会只为了供养一个世界中次第兴起世间的诸佛而发菩提心，乃至不会只为了供养不可说不可说世界次第兴起世间的诸佛而发菩提心；也不会只为了供养一个三千大千世界微尘数世界次第兴起世间的诸佛而发菩提心，乃至不会只为了供养不可说不可说佛国刹土微尘数世界次第兴起世间的诸佛而发菩提心；不会只为了庄严清净一个世界而发菩提心，乃至不会只为了庄严清净不可说不可说的世界而发菩提心；不会只为了庄严清净一个三千大千世界之微尘数的世界而发菩提心，乃至不会只为了庄严清净不可说不可说的三千大千世界之微尘数的世界而发菩提心；不会只为了住持一位如来的遗法而发菩提心，乃至不会只为了住持不可说不可说如来的遗法而发菩提心；不会只为了住持一个世界的诸佛遗法而发菩提心，乃至不会只为了住持不可说不可说世界的如来遗法而发菩提心；不会只为了住持一阎浮提微尘数如来遗法而发菩提心，乃至不会只为了住持不可说不可说佛国刹土微尘数世界的诸佛遗法而发菩提心。

"如此总括来说，他不会只为圆满一位佛陀的誓愿，不会只为了前往一位佛陀的国土，不会只为了证入一位佛陀的聚会，不会只为了住持一位佛陀的法眼，不会只为了转一位佛陀的法轮，不会只为了了知一个世界的所有时劫次第顺序，不会只为了了知一个众生的心海，不会只为了了知一个众生的根海，不会只为了了知一个众生的业海，不会只为了了知一个众生的行海，不会只为了了知一个众生的烦恼海，不会只为了了知一个众生的烦恼习气海，乃至不会只为了了知不可说不可说佛国刹土微尘数的众生烦恼习气海而发菩提心。

"菩萨为了教化调伏众生，一个都没有余漏，而发菩提心；他为了承事供养诸佛，连一位都不空过而发菩提心；他为了庄严清净诸佛国土，一个刹土都不空过而发菩提心；他为了护持诸佛正法，一个教法都不空过而发菩提心；他为了成就圆满如来所有的誓愿，一个誓愿都不空过而发菩提心；他为了前往诸佛国土，一个国土都不空过而发菩提心；他为了证入诸佛众会，一处都不空过而发菩提心；他为了了知所有世界的一切时劫次第，一点都不空过而发菩提心；他为了了知一切众生心海，一点都不空过而发菩提心；他为了了知众生的根性海，丝毫都不空过而发菩提心；他为了了知众生的业海，丝毫都不空过而发菩提心；他为了了知众生行海，一点都不空过而发菩提心；他为了灭绝众生所有的烦恼海，一点都不空过而发菩提心；他为了拔除众生的烦恼习气海，一点都不空过而发菩提心。善男子啊！扼要的说，菩萨能以如此等百万阿僧祇的方便行，而发菩提心。

"善男子啊！这是因为菩萨行能普遍证入所有法门，普遍趣入并庄严清净所有的刹土。所以，善男子啊！只有当一切世界都庄严清净之后，我的誓愿才算穷尽；一切众生的烦恼习气都拔除之后，我的誓愿才算圆满。"

善财童子又问她："圣者啊！这个解脱法门要怎么称呼呢？"

休舍优婆夷回答："善男子啊！这个解脱法门叫离忧安隐幢三昧。善男子啊！我只知道这个解脱法门，所以，如果是像菩萨摩诃萨，心像大海，能容受一切佛法；如同须弥山，志意坚固，不可动摇；如同善见药，能拔除众生的烦恼重病；如同明净的日轮，能破除众生的无明暗障；犹如大地，能作所有众生的依止；犹如好风，能作为众生的义利；犹如明灯，能为众生生起智慧光明；犹如大云，能为众生雨下寂灭之法；犹如洁净的月轮，能为众生放出福德光明；犹如帝释，能守护一切众生，这一切我就无法了知，也不能演说穷尽他们的功德了！

"善男子啊！在此地的南方海滨，有一处名叫那罗素的国土，其中有位名为毗目瞿沙❷的仙人，你去请教他：'菩萨如何学菩萨行、修菩萨道？'"

这时，善财童子顶礼休舍优婆夷双足，绕行无数圈，殷勤瞻仰她的容颜，悲泣流泪。心里这样想："能够得证菩提是难得的，能够亲近善知识是非常难得的，能够遇到善知识是非常难得的，能够得到菩萨诸根是非常难得的，能够清净菩萨诸根是非常难得的，能够遇同行的善知识是非常难得的，能够如理观察是非常难得的，能够依教修行是非常难得的，能够遇到出生善心的方便是非常难得的，能够遇到增长一切智法光明是非常难得的。"他这样想了之后就告退继续向南行。

这时，善财童子一心随顺思惟菩萨的正教，随顺思惟菩萨的清净行，生出增长菩萨的福力心，生出明见一切诸佛的心，生起出生一切诸佛的心，生出增长一切大愿的心，生出普见十方诸法的心，生出明照诸法实性的心，生出普散去一切障碍的心，生出观察法界无暗的心，生出清净意宝庄严的心，生出摧伏一切众魔的心。就这样一路思惟慢慢游行，到了那罗素国，到处寻觅毗目瞿沙仙人。

这时，他看见一大片以阿僧祇数树庄严的树林，各种叶树茂密地分布，各种华树都欣欣向荣地盛开着，各种果树也相继成熟，各种宝树都雨下摩尼珍果，到处都行列着大栴檀树，各种沉水树也都散发出上好的香气，悦意可爱的香树更有妙香庄严，波吒罗❸树也围绕四面，尼拘律树树身高耸挺直，阎浮檀树常雨下甘美鲜果，优钵罗华、波头摩华庄严着池沼。

这时，善财童子见到那位毗目瞿沙仙人在栴檀树下，铺草而坐，率领一万徒众。他们有的穿鹿皮，有的穿树皮，有的穿着编织而成的草衣服，发髻结环垂于两鬓，前后围绕。善财童子见了之后，就走到仙人面前，五体投地说："我现在终于遇到真正的善知识了。善知识，能趣向一切智慧的门户，因为他们能使我证入真实道；善知识，能趣向一切智慧的车乘，因为他们能使我证入如来的境界；善知识，是能趣向一切智慧的舟船，因为他们能使我到达智慧的宝洲：善知识，是能趣向一切智慧的火炬，因为他们能使我生起十力的光明；善知识，是能趣向一切智慧的道路，因为他们能使我证入涅槃大城；善知识，是能趣向一切智慧的明灯，因为他们能使我彻见平稳或危险之道；善知识，是能趣向一切智慧的桥梁，因为他们能使我度过险恶的地方；善知识，就是能趣向一切智慧的宝盖，因为他们能使我生起予乐的大慈清凉力量；善知识，就是能趣向一切智慧的眼目，因为他们能使我见到种种法性法门；善知识，就是能趣向一切智慧的海潮，因为他们能使我圆满具足大悲法水。"

说完之后，善财从地上起身，绕行仙人数圈，合掌走到仙人面前，向圣者说："我在以前就已经发起无上正等正觉，然而却还不知道菩萨该如何学菩萨行？如何修菩萨道？我听说圣者善于循循诱导、教诲众生，希望您能为我解说。"

这时，毗目瞿沙仙人看看自己的徒众，而说："善男子啊！这个童子已经发起无上正等正觉之心。善男子啊！这个童子能普遍施予众生无畏的力量，这个童子能为众生普遍兴作利益，这个童子能常观察诸佛的智慧大海，这个童子想要饮一切甘露法雨，这个童子想要测度广大的法海，这个童子想要使众生安住智慧海中，这个童子想要普遍发起广大的悲云，这个童子想要普遍雨下广大的法雨，这个童子想要以智月普照世间，这个童子想要灭除世间的烦恼毒热，这个童子想要长养一切含识有情的所有善根。"

仙众听闻这话之后，就各自用种种上妙香华，散在善财童子身上，投身于地，向善财行礼，恭敬围绕地说："现在，这个童子一定能够救护众生，一定能够灭除所有地狱苦痛，一定能够永远断除所有的畜生道，一定能够辗转除去阎罗王的世界，一定能够关闭所有苦难处的大门，一定能够干竭所有爱欲大海，一定能够永远灭除众生的苦蕴，一定能够永远破除无明黑暗，一定能够永远断除贪爱系缚，一定能够以福德之大轮山围绕世间，一定能够以智慧之大宝须弥山显示世间，一定能够出现清净智日，一定能够开示善根法藏，使世间明白辨识艰险平易。"

这时，毗目瞿沙仙告诉诸位仙人说："善男子啊！如果有人能发无上正等正觉，必当成就一切智道。这个善男子已经发起无上正等正觉了，所以一定能够清净诸佛功德地。"

这时，毗目瞿沙仙告诉善财童子说："善男子啊！我已证得菩萨的无胜幢解脱三昧。"

善财童子问："圣者啊！什么是无胜幢解脱三昧啊？"

这时，毗目仙人就伸出右手，抚摩善财的头顶，执起善财的手。这时，善财童子看见自身前往拜诣十方十个佛国刹土微尘数世界，到十方佛国刹土微尘数诸佛那里，见到那些佛陀的刹土及他们的大众聚会，还有诸佛的身相妙好，种种庄严。也听闻了那些诸佛随顺众生心之喜乐，而演说的佛法，并且通达每一文辞语句，并各别受持，毫不杂乱。也知道那些诸佛以什么信解，清净调治所有的誓愿。也知道那些诸佛以什么清净的大愿成就所有的力量。也看见那些诸佛随顺众生心所相应而显现的色相。也看见那些诸佛的大光明网，现种种色，清净圆满。也知道那些诸佛以无碍的智慧，出大明力。又看见自己身在诸佛的处所，经过了一日夜或七日夜，半月、一月、一年、十年、百年、千年，或经过了亿年，或阿庾多个亿年，或那由他个亿年，或经过了半个时劫，或经过了一个时劫，乃至百个时劫、千个时劫、或百千亿个时劫，乃至不可说不可说佛国刹土微尘数的时劫。

这时，善财童子因为被菩萨无胜幢解脱智慧光明照耀，而证得毗卢遮那藏三昧的光明；因为被无尽智的解脱三昧光明照耀，而证得普摄诸方陀罗尼的光明；因为被金刚轮陀罗尼门的光明照耀，而证得极清净智慧心的三昧光明；因为被普门庄严藏般若波罗蜜的光明照耀，而证得诸佛虚空藏轮的三昧光明；因为被诸佛法轮的三昧光明照耀，而证得三世无尽智慧的三昧光明。

这时，仙人放开善财童子的手，善财童子看见自己还在原来的地方。这时，仙人告诉善财："善男子啊！你还能忆念方才的境界吗？"

善财回答："是的。这都是因为圣者善知识的力量所至。"

仙人说："善男子啊！我只知道这菩萨无胜幢解脱，如果是像菩萨摩诃萨，成就一切殊胜的三昧，在一切的时刻都能得到自在，在一念之间就能出生诸佛的无量智慧。以佛的智慧灯作为庄严，普照世间；以一念普遍证入三世境界，分身遍往十方国土；以智慧之身普趣入一切法界，并随顺众生的心，普遍示现他们面前，并且观察他们的根行而利益他们，或放出清净光明，使人喜悦快乐，这一切我实在无法了知、演说穷尽那些菩萨他们的功德行、他们的殊胜誓愿、他们的庄严刹土、他们的智慧境界、他们的三昧所行、他们的神通变化、他们的解脱游戏、他们的身相差别、他们的音声清净，乃至于他们的智慧光明。

"善男子啊！在此地的南方，有一个名叫伊沙那❹的聚落，有位名叫胜热的婆罗门。你去请教他：'菩萨如何学菩萨行、修菩萨道？'"

这时，善财童子欢喜踊跃，顶礼仙人的双足，绕着仙人行走无数圈之后，殷勤瞻仰他的容颜，就辞行告退，继续南行。

这时，善财童子因为被菩萨无胜幢解脱三昧所照耀，而安住诸佛不可思议的神力。证入菩萨不可思议的解脱神通智慧，证得菩萨不可思议的三昧智慧光明，证得所有时劫薰修三昧的智慧光明，证得了知一切境界皆依想所住三昧智慧光明，证得一切世间殊胜的智慧光明，在任何地方都能示现身形，以究竟智慧演说无二无分别的平等法。以明净智慧普照境界，凡所听闻的法都能安忍受持，清净信解。对于法的自性，决定明了。心恒常不舍菩萨妙行，追求一切智慧，永不退转。他又获得了十力的智慧光明，精勤觅求妙法，从不满足。又不断正念修行，证入诸佛的境界，出生菩萨的无量庄严。他已清净无边的大愿，因此能用无穷尽的智慧，了知无边世界网。以没有怯弱的心，度脱无量众生大海。又能了知无边菩萨众的种种境界，并且看见无边世界的种种差别，看见无边世界的种种庄严，证入无边世界的微细境界。了知无边世界的种种名号。了知无边世界的种种言说，了知无边众生的种种信解，看见无边众生的种种行，看见无边众生的成熟行，看见无边众生的差别想，忆念善知识。

他就这样慢慢游行，到了伊沙那聚落，看见那胜热婆罗门正在修各种苦行，求一切智。他四面聚集了如大山的烈火，其中有非常高峻的刀山，胜热婆罗门爬到那高山上，投身进入火中。

这时，善财童子顶礼其足，合掌站立，说："圣者啊！我在以前已经发起无上正等正觉之心，然而我还不知道菩萨如何学菩萨行？如何修菩萨道？我听说圣者善于循循诱导、教诲众生，希望您能为我解说。"

婆罗门回答："善男子啊！如果你现在能够爬上这刀山，投身大火中，你就能清净所有的菩萨行。"

这时，善财童子心里这样想："能得到人身是非常难得的，能远离各种苦难是非常难得的，能够没有灾难是非常难得的，能够得到清净的法门是非常难得的，能够遇到诸佛是非常难得的，能够具足诸根是非常难得的，能够听闻佛法是非常难得的，能够遇到善人是非常难得的，能够碰到真正的善知识是非常难得的，能够受持如理的正教是非常难得的，能过着如法的生活是非常难得的，能够随法修行是非常难得的。这个婆罗门，难道是魔指使来的吗？会不会是魔的险恶徒党，狡诈地示现菩萨善知识的样子，而想使我难以增长善根，减短寿命，而障碍我修行一切智慧之道，引我进入恶道，障碍我的法门，障碍我的佛法呢？"

他正在这样想的时候，成千上万的梵天都在虚空中说："善男子啊！千万不要有这种念头！千万不要有这种念头！现在这位圣者已证得金刚焰三昧光明，发起大精进，度化所有的众生，从不退转。他一心只要消竭一切的贪爱大海，截断一切的邪见缚网，烧灭一切烦恼的薪柴，照耀一切疑惑的稠林，断除一切老死的恐怖，破坏所有的三世障碍，放出一切法的光明。

"善男子啊！我们梵天多执着邪见，都自称是自在者、是能作者，在世间中我是最殊胜的。但是一看见胜热婆罗门五热焚炙自身，我们对自己的宫殿，顿时失去了喜乐爱着。即使身处禅定也不得禅悦，于是我们就一起前来拜见婆罗门。这时，婆罗门以神通力示现大苦行，为我等说法，使我们灭除所有的邪见，除去所有的骄慢，使我们安住于大慈，普行大悲，生起广大的心愿，发起菩提意，常见诸佛，恒常听闻妙法，在一切处，心无障碍。"

虚空中又有成千上万的诸魔，用天摩尼宝散在婆罗门上，告诉善财童子说："善男子啊！这婆罗门五热焚炙自身的时候，那光的光明，照得我所有宫殿庄严具的光明，都黯然无光。使我等一点儿也不心生喜乐贪着，于是我和眷属们都前来拜见他。这婆罗门就为我们说法，使我及其他无数的天子、天女等，都证得不退转的无上正等正觉。"

虚空中又有成千上万的自在天王，各散天华，说："善男子啊！这婆罗门五热焚炙自身的时候，那光的光明，照得我们所有宫殿庄严具的光明，都黯然无光。使我身处其中，一点儿也不心生爱恋贪着，于是我就与眷属都前来拜见他。这位婆罗门就为我等说法，使我心意自由，在烦恼中得到自在，在受生中得到自在，在所有业障中得到自在，在所有的三昧中得到自在，在庄严具中得到自在，在寿命中得到自在，乃至能在一切佛法中得到自在。"

虚空中又有成千上万的化乐天王，作天音乐，恭敬供养，说："善男子啊！这位婆罗门五热焚炙自身的时候，那光的光明，照得我宫殿所有庄严器具及所有宫女都不受欲乐、不求欲乐，身心柔软，于是我们就和诸天前来拜见他。这时，婆罗门就为我等说法，清净我们的心意，明洁我们的心意，纯善我们的心意，柔软我们的心意，使我们心生欢喜，乃至使我们得到十力的清净之身。生出无量身，乃至使我们得到佛身、佛语、佛声、佛心，具足成就一切智智。"

虚空中又有成千上万的兜率天王、天子、天女，及无数眷属，雨下妙香，恭敬顶礼，说："善男子啊！这婆罗门五热焚炙自身的时候，使我们诸天及眷属，都不再喜爱贪着自己的宫殿，于是我们就前来拜见他。我们一听他说法，就不再贪着境界，而减少欲望，心常知足欢喜，心得充满，并生起各种善根，发菩提心，乃至圆满一切佛法。"

虚空中又有成千上万的三十三天及他们的眷属、天子、天女，前后围绕，雨下天曼陀罗华，恭敬供养，说："善男子啊！这婆罗门五热焚炙自身的时候，使我们诸天都不再喜乐贪着天乐。于是我们就共同前来拜诣他。这时，婆罗门就为我们演说一切法都是无常、容易败坏的，于是我们就舍弃远离所有的欲乐，断除了骄慢放逸，只爱乐无上菩提。而且，善男子啊！我当时一看见婆罗门的时候，须弥山顶就产生六种震动，我们虽然害怕，但都发起菩提心，坚固不动。"

虚空中又有成千上万的龙王，像所谓的伊那跋罗龙王、难陀优波难陀龙王等，雨下黑栴檀。还有无数的龙女演奏天乐，雨下天妙华及天香水，恭敬供养说："善男子啊！这婆罗门五热焚炙自身的时候，那火的光明，普照所有龙的宫殿，使所有龙众都远离了热沙的恐怖、被金翅鸟吞噬的恐怖。并且灭除嗔恚，得到清凉的身体，心中不再有任何的污垢秽浊，能信解听闻佛法，厌恶龙趣，至诚地悔除业障，乃至发起无上正等正觉，安住一切智。"

虚空中又有成千上万的夜叉王，用种种供具，恭敬供养胜热婆罗门以及善财童子说："善男子啊！这婆罗门五热焚炙自身的时候，使我及我的眷属都能对众生心发慈悯，一切的罗刹、鸠槃茶等，也心生慈悯。因为我们已心生慈悯，所以不再恼害众生，他们都来见我。我和他们也不再爱乐贪着自己的宫殿，于是我与他们共同来到这里。那时，婆罗门就为我们说法，如我们所相应的因缘而说法，使我们的身心安乐，又使无数的夜叉、罗刹、鸠槃茶等，发起无上的菩提心。"

虚空中又有成千上万的乾闼婆王："善男子啊！这婆罗门五热焚炙自身，火光一照耀我的宫殿时，我们都得到不可思议的悦乐，所以我们都来到这里。婆罗门就为我们说法，使我们得证不退转的无上正等正觉。"

虚空中又有成千上万的阿修罗王，从大海出现，舒展右膝轮，合掌向前行礼，说："善男子啊！这婆罗门五热焚炙自身的时候，我们阿修罗所有宫殿、大海、大地，都震动不已，使我们无不舍弃骄慢放逸，所以我们前来拜见他。跟随他听闻佛法，舍弃远离谄曲矫诳，安住安忍的境地，坚固不动，圆满十力。"

虚空中又有成千上万的迦楼罗王，以勇力持王为领导，幻化成外道童子的形体唱诵说："善男子啊！这婆罗门五热焚炙自身的时候，那火的光明照耀并震动了我的宫殿，令人畏怖，所以我们特地前来拜见。这时，婆罗门就为我们如所相应的因缘说法，使我们修习大慈，称赞大悲，度脱生死大海，在五欲的泥淖中脱拔救济众生，赞叹菩提心，生起方便智慧，随顺众生适宜的因缘时节，调伏众生。"

虚空中又有成千上万的紧那罗王在虚空中唱诵说："善男子啊！这婆罗门五热焚炙自身的时候，我们所住的宫殿，所有的多罗树、宝铃网、宝缯带、音乐树、妙宝树及乐器，能自然发出佛声、法声，以及不退转菩萨僧声、发愿要求无上菩提声，这声音说：'在某个地方、某个国家，有某某菩萨，发菩提心；在某个地方、某个国家，有某某菩萨，修行苦行。凡是难以舍弃的东西都能舍弃，乃至清净一切智行。在某个地方、某个国家，有某某菩萨，前往道场。乃至在某个地方、某个国家，有某某如来，作佛事之后，而证入大般涅槃。'

"善男子啊！如果有人粉碎阎浮提的一切草木为微尘，这些尚可了知其数，然而我宫殿中的宝多罗树，乃至乐器所说的菩萨名、如来名、所发的大愿，及所修行的一切，却无人能够了知其边际。

"善男子啊！我们因为听闻佛声、法声、菩萨僧声，而心生欢喜，所以前来拜询这胜热婆罗门。这时，婆罗门即为我们以相应的法而说法，使我们及其他无数的众生得以得证无上正等正觉。"

虚空中又有无数的欲界诸天，以上妙的供具恭敬地供养唱诵："善男子啊！这婆罗门五热焚炙自身的时候，那光的光明照彻了阿鼻等一切地狱，所有受苦的众生都得以休息。我们一看见这火光明，心中就生起清净信心。因为这坚固的信心，使我们命终之后，得生在天上。又我们为了知恩报恩，而前来拜见他，恭敬瞻仰他的容颜，没有满足。这时，婆罗门就为我们说法，使无量众生都能发起菩提心。"

这时，善财童子听闻这些法门之后，心生欢喜，就以对待真实善知识的心看视婆罗门，以头触地顶礼致敬、唱诵："祈愿圣者原谅我对大圣善知识生起的不善心，我愿诚心悔过。"

这时，婆罗门就为善财说了以下的偈颂：

若有诸菩萨众，随顺善知识教，
一切无有疑惧，安住心不动摇。
当知如是之人，必获广大利益，
端坐菩提树下，成于无上正觉。

这时，善财童子立刻登上刀山，投入火堆。他还没掉到火坑时，就证得了菩萨善住三昧；才刚接触到火焰，又证得了菩萨静乐神通三昧。善财对婆罗门说："太奇妙了！圣者啊！这些刀山和大火坑，我的身体一接触到它们时，竟是如此安稳快乐。"

这时，婆罗门就告诉善财童子："善男子啊！我只证得这种菩萨无尽轮解脱。如果是像诸位菩萨摩诃萨的大功德火焰，能烧尽一切众生的见惑，使其完全无有剩余，必定不会退转无穷尽心、无懈怠心、无怯弱心，发起如同金刚藏那罗延心，立刻修行无迟缓心，誓愿如同风轮一般，普遍受持一切精进大誓愿，皆无退转。这些功德行，我是无法宣说得尽的。

"善男子啊！此地的南方，有一座名叫师子奋迅的城邑。城里有一位名叫慈行的童女。你去拜访她，并请问她：'菩萨应该如何学菩萨行、如何修菩萨道？'"

说完之后，善财童子便顶礼婆罗门的双足，绕着他走了无数圈，辞退离去。

【注释】

❶ 婆楼那：梵语 Varuṇa 之音译，本为印度苍空之神，密教称为"水天"。

❷ 毗目瞿沙：梵语 Bhīṣmottaralnirghosa，译作"最上无恐怖声"，晋译本作"毗目多罗"。

❸ 波托罗：梵语 pātali 之音译，译作"重叶树"。类似楸树，有香气，其花紫色。

❹ 伊沙那：梵语 iṣāṇa 之音译，译作"长直"。《探玄记》名之为"旷野"或"悕求"。

卷第六十五
入法界品第三十九之六

【原典】

尔时，善财童子于善知识所，起最极尊重心，生广大清净解，常念大乘，专求佛智，愿见诸佛，观法境界，无障碍智常现在前，决定了知诸法实际、常住际、一切三世诸刹那际、如虚空际、无二际、一切法无分别际、一切义无障碍际、一切劫无失坏际、一切如来无际之际；于一切佛心无分别，破众想网，离诸执著，不取诸佛众会道场，亦不取佛清净国土；知诸众生皆无有我，知一切声悉皆如响，知一切色悉皆如影。

渐次南行，至师子奋迅城，周遍推求慈行童女。闻此童女是师子幢王女，五百童女以为侍从，住毗卢遮那藏殿，于龙胜栴檀足金线网天衣座上而说妙法。善财闻已，诣王宫门，求见彼女。见无量众来入宫中，善财问言："诸人今者何所往诣？"咸报之言："我等欲诣慈行童女听受妙法。"善财童子即作念："此王宫门既无限碍，我亦应入。"

善财入已，见毗卢遮那藏殿，玻璃为地，琉璃为柱，金刚为壁，阎浮檀金以为垣墙，百千光明而为窗牖，阿僧祇摩尼宝而庄校之，宝藏摩尼镜周匝庄严，以世间最上摩尼宝而为庄饰，无数宝网罗覆其上，百千金铃出妙音声，有如是等不可思议众宝严饰。其慈行童女，皮肤金色，眼绀紫色，发绀青色，以梵音声而演说法。

善财见已，顶礼其足，绕无数匝，合掌前住，作如是言："圣者！我已先发阿耨多罗三藐三菩提心，而未知菩萨云何学菩萨行？云何修菩萨道？我闻圣者善能诱诲，愿为我说！"

时，慈行童女告善财言："善男子！汝应观我宫殿庄严。"

善财顶礼，周遍观察，见一一壁中、一一柱中、一一镜中、一一相中、一一形中、一一摩尼宝中、一一庄严具中、一一金铃中、一一宝树中、一一宝形像中、一一宝璎珞中，悉见法界一切如来，从初发心，修菩萨行，成满大愿，具足功德，成等正觉，转妙法轮，乃至示现入于涅槃；如是影像靡不皆现，如净水中普见虚空日月星宿所有众像，如此皆是慈行童女过去世中善根之力。

尔时，善财童子忆念所见诸佛之相，合掌瞻仰慈行童女。

尔时，童女告善财言："善男子！此是般若波罗蜜普庄严门，我于三十六恒河沙佛所求得此法。彼诸如来各以异门，令我入此般若波罗蜜普庄严门；一佛所演，余不重说。"

善财白言："圣者！此般若波罗蜜普庄严门境界云何？"

童女答言："善男子！我入此般若波罗蜜普庄严门，随顺趣向，思惟观察，忆持分别时得普门陀罗尼，百万阿僧祇陀罗尼门皆悉现前，所谓佛刹陀罗尼门、佛陀罗尼门、法陀罗尼门、众生陀罗尼门、过去陀罗尼门、未来陀罗尼门、现在陀罗尼门、常住际陀罗尼门、福德陀罗尼门、福德助道具陀罗尼门、智慧陀罗尼门、智慧助道具陀罗尼门、诸愿陀罗尼门、分别诸愿陀罗尼门、集诸行陀罗尼门、清净行陀罗尼门、圆满行陀罗尼门、业陀罗尼门、业不失坏陀罗尼门、业流注陀罗尼门、业所作陀罗尼门、舍离恶业陀罗尼门、修习正业陀罗尼门、业自在陀罗尼门、善行陀罗尼门、持善行陀罗尼门、三昧陀罗尼门、随顺三昧陀罗尼门、观察三昧陀罗尼门、三昧境界陀罗尼门、从三昧起陀罗尼门、神通陀罗尼门、心海陀罗尼门、种种心陀罗尼门、直心陀罗尼门、照心稠林陀罗尼门、调心清净陀罗尼门、知众生所从生陀罗尼门、知众生烦恼行陀罗尼门、知烦恼习气陀罗尼门、知烦恼方便陀罗尼门、知众生解陀罗尼门、知众生行陀罗尼门、知众生行不同陀罗尼门、知众生性陀罗尼门、知众生欲陀罗尼门、知众生想陀罗尼门、普见十方陀罗尼门、说法陀罗尼门、大悲陀罗尼门、大慈陀罗尼门、寂静陀罗尼门、言语道陀罗尼门、方便非方便陀罗尼门、随顺陀罗尼门、差别陀罗尼门、普入陀罗尼门、无碍际陀罗尼门、普遍陀罗尼门、佛法陀罗尼门、菩萨法陀罗尼门、声闻法陀罗尼门、独觉法陀罗尼门、世间法陀罗尼门、世界成陀罗尼门、世界坏陀罗尼门、世界住陀罗尼门、净世界陀罗尼门、垢世界陀罗尼门、于垢世界现净陀罗尼门、于净世界现垢陀罗尼门、纯垢世界陀罗尼门、纯净世界陀罗尼门、平坦世界陀罗尼门、不平坦世界陀罗尼门、覆世界陀罗尼门、因陀罗网世界陀罗尼门、世界转陀罗尼门、知依想住陀罗尼门、细入粗陀罗尼门、粗入细陀罗尼门、见诸佛陀罗尼门、分别佛身陀罗尼门、佛光明庄严网陀罗尼门、佛圆满音陀罗尼门、佛法轮陀罗尼门、成就佛法轮陀罗尼门、差别佛法轮陀罗尼门、无差别佛法轮陀罗尼门、解释佛法轮陀罗尼门、转佛法轮陀罗尼门、能作佛事陀罗尼门、分别佛众会陀罗尼门、入佛众会海陀罗尼门、普照佛力陀罗尼门、诸佛三昧陀罗尼门、诸佛三昧自在用陀罗尼门、诸佛所住陀罗尼门、诸佛所持陀罗尼门、诸佛变化陀罗尼门、佛知众生心行陀罗尼门、诸佛神通变现陀罗尼门、住兜率天宫乃至示现入于涅槃陀罗尼门、利益无量众生陀罗尼门、入甚深法陀罗尼门、入微妙法陀罗尼门、菩提心陀罗尼门、起菩提心陀罗尼门、助菩提心陀罗尼门、诸愿陀罗尼门、诸行陀罗尼门、神通陀罗尼门、出离陀罗尼门、总持清净陀罗尼门、智轮清净陀罗尼门、智慧清净陀罗尼门、菩提无量陀罗尼门、自心清净陀罗尼门。

"善男子！我唯知此般若波罗蜜普庄严门。如诸菩萨摩诃萨，其心广大，等虚空界，入于法界，福德成满，住出世法，远世间行，智眼无翳，普观法界，慧心广大犹如虚空，一切境界悉皆明见，获无碍地大光明藏，善能分别一切法义，行于世行不染世法，能益于世非世所坏，普作一切世间依止，普知一切众生心行，随其所应而为说法，于一切时恒得自在；而我云何能知能说彼功德行？

"善男子！于此南方，有一国土，名为三眼；彼有比丘，名曰善见。汝诣彼问：'菩萨云何学菩萨行、修菩萨道？'"

时，善财童子顶礼其足，绕无数匝，恋慕瞻仰，辞退而行。

尔时，善财童子思惟菩萨所住行甚深，思惟菩萨所证法甚深，思惟菩萨所入处甚深，思惟众生微细智甚深，思惟世间依想住甚深，思惟众生所作行甚深，思惟众生心流注甚深，思惟众生如光影甚深，思惟众生名号甚深，思惟众生言说甚深，思惟庄严法界甚深，思惟种植业行甚深，思惟业庄饰世间甚深。

渐次游行，至三眼国，于城邑聚落、村邻市肆、川原山谷、一切诸处，周遍求觅善见比丘。

见在林中，经行往返，壮年美貌，端正可喜。其发绀青右旋不乱，顶有肉髻，皮肤金色，颈文三道，额广平正，眼目修广如青莲华，唇口丹洁如频婆果，胸标卍字，七处平满，其臂纤长，其指网缦，手足掌中有金刚轮。其身殊妙如净居天，上下端直如尼拘陀树，诸相随好，悉皆圆满，如雪山王种种严饰，目视不瞬，圆光一寻。智慧广博犹如大海，于诸境界心无所动，若沉若举，若智非智，动转戏论，一切皆息。得佛所行平等境界，大悲教化一切众生，心无暂舍。为欲利乐一切众生，为欲开示如来法眼，为践如来所行之道，不迟不速，审谛经行。

无量天、龙、夜叉、乾闼婆、阿修罗、迦楼罗、紧那罗、摩睺罗伽、释、梵、护世、人与非人前后围绕，主方之神随方回转引导其前，足行诸神持宝莲华以承其足，无尽光神舒光破暗，阎浮幢林神雨众杂华，不动藏地神现诸宝藏，普光明虚空神庄严虚空，成就德海神雨摩尼宝，无垢藏须弥山神头顶礼敬曲躬合掌，无碍力风神雨妙香华，春和主夜神庄严其身举体投地，常觉主昼神执普照诸方摩尼幢住在虚空放大光明。

时，善财童子诣比丘所，顶礼其足，曲躬合掌，白言："圣者！我已先发阿耨多罗三藐三菩提心，求菩萨行。我闻圣者善能开示诸菩萨道，愿为我说：'菩萨云何学菩萨行？云何修菩萨道？'"

善见答言："善男子！我年既少，出家又近。我此生中，于三十八恒河沙佛所净修梵行，或有佛所一日一夜净修梵行，或有佛所七日七夜净修梵行，或有佛所半月、一月、一岁、百岁、万岁、亿岁、那由他岁，乃至不可说不可说岁，或一小劫、或半大劫、或一大劫、或百大劫，乃至不可说不可说大劫，听闻妙法，受行其教，庄严诸愿，入所证处，净修诸行，满足六种波罗蜜海。亦见彼佛成道说法，各各差别，无有杂乱，住持遗教，乃至灭尽。亦知彼佛本所兴愿，以三昧愿力严净一切诸佛国土，以入一切行三昧力净修一切诸菩萨行，以普贤乘出离力清净一切佛波罗蜜。

"又，善男子！我经行时，一念中，一切十方皆悉现前，智慧清净故；一念中，一切世界皆悉现前，经过不可说不可说世界故；一念中，不可说不可说佛刹皆悉严净，成就大愿力故；一念中，不可说不可说众生差别行皆悉现前，满足十力智故；一念中，不可说不可说诸佛清净身皆悉现前，成就普贤行愿力故；一念中，恭敬供养不可说不可说佛刹微尘数如来，成就柔软心供养如来愿力故；一念中，领受不可说不可说如来法，得证阿僧祇差别法住持法轮陀罗尼力故；一念中，不可说不可说菩萨行海皆悉现前，得能净一切行如因陀罗网愿力故；一念中，不可说不可说诸三昧海皆悉现前，得于一三昧门入一切三昧门皆令清净愿力故；一念中，不可说不可说诸根海皆悉现前，得了知诸根际于一根中见一切根愿力故；一念中，不可说不可说佛刹微尘数时皆悉现前，得于一切时转法轮众生界尽法轮无尽愿力故；一念中，不可说不可说一切三世海皆悉现前，得了知一切世界中一切三世分位智光明愿力故。

"善男子！我唯知此菩萨随顺灯解脱门。如诸菩萨摩诃萨如金刚灯，于如来家真正受生，具足成就不死命根，常然智灯无有尽灭，其身坚固不可沮坏，现于如幻色相之身，如缘起法无量差别，随众生心各各示现，形貌色相世无伦匹，毒刃火灾所不能害，如金刚山无能坏者，降伏一切诸魔外道；其身妙好如真金山，于天人中最为殊特，名称广大靡不闻知，观诸世间咸对目前，演深法藏如海无尽，放大光明普照十方。若有见者，必破一切障碍大山，必拔一切不善根本，必令种植广大善根。如是之人，难可得见，难可出世；而我云何能知能说彼功德行？

"善男子！于此南方，有一国土，名曰名闻；于河渚中，有一童子，名自在主。汝诣彼问：'菩萨云何学菩萨行、修菩萨道？'"

时，善财童子为欲究竟菩萨勇猛清净之行，欲得菩萨大力光明，欲修菩萨无胜无尽诸功德行，欲满菩萨坚固大愿，欲成菩萨广大深心，欲持菩萨无量胜行，于菩萨法心无厌足，愿入一切菩萨功德，欲常摄御一切众生，欲超生死稠林旷野，于善知识常乐见闻，承事供养无有厌倦；顶礼其足，绕无量匝，殷勤瞻仰，辞退而去。

尔时，善财童子受善见比丘教已，忆念诵持，思惟修习，明了决定，于彼法门而得悟入。天、龙、夜叉、乾闼婆众前后围绕，向名闻国，周遍求觅自在主童子。

时，有天、龙、乾闼婆等，于虚空中告善财言："善男子！今此童子在河渚上。"尔时，善财即诣其所，见此童子，十千童子所共围绕，聚沙为戏。善财见已，顶礼其足，绕无量匝，合掌恭敬，却住一面，白言："圣者！我已先发阿耨多罗三藐三菩提心，而未知菩萨云何学菩萨行？云何修菩萨道？愿为解说！"

自在主言："善男子！我昔曾于文殊师利童子所，修学书、数、算、印等法，即得悟入一切工巧神通智法门。善男子！我因此法门故，得知世间书、数、算、印界处等法，亦能疗治风痫、消瘦、鬼魅所著，如是所有一切诸病，亦能造立城邑聚落、园林台观、宫殿屋宅种种诸处，亦善调炼种种仙药，亦善营理田农商估一切诸业，取舍进退咸得其所，又善别知众生身相，作善作恶，当生善趣，当生恶趣，此人应得声闻乘道，此人应得缘觉乘道，此人应入一切智地，如是等事皆悉能知。亦令众生学习此法，增长决定究竟清净。

"善男子！我亦能知菩萨算法。所谓一百洛叉为一俱胝，俱胝俱胝为一阿庾多，阿庾多阿庾多为一那由他，那由他那由他为一频婆罗，频婆罗频婆罗为一矜羯罗；广说乃至，优钵罗优钵罗为一波头摩，波头摩波头摩为一僧祇，僧祇僧祇为一趣，趣趣为一喻，喻喻为一无数，无数无数为一无数转，无数转无数转为一无量，无量无量为一无量转，无量转无量转为一无边，无边无边为一无边转，无边转无边转为一无等，无等无等为一无等转，无等转无等转为一不可数，不可数不可数为一不可数转，不可数转

不可数转为一不可称，不可称不可称为一不可称转，不可称转不可称转为一不可思，不可思不可思为一不可思转，不可思转不可思转为一不可量，不可量不可量为一不可量转，不可量转不可量转为一不可说，不可说不可说为一不可说转，不可说转不可说转为一不可说不可说，此又不可说不可说为一不可说不可说转。

"善男子！我以此菩萨算法，算无量由旬广大沙聚，悉知其内颗粒多少；亦能算知东方所有一切世界种种差别次第安住，南西北方、四维上下亦复如是；亦能算知十方所有一切世界广狭大小及以名字，其中所有一切劫名、一切佛名、一切法名、一切众生名、一切业名、一切菩萨名、一切谛名，皆悉了知。

"善男子！我唯知此一切工巧大神通智光明法门。如诸菩萨摩诃萨，能知一切诸众生数，能知一切诸法品类数，能知一切诸法差别数，能知一切三世数，能知一切众生名数，能知一切诸法名数，能知一切诸如来数，能知一切诸佛名数，能知一切诸菩萨数，能知一切菩萨名数；而我何能说其功德，示其所行，显其境界，赞其胜力，辨其乐欲，宣其助道，彰其大愿，叹其妙行，阐其诸度，演其清净，发其殊胜智慧光明？

"善男子！于此南方，有一大城，名曰海住；有优婆夷，名为具足。汝诣彼问：'菩萨云何学菩萨行、修菩萨道？'"

时，善财童子闻是语已，举身毛竖，欢喜踊跃，获得希有信乐宝心，成就广大利众生心，悉能明见一切诸佛出兴次第，悉能通达甚深智慧清净法轮，于一切趣皆随现身，了知三世平等境界，出生无尽功德大海，放大智慧自在光明，开三有城所有关钥；顶礼其足，绕无量匝，殷勤瞻仰，辞退而去。

尔时，善财童子观察思惟善知识教，犹如巨海受大云雨无有厌足，作是念言：善知识教，犹如春日，生长一切善法根苗；善知识教，犹如满月，凡所照及皆使清凉；善知识教，如夏雪山，能除一切诸兽热渴；善知识教，如芳池日，能开一切善心莲华；善知识教，如大宝洲，种种法宝充满其心；善知识教，如阎浮树，积集一切福智华果；善知识教，如大龙王，于虚空中游戏自在；善知识教，如须弥山无量善法，三十三天于中止住；善知识教，犹如帝释，众会围绕，无能映蔽，能伏异道、修罗军众。如是思惟。

渐次游行，至海住城，处处寻觅此优婆夷。时，彼众人咸告之言："善男子！此优婆夷在此城中所住宅内。"善财闻已，即诣其门，合掌而立。

其宅广博，种种庄严，众宝垣墙周匝围绕，四面皆有宝庄严门。善财入已，见优婆夷处于宝座，盛年好色，端正可喜，素服垂发，身无璎珞，其身色相威德光明，除佛菩萨余无能及。于其宅内，敷十亿座，超出人、天一切所有，皆是菩萨业力成就。宅中无有衣服、饮食及余一切资生之物，但于其前置一小器。复有一万童女围绕，威仪色相如天采女，妙宝严具庄饰其身，言音美妙，闻者喜悦，常在左右，亲近瞻仰，思惟观察，曲躬低首，应其教命。彼诸童女，身出妙香，普熏一切；若有众生遇斯香者，皆不退转，无怒害心，无怨结心，无悭嫉心，无谄诳心，无险曲心，无憎爱心，无嗔恚心，无下劣心，无高慢心，生平等心，起大慈心，发利益心，住律仪心，离贪求心。闻其音者，欢喜踊跃；见其身者，悉离贪染。

尔时，善财既见具足优婆夷已，顶礼其足，恭敬围绕，合掌而立，白言："圣者！我已先发阿耨多罗三藐三菩提心，而未知菩萨云何学菩萨行？云何修菩萨道？我闻圣者善能诱诲，愿为我说！"

彼即告言："善男子！我得菩萨无尽福德藏解脱门，能于如是一小器中，随诸众生种种欲乐，出生种种美味饮食，悉令充满。假使百众生、千众生、百千众生、亿众生、百亿众生、千亿众生、百千亿那由他众生，乃至不可说不可说众生；假使阎浮提微尘数众生、一四天下微尘数众生，小千世界、中千世界、大千世界，乃至不可说不可说佛刹微尘数众生；假使十方世界一切众生，随其欲乐悉令充满，而其饮食无有穷尽亦不减少。如饮食，如是种种上味、种种床座、种种衣服、种种卧具、种种车乘、种种华、种种鬘、种种香、种种涂香、种种烧香、种种末香、种种珍宝、种种璎珞、种种幢、种种幡、种种盖、种种上妙资生之具，随意所乐悉令充足。

"又，善男子！假使东方一世界中，声闻、独觉食我食已，皆证声闻、辟支佛果，住最后身；如一世界中，如是百世界、千世界、百千世界、亿世界、百亿世界、千亿世界、百千亿世界、百千亿那由他世界、阎浮提微尘数世界、一四天下微尘数世界、小千国土微尘数世界、中千国土微尘数世界、三千大千国土微尘数世界，乃至不可说不可说佛刹微尘数世界中，所有一切声闻、独觉食我食已，皆证声闻、辟支佛果，住最后身。如于东方，南、西、北方，四维、上、下，亦复如是。

"又，善男子！东方一世界，乃至不可说不可说佛刹微尘数世界中，所有一生所系菩萨食我食已，皆菩提树下坐于道场，降伏魔军，成阿耨多罗三藐三菩提；如东方，南、西、北方，四维、上、下，亦复如是。

"善男子！汝见我此十千童女眷属已❶不？"

答言："已见。"

优婆夷言："善男子！此十千童女而为上首，如是眷属百万阿僧祇，皆悉与我同行、同愿、同善根、同出离道、同清净解、同清净念、同清净趣、同无量觉、同得诸根、同广大心、同所行境、同理、同义、同明了法、同净色相、同无量力、同最精进、同正法音、同随类音、同清净第一音、同赞无量清净功德、同清净业、同清净报、同大慈周普救护一切、同大悲周普成熟众生、同清净身业随缘集起令见者欣悦、同清净口业随世语言宣布法化、同往诣一切诸佛众会道场、同往诣一切佛刹供养诸佛、同能现见一切法门、同住菩萨清净行地。

"善男子！是十千童女，能于此器取上饮食，一刹那顷遍至十方，供养一切后身菩萨、声闻、独觉，乃至遍及诸饿鬼趣，皆令充足。善男子！此十千女以我此器，能于天中充足天食，乃至人中充足人食。善男子！且待须臾，汝当自见。"

说是语时，善财则见无量众生从四门入，皆优婆夷本愿所请。既来集已，敷座令坐，随其所须，给施饮食，悉使充足。告善财言："善男子！我唯知此无尽福德藏解脱门。如诸菩萨摩诃萨一切功德，犹如大海甚深无尽，犹如虚空广大无际，如如意珠满众生愿，如大聚落所求皆得，如须弥山普集众宝，犹如奥藏常贮法财，犹如明灯破诸黑暗，犹如高盖普荫群生；而我云何能知能说彼功德行？

"善男子！南方有城，名曰大兴；彼有居士，名曰明智。汝诣彼问：'菩萨云何学菩萨行、修菩萨道？'"

时，善财童子顶礼其足，绕无量匝，瞻仰无厌，辞退而去。

尔时，善财童子得无尽庄严福德藏解脱光明已，思惟彼福德大海，观察彼福德虚空，趣彼福德聚，登彼福德山，摄彼福德藏，入彼福德渊，游彼福德池，净彼福德轮，见彼福德藏，入彼福德门，行彼福德道，修彼福德种。

渐次而行，至大兴城，周遍推求明智居士❷。于善知识心生渴仰，以善知识熏习其心，于善知识志欲坚固，方便求见诸善知识心不退转，愿得承事诸善知识心无懈倦；知由依止善知识故，能满众善；知由依止善知识故，能生众福；知由依止善知识故，能长众行；知由依止善知识故，不由他教，自能承事一切善友。如是思惟时，长其善根，净其深心，增其根性，益其德本，加其大愿，广其大悲，近一切智，具普贤道，照明一切诸佛正法，增长如来十力光明。

尔时，善财见彼居士在其城内市四衢道七宝台上，处无数宝庄严之座。其座妙好，清净摩尼以为其身，金刚帝青以为其足，宝绳交络，五百妙宝而为校饰；敷天宝衣，建天幢幡，张大宝网，施大宝帐❸；阎浮檀金以为其盖，毗琉璃宝以为其竿，令人执持以覆其上；鹅王羽翮清净严洁以为其扇；熏众妙香，雨众天华；左右常奏五百乐音，其音美妙过于天乐，众生闻者无不悦豫。十千眷属前后围绕，色相端严，人所喜见，天庄严具以为严饰，于天人中最胜无比，悉已成就菩萨志欲，皆与居士同昔善根，侍立瞻对，承其教命。

尔时，善财顶礼其足，绕无量匝，合掌而立，白言："圣者！我为利益一切众生故，为令一切众生出诸苦难故，为令一切众生究竟安乐故，为令一切众生出生死海故，为令一切众生住法宝洲故，为令一切众生枯竭爱河故，为令一切众生起大慈悲故，为令一切众生舍离欲爱故，为令一切众生渴仰佛智故，为令一切众生出生死旷野故，为令一切众生乐诸佛功德故，为令一切众生出三界城故，为令一切众生入一切智城故，发阿耨多罗三藐三菩提心，而未知菩萨云何学菩萨行，云何修菩萨道，能为一切众生作依止处？"

长者告言："善哉！善哉！善男子！汝乃能发阿耨多罗三藐三菩提心。

"善男子！发阿耨多罗三藐三菩提心，是人难得。若能发心，是人则能求菩萨行，值遇善知识恒无厌足，亲近善知识恒无劳倦，供养善知识恒不疲懈，给侍善知识不生忧戚，求觅善知识终不退转，爱念善知识终不放舍，承事善知识无暂休息，瞻仰善知识无时憩止，行善知识教未曾怠惰，禀善知识心无有误失。

"善男子！汝见我此众会人不？"

善财答言："唯然！已见。"

居士言："善男子！我已令其发阿耨多罗三藐三菩提心，生如来家，增长白法，安住无量诸波罗蜜，学佛十力，离世间种，住如来种，弃生死轮，转正法轮，灭三恶趣，住正法趣，如诸菩萨悉能救护一切众生。

"善男子！我得随意出生福德藏解脱门，凡有所须悉满其愿。所谓衣服、璎珞、象马、车乘、华香、幢盖、饮食、汤药、房舍、屋宅、床座、灯炬、奴婢、牛羊及诸侍使，如是一切资生之物，诸有所须悉令充满，乃至为说真实妙法。善男子！且待须臾，汝当自见。"

说是语时，无量众生从种种方所、种种世界、种种国土、种种城邑，形类各别，爱欲不同，皆以菩萨往昔愿力，其数无边俱来集会，各随所欲而有求请。

尔时，居士知众普集，须臾系念，仰视虚空；如其所须，悉从空下，一切众会普皆满足。然后复为说种种法。所谓为得美食而充足者，与说种种集福德行、离贫穷行、知诸法行、成就法喜禅悦食行、修习具足诸相好行、增长成就难屈伏行、善能了达无上食行、成就无尽大威德力降魔怨行；为得好饮而充足者，与其说法，令于生死，舍离爱著，入佛法味；为得种种诸上味者，与其说法，皆令获得诸佛如来上味之相；为得车乘而充足者，与其宣说种种法门，皆令得载摩诃衍乘；为得衣服而充足者，与其说法，令得清净惭愧之衣，乃至如来清净妙色。如是一切靡不周赡，然后悉为如应说法。既闻法已，还归本处。

尔时，居士为善财童子示现菩萨不可思议解脱境界已，告言："善男子！我唯知此随意出生福德藏解脱门。如诸菩萨摩诃萨成就宝手，遍覆一切十方国土，以自在力普雨一切资生之具，所谓雨种种色宝、种种色璎珞、种种色宝冠、种种色衣服、种种色音乐、种种色华、种种色香、种种色末香、种种色烧香、种种色宝盖、种种色幢幡，遍满一切众生住处，及诸如来众会道场，或以成熟一切众生，或以供养一切诸佛；而我云何能知能说彼诸功德自在神力？

"善男子！于此南方，有一大城，名师子宫；彼有长者，名法宝髻。汝可往问：'菩萨云何学菩萨行、修菩萨道？'"

时，善财童子欢喜踊跃，恭敬尊重，如弟子礼，作如是念："由此居士护念于我，令我得见一切智道，不断爱念善知识见，不坏尊重善知识心，常能随顺善知识教，决定深信善知识语，恒发深心事善知识。"顶礼其足，绕无量匝，殷勤瞻仰，辞退而去。

注释

❶ "已"，大正本原作"以"，今依明本改之。

❷ "居士"，大正本原作"长者"，今依明本注改之。

❸ "帐"，大正本原作"张"，今依前后文意改之。

【白话语译】

这时，善财童子在善知识处生起极尊重之心，信解清净广大，不断忆念大乘法门，一心求取佛法智慧，誓愿亲见诸佛。观察种种法的境界，无障碍智常示现在前，决定了知诸法的真实际、常住际，一切三世诸刹那际、如虚空际、无二无别际、一切法门无分别际、一切义理无障碍际、一切劫无失坏际、一切如来无际之际。不分别一切佛心，破除众想之网。远离种种执着，他不执取诸佛的众会道场，也不执取诸佛的清净国土。他又了知众生都没有所谓的我，也了知所有的声音都如回响，也了知所有的色相都如幻影。

他慢慢地向南走去，到师子奋迅城时，四处求访慈行童女的下落。听说这个童女是师子幢王的女儿，她有五百个童女侍从，住在毗卢遮那藏殿中，坐在龙胜栴檀足金线网天衣座上演说妙法。善财童子听了之后，就前往王宫，请求拜见慈行童女。这时，正有无量的众生准备进入宫中。善财童子问他们："你们现在要去哪里？"

他们回答："我们要拜见慈行童女，听受妙法。"

善财童子就想："宫中门禁既然没有任何限制障碍，我应该也可以进去才是。"

善财童子进入宫里之后，看见毗卢遮那藏殿以玻璃为地，琉璃为柱子，金刚为墙壁，以阎浮檀金为墙。窗牖闪烁着千百种光明，都以阿僧祇摩尼宝庄严成就。宝藏摩尼镜更庄严围绕四周，这些镜子都用世间最上等的摩尼宝装饰而成，有无数的宝网覆盖上面。更有上千百个金铃发出悦耳的微妙音声，还有多得不可思议的众宝庄严装饰。

他看见慈行童女的金色皮肤，绀紫色眼睛，绀青色头发，不断用清净的梵音演说佛法。

善财童子见了慈行童女后，顶礼她的双足，绕着她行走无数圈，合掌向前对她说："伟大的圣者啊！我先前已经发起无上正等正觉之心，但是却不知道菩萨如何修学菩萨行？如何修习菩萨道？我听说您善能循循诱导、教诲众生，希望您能为我演说。"

这时，慈行童女告诉善财童子说："善男子啊！你应该先观看我庄严的宫殿。"

善财顶礼之后，周遍观察，看见每一片墙壁、每一根梁柱、每一面镜中、每一形相、每一个形状、每一个摩尼宝中、每一个庄严器具里、每一个金铃中、每一棵宝树中、每一宝形象里、每一个宝璎珞中，无不示现法界所有的如来，从他们初发心，到修菩萨行，成就圆满大愿，具足功德，成就正觉转妙法轮，乃至于示现入一切涅槃，如此等等的影像，没有不示现的。就如同清净的水中能普遍映现虚空的日月星宿。如此等等，都是慈行童女过去世善根感召的结果。

这时，善财童子忆念他看见的诸佛影像。就合掌瞻仰慈行童女。

这时，童女告诉善财童子："善男子啊！这是般若波罗蜜普遍庄严法门，是我在三十六恒河沙的诸佛那里证得的。那些如来各以不同的法门，使我趣入般若波罗蜜的普遍庄严法门，一位佛陀所演说过的，其余的诸佛就不再重复演说。"

善财童子又说："伟大的圣者啊！什么是菩萨般若波罗蜜的普遍庄严法门呢？"

童女回答说："善男子啊！我一证入这般若波罗蜜的庄严法门，就能随顺趣向、思惟观察、分别忆持。当时我一证得普门陀罗尼，百万阿僧祇的陀罗尼就完全示现在我面前，像所谓的佛刹陀罗尼门、佛陀罗尼门、法陀罗尼门、众生陀罗尼门、过去陀罗尼门、未来陀罗尼门、现在陀罗尼门、常住际陀罗尼门、福德陀罗尼门、福德助道器具的陀罗尼门、智慧陀罗尼门、智慧助道器具的陀罗尼门、诸大誓愿的陀罗尼门、分别各个誓愿的陀罗尼门、聚集种种大行的陀罗尼门、清净行的陀罗尼门、圆满行的陀罗尼门、业陀罗尼门、业不失坏陀罗尼门、业流注陀罗尼门、业所作陀罗尼门、舍离恶业的陀罗尼门、修习正业陀罗尼门、业自在陀罗尼门、善行陀罗尼门、持善行的陀罗尼门、三昧陀罗尼门、随顺三昧陀罗尼门、观察三昧陀罗尼门、三昧境界陀罗尼门、从三昧起陀罗尼门、神通陀罗尼门、心海陀罗尼门、种种心陀罗尼门、直心陀罗尼门、照心稠林陀罗尼门、调心清净陀罗尼门、知众所从生陀罗尼门、知众生烦恼行陀罗尼门、知烦恼习气陀罗尼门、知烦恼方便陀罗尼门、知众生解陀罗尼门、知众生行的陀罗尼门、众生行不同陀罗尼门、知众生性陀罗尼门、了知众生欲陀罗尼门、知众生想的陀罗尼门、普见十方的陀罗尼门、说法陀罗尼门、大悲陀罗尼门、大慈陀罗尼门、寂静陀罗尼门、言语道陀罗尼门、方便非方便陀罗尼门、随顺陀罗尼门、差别陀罗尼门、普入陀罗尼门、无碍际的陀罗尼门、普遍陀罗尼门、佛法陀罗尼门、菩萨法陀罗尼门、声闻法陀罗尼门，独觉法陀罗尼门、世间法陀罗尼门、世界成陀罗尼门、世界坏陀罗尼门、世界住陀罗尼门、清净世界的陀罗尼门、染垢世界的陀罗尼门、在染垢世界示现自净的陀罗尼门、在清净世界示现染垢的陀罗尼门、完全染垢世界陀罗尼门、纯净世界陀罗尼门、平坦世界的陀罗尼门、不平坦世界的陀罗尼门、倾覆世界陀罗尼门、因陀罗网世界陀罗尼门、世界转陀罗尼门、知依想住陀罗尼门、由微细入粗糙陀罗尼门、由粗糙趣入细微的陀罗尼门、见诸佛的陀罗尼门、分别佛身的陀罗尼门、诸佛光庄严的陀罗尼门、诸佛音声圆满的陀罗尼门、佛法轮陀罗尼门、成就诸佛法轮的陀罗尼门、差别佛法轮的陀罗尼门、无差别的佛法轮陀罗尼门、解释佛法轮的陀罗尼门、转动佛法轮的陀罗尼门、能作佛事陀罗尼门、分别佛众会的陀罗尼门、趣入诸佛聚会海的陀罗尼门、普照佛力的陀罗尼门、诸佛三昧的陀罗尼门、诸佛三昧自在力用的陀罗尼门、诸佛所住的陀罗尼门、诸佛所持陀罗尼门、诸佛变化陀罗尼门、诸佛了知众生心行的陀罗尼门、诸佛神通变化示现的陀罗尼门、诸佛安住兜率天宫乃至示现入涅槃的陀罗尼门、利益无量众生的陀罗尼门、入甚深法要的陀罗尼门、入微妙法要陀罗尼门、菩提心陀罗尼门、发起菩提心陀罗尼门、助道菩提心陀罗尼门、种种广大誓愿陀罗尼门、种种行持的陀罗尼门、神通陀罗尼门、出离陀罗尼门、总持清净的陀罗尼门、智轮清净的陀罗尼门、智慧清净的陀罗尼门、菩提无量的陀罗尼门、自心清净的陀罗尼门。

"善男子啊！我只知道这种般若波罗蜜的普庄严法门，如果是像诸位菩萨摩诃萨，他们广大同等虚空的心量，或他们如何趣入法界，成就圆满福德、安住出世法、远离世间行。智慧的眼目无所障碍，普遍观看法界。慧心广大犹如虚空，能完全光明示现一切境界，获得无碍地大光明宝藏，善于分别一切法的义理。即使是行世间行时，也不会污染世间法，还能助益世间，而不会被世间所破坏。又能普遍作世间的依止，普遍了知众生的种种心行，随着想应的因缘而为众生说法。在一切的时劫恒常得以自在，这种种的一切，我如何能够完全了知、演说得尽？

"善男子，在这南方，有一个名叫三眼的国家，那里有个名叫善见的比丘，你可以去拜见他，并请问他：'菩萨要如何学菩萨行、修习菩萨道？'"

这时，善财童子顶礼慈行童女的双足之后，绕着她走了无数圈，恋慕瞻仰，就告辞退下，前往南方。

这时，善财童子思惟菩萨所安住的甚深行持，思惟菩萨证得的甚深佛法，思惟菩萨甚深的趣入处所，思惟众生甚深的微细智慧，思惟世间甚深的依想住，思惟众生甚为深远的所作所行，思惟众生心所流注甚深，思惟众生如光影甚深，思惟众生甚深的名号，思惟众生甚深的言说，思惟甚深的庄严法界，思惟种植业行甚深不可思议，思惟业庄饰世间甚深不可思议。他就这样渐渐南行，到达三眼国，经过了城邑、聚落、村邻、市肆、河川平原、山谷，到处寻求善见比丘。

后来，善财童子看见善见比丘在树林中，来回地经行。他正值壮年，容貌俊美、端正，看见的人无不心生欢喜。他的头发呈现绀青色，毫不紊乱地向右旋转，头顶上还有肉髻。皮肤是金色的，颈上有三道横纹，额头宽广平正。眼目修长广大，如青色的莲华。口唇像频婆果一般红润，胸前有一个卍字。两手、两足、两肩及颈子都非常地平滑圆满。他的手臂修长。手指间都长着网缦，手足掌中，还有金刚轮。他的身体微妙得像净居天的天人，上下端正如尼拘陀树。他的各种相貌及随形好都完全圆满，犹如雪山王的种种庄严修饰。他的眼睛看东西时，不会转来转去，身后的圆光半径长达一尺。他的智慧广博，犹如大海。对于各种境界，不管是昏沉、掉举，有智慧或是没有智慧的，心都不为所动，完全止息一切的动转戏论。他已经证得诸佛的平等境界，因此能用大悲教化众生，心不曾暂时舍弃众生。他为了利益安乐众生，为了开示如来的法眼，为了实践如来所行之道，既不迟疑也不急躁，只是仔细地观察并徐步经行。

这时，有无量数的天、龙、夜叉、乾闼婆、阿修罗、迦楼罗、紧那罗、摩睺罗伽、释、梵、护世天王、人与非人等前后围绕善见比丘。主管方所之神，随着方向回转，在前引导。足行诸神，持着宝莲华托着善见比丘的双足。无尽光神更舒放光明破除黑暗，阎浮幢林神也雨下众多杂色宝华。不动藏地神示现各种宝藏，普遍光明虚空神庄严虚空。成就德海神雨下摩尼宝，无垢藏须弥山神也以头顶礼敬，曲躬合掌。无碍力风神也雨下妙香华，春和主夜神更庄严自身，举体投地。常觉主昼神也以光明普照各方，摩尼宝幢神更安住虚空，放出广大光明。

这时，善财童子走向比丘，顶礼他的双足，曲躬合掌说："伟大的圣者啊！我先前已经发起无上正等正觉心求菩萨行。我听说您善于开示菩萨道，希望您能为我演说：'菩萨如何修菩萨行？如何修菩萨道？'"

善见比丘回答他："善男子啊！我年纪很小，出家也没几年。我此生中，曾在三十九亿恒河沙数的诸位佛陀那里，清净地修习梵行。我曾在某些佛陀那里清净修持一日一夜的梵行，有时待在某些佛陀那里七日七夜修习梵行。有时待在某些佛陀那里半月、一月、一年、十年、百年、万年、亿年、那由他年，乃至于不可说不可说年；或者乃至一小劫、有的半大劫，有的一大劫、有的百大劫，乃至于不可说不可说的广大时劫，听闻妙法，受持修行他们的教法。庄严所有的誓愿，趣入他们所证处，清净地修习种种梵行，圆满俱足六种波罗蜜海。另外，我也看见诸佛成就佛道、演说佛法的各种差别，丝毫没有杂乱。我安住受持遗教，一直到佛法灭尽。我也了知诸佛本来兴起的誓愿，用三昧的愿力，庄严清净所有的诸佛国土，更以入一切行三昧的力量，清净地修习所有的菩萨行，并以普贤乘的出离力量，清净诸佛波罗蜜。

"善男子啊！每当我经行的时候，一念中常能示现一切十方，这是因为我的智慧已经清净。一切世界恒常在一念之间示现眼前，这是因为我已经经过不可说不可说的世界。不可说不可说的佛国刹土恒常在一念之间完全庄严清净，这是因为我已经成就广大的愿力。又，不可说不可说的众生差别行恒常在一念之间示现眼前，这是因为我能满足十力智。又，不可说不可说的诸佛清净身恒常在一念之间完全示现眼前，这是因为我已经成就普贤的行愿力。又，我能在一念之间，恭敬供养不可说不可说佛国刹土微尘数的如来，这是因为我成就柔软心供养如来愿力的缘故。又，我能在一念之间，领受不可说不可说如来的法门，证得阿僧祇的差别法门，这是因为我已能安住受持法轮陀罗尼力。又，不可说不可说菩萨行海恒常在一念之间完全示现眼前，这是因为我已证得能净一切行如因陀罗网的愿力。又，不可说不可说的各种三昧海恒常在一念之间示现眼前，我能从一种三昧门，而趣入所有的三昧门，这是因为我的愿力已经完全清净。又，不可说不可说的诸根海常常在一念之间示现眼前，使我能够了知所有的根际，这是因为我已经能够在一根中明见一切根愿力。又，有不可说不可说的佛国刹土微尘数的时劫恒常在一念之间示现在眼前，使我得以在一切的时劫转大法轮，甚至即使众生界穷尽，法轮转动依然无尽，这都是由于我无尽的大愿力。又，不可说不可说的一切三世海常常在一念之间示现眼前，因此我能够了知所有世界的三世分位，这都是由我的智慧光明的愿力所生起的啊。

"善男子啊！我只知道这种菩萨随顺灯的解脱法门。像菩萨摩诃萨如金刚灯一般，真正受生如来家中。具足成就不死命根，常燃起智慧灯，没有穷尽消灭。其身坚固，不可毁坏，示现各种如幻色相之身，如无量差别的缘起法，能随顺众生心而各各示现。他们的形貌色相无与伦比，毒刃火灾都不能加害，就如同没有人能够毁坏的金刚山，能够降伏诸魔外道。他们的身相巧妙美好，如同真金山，在天人中最为特殊。他的名称广大，没有人不知晓的。他们观看世间时，一切世间就如同在他们面前一般。他能演说甚深的法藏，如大海无尽。他又能放出广大的光明普照十方。凡是看见的众生，都能破除所有的障碍大山，拔除所有的不善根本，并且种下广大的善根。像这样的菩萨真是难得遇见、难得出世，而我又如何能够演说了知他们的种种功德呢？

"善男子啊！在这南方有一个叫名闻的国土，在河渚中有一个名叫自在主的童子，你去拜见他，并且请问他：'菩萨应该如何学习菩萨行？如何修习菩萨道？'"

这时，善财童子为了想要究竟菩萨勇猛清净的行持，证得菩萨的大力光明，修行菩萨无胜无尽的功德行，圆满菩萨坚固的广大誓愿，成就菩萨的广大深心，受持菩萨的无量胜行，从不满足地求取菩萨法，誓愿进入一切菩萨功德，恒常摄受调御众生，超脱生死的稠林旷野，恒常乐于见闻善知识，并且承事供养，毫不厌倦懈怠。

于是善财童子就顶礼善见比丘的双足，绕了无数圈之后，殷勤瞻仰他的容貌，然后辞退离去。

这时，善财童子受持善见比丘的教法之后，忆念诵持，思惟修习，明了决定，悟入善见比丘的法门。

有天、龙、夜叉、乾闼婆众前后围绕着善财童子，前往名闻国，四处寻找自在主童子。

这时，虚空中的天、龙、夜叉、乾闼婆等众生，告诉善财童子："善男子啊！现在自在主童子在河渚上。"

善财童子即刻前往河渚，看见自在主童子身边围绕了十千名童子，正在玩聚沙成塔的游戏。善财看了以后，就顶礼自在主童子的双足，绕了无数圈，合掌恭敬，退下来站在一边，对自在主童子说："伟大的圣者啊！我先前已经发起无上正等正觉之心了，但不知如何修学菩萨行？如何修习菩萨道？希望您能为我解说。"

自在主童子说："善男子啊！我以前曾在文殊师利童子那儿修学书写、数学、算术、印刻等技术，所以能够悟入一切工巧的神通智慧法门。善男子啊！我因为这个法门，才得以了知世间书写、数学、算术、印刻等的技术，治疗风痫、消瘦、为鬼魅附着等一切疾病，我也能建造城邑、聚落、园林、台观、宫殿、屋宅种种的处所，并长于调练种种仙药。同时我也善于经营管理农业、商业买卖等各种行业，取舍进退都能各得其所。我又善于辨别了知众生的身相，作善作恶，哪一种人当生善趣，哪一种人当生恶趣。谁应该证得声闻乘，谁应该证得缘觉乘，谁应该进入一切智慧地，如此等等事我都完全了知。同时，我也让众生学习这种法门，增长决定，究竟清净。

"善男子啊！我也了知菩萨的算法，所谓一百洛叉为一个俱胝，俱胝个俱胝为一个阿庾多；阿庾多个阿庾多为一个那由他，那由他个那由他为一个频婆罗；频婆罗个频婆罗为一个矜羯罗，广说乃至优钵罗个优钵罗为一个波头摩；波头摩个波头摩为一个僧祇，僧祇个僧祇为一个趣；趣个趣为一个喻，喻个喻为一个无数；无数个无数为一个无数转，无数转个无数转为一个无量；无量个无量为一个无量转，无量转个无量转为一个无边；无边个无边为一个无边转，无边转个无边转为一个无等；无等个无等为一个无等转，无等转个无等转为一个不可数；不可数个不可数为一个不可数转，不可数转个不可数转为一个不可称；不可称个不可称为一个不可称转，不可称转个不可称转为一个不可思；不可思个不可思为一个不可思转，不可思转个不可思转为一个不可量；不可量个不可量为一个不可量转，不可量转个不可量转为一个不可说；不可说个不可说为一个不可说转，不可说转个不可说转为一个不可说不可说，不可说不可说个不可说不可说为一个不可说不可说转。

"善男子啊！我用这菩萨算法，能推算出无量由旬的广大沙堆内，有多少粒沙子。也能推算出东、西、南、北四方所有一切世界的种种差别次第安住。我也能推算出十方世界的广大狭小，及他们的名字，其中一切时劫的名称，所有佛陀的名号、所有的法名、众生名字、业力名称、菩萨的名号、一切谛理的名称等，都无不了知。

"善男子啊！我只知道这个工艺巧妙的大神通智慧光明法门。如果是像菩萨摩诃萨能了知的一切众生数、一切法的品类数目、一切法门的差别数目、一切三世的数目、一切众生的名数、一切法的名数、一切如来的数目、一切诸佛名数、一切菩萨的数目、一切菩萨的名数，我如何能演说穷尽他的功德，示现他所行，显现他的境界，赞叹他的胜力，辩别他的乐欲：宣扬他的助道之法：彰显他的宏大誓愿，赞叹他的妙行，阐述他的各度波罗蜜，演说他的清净；发出他殊胜的智慧光明呢？

"善男子啊！在这南方，有一处名叫海住的大城，城中有位名叫具足的优婆夷，你去拜访她，并问她：'如何修学菩萨行、修习菩萨道？'"

这时，善财童子听了这话以后，因为欢喜而全身毛发竖立，获得稀有的信乐宝心，成就广大的利益众生心，能明见诸佛出兴的次第，通达甚深的智慧清净法轮。在一切生趣都能随意现身，了知三世平等。出生无尽功德大海，放出大智慧自在光明，开启欲界、色界、无色界三界众生三有城中的一切关卡钥匙。善财顶礼自在主童子的双足之后，绕了无数圈，殷勤地瞻仰他的面容，然后辞退离去。

这时，善财童子观察思惟善知识的教诲，就好像大海承受大云雨，从来不会满足。于是他这么想："善知识的教诲，就如同春天的太阳，能生长一切的善法根苗；善知识的教诲，如同满月，凡照耀的地方无不变得清凉；善知识的教诲，如同夏天的雪山，能消除一切野兽的热渴；善知识的教诲，如同照耀池塘的太阳，能开放一切善心的莲华；善知识的教诲，如同大宝洲，种种法宝充满在中心；善知识的教诲，如同阎浮树，能积集一切的福德智慧华果；善知识的教诲，如同大龙王，能在虚空中自在地游戏；善知识的教诲，如同须弥山善法的无量善法，三十三天都能止住其中；善知识的教诲，如同帝释天王，有无量众会围绕着，却无有能够遮蔽他光芒的，能降伏异道、修罗军众。"他如此想着，就继续慢慢地南行。到了海住城之后，四处寻找具足优婆夷。

这时，大家都告诉善财童子说："善男子啊！优婆夷正在城中的住宅内。"

善财听了以后，即刻来到优婆夷的门口，合掌站立。这个宅第广博、众宝造成的矮墙周匝围绕着，四面都有宝庄严门。善财进入后，见到优婆夷坐在宝座上，她正值盛年，姿色姣好，仪态端正，使人心生欢喜。她穿着朴素的衣裳，长发垂放下来，身上没有装饰璎珞，但是她身相的威德光明，除了佛菩萨之外，没有人能比得上。她的宅第内，还铺设十亿张宝座，超出人间天上所有的一切，这都是菩萨业力成就的。

具足优婆夷的宅第中没有衣服、饮食以及其他资生的用品，只看见她的座前放了一个小器皿。优婆夷的身边还有一万个童女围绕，威仪长相如同天上的采女，身上装饰着种种绝妙的宝物、庄严器具。她们说话的声音美妙，让听到的众生没有不感到喜悦的。她们常在优婆夷左右亲近瞻仰，思惟观察，曲躬低头，顺应优婆夷的教诲。那些童女身上发出的绝妙香味，熏遍整个室内，只要众生一闻过这香味，都不会退失正道；也不会心生嗔怒毒害；也不会心生怨恨结仇，或狭小嫉妒；也不会诌媚欺骗；也不会奸险歪曲；也不会心生憎爱；也不会愤怒，或生下劣心，或高傲怠慢。只是生起平等心，发起大慈心，发起大利益心，安住律仪心，远离贪求心。所以，凡是听到她们声音的人，都欢喜雀跃。看到她们身形的人，都能远离贪爱染着。

这时，善财童子看见具足优婆夷后，顶礼其足，合掌站立。对优婆夷说："伟大的圣者啊！我先前已经发起无上正等正觉，但是不知道行者应当如何修学菩萨行？如何修习菩萨道？我听说您善于诱导教诲，希望您能为我演说。"

优婆夷告诉他："善男子啊！我证得的是菩萨无尽福德藏解脱法门。因此，我能在如此微小的器皿中，随着众生的种种欲望喜乐，生出种种美味饮食，使他们都能充实满足。假使有百位众生、千位众生、百千位众生、亿位众生、百亿位众生、千亿位众生、百千亿位那由他的众生，乃至不可说不可说数的众生、阎浮提微尘数众生、十方世界的一切众生，我都能随顺他的欲望喜乐，而使他们充实满足。即使他们不停地吃喝，器皿中的食物也不会减少。如同这些自然生出的上等饮食一般，种种床座、种种衣服、种种卧具、种种车乘、种种香华、种种宝鬘、种种香熏、种种涂香、种种烧香、种种末香、种种珍宝、种种璎珞、种种宝幢、种种宝幡、种种宝盖、种种上等巧妙资生之器具也都是如此，能随众生心中喜乐，都使他们充实满足。

"善男子啊！假使东方有某个世界的声闻、独觉吃了我的食物以后，就能证得声闻、辟支佛果，安住在最后身。如同那一个世界，如是百个世界、千个世界、百千个世界、亿个世界、百亿个世界、千亿个世界、百千亿个世界、百千亿个那由他的世界、阎浮提微尘数的世界、三千大千国土微尘数的世界，乃至不可说不可说佛国刹土微尘数的世界中，所有的声闻、独觉，吃了我的饮食之后，都能证得声闻、辟支佛果，安住在最后身。如此一般，东、西、南、北上下四方世界的众生，也是如此。

"善男子啊！东方的某一个世界，乃至不可说不可说佛国刹土微尘数的世界，所有的一生所系即将成佛的最后身菩萨，吃了我饮食以后，都能安坐菩提树下，降伏魔军，成就无上正等正觉。就如同东方这个世界，南、西、北上下四方世界的最后身菩萨，也都是如此。

"善男子啊！你看见我的十千童女眷属了吧？"

善财童子答说："看见了。"

优婆夷说："善男子啊！这是最好的十千童女，像这样的眷属还有百万阿僧祇之多。她们都与我同行同愿、同一善根、同修出离道。证得同样的清净信解、同样的清净心念、同样的清净生趣、同样的无量正觉、同样的诸根、同样的广大心、同样的所行境界、同样的义理、同样的明了法门、同样的明净色相、同样的无量力量、同样的最精进、同样的正教法音、同样的随类音声、同样的清净次第音声、同样的赞叹无量清净功德、同样的清净业、同样的清净果报、同样的大慈周遍救护众生、同样的大悲成就成熟众生、同样的清净身业随缘集起，使见者都感欣悦、同样的清净口业，随顺世俗言语宣布法化、一同前往诸佛会道场、一同前往各个佛国刹土供养诸佛、一同现前亲见一切法门、同样的安住菩萨的清净行地。

"善男子啊！这十千童女都能从这个小碟子里取得上妙的饮食，在一刹那之间遍布十方，供养一切最后身菩萨、声闻、独觉，乃至一切饿鬼趣，都能使他们充实满足。善男子啊！这十千童女用我这个器皿，就能在天中充满天上的食粮，若在人间则充满人的食粮。善男子啊！你稍待片刻，你就会亲眼看见。"

当优婆夷正说着，善财童子就看见了无量众生从四门涌入。他们都是因着优婆夷的本愿前来。他们来了以后，具足优婆夷就铺陈座位，请他们坐下，随他们所需要的来给予饮食，使他们充足饱满。优婆夷告诉善财童子说："善男子啊！我只知道这无量福德藏解脱法门。如果是像各位菩萨摩诃萨的一切功德，如同大海深远无穷；如同虚空广大无际；如同如意珠宝能满足众生的愿望；如同大聚落，众生有所求时都可满足他们；如同须弥山能聚集众多的宝物；如同深地的宝藏能常常贮存法财；如同明灯能破除黑暗；如同高大的幢盖能普遍庇荫群生，而我如何能了知宣说，乃至穷尽他们的功德行呢？

"善男子啊！南方有个名叫大兴的城邑，城中有位名叫明智的居士，你前去参访他，请教他：'行者如何修学菩萨行？如何修习菩萨道？'"

这时，善财童子顶礼具足优婆夷的双足，绕了无数圈之后，瞻仰而无满足，然后辞退离去。

这时，善财童子证得无尽庄严福德藏解脱光明法门后，思惟善知识的福德大海，观察她的福德虚空；趣向她的福德聚落，登上她的福德大山；摄受她的福德宝藏，进入她的福德深渊；悠游于她的福德大池，清净她的福德法轮；看见她的福德宝藏，进入她的福德大门；修行她的福德大道，修行她的福德妙种。

善财渐渐向南行，到了大兴城，周遍推求，寻找明智长者，心中渴望景仰善知识。他以善知识熏陶自己的心，对善知识志欲坚固，愿以各种方便求见所有的善知识，心不退转。愿承事供养所有的善知识，心中无有懈怠厌倦。因为他知道依止善知识，能够圆满众生善根；因为他知道依止善知识，能生出众多福德；因为他知道依止善知识，能不断地增长种种善行；因为他知道依止善知识，就能不必经由他人教诲而了悟，自然能承事一切善友。他这样思惟的时候，他的善根更加增长，深心更加清净，根性也不断增长。这些都助益他的德本，加强了他的誓愿、广大的悲心。接近一切智慧，具足普贤道。照明诸佛的正法，增长如来的十力光明。

这时，善财看见明智居士在城内通往四面八方衢道的七宝台上，坐在无数宝物庄严的座位上。他的座位绝妙美好，是以清净摩尼珠宝为座身，四个脚由金刚帝青所成。还有宝绳交叉环绕，五百个绝妙宝物装饰其间。还铺着天上宝衣，建起天幢幡。张开大宝网，施设大宝帐。又以阎浮檀金为盖，多人执持着毗琉璃宝做成的竿子。另外，又用清净庄严的鹅王羽翮做成宝扇。又有妙香熏遍众生，雨下许多天华。左右常演奏五百乐音，音声美妙，远超过于天乐。听到的众生，没有不感到喜悦的。身边还有十千色相端正庄严的眷属前后围绕，人人都乐于看见。他们以天上的庄严器具作为庄严饰品，于天人中，没有可与他们相比的。这些眷属，已经完全成就菩萨的志趣欲望，他们都曾在过去和明智居士修集同样的善根，现在更随侍站立两旁，承受明智居士的教命。

这时，善财顶礼明智居士的双足，绕无数圈，合掌站立，对明智居士说："伟大的圣者啊！我为了利益众生，为了使一切众生出离各种苦难，为了使众生究竟安乐，为了使众生出离生死的大海，为了使众生安住法宝的洲渚，为了使众生枯竭爱欲的大河，为了使众生发起广大的慈悲，为使众生舍弃远离欲爱，为了使众生渴仰诸佛的智慧，为了使众生出离生死的旷野，为了使众生喜乐诸佛的功德，为了使众生出离三界的城邑，为了使众生进入一切智慧的城邑，而发起无上正等正觉心。却不知道行者应如何修学菩萨行、如何学习菩萨道？如何才能作为众生的依止？"

居士对他说："太好了！太好了！善男子你竟然能发起无上正等正觉心。

"善男子啊！能发起无上正等正觉心的人，是非常难得的。凡是能发起这种愿心的人，必能求证菩萨行，必能永不满足地求访善知识，必能永不疲倦劳苦地亲近善知识，永远不懈怠地供养善知识，必能永不忧愁地奉侍善知识，必能永不退转地求觅善知识，必能始终不舍地爱念善知识，永远没有片刻休息地承事善知识，永远没有停止瞻仰善知识，实行善知识的教法未曾怠惰，从不误失地受命善知识的心意。

"善男子啊！你看到参加我这个聚会的大众了吗？"

善财回答说："是的，我看见了。"

居士说："善男子啊！我已经使他们发起无上正等正觉心，生在如来家。增长白净的善法，安住无量的波罗蜜法。学习诸佛的十力，远离世间种性，安住如来种性。舍弃生死轮，转向正法轮。灭除三恶道的生趣，安住正法的生趣。不可思议如同诸位菩萨，能够救护众生。

"善男子啊！我已经证得随意出生福德藏的解脱法门。所以，不管众生有什么需要，我都满足他们。像是衣服、璎珞、象马、车乘、华香、幢盖、饮食、汤药、房舍、屋宅、床座、灯炬、奴婢、牛羊，以及侍卫使者，如此一切资生之物，乃至为他们演说真实妙法。善男子啊！你稍待片刻，自然就会自己亲眼见到了。"

居士说完话，就有无量的众生从各个方向，种种世界、种种国土、种种城邑前来聚会。他们的形状、类别，虽然各各不同，爱欲也不尽相同，却都因为菩萨以往的大愿力而前来集会，各自随自己的欲望请求居士。

这时，居士知道众生已普遍聚集，须庚之间，集中心念，仰望虚空，就从空中落下众生所求的一切，使前来求索的众生无不满足。然后，居士又为他们演说种种法门。例如：对于为求美食而充足的人，演说种种积集福德的行持，远离贫穷的行持，了知各种法门的行持，成就以法喜禅悦为食的行持，修习具足诸相好的行持，增长成就难以屈伏的行持，善能了达无上妙食行持，成就无尽大威德力、降伏魔怨行持。对于为了求得上好饮料的人，则为他们演说舍离生死爱欲贪着，获得佛法上味的方法。又为那些想要求得种种上味的人说法，使他们都能获得诸佛如来上味之相。又为那些求取车乘的人，宣说种种证得载摩诃衍乘的法门。又为得到衣服的人演说，使他们都能得到清净惭愧的衣服，乃至得到如来的清净绝妙之色，如此等等没有不周全的。而且完全与众生的心相应，为他们说法。众生听闻之后，又纷纷回去原来的处所。

这时，居士为善财童子示现菩萨不可思议解脱法境界之后，告诉他说："善男子啊！我只知道这种随意出生福德藏解脱法门。如果是像诸位菩萨摩诃萨成就珍宝妙手，能普遍覆盖十方国土，以自在力普遍雨下种种资生的器具，例如，雨下种种的色宝、种种色的璎珞、种种色的宝冠、种种色的衣服、种种色的音乐、种种色的香华、种种色的涂香、种种色的末香、种种色的烧香、种种色的宝盖、种种色的幢幡等，都普遍充满众生的住处，乃至如来众会的道场。并且用这些东西成熟众生，或供养诸佛。而我怎能演说、了知他功德的自在神力呢？

"善男子啊！在这南方，有一座名叫师子宫的大城，那里有位法宝髻长者，可以去参访他，并请问他：'如何学菩萨行、修菩萨道？'"

这时，善财童子欢喜踊跃，恭敬尊重，如同弟子对老师的礼仪，心中这样想："由于这位居士的护念，使我得以看见所有的智慧大道，不会断除爱念善知识，不毁坏尊重善知识，恒常能随着顺应善知识的教诲，决定深信善知识的语言，恒常发起深心，承事善知识。"善财如此思惟之后，顶礼明智居士的双足，绕了无数圈，殷勤地瞻仰，然后辞退离去。

卷第六十六
入法界品第三十九之七

【原典】

尔时，善财童子于明智居士所，闻此解脱已，游彼福德海，治彼福德田，仰彼福德山，趣彼福德津，开彼福德藏，观彼福德法，净彼福德轮，味彼福德聚，生彼福德力，增彼福德势。

渐次而行，向师子城，周遍推求宝髻长者。见此长者在于市中，遽即往诣，顶礼其足，绕无数匝，合掌而立，白言："圣者！我已先发阿耨多罗三藐三菩提心，而未知菩萨云何学菩萨行？云何修菩萨道？善哉圣者！愿为我说诸菩萨道，我乘此道趣一切智！"

尔时，长者执善财手，将诣所居，示其舍宅，作如是言："善男子！且观我家。"

尔时，善财见其舍宅，清净光明，真金所成，白银为墙，玻璃为殿，绀琉璃宝以为楼阁，砗磲妙宝而作其柱，百千种宝周遍庄严；赤珠摩尼为师子座；摩尼为帐，真珠为网，弥覆其上；玛瑙宝池香水盈满，无量宝树周遍行列；其宅广博，十层八门。

善财入已，次第观察。见最下层，施诸饮食。见第二层，施诸宝衣。见第三层，布施一切宝庄严具。见第四层，施诸采女并及一切上妙珍宝。见第五层，乃至五地菩萨云集，演说诸法利益世间，成就一切陀罗尼门、诸三昧印、诸三昧行智慧光明。见第六层，有诸菩萨皆已成就甚深智慧，于诸法性明了通达，成就广大总持三昧无障碍门，所行无碍，不住二法，在不可说妙庄严道场中而共集会，分别显示般若波罗蜜门，所谓寂静藏般若波罗蜜门、善分别诸众生智般若波罗蜜门、不可动转般若波罗蜜门、离欲光明般若波罗蜜门、不可降伏藏般若波罗蜜门、照众生轮般若波罗蜜门、海藏般若波罗蜜门、普眼舍得般若波罗蜜门、入无尽藏般若波罗蜜门、一切方便海般若波罗蜜门、入一切世间海般若波罗蜜门、无碍辩才般若波罗蜜门、随顺众生般若波罗蜜门、无碍光明般若波罗蜜门、常观宿缘而布法云般若波罗蜜门，说如是等百万阿僧祇般若波罗蜜门。见第七层，有诸菩萨得如响忍，以方便智分别观察而得出离，悉能闻持诸佛正法。见第八层，无量菩萨共集其中，皆得神通无有退堕，能以一音遍十方刹，其身普现一切道场，尽于法界靡不周遍，普入佛境，普见佛身，普于一切佛众会中而为上首演说于法。见第九层，一生所系诸菩萨众于中集会。见第十层，一切如来充满其中，从初发心，修菩萨行，超出生死，成满大愿及神通力，净佛国土道场众会，转正法轮，调伏众生。如是一切，悉使明见。

尔时，善财见是事已，白言："圣者！何缘致此清净众会？种何善根获如是报？"

长者告言："善男子！我念过去，过佛刹微尘数劫，有世界，名圆满庄严，佛号无边光明法界普庄严王如来、应、正等觉，十号圆满。彼佛入城，我奏乐音，并烧一丸香而以供养，以此功德回向三处，谓永离一切贫穷困苦、常见诸佛及善知识、恒闻正法，故获斯报。

"善男子！我唯知此菩萨无量福德宝藏解脱门。如诸菩萨摩诃萨，得不思议功德宝藏，入无分别如来身海，受无分别无上法云，修无分别功德道具，起无分别普贤行网，入无分别三昧境界，等无分别菩萨善根，住无分别如来所住，证无分别三世平等，住无分别普眼境界，住一切劫无有疲厌；而我云何能知能说彼功德行？

"善男子！于此南方，有一国土，名曰藤根；其土有城，名曰普门；中有长者，名为普眼。汝诣彼问：'菩萨云何学菩萨行、修菩萨道？'"

时，善财童子顶礼其足，绕无数匝，殷勤瞻仰，辞退而去。

尔时，善财童子于宝髻长者所，闻此解脱已，深入诸佛无量知见，安住菩萨无量胜行，了达菩萨无量方便，希求菩萨无量法门，清净菩萨无量信解，明利菩萨无量诸根，成就菩萨无量欲乐，通达菩萨无量行门，增长菩萨无量愿力，建立菩萨无能胜幢，起菩萨智照菩萨法。

渐次而行，至藤根国，推问求觅彼城所在。虽历艰难，不惮劳苦，但唯正念善知识教，愿常亲近承事供养，遍策诸根离众放逸。然后乃得见普门城，百千聚落周匝围绕，雉堞崇峻，衢路宽平。见彼长者，往诣其所，于前顶礼，合掌而立，白言："圣者！我已先发阿耨多罗三藐三菩提心，而未知菩萨云何学菩萨行？云何修菩萨道？"

长者告言："善哉！善哉！善男子！汝已能发阿耨多罗三藐三菩提心。

"善男子！我知一切众生诸病，风黄、痰热、鬼魅、蛊毒，乃至水火之所伤害。如是一切所生诸疾，我悉能以方便救疗。

"善男子！十方众生诸有病者咸来我所，我皆疗治，令其得差；复以香汤沐浴其身，香华、璎珞、名衣、上服、种种庄严，施诸饮食及以财宝，悉令充足无所乏短。然后各为如应说法：为贪欲多者，教不净观；嗔恚多者，教慈悲观；愚痴多者，教其分别种种法相；等分行者，为其显示殊胜法门。为欲令其发菩提心，称扬一切诸佛功德；为欲令其起大悲意，显示生死无量苦恼；为欲令其增长功德，赞叹修集无量福智；为欲令其发大誓愿，称赞调伏一切众生；为欲令其修普贤行，说诸菩萨于一切刹、一切劫住，修诸行网；为欲令其具佛相好，称扬赞叹檀波罗蜜；为欲令其得佛净身，悉能遍至一切处故，称扬赞叹尸波罗蜜；为欲令其得佛清净不思议身，称扬赞叹忍波罗蜜；为欲令其获于如来无能胜身，称扬赞叹精进波罗蜜；为欲令其得于清净无与等身，称扬赞叹禅波罗蜜；为欲令其显现如来清净法身，称扬赞叹般若波罗蜜；为欲令其现佛世尊清净色身，称扬赞叹方便波罗蜜；为欲令其为诸众生住一切劫，称扬赞叹愿波罗蜜；为欲令其现清净身，悉过一切诸佛刹土，称扬赞叹力波罗蜜；为欲令其现清净身，随众生心悉使欢喜，称扬赞叹智波罗蜜；为欲令其获于究竟净妙之身，称扬赞叹永离一切诸不善法。如是施已，各令还去。

"善男子！我又善知和合一切诸香要法，所谓无等香、辛头波罗香、无胜香、觉悟香、阿卢那跋底香、坚黑栴檀香、乌洛迦栴檀香、沉水香、不动诸根香，如是等香，悉知调理和合之法。

"又，善男子！我持此香以为供养，普见诸佛，所愿皆满，所谓救护一切众生愿、严净一切佛刹愿、供养一切如来愿。

"又，善男子！然此香时，一一香中出无量香，遍至十方一切法界一切诸佛众会道场，或为香宫，或为香殿，如是香栏楯、香垣墙、香却敌、香户牖、香重阁、香半月、香盖、香幢、香幡、香帐、香罗网、香形像、香庄严具、香光明、香云雨，处处充满以为庄严。

"善男子！我唯知此令一切众生普见诸佛欢喜法门。如诸菩萨摩诃萨如大药王，若见、若闻、若忆念、若同住、若随行往、若称名号，皆获利益，无空过者；若有众生暂得值遇，必令消❶灭一切烦恼，入于佛法，离诸苦蕴，永息一切生死怖畏，到无所畏一切智处，摧坏一切老死大山，安住平等寂灭之乐。而我云何能知能说彼功德行？

"善男子！于此南方，有一大城，名多罗幢；彼中有王，名无厌足。汝诣彼问：'菩萨云何学菩萨行、修菩萨道？'"

时，善财童子礼普眼足，绕无量匝，殷勤瞻仰，辞退而去。

尔时，善财童子忆念思惟善知识教，念善知识能摄受我，能守护我，令我于阿耨多罗三藐三菩提无有退转。如是思惟，生欢喜心、净信心、广大心、怡畅心、踊跃心、欣庆心、胜妙心、寂静心、庄严心、无著、无碍心、平等心、自在心、住法心、遍往佛刹心、见佛庄严心、不舍十力心。

渐次游行，经历国土、村邑、聚落，至多罗幢城，问无厌足王所在之处，诸人答言：此王今者在于正殿，坐师子座，宣布法化，调御众生，可治者治，可摄者摄，罚其罪恶，决其诤讼，抚其孤弱，皆令永断杀、盗、邪淫，亦令禁止妄言、两舌、恶口、绮语，又使远离贪、嗔、邪见。时，善财童子依众人语，寻即往诣。

遥见彼王坐那罗延金刚之座，阿僧祇宝以为其足，无量宝像以为庄严，金绳为网弥覆其上；如意摩尼以为宝冠庄严其首，阎浮檀金以为半月庄严其额，帝青摩尼以为耳珰相对垂下，无价摩尼以为璎珞庄严其颈，天妙摩尼以为印钏庄严其臂；阎浮檀金以为其盖，众宝间错以为轮辐，大琉璃宝以为其竿，光味摩尼以为其齐，杂宝为铃恒出妙音，放大光明周遍十方，如是宝盖而覆其上。

阿那罗王有大力势，能伏他众，无能与敌；以离垢缯而系其顶，十千大臣前后围绕共理王事。其前复有十万猛卒，形貌丑恶，衣服褊陋，执持器仗，攘臂嗔目，众生见者无不恐怖。无量众生犯王教敕，或盗他物，或害他命，或侵他妻，或生邪见，或起嗔恨，或怀贪嫉，作如是等种种恶业，身被五缚，将诣王所，随其所犯而治罚之。或断手足，或截耳鼻，或挑其目，或斩其首，或剥其皮，或解其体，或以汤煮，或以火焚，或驱上高山推令堕落，有如是等无量楚毒；发声号叫，譬如众合大地狱中。

善财见已，作如是念："我为利益一切众生，求菩萨行，修菩萨道。今者，此王灭诸善法，作大罪业，逼恼众生，乃至断命，曾不顾惧未来恶道。云何于此而欲求法，发大悲心救护众生？"

作是念时，空中有天而告之言："善男子！汝当忆念普眼长者善知识教。"

善财仰视而白之曰："我常忆念，初不敢忘。"

天曰："善男子！汝莫厌离善知识语，善知识者能引导汝至无险难安隐之处。善男子！菩萨善巧方便智不可思议，摄受众生智不可思议，护念众生智不可思议，成熟众生智不可思议，守护众生智不可思议，度脱众生智不可思议，调伏众生智不可思议。"

时，善财童子闻此语已，即诣王所，顶礼其足，白言："圣者！我已先发阿耨多罗三藐三菩提心，而未知菩萨云何学菩萨行？云何修菩萨道？我闻圣者善能教诲，愿为我说！"

时，阿那罗王理王事已，执善财手，将入宫中，命之同坐，告言："善男子！汝应观我所住宫殿。"

善财如语即遍观察，见其宫殿广大无比，皆以妙宝之所合成，七宝为墙周匝围绕，百千众宝以为楼阁，种种庄严悉皆妙好，不思议摩尼宝网罗覆其上；十亿侍女端正殊绝，威仪进止皆悉可观，凡所施为无非巧妙，先起后卧软意承旨。

时，阿那罗王告善财言："善男子！于意云何？我若实作如是恶业，云何而得如是果报、如是色身、如是眷属、如是富赡、如是自在？

"善男子！我得菩萨如幻解脱。善男子！我此国土所有众生，多行杀、盗乃至邪见，作余方便不能令其舍离恶业。善男子！我为调伏彼众生故，化作恶人造诸罪业受种种苦，令其一切作恶众生见是事已，心生惶怖，心生厌离，心生怯弱，断其所作一切恶业，发阿耨多罗三藐三菩提意。善男子！我以如是巧方便故，令诸众生，舍十恶业，住十善道，究竟快乐，究竟安隐，究竟住于一切智地。善男子！我身、语、意未曾恼害于一众生。善男子！如我心者，宁于未来受无间苦，终不发生一念之意与一蚊一蚁而作苦事，况复人耶！人是福田，能生一切诸善法故。

"善男子！我唯得此如幻解脱。如诸菩萨摩诃萨得无生忍，知诸有趣悉皆如幻，菩萨诸行悉皆如化，一切世间悉皆如影，一切诸法悉皆如梦，入真实相无碍法门，修行帝网一切诸行，以无碍智行于境界，普入一切平等三昧，于陀罗尼已得自在；而我云何能知能说彼功德行？

"善男子！于此南方，有城名妙光；王名大光。汝诣彼问：'菩萨云何学菩萨行、修菩萨道？'"

时，善财童子顶礼王足，绕无数匝，辞退而去。

尔时，善财童子一心正念彼王所得幻智法门，思惟彼王如幻解脱，观察彼王如幻法性，发如幻愿，净如幻法，普于一切如幻三世起于种种如幻变化，如是思惟。

渐次游行，或至人间城邑、聚落，或经旷野、岩谷、险难，无有疲懈，未曾休息。然后乃至妙光大城，而问人言："妙光大城在于何所？"人咸报言："妙光城者，今此城是，是大光王之所住处。"

时，善财童子欢喜踊跃，作如是念：我善知识在此城中，我今必当亲得奉见，闻诸菩萨所行之行，闻诸菩萨出要之门，闻诸菩萨所证之法，闻诸菩萨不思议功德，闻诸菩萨不思议自在，闻诸菩萨不思议平等，闻诸菩萨不思议勇猛，闻诸菩萨不思议境界广大清净。作是念已，入妙光城。

　　见此大城，以金、银、琉璃、玻璃、真珠、砗磲、玛瑙七宝所成，七宝深堑，七重围绕；八功德水盈满其中，底布金沙，优钵罗华、波头摩华、拘物头华、芬陀利华遍布其上；宝多罗树七重行列，七种金刚以为其垣各各围绕，所谓师子光明金刚垣、无能超胜金刚垣、不可沮坏金刚垣、不可毁缺金刚垣、坚固无碍金刚垣、胜妙网藏金刚垣、离尘清净金刚垣，悉以无数摩尼妙宝间错庄严，种种众宝而为埤堄。其城纵广一十由旬，周回八方，面开八门，皆以七宝周遍严饰，毗琉璃宝以为其地，种种庄严甚可爱乐。

　　其城之内，十亿衢道，一一道间，皆有无量万亿众生于中止住。有无数阎浮檀金楼阁，毗琉璃摩尼网罗覆其上；无数银楼阁，赤真珠摩尼网罗覆其上；无数毗琉璃楼阁，妙藏摩尼网罗覆其上；无数玻璃楼阁，无垢藏摩尼王网罗覆其上；无数光照世间摩尼王宝楼阁，日藏摩尼王网罗覆其上；无数帝青摩尼宝楼阁，妙光摩尼王网罗覆其上；无数众生海摩尼王楼阁，焰光明摩尼王网罗覆其上；无数金刚宝楼阁，无能胜幢摩尼王网罗覆其上；无数黑栴檀楼阁，天曼陀罗华网罗覆其上；无数无等香王楼阁，种种华网罗覆其上。

　　其城复有无数摩尼网、无数宝铃网、无数天香网、无数天华网、无数宝形像网，无数宝衣帐、无数宝盖帐、无数宝楼阁帐、无数宝华鬘帐之所弥覆，处处建立宝盖、幢、幡。

　　当此城中，有一楼阁，名正法藏，阿僧祇宝以为庄严，光明赫奕最胜无比，众生见者心无厌足，彼大光王常处其中。

　　尔时，善财童子于此一切珍宝妙物，乃至男女、六尘境界，皆无爱著，但正思惟究竟之法，一心愿乐见善知识。

　　渐次游行，见大光王去于所住楼阁不远四衢道中，坐如意摩尼宝莲华藏广大庄严师子之座，绀琉璃宝以为其足，金缯为帐，众宝为网，上妙天衣以为茵蓐。其王于上结跏趺坐，二十八种大人之相、八十随好而以严身。如真金山，光色炽盛；如净空日，威光赫奕；如盛满月，见者清凉；如梵天王，处于梵众；亦如大海，功德法宝无有边际；亦如雪山，相好树林以为严饰；亦如大云，能震法雷，启悟群品；亦如虚空，显现种种法门星象；如须弥山，四色普现众生心海；亦如宝洲，种种智宝充满其中。

于王座前，有金、银、琉璃、摩尼、真珠、珊瑚、琥珀、珂贝、璧玉诸珍宝聚，衣服、璎珞及诸饮食无量无边种种充满。复见无量百千万亿上妙宝车、百千万亿诸天妓乐、百千万亿天诸妙香、百千万亿病缘汤药资生之具，如是一切悉皆珍好。无量乳牛，蹄角金色；无量千亿端正女人，上妙栴檀以涂其体，天衣、璎珞种种庄严，六十四能靡不该练，世情礼则悉皆善解，随众生心而以给施。

城邑、聚落、四衢道侧，悉置一切资生之具。一一道傍皆有二十亿菩萨，以此诸物给施众生，为欲普摄众生故，为令众生欢喜故，为令众生踊跃故，为令众生心净故，为令众生清凉故，为灭众生烦恼故，为令众生知一切义理故，为令众生入一切智道故，为令众生舍怨敌心故，为令众生离身、语恶故，为令众生拔诸邪见故，为令众生净诸业道故。

时，善财童子五体投地，顶礼其足，恭敬右绕，经无量匝，合掌而住，白言："圣者！我已先发阿耨多罗三藐三菩提心，而未知菩萨云何学菩萨行？云何修菩萨道？我闻圣者善能诱诲，愿为我说！"

时，王告言："善男子！我净修菩萨大慈幢行，我满足菩萨大慈幢行。善男子！我于无量百千万亿乃至不可说不可说佛所，问难此法，思惟观察，修习庄严。

"善男子！我以此法为王，以此法教敕，以此法摄受，以此法随逐世间，以此法引导众生，以此法令众生修行，以此法令众生趣入，以此法与众生方便，以此法令众生熏习，以此法令众生起行，以此法令众生安住思惟诸法自性，以此法令众生安住慈心，以慈为主，具足慈力；如是，令住利益心、安乐心、哀愍心、摄受心、守护众生不舍离心、拔众生苦无休息心。我以此法令一切众生毕竟快乐，恒自悦豫，身无诸苦，心得清凉，断生死爱，乐正法乐，涤烦恼垢，破恶业障，绝生死流，入真法海，断诸有趣，求一切智，净诸心海，生不坏信。善男子！我已住此大慈幢行，能以正法教化世间。

"善男子！我国土中一切众生，皆于我所无有恐怖。善男子！若有众生贫穷困乏，来至我所而有求索。我开库藏恣其所取，而语之言：'莫造诸恶，莫害众生，莫起诸见，莫生执著。汝等贫乏，若有所须，当来我所及四衢道，一切诸物种种具足，随意而取勿生疑难。'

"善男子！此妙光城所住众生，皆是菩萨发大乘意，随心所欲，所见不同，或见此城其量狭小，或见此城其量广大；或见土沙以为其地，或见众宝而以庄严；或见聚土以为垣墙，或见宝墙周匝围绕；或见其地多诸瓦石高下不平，或见无量大摩尼宝间错庄严平坦如掌；或见屋宅土木所成，或见殿堂及诸楼阁、阶墀、窗闼、轩槛、户牖，如是一切无非妙宝。

"善男子！若有众生其心清净，曾种善根供养诸佛，发心趣向一切智道，以一切智为究竟处，及我昔时修菩萨行曾所摄受，则见此城众宝严净；余皆见秽。

"善男子！此国土中一切众生，五浊世时乐作诸恶。我心哀愍而欲救护，入于菩萨大慈为首随顺世间三昧之门。入此三昧时，彼诸众生所有怖畏心、恼害心、怨敌心、诤论心，如是诸心，悉自消灭。何以故？入于菩萨大慈为首顺世三昧，法如是故。善男子！且待须臾，自当现见。"

时，大光王即入此定。其城内外六种震动，诸宝地、宝墙、宝堂、宝殿、台观、楼阁、阶砌、户牖，如是一切咸出妙音，悉向于王曲躬敬礼。妙光城内所有居人，靡不同时欢喜踊跃，俱向王所举身投地。村营、城邑一切人众，咸来见王，欢喜敬礼。

近王所住，鸟兽之属，互相瞻视，起慈悲心，咸向王前恭敬礼拜。一切山原及诸草树，莫不回转向王敬礼。陂池、泉井及以河海，悉皆腾溢，流注王前。十千龙王起大香云，激电震雷，注微细雨。有十千天王，所谓忉利天王、夜摩天王、兜率陀天王、善变化天王、他化自在天王，如是等而为上首，于虚空中作众妓乐。无数天女歌咏赞叹，雨无数华云、无数香云、无数宝鬘云、无数宝衣云、无数宝盖云、无数宝幢云、无数宝幡云，于虚空中而为庄严，供养其王。伊罗婆拿大象王，以自在力，于虚空中敷布无数大宝莲华，垂无数宝璎珞、无数宝缯带、无数宝鬘、无数宝严具、无数宝华、无数宝香，种种奇妙以为严饰，无数采女种种歌赞。

阎浮提内复有无量百千万亿诸罗刹王、诸夜叉王、鸠槃茶王、毗舍阇王，或住大海，或居陆地，饮血啖肉，残害众生；皆起慈心，愿行利益，明识后世，不造诸恶；恭敬合掌，顶礼于王。如阎浮提，余三天下，乃至三千大千世界，乃至十方百千万亿那由他世界中，所有一切毒恶众生悉亦如是。

时，大光王从三昧起，告善财言："善男子！我唯知此菩萨大慈为首随顺世间三昧门。如诸菩萨摩诃萨为高盖，慈心普荫诸众生故；为修行，下、中、上行悉等行故；为大地，能以慈心任持一切诸众生故；为满月，福德光明于世间中平等现故；为净日，以智光明照耀一切所知境故；为明灯，能破一切众生心中诸黑暗故；为水清珠，能清一切众生心中谄诳浊故；为如意宝，悉能满足一切众生心所愿故；为大风，速令众生修习三昧入一切智大城中故。而我云何能知其行，能说其德，能称量彼福德大山，能瞻仰彼功德众星，能观察彼大愿风轮，能趣入彼甚深法门，能显示彼庄严大海，能阐明彼普贤行门，能开示彼诸三昧窟，能赞叹彼大慈悲云？

"善男子！于此南方，有一王都，名曰安住；有优婆夷，名曰不动。汝诣彼问：'菩萨云何学菩萨行、修菩萨道？'"

时，善财童子顶礼王足，绕无数匝，殷勤瞻仰，辞退而去。

尔时，善财童子出妙光城，游行道路，正念思惟大光王教，忆念菩萨大慈幢行门，思惟菩萨随顺世间三昧光明门，增长彼不思议愿福德自在力，坚固彼不思议成熟众生智，观察彼不思议不共受用大威德，忆念彼不思议差别相，思惟彼不思议清净眷属，思惟彼不思议所作业；生欢喜心，生净信心，生猛利心，生欣悦心，生踊跃心，生庆幸心，生无浊心，生清净心，生坚固心，生广大心，生无尽心。如是思惟，悲泣流泪，念善知识实为希有，出生一切诸功德处，出生一切诸菩萨行，出生一切菩萨净念，出生一切陀罗尼轮，出生一切三昧光明，出生一切诸佛知见，普雨一切诸佛法雨，显示一切菩萨愿门，出生难思智慧光明，增长一切菩萨根芽。又作是念："善知识者，能普救护一切恶道，能普演说诸平等法，能普显示诸夷险道，能普开阐大乘奥义，能普劝发普贤诸行，能普引到一切智城，能普令入法界大海，能普令见三世法海，能普授与众圣道场，能普增长一切白法。"

善财童子如是悲哀思念之时，彼常随逐觉悟菩萨、如来使天，于虚空中而告之言："善男子！其有修行善知识教，诸佛世尊悉皆欢喜；其有随顺善知识语，则得近于一切智地；其有能于善知识语无疑惑者，则常值遇一切善友；其有发心愿常不离善知识者，则得具足一切义利。善男子！汝可往诣安住王都，即当得见不动优婆夷大善知识。"

时，善财童子从彼三昧智光明起，渐次游行，至安住城，周遍推求不动优婆夷今在何所？无量人众咸告之言："善男子！不动优婆夷身是童女，在其家内，父母守护，与自亲属无量人众演说妙法。"善财童子闻是语已，其心欢喜，如见父母，即诣不动优婆夷舍。

入其宅内，见彼堂宇，金色光明普皆照耀，遇斯光者身意清凉。善财童子光明触身，即时获得五百三昧门，所谓了一切希有相三昧门、入寂静三昧门、远离一切世间三昧门、普眼舍得三昧门、如来藏三昧门，得如是等五百三昧门。以此三昧门故，身心柔软，如七日胎。又闻妙香，非诸天、龙、乾闼婆等人与非人之所能有。

善财童子前诣其所，恭敬合掌，一心观察，见其形色端正殊妙，十方世界一切女人无有能及，况其过者！唯除如来及以一切灌顶菩萨。口出妙香，宫殿庄严，并其眷属悉无与等，况复过者！十方世界一切众生，无有于此优婆夷所起染著心；若得暂见，所有烦恼悉自消灭。譬如百万大梵天王，决定不生欲界烦恼；其有见此优婆夷者，所有烦恼应知亦然。十方众生观此女人皆无厌足，唯除具足大智慧者。

尔时，善财童子曲躬合掌，正念观察，见此女人，其身自在不可思议，色相颜容世无与等，光明洞彻物无能障，普为众生而作利益，其身毛孔恒出妙香，眷属无边，宫殿第一，功德深广莫知涯际；心生欢喜，以颂赞曰：

守护清净戒，修行广大忍，精进不退转，光明照世间。

尔时，善财童子说此颂已，白言："圣者！我已先发阿耨多罗三藐三菩提心，而未知菩萨云何学菩萨行？云何修菩萨道？我闻圣者善能诱诲，愿为我说！"

时，不动优婆夷以菩萨柔软语、悦意语，慰喻善财，而告之言："善哉！善哉！善男子！汝已能发阿耨多罗三藐三菩提心。善男子！我得菩萨难摧伏智慧藏解脱门，我得菩萨坚固受持行门，我得菩萨一切法平等地总持门，我得菩萨照明一切法辩才门，我得菩萨求一切法无疲厌三昧门。"

善财童子言："圣者！菩萨难摧伏智慧藏解脱门，乃至求一切法无疲厌三昧门，境界云何？"

童女言："善男子！此处难知。"

善财白言："唯愿圣者，承佛神力，为我宣说！我当因善知识，能信能受，能知能了，趣入观察，修习随顺，离诸分别，究竟平等。"

优婆夷言："善男子！过去世中有劫，名离垢，佛号修臂。时，有国王名曰电授，唯有一女，即我身是。我于夜分废音乐时，父母兄弟悉已眠寝，五百童女亦皆昏寐。我于楼上仰观星宿，于虚空中见彼如来如宝山王，无量无边天龙八部、诸菩萨众所共围绕，佛身普放大光明网周遍十方无所障碍，佛身毛孔皆出妙香。我闻是香，身体柔软，心生欢喜；便从楼下至于地上，合十指爪，顶礼于佛。又观彼佛不见顶相，观身左右莫知边际。思惟彼佛诸相随好无有厌足，窃自念言：'此佛世尊作何等业，获于如是上妙之身，相好圆满，光明具足，眷属成就，宫殿严好，福德智慧悉皆清净，总持三昧不可思议，神通自在，辩才无碍？'

"善男子！尔时，如来知我心念，即告我言：'汝应发不可坏心，灭诸烦恼；应发无能胜心，破诸取着；应发无退怯心，入深法门；应发能堪耐心，救恶众生；应发无迷惑心，普于一切诸趣受生；应发无厌足心，求见诸佛无有休息；应发无知足心，悉受一切如来法雨；应发正思惟心，普生一切佛法光明；应发大住持心，普转一切诸佛法轮；应发广流通心，随众生欲施其法宝。'

"善男子！我于彼佛所闻如是法，求一切智，求佛十力，求佛辩才，求佛光明，求佛色身，求佛相好，求佛众会，求佛国土，求佛威仪，求佛寿命。发是心已，其心坚固犹如金刚，一切烦恼及以二乘悉不能坏。

"善男子！我发是心已来，经阎浮提微尘数劫，尚不生于念欲之心，况行其事！尔所劫中，于自亲属不起嗔心，况他众生！尔所劫中，于其自身不生我见，况于众具而计我所！尔所劫中，死时、生时及住胎藏，未曾迷惑起众生想及无记心，况于余时！尔所劫中，乃至梦中随见一佛未曾忘失，何况菩萨十眼所见！尔所劫中，受持一切如来正法，未曾忘失一文一句，乃至世俗所有言辞尚不忘失，何况如来金口所说！尔所劫中，受持一切如来法海，一文一句无不思惟、无不观察，乃至一切世俗之法亦复如是。尔所劫中，受持如是一切法海，未曾于一法中不得三昧，乃至世间技术之法，一一法中悉亦如是。尔所劫中，住持一切如来法轮，随所住持，未曾废舍一文一句，乃至不曾生于世智，唯除为欲调众生故。尔所劫中，见诸佛海，未曾于一佛所不得成就清净大愿，乃至于诸化佛之所悉亦如是。尔所劫中，见诸菩萨修行妙行，无有一行我不成就。尔所劫中，所见众生，无一众生我不劝发阿耨多罗三藐三菩提心，未曾劝一众生发于声闻、辟支佛意。尔所劫中，于一切佛法，乃至一文一句，不生疑惑，不生二想，不生分别想，不生种种想，不生执着想，不生胜劣想，不生爱憎想。

"善男子！我从是来，常见诸佛，常见菩萨，常见真实善知识，常闻诸佛愿，常闻菩萨行，常闻菩萨波罗蜜门，常闻菩萨地智光明门，常闻菩萨无尽藏门，常闻入无边世界网门，常闻出生无边众生界因门，常以清净智慧光明除灭一切众生烦恼，常以智慧生长一切众生善根，常随一切众生所乐示现其身，常以清净上妙言音开悟法界一切众生。

"善男子！我得菩萨求一切法无厌足庄严门，我得一切法平等地总持门，现不思议自在神变。汝欲见不？"

善财言："唯！我心愿见。"

尔时，不动优婆夷坐于龙藏师子之座，入求一切法无厌足庄严三昧门、不空轮庄严三昧门、十力智轮现前三昧门、佛种无尽藏三昧门，入如是等一万三昧门。入此三昧门时，十方各有不可说佛刹微尘数世界六种震动，皆悉清净琉璃所成；一一世界中，有百亿四天下，百亿如来或住兜率天乃至般涅槃；一一如来放光明网，周遍法界道场众会，清净围绕，转妙法轮，开悟群生。

时，不动优婆夷从三昧起，告善财言："善男子！汝见此不？"

善财言："唯！我皆已见。"

优婆夷言："善男子！我唯得此求一切法无厌足三昧光明，为一切众生说微妙法，皆令欢喜。如诸菩萨摩诃萨，如金翅鸟，游行虚空无所障碍，能入一切众生大海，见有善根已成熟者，便即执取置菩提岸；又如商客，入大宝洲，采求如来十力智宝；又如渔师，持正法网，入生死海，于爱水中漉诸众生；如阿修罗王，能遍挠动三有大城诸烦恼海；又如日轮，出现虚空，照爱水泥，令其干竭；又如满月，出现虚空，令可化者心华开敷；又如大地，普皆平等，无量众生于中止住，增长一切善法根芽；又如大风，所向无碍，能拔一切诸见大树；如转轮王，游行世间，以四摄事摄诸众生。而我云何能知能说彼功德行？

"善男子！于此南方，有一大城，名无量都萨罗；其中有一出家外道，名曰遍行。汝往彼问：'菩萨云何学菩萨行、修菩萨道？'"

时，善财童子顶礼其足，绕无量匝，殷勤瞻仰，辞退而去。

注释

❶"消"，大正本原作"销"，今依三本改之。

【白话语译】

这时，善财童子在明智居士那里，听闻这个解脱法门之后，悠游于他的福德大海，治理于他的福德田地，仰望他的福德高山，趣向他的福德津梁，开发他的福德宝藏，观照他的福德法门，清净他的福德转轮，沉味于他的福德宝藏，出生福德神力，增长福德势力。他渐渐地向南走去，在师子城四处寻找法宝髻长者，忽然看到长者在市集里。善财立刻走上前去，顶礼他的双足，合掌站立，绕着长者走了无数圈，然后向法宝髻长者说："圣者啊！我已经发起无上正等正觉之心，却还不知道菩萨应如何修学菩萨行、修习菩萨道？圣者啊！希望您能为我演说菩萨道，使我能乘此道法，趣向一切智慧。"

这时，宝髻长者牵着善财的手，前往自己的处所，指着自己的宅舍对善财说："善男子啊！你看看我的屋宅。"

这时，善财看见他的宅舍清净光明，这房子是用真金构成，以白银为墙，玻璃为殿堂。楼阁是用深青而带赤色的琉璃宝建造的，柱子是用琉璃妙宝筑成的，四周则有百千种的宝物庄严。长者的师子座是用赤珠摩尼宝做成，上方覆有摩尼宝帐、真珠宝网。以玛瑙宝做成的宝池，香水盈满，无数的宝树排列四周。这个宅第十分宽广，楼高十层，每一层有八扇大门。

善财童子进去以后，依序观察，看见最下层施设的种种饮食，第二层施设种种宝衣。第三层施设一切宝物庄严器具，第四层有种种宫女以及一切上等绝妙的珍贵宝物。第五层则有许多证得五地的菩萨聚集一起，在那儿演说正法，利益世间，成就一切陀罗尼法门、种种三昧印、种种三昧行智慧光明。第六层则有许多已成就甚深智慧的菩萨，他们都已明了通达各种法性，成就广大总持的三昧无障碍门。他们的所行无碍，不安住分别的二法。他们齐聚在不可说的妙庄严道场，分别显示种种般若波罗蜜法门，像所谓的寂静藏的般若波罗蜜门、善分别一切众生智慧的般若波罗蜜门、不可动转的般若波罗蜜门、远离欲望的光明般若波罗蜜门、不可降伏藏的般若波罗蜜门、照耀众生轮的般若波罗蜜门、如大海宝藏的般若波罗蜜门、普眼舍得般若波罗蜜门、进入无尽藏的般若波罗蜜门、一切方便海的般若波罗蜜门、进入一切世间海的般若波罗蜜门、无障碍辩才的般若波罗蜜门、随顺众生的般若波罗蜜门、无碍光明的般若波罗蜜门、常观察往昔宿缘而兴布法云的般若波罗蜜门等，菩萨常聚在一起演说以上这些百万阿僧祇的般若波罗蜜门。然后，他又看见第七层有许多已经证得如响忍，也就是听闻一切真实法不生布畏，信解受持顺位安忍的菩萨，他们都能以方便智慧分别观察，而证得出离。第八层则有聚集了无数证得神通且不退堕的菩萨，能以一音遍满十方佛国刹土，以法身普遍示现所有道场，穷尽法界，没有不周延遍布的。他们完全地进入佛境，普见佛身，位列一切法会的上首，演说妙法。第九层则聚集了许多一生所系，也就是即将成佛的最后身菩萨。第十层则聚集了一切如来。从他们初发心，修菩萨行，超出生死，成就圆满大誓愿及神通力，清净佛国土的道场聚会，转正法轮，调伏教化众生。如此一切，无不明白示现其中。

善财看了这种种景象以后，对法宝髻长者说："伟大的圣者啊！是什么因缘使这清净的大众能聚在一起？他们过去曾种下什么善根而获得如此的果报？"

长者告诉他说："善男子啊！我忆念过去无量佛国刹土微尘数量的时劫之前，有一个名叫圆满庄严的世界，这国土的佛陀名号是'无边光明法界普庄严王如来'，他的十号圆满。这位佛陀进入城中，我就演奏乐音，并且焚烧一丸香供养他，以这个功德回向三方面，就是永远远离一切的贫穷困苦，恒常得见诸佛及善知识，恒常听闻正法。所以我今天才会获得这样的果报。

"善男子啊！我只知道这种菩萨无量福德宝藏解脱法门。如果是像诸位菩萨摩诃萨证得的不可思议功德宝藏、进入的无分别如来海身、受持的无分别无上法云、修得无分别功德道具、生起的无分别普贤行网、入无分别三昧境界、平等无分别的菩萨善根、安住无分别如来所住、证得无分别三世平等、安住的无分别普眼境界、安住的一切时劫、没有疲劳厌倦等功德行，我如何能穷尽宣说？

"善男子啊！在这南方有一处名叫藤根的国土，那国土上有一座普门城，城中有一位，人称普眼的长者，你去拜见，并请问他：'菩萨应如何修行、修菩萨道？'"

这时，善财童子顶礼法宝髻长者的双足，绕了无数圈之后，殷勤瞻仰就辞退离去。

这时，善财童子在法宝髻长者的住所，听到这解脱门后，深入诸佛无量知见，安住菩萨的无量胜行，了达菩萨的无量方便，希求菩萨无量的法门，清净菩萨的无量信解，明利菩萨的无量诸根，成就菩萨无量的欲乐，通达菩萨的无量行门，增长菩萨的无量愿力，建立菩萨无能胜宝幢，生起菩萨智慧照耀菩萨法。

他渐渐地向南行，到了藤根国，到处寻找普门城。他虽经历了种种艰难险阻，但是他不怕劳苦，一心正念善知识的教诲，愿常亲近承事供养，策励自己的六根，远离各种放逸。后来，他看见普门城，周围环绕着百千个聚落，城上的土墙高耸险峻，衢路宽广平坦。看见普眼长者，善财就去拜见他，并到长者面前向他顶礼，然后合掌站立，对普眼长者说："伟大的圣者啊！我已经发起无上正等正觉之心，但是还不知道行者应如何修学菩萨行、修习菩萨道？"

普眼长者说："太好了！太好了！善男子啊！你已经能够发起无上正等正觉之心了。

"善男子啊！因为我深知众生的种种疾病，例如风黄、痰热、鬼魅、蛊毒，乃至于水火的伤害，如此所有的疾病，我都能够运用方便加以治疗。

"善男子啊！凡是十方有病的众生，来到我的住所，我都能细心加以治疗，使他们康复。然后再用香汤沐浴他们的身体，用香华、璎珞、名贵的衣服、上好的服饰，种种庄严，布施各种饮食，施给他们财宝使他们完全充实满足，没有匮乏。然后随应他们的根性而演说佛法。为贪欲重的人宣说不净观。为嗔恚重的人，说慈悲观。为愚痴的人，宣说分别种种法相。为染着三者不舍的人，示现殊胜的法门。使他们都能发起菩提心，称诵赞扬诸佛功德。菩萨为了使他们发起大悲心意。而显示生死无量的苦恼。为了使他们都能增长功德，而赞叹修集无量的福德智慧。为了使他们都能发起广大的誓愿，而称赞调伏教化众生。为了使他们都能修普贤行，而演说诸位菩萨安住一切刹土、一切时劫，修习诸行网的功德。为了使他们都能具足诸佛相好，而称扬赞叹布施波罗蜜。为了使他们都能证得诸佛清净身，普遍到一切处，而称扬赞叹持戒波罗蜜。为了使他们都能证得诸佛清净不可思议的色身，而称扬赞叹忍波罗蜜。为了使他们都能获得如来无能胜的色身，而称扬赞叹精进波罗蜜。为了使他们都能证得清净无能等同的色身，而称扬赞叹禅波罗蜜。为了使他们都能显现如来清净的法身，而称扬赞叹般若波罗蜜。为了使他们都能示现世尊的清净色身，而称扬赞叹方便波罗蜜。为了使他们都能为众生安住一切时劫，就称扬赞叹愿波罗蜜。为了使他们都能示现清净身，随顺众生，使他们都能心生欢喜，而称扬赞叹智波罗蜜。为了使他们都能获得究竟清净绝妙之身，而称扬赞叹永离一切不善法。如此布施后，才让他们离去。

"善男子啊！我也了知怎样调配上妙熏香的方法，像所谓的无等香、辛头波罗❶香、无胜香、觉悟香、阿卢那跋底❷香、坚黑栴檀香、乌洛迦栴檀❸香、沉水香、不动诸根香，如此各种香，我都知道怎样调埋和合。

"善男子啊！我能以这香供养，并且普遍见到诸佛。所以我的愿望都得以圆满，就是所谓的：救护众生的愿望、庄严清净一切佛国刹土的愿望、供养所有如来的愿望。

"善男子啊！我在燃烧这些香的时候，每一种香都会出无量种香，普遍传达到十方法界诸佛道场。有的成为香宫，有的成为香殿，有的成为香栏槛、香垣墙、香却敌、香户牖、香重阁、香半月、香盖、香幢、香幡、香帐、香罗网、香形象、香庄严器具、香光明、香云雨。处处充满，庄严各处。

"善男子啊！我只知道这种使众生普遍示现诸佛欢喜法门。如果是像诸位菩萨摩诃萨大药王，不管是看见或听闻的，或是忆念，或是共同安住，或追随行住，或称念他的名号的众生，无不获得利益，丝毫不会空过。那怕众生只是遇到他们片刻，也必能消灭所有的烦恼，趣入佛法。远离各种积集的痛苦，止息所有的生死恐怖畏惧，到达无所畏惧的一切智处。摧毁破坏一切老、死大山，安住平等寂灭的喜乐，像这种种的功德行根本不是我能完全了知与尽说的。

"善男子啊！在这南方有一座多罗幢城，城中有位名叫无厌足的大王，你去参访他，并请问他：'菩萨应如何修学菩萨行、修学菩萨道？'"

这时，善财童子顶礼普眼长者的双足之后，绕了无数圈，殷勤地瞻仰他的面容，然后辞退离去。

这时，善财童子忆念思惟善知识的教诲，感念善知识的摄受、守护，使他能不退转无上正等正觉。他如此思惟着，生起欢喜心、净信心、广大心、怡畅心、踊跃心、欣庆心、胜妙心、寂静心、庄严心、无著心、无障碍心、平等心、自在心、住法心、遍往佛国刹土心、见佛庄严心、不舍十力心。他又渐渐地南行，经过种种国土、村邑、聚落而到达多罗幢城，打听到无厌足王的处所。有人告诉他说："我们国王现在正坐在正殿的师子宝座上宣说佛法，教化调御众生。可治裁的就治裁，可摄受的就摄受。惩罚有罪的人，决断净讼的案件。抚慰孤独弱小，并且使他们都永远断绝杀生、偷盗、邪淫，也使他们止息妄言、两舌、恶口、绮语，远离贪、嗔、邪见。"

这时善财童子照着众人所指示的，立刻前往正殿。他远远地就看见无厌足王坐在那罗延金刚宝座上。那宝座以阿僧祇种宝物为足，有无量宝像庄严，上面覆盖着金绳做成的网。无厌足王以如意摩尼宝为宝冠，庄严他的头顶。以阎浮檀金做成半月形，庄严他的前额。用帝青摩尼为耳珰，相对垂下。又以无价摩尼为璎珞，庄严他的颈项。又以天妙摩尼为印钏，庄严他的手臂。又以阎浮檀金为宝盖，以众宝相间错杂，作为轮幅。以大琉璃宝为他的竿，以光味摩尼为贲，执持在手中。众多宝铃间错，放出大光明，周遍十方，像这些宝物都覆盖在上面。阿那罗王有大力威势，能降伏大众，无人可比。他又以离垢缯系在颈项，有十千大臣前后围绕，共同治理国家的事务。

国王前面还有十万个勇猛的士兵，形貌丑恶，衣服褊陋。手中拿着武器环抱双臂，双眼怒睁，众生见了，没有不感到恐怖的。

许多人犯了国王颁发的禁令。有的盗取他人财物，有的杀害他人，有的侵犯他人之妻，有的因心生邪见，或嗔恨、贪嫉，而犯了种种恶业。他们的颈及四肢都被绑起来，带到国王那里，随着他们所犯的罪而受惩治。他们有的手脚被砍断，有的鼻子被割，有的挑出眼睛，有的被砍头，有的被剥皮，有的身体被分解，有的被用汤煮，有的被火烧，有的被带上高山再推落谷中，有这各式各样的痛苦毒害，犯人们都发出哀号惨叫，就像大家聚集在大地狱中一样。

善财童子看了以后，心中这样想着："我为了利益众生，求菩萨行，修菩萨道。今天，这无厌足王消灭各种善法，竟造作如此大的罪业，逼迫恼害众生，乃至于断除他们的生命，不曾顾虑恐惧未来投生恶道的果报。我在这里，怎么能求佛法，怎么能发起大悲心，更别谈救护众生了！"

善财正想着时，空中有天神告诉他："善男子啊！你应当忆念普眼长者那位善知识对你的教诲。"

善财仰视虚空，告诉天神说："我常忆念，不敢忘记。"

天神说："善男子啊！你不要厌离善知识的话，善知识能引导你，到没有险难而安稳的地方。善男子啊！菩萨的善巧方便智慧是不可思议的，摄受众生的智慧是不可思议的，护念众生的智慧是不可思议的，成熟众生的智慧是不可思议的，守护众生的智慧是不可思议的，超度解脱众生的智慧是不可思议的，调伏教化众生的智慧是不可思议的。"

善财童子听了这话以后，就前往国王处所，顶礼无厌足王的双足，向无厌足王说："圣者啊！我已发起无上正等正觉心，而不知道行者该如何修学菩萨行、修习菩萨道？我听说您善于教诲别人，希望你能为我演说。"

这时，阿那罗王处理王事后，牵着善财的手，带他进入宫中，请他坐下，告诉他："善男子啊！你应该先观看我住的宫殿。"

善财依照他所说的，立刻向四周观察。他看见这个宫殿广大无比，都是妙宝合成。以七宝为墙，四周围绕。还有百千众宝形成的楼阁，种种庄严都绝妙美好，不可思议的摩尼宝网也平整地覆在上面。十亿个侍女都端正美貌、仪态庄严，进退应对合乎礼节。她们所作的一切都灵巧美妙，比大王先起来，大王坐下后才敢坐下。他们的心意柔软，从不拂逆大王的意旨。这时，阿那罗王告诉善财："善男子啊！你认为如何？我如果真的作这么多的恶业，怎么还能得到这些果报，这种种的色身、眷属、富裕与自在？善男子啊！其实是因为我已证得菩萨如幻解脱法门了。

"善男子啊！我这国土上所有的众生，许多众生杀人、偷盗乃至于邪见，如果我用其他的方便教化，并不能使他们舍离恶业。善男子啊！我为了调伏教化这些众生，所以才变化示现恶人的形象，造作各种罪业，承受到种种痛苦，使那些作恶的众生，看见这些事之后，能心生惶恐畏怖，乃至心生厌离、怯弱，而完全断绝所作的一切恶业，发起无上正等正觉心。善男子啊！我只有用这种善巧方便，才能使众生舍弃十种恶业，安住十种善道，究竟快乐，究竟安稳，究竟安住在一切智慧地。

"善男子啊！我的身、语、意业，都不曾恼恨加害任何众生。善男子啊！像我这样宁愿自己在未来受无间的痛苦，也不会让一只蚊子或蚂蚁受到痛苦，更何况是人呢？人是福田，因为人能生出一切的善法啊！

"善男子啊！我只证得这如幻解脱法门。如果是像诸位菩萨摩诃萨所证得的无生忍法门，知了各种存有的生趣都如同幻影，菩萨诸行都如同幻化，世间的一切都如同影像，一切诸法都如同梦幻，而进入真实相没有障碍法门。修行宛如重重无尽相映相摄的帝释天王的摩尼宝珠网的境界，能用无障碍的智慧修行，而行于境界，普遍趣入一切平等三昧，证得自在的陀罗尼，像这种种功德行哪里是我能了知与演说得尽的呢？

"善男子啊！在这南方，有一座妙光城，国王名叫大光王，你去参访并请问他：'行者应该如何修学菩萨行、修习菩萨道？'"

这时，善财童子顶礼无厌足王的双足，绕了无数圈之后，辞退离去。

这时，善财童子一心正念无厌足王证得的幻智法门，思惟无厌足王的如幻解脱，观察无厌足王的如幻法性，所发起如幻的誓愿，清净如幻的法门，普遍在一切如幻的过去、现在、未来三世，发起种种的如幻变化，如是思惟着，一路渐渐往南行。他虽经过了种种城邑、聚落、旷野、深谷险难，但并不感到疲倦懈怠，也不曾休息，最后终于到了妙光大城。他问路人："妙光大城在哪里呢？"

大家都告诉他说："妙光城啊！这个城就是。这里也是大光王居住的地方。"

这时，善财童子欢喜踊跃，这样想着："善知识在这个城中，我今天一定要亲自见到他，听闻各种菩萨所行之行，听闻诸位菩萨出要的法门，听闻诸位菩萨证得的佛法，听闻诸位菩萨不可思议的功德，听闻诸位菩萨不可思议的自在力，听闻诸位菩萨不可思议的平等，听闻诸位菩萨不可思议的勇猛，听闻诸位菩萨不可思议境界的广大清净。"

他这样想着，然后就进入妙光城。他看见这个大城，是用金、银、琉璃、玻璃、真珠、砗磲、玛瑙，七种宝物建构而成。城外有七宝构成的深堑，七重围绕。深堑中有八功德水充满其中，底部布满金沙。优钵罗华、波头摩华、拘物头华、芬陀利华都遍布水面。还有宝多罗树七层行行排列着，七种金刚短墙，各各围绕。也就是所谓的师子光明金刚墙、无能超胜的金刚墙、不可沮坏的金刚墙、不可毁缺的金刚墙、坚固无碍的金刚墙、胜妙网藏的金刚墙、远离尘垢的清净金刚墙，这些墙都有无数的摩尼妙宝相间错杂庄饰，种种众宝做成城上的可向外眺望的墙垣。此城长宽各一十由旬，四周回向的八个方位各有八个城门，都用七宝周遍严饰，毗琉璃宝铺地，种种庄严，非常可爱喜乐。

他的城内，有十亿个通衢要道，每个衢道之间，都安住着万亿无量的众生，又有无数以毗琉璃摩尼网罗覆盖的阎浮檀金楼阁，又有无数以赤真珠摩尼网罗覆盖的银楼阁，又有无数以妙藏摩尼网罗覆盖的毗琉璃楼阁，又有无数以无垢藏摩尼王网罗覆盖的玻璃楼阁，又有无数以日藏摩尼网罗覆盖的光照世间摩尼宝楼阁，又有无数以妙光摩尼王网罗覆盖的帝青摩尼宝楼阁，又有无数以焰光明摩尼网罗覆盖的众生海摩尼王楼阁，又有无数以无能胜幢摩尼王网罗覆盖的金刚宝楼阁，又有无数以天曼陀罗华网罗覆盖的黑栴檀楼阁，又有无数无等以种种华网罗覆盖的香王楼阁。

这个城中还有无数的摩尼网、无数的宝铃网、无数的天香网、无数的天华网、无数的宝形象网、无数的宝衣帐、无数的宝盖帐、无数的宝楼阁帐、无数的宝华鬘帐，完全覆盖着的宝幢幡。在这城中，有一座正法藏楼阁，以阿僧祇宝为庄严，光明威赫显奕，最胜无化，凡是看见的众生，心无满足，大光王就是住在这儿。

这时，善财童子对于这一切珍宝妙物，乃至于男女、六尘境界，毫不贪爱恋着。心中只想着究竟之法，一心誓愿乐见善知识。他又渐渐南行，看见大光王正在离他楼阁不远的四衢道上，安坐如意摩尼宝莲华藏广大庄严师子宝座中。这宝座是用绀琉璃宝作四脚，以金缯为帐，众宝为网，上等绝妙天衣作垫子。大光王双脚盘坐上面，示现二十八种大人之相，又以八十种随形好庄严自身。就像真金山，光色炽盛。又像净空中的太阳，威光显赫耀奕。又如同兴盛的满月，看见的人无不感到清凉。又如梵天王身处梵众之中。又如没有边际的大海功德法宝；又如雪山的相好，以树林作为严饰；又如大雨能够震动法雷，开启顿悟各类众生；又如虚空显现的种种法门星像；又如须弥山的四色能普遍示现众生的种种心海；又如同宝洲一般，种种智慧宝充满其中。

大光王的座位前，又有金、银、琉璃、摩尼、真珠、珊瑚、琥珀、珂贝、璧玉等各种珍宝聚集，衣服、璎珞及各种饮食，无量无边，种种充满。善财童子又看见无量百千万亿上等绝妙宝车，百千万亿的诸天妓乐，百千万亿的天诸妙香，百千万亿疗病的汤药器具，无都珍贵妙好。无量金色蹄角的乳牛，无量千亿的端正女子，都以上等绝妙的栴檀涂在身上，又用天衣璎珞种种庄严自身，熟悉通达六十四种能力，又善解世间人情礼仪，因此都能随着众生的心意布施给予。

城邑聚落的四向衢道旁边，又放置了资养生活所需的器具，每一衢道旁都有二十亿位菩萨，把这些东西施予众生。这都是为了普遍摄受众生，为了使众生欢喜，为了使众生踊跃，为了使众生心生清净，为了使众生清凉，为了灭除众生的烦恼，为了使众生了知一切的义理，为了使众生进入一切的智慧道，为了使众生舍离怨恨敌人的心意，为了使众生不再口出恶语，为了使众生拔除邪见，为了使众生清净各种业道而行布施的啊！

这时，善财童子五体投地，顶礼大光王的双足，恭敬地右绕，经过无数圈后，合掌站立，对大光王说："圣者啊！我已经发起无上正等正觉之心，而不知菩萨应如何修习菩萨行、修习菩萨道？我听说您善能诱导教诲，希望您能为我演说。"

这时，大光王告诉他说："善男子啊！我只清净修习菩萨的大慈幢行，这个能高举大慈宝幢，给予众生安乐，覆盖安慰众生，我圆满具足菩萨的大慈幢行法门。善男子啊！我曾在无量百千万亿乃至不可说不可说诸佛那里，请问这个法门，并且思惟观察，庄严地修习。

"善男子啊！所以我能以这个法门为王；能以这个法门教谕众生；能以这个法门摄取众生；能以这个法门随逐世间；能以这个法门引导众生；能以这个法门使众生修行；能以这个法门使众生趣入；能以这个法门给与众生方便；能以这个法门使众生熏陶修习；能以这个法门使众生起而力行；能以这个法门使众生安住思惟各种法自性；能以这个法门使众生安住慈悲心；能以这个法门让众生以慈为主，具足慈力，如是，安住利益众生心、安乐众生心、哀悯众生心、摄受众生心、守护众生，恒不舍离心、拔除众生苦恼而不休息心。我能以这个法门使众生毕竟快乐，恒常自己喜悦顺畅，身无各种苦恼，心得清凉。断绝生死的爱染，悦乐正法乐，涤除烦恼的尘垢，破除障道的恶业。断绝生死之流，进入真法大海。断绝各种存有的生趣，求取一切智慧，清净诸心大海，生出不坏的信心。善男子啊！因为我已经安住这大慈幢行，所以能够用正法教化世间。

"善男子啊！凡是安住在我国土的众生，都不会有任何恐怖。

"善男子啊！如果有贫穷困乏的众生，来到我这儿向我索求，我就会打开宝库，任他索取，并且告诉他：'不要造各种恶业，不要伤害众生，不要生出各种邪见，不要生出执着。你们如果贫困匮乏，有什么需要，就尽管到我这里及四方衢道，那里都具足种种的物品，你们可以随意取用，不需怀疑为难。'

"善男子啊！在这妙光城中所住的众生，都是发起大乘意的菩萨，但是他们因为心中的意想不同，所以看到的城也就各各有别。有的看见这个城市狭小，有的看见这个城市广大。有的看见这个城市以土沙为地，有的则看见有许多宝物庄严这个城市。有的看见垣墙是由聚集泥土而成，有的则看见宝墙四周围绕。有的看见土地有许多瓦石，高低不平，有的则看见无量大摩尼宝间错庄严，平坦如手掌。有的看见屋宅为上木所构成，有的则看见殿堂及各楼阁、阶梯、窗户、栏杆、门户，都是绝妙的宝物构成。

"善男子啊！如果心意清净的众生，曾种植各种善根，供养诸佛，发心趣向一切智道，能以一切智为究竟处，而且又是我在过去世中修习菩萨行时曾经摄受的众生，那么就会看见这城市是以众宝庄严清净而成的，不像其他人看见这城市是污秽的。

"善男子啊！这国土中的众生，若在五浊恶世时乐于造作种种恶事，我因为心生哀悯，想要救护他们，于是就以菩萨的大慈上首，随顺世间的三昧门。我一进入这个三昧，众生所有的怖畏心、恼害心、怨敌心、诤论心等心意，就都自然地消灭。为什么呢？因为我是进入菩萨以大慈为上首随顺世间三昧，法原本如是的缘故。

"善男子啊！你等待片刻就会看见。"

这时，大光王即进入这个菩萨大慈为首的随顺世间三昧。这个城的内外即时产生六种震动，宝地、宝墙、宝堂、宝殿、台观、楼阁、阶梯、门户窗牖，都同时发出微妙的乐音，都曲躬敬礼大光王。妙光城内所有居住的人，都欢欣踊跃，向大光王所住之处举身投地礼拜。村庄、城邑一切众人，也都前来拜见大光王，欢喜敬礼。

靠近大光王住所的鸟兽之类，也互相注视，心生慈悲，向大光王恭敬礼拜。一切山川原野及各种草树，也都转向大光王敬礼，陂池、泉、井及河海，都奔腾满溢，流注到大王面前。十千龙王更兴起大香云，激电震雷，注下微微的细雨。有十千天王，就是所谓的忉利天王、夜摩大王、兜率陀天王、善变化天王、他化自在天王。以这些天王为上首，在虚空中演奏众多妓乐，无数的天女都歌咏赞叹。雨下无数的华云、无数的香云、无数的宝鬘云、无数的宝衣云、无数的宝盖云、无数的宝幢云、无数的宝幡云，庄严虚空，供养大王。伊罗婆拿大象王也用自在力，在虚空中散布无数的大宝华、垂下无数的宝璎珞、无数的宝缯带、无数的宝鬘、无数的宝庄严器具、无数的宝华、无数的宝香，又以种种奇妙宝物严饰，无数的采女也发出种种歌诵赞叹。

阎浮提内还有无量百千万亿个罗刹王，各种夜叉王、鸠槃荼王、毗舍阇王、有的住在大海中，有的住在池上，喝血吃肉，残害众生。这时也都发起慈悲心，誓愿行利益众生之事，明识后世，不造恶业。他们都恭敬地合掌，顶礼大光王。如阎浮提，其余的东胜身洲、西牛货洲、北俱卢洲，乃至三千大千世界，乃至十方百千万亿那由他世界，所有一切毒恶的众生也都是如此。

这时，大光王从三昧起定，告诉善财童子说："善男子啊！我只知道这种菩萨大慈为首随顺世间的三昧法门。如果是像诸位菩萨摩诃萨为众生的幡盖，以慈心普遍荫蔽众生；为众生修行，下中上行等各种行都须修持；为了能够用慈心任意受持众生，而作为大地。为了在世间中平等示现福德光明，而作为满月。为了用智慧光明照耀了知的境界，而作为净日。为了破除众生心中的黑暗，而作为明灯。为了清净众生心中的谄媚诳妄污浊，而做清净污水的明珠。为了满足众生心中所有的愿望，而做如意宝。为了使众生都能修习三昧门，进入一切智的大城，而做人风。如此种种，我如何能够了知他的万行，宣说他的德性，称量他的福德大山？我如何能够瞻仰他的功德众星，观察他的大愿风轮，趣入他的甚深法门？我如何能显示他的庄严大海，阐明他的普贤行门，开示他的三昧窟，赞叹他的大慈悲云呢？

"善男子啊！在这南方有一处名叫安住的王都，有一位不动优婆夷，你前去拜访，并且请问他：'菩萨应如何修学菩萨行、修习菩萨道？'"

这时，善财童子顶礼大光王的双足，绕了无数圈，殷勤地瞻仰，然后辞退离去。

这时，善财童子出了妙光城，在路上走着，正念大光王的教诲，忆念菩萨的大慈幢行法门，思惟菩萨随顺世间的三昧光明门，增长他不可思议的誓愿福德自在力，坚固他不可思议、成熟众生的智慧，观察他不可思议不共受用的大威德，忆念他不可思议的差别相，思惟他不可思议的清净眷属，思惟他所作的不可思议业，而生出欢喜心，生出净信心，生出猛利心，生出欣悦心，生出踊跃心，生出庆幸心，生出无浊心，生出清净心，生出坚固心，生出广大心，生出无尽心。他就这样思惟着，不知不觉地悲泣流泪，感念善知识实在是太稀有难得了，能让他生出所有的功德处所，生出所有的菩萨行，生出所有的菩萨清净意念，生出所有的陀罗尼转轮，生出所有的三昧光明法门，出生诸佛的知见，普遍雨下诸佛的法雨，显示菩萨的所有誓愿门，出生难可思议的智慧光明，增长一切的菩萨根芽。

他又这样想："所谓的善知识，就是能普遍救护一切恶道，能普遍演说各种平等法，能普遍显示各种艰深困难的道路，能够普遍阐述开启大乘奥妙的义理，能普遍劝诫启发普贤诸行，能普遍指引众生抵达一切智城，能普遍进入法界大海，能普遍使众生看见过去、现在、未来三世法海，能普遍授与众多圣者道场，能普遍增长一切洁白清净之法的人。"

善财童子如此悲哀眷恋思念时，那些恒常追随着觉悟菩萨的如来使者、天人，都在虚空中告诉善财："善男子啊！如果有众生时时修行善知识的教诲，诸佛世尊都会欢喜。如果有人能随顺善知识的话语，就能证得接近一切智地。凡是对善知识所说的话从不疑惑的众生，都能遇到善友。凡是发愿永远不舍离善知识的众生，都一定会具足一切义利。善男子啊！你只要前往安住王都，就可以看见不动优婆夷这位大善知识。"

这时，善财童子从三昧智慧光明起定，渐渐南行，到达安住城，周遍寻求不动优婆夷。许多人都告诉他："善男子啊！不动优婆夷还是童女，他家有父母守护，为她的亲属和众人演说妙法。"善财童子听了这话后，心生欢喜，如同要去看望父母一般，即刻前往不动优婆夷的住处。

善财进入不动优婆夷的住宅之后，看见她金色光明的堂宇，普遍照耀。凡是遇到这光芒的人，无不身意清凉。善财童子一被这光明触身，即时获得五百三昧的法门，也就是所谓的了知一切希有相的三昧门、进入寂静的三昧门、远离一切世间的三昧门、普眼舍得的三昧门、如来藏的三昧门、证得如此等等五百的三昧门。他因为这种的三昧门，身心都变得非常柔软，如同初生七日的胎儿。又闻到天、龙、乾闼婆等人和非人众生都无法拥有的妙香。

善财童子前往她的住处，恭敬合掌、一心观察，看见不动优婆夷的形色端正，特殊绝妙，十方世界的女人，都没有人比得上她，更何况是超过她。除了如来及已受灌顶菩萨之外。

她又口出妙香，庄严宫殿。她的眷属，一切世间都没有能比得上的，更何况超过呢？所以，十方世界的众生，根本不会有人在优婆夷的住所心生污染执着。众生即使只是看见她片刻，所有烦恼也都自然消灭。就譬如百万大梵天王，决定不生欲界烦恼。所以，凡是看见这优婆夷的人，所有的烦恼也会像这样自然消灭。十方众生一看到这女人，都不会满足，除非他是具足大智慧的圣人。

这时，善财童子曲躬合掌，正念观察，看见这女人，其身自在，不可思议。论她的色相容颜，世间根本就没有人能和她相比的。她的光明洞彻，没有任何东西能遮蔽她的，普遍为众生与作利益。她身上的毛孔恒常发出妙香，眷属无边，宫殿第一，功德深广，没有边际。善财看了之后，心生欢喜，以颂赞叹：

> 守护清净善戒律仪，修行广大无上法忍，
> 如实精进永不退转，光明普照遍于世间。

善财童子说完这赞颂后，对优婆夷说："圣者啊！我已经发起无上正等正觉，但是却不知道菩萨如何修学菩萨行？如何修习菩萨道？我听说圣者善于诱导教诲，希望您能为我演说。"

这时，不动优婆夷用菩萨的柔软话、悦耳意语，安慰晓喻善财童子："太好了！太好了！善男子啊！你已经能发无上正等正觉之心。善男子啊！我已证得菩萨难以摧伏的智慧藏解脱法门，我已证得菩萨的坚固受持行法门，我已证得一切法平等的总持法门，我已证得菩萨照明一切的法辩才门，我已证得菩萨求取一切法无疲倦厌烦的三昧法门。"

善财童子说："圣者啊！什么是菩萨难以摧伏的智慧藏解脱门，乃至求一切法无疲倦厌烦的三昧门呢？"

童女说："善男子啊！这实在是很难了知的。"

善财童子说："只希望圣者能承蒙诸佛的神力，为我宣说。我当会因善知识的宣知而信仰、受持、知解、了悟，趣入观察，随顺修习，远离所有的分别，究竟平等。"

优婆夷说："善男子啊！过去世中有个名叫离垢的时劫，那时有位佛号修臂的如来。又有位名叫电授的国王，她只有一个女儿，就是我。夜晚没有音乐时，父母兄弟都已就寝睡眠，五百童女也都昏睡，我在楼上仰观星宿，在虚空中看见如来如宝山王，无量无边的天龙八部，都有许多菩萨共同围绕着。佛身普遍放出大光明网，周遍十方，没有障碍。佛身上的毛孔都发出妙香，我一闻到这香味，身体就感到非常柔软，心中生起欢喜。便从楼上下来到地上，合掌顶礼如来。又看见佛的不见顶相，看他的身体左右广大不知边际，于是我思惟佛陀的诸相随形好，没有满足，心中暗念：'这佛世尊是作了什么殊胜的业，能获得如此上等绝妙的身形，相好圆满，光明具足，成就眷属，宫殿庄严美好，福德智慧完全清净，并且能总持三昧法门，具足不可思议的神通自在，辩才无碍？'

"善男子啊！这时，如来知道我心中所想的，就告诉我说：'你应该发起不可坏心，消灭各种烦恼；应发起无能胜心，破除各种执取贪着；应发起无退怯心，进入甚深法门；应发起能堪耐心，救度恶性众生；应发起无迷惑心，普遍受生各种生趣；应发起无厌足心，求见诸佛，没有休息；应发起无知足心，摄受如来所有的法雨；应发起正思惟心，普遍生出一切的佛法光明；应发起大住持心，普遍转动诸佛法轮；应发起广大流通心，随顺众生欲望，布施法宝。'

"善男子啊！我在佛陀那里一听到这个法门，就求得一切智，求得诸佛的十力，求得诸佛的辩才，求得诸佛的光明，求得诸佛的色身，求得诸佛的相好，求得诸佛的聚会，求得诸佛的国土，求得诸佛的威仪，求得诸佛的寿命。我一发起这心愿之后，就发起如金刚坚固的心意，一切烦恼甚至声闻、缘觉二乘，都不能毁坏。

"善男子啊！自从我发起这心愿以来，经过阎浮提微尘数的时劫，都不生念欲之心，更何况是做念欲之事？在过去所有的时劫，我对自己的亲属不曾心生嗔恨，何况是对其他的众生呢？过去所有的时劫中，我对于自身都不曾心生我见，更何况是对其他器具产生'是我所有'之心？过去所有的时劫，无论是死时、生时、及安住胎藏时，我都不曾迷惑，只是发起众生想及无记心，何况对于其他的时候呢？过去所有的劫，乃至梦中，只要看见一位佛陀都不曾忘失，何况是菩萨十眼所见？过去所有的时劫，我受持如来的正法时，不曾忘失一文一句，连世俗的所有言辞，也不忘失，更何况是如来金口所说的呢？我在过去所有的时劫，受持如来的法海时，一文一句都无不思惟观察，乃至一切世俗之法，也是如此。我在过去所有的时劫中，受持如是一切的法海时，不曾在一法中没有证得三昧，乃至世间技术之法，每一法都是如此。我在过去所有的时劫中，安住受持如来的法轮，随顺住持佛法时，不曾废弃舍离一文一句，也不曾生起凡夫的小聪明，除非为了调伏众生。我在过去所有的时劫中，曾亲见诸佛大海，所以我在任何一位佛陀那里都没有不证得清净的大愿，乃至于在一切化佛那里也都是如此。我在过去所有的时劫中，看见诸位菩萨修行妙行时，没有一行我不成就的。我在过去所有的时劫中，我都劝请看到的每一个众生发起无上正等正觉心，我不曾劝谕任何众生发起声闻、辟支佛的心意。我在过去所有的时劫中，对一切佛法，乃至一文一句，都毫不疑惑，不心生二想，不心生分别，不心生种种，也不会执着，也不会比较谁殊胜、谁下劣，也不喜爱这个、憎恶那个。

"善男子啊！我从那时以来，常看见诸位佛陀，常看见菩萨，常看见真实的善知识，常听闻诸佛发起的广大誓愿，常听闻菩萨的行持，常听闻菩萨波罗蜜的法门，常听闻菩萨地的智慧光明门，常听闻菩萨无穷尽藏的法门，常听闻进入无边世界网的法门，常听闻出生无边众生界因的法门，常用清净智慧光明，灭除众生的烦恼；常用智慧生长众生的善根；常随顺众生的喜乐，示现身形；常用清净的上妙言音，开悟法界众生。

"善男子啊！我已证得菩萨求得一切法无厌足庄严的门，我已证得一切法平等地的总持法门，所以能示现不可思议的自在神变。你想要看看吗？"

善财说："是的，我很想看一看。"

这时，不动优婆夷坐在龙藏师子之宝座上，进入求得一切法无厌足的庄严三昧门、不空轮的庄严三昧门、十力智慧轮示现眼前的三昧门、佛种无尽藏的三昧门、进入如此等等的一万个三昧门中。她一进入这三昧门时，十方由清净琉璃构成的不可说佛国刹土微尘数的世界，都是清净琉璃所成的，产生六种震动。每一个世界中的百亿四天下，百亿如来，有的安住兜率天，乃至入大般涅乐。一一如来，都放出光明网，周遍法界道场众会，清净围绕，转动妙法轮，开悟群生。

这时，不动优婆夷从三昧起，告诉善财说："善男子啊！你看见这了吗？"

善财说："是的，我都已看见了。"

优婆夷说："善男子啊！我只证得这个求一切法无厌足的三昧光明法门，为众生演说微妙法，使他们欢喜。如果是像诸位菩萨摩诃萨如同金翅鸟一般，游行虚空中没有障碍，进入一切众生大海，看见善根成熟的人，便立刻执取，把他们置于菩提岸；又如同商客进入大宝洲，集求如来十力的智慧宝藏；又如同渔夫拿着正法网，进入生死海，把众生从爱水中打捞上来；如阿修罗王能普遍挠动欲界、色界、无色界等三有大城诸烦恼海；又如日月的轮转时出现虚空，照耀干竭爱水泥沼；又如满月出现在虚空时，可以使众生的心华开放；又如同大地普遍平等，无量众生都安住其中，增长善法根芽；又如大风的吹向，没有任何障碍，因此能拔除所有的大树；如同转轮王游行世间，能以布施、爱语、利行、同事四摄法来摄受众生，像这种种功德行，哪里是我能够完全了知、演说穷尽的？

"善男子啊！在这南方，有一名叫无量都萨罗的大城，那里有个名叫遍行的出家外道，你可以去请问他：'菩萨应如何修学菩萨行、修习菩萨道？'"

善财童子顶礼不动优婆夷的双足，绕无数圈之后，殷勤地瞻仰，辞退离去。

【注释】

❶ 辛罗波罗：生长于印度河岸的香。

❷ 阿卢那跋底：梵语 aruṇavati-gandha，红赤色的香，也叫作阿卢那香。

❸ 乌洛迦栴檀：梵语 uragasāra-candana，译作"蛇心檀"，为旃檀香木之一。乌洛迦是一种毒蛇的名字，也有人说毒蛇靠在这种香木上来去除其毒热，所以有这种名称。